高等学校"十三五"应用型本科经管规划教材
国际贸易系列

国际贸易法

荣振华　王　迎◎主　编
刘怡琳　李晓燕　崔格豪◎副主编

电子工业出版社
Publishing House of Electronics Industry
北京·BEIJING

内 容 简 介

本教材以国际贸易活动为主线，涉及交易、管理和争议解决三个方面的法律问题，主要有国际贸易法导论、国际货物买卖法、国际海上货物运输与保险法、国际贸易支付法、国际电子商务法等共12章内容。

本教材汇集高校从事法学教学的一线教师，采取深入浅出的撰写手法，将基础知识介绍与近年国际贸易案例或事件相结合，有利于学生在理解相应知识点的同时，灵活运用相关知识。同时，本教材注重读者应用能力的培养，可兼做涉外法律工作者的参考书。

未经许可，不得以任何方式复制或抄袭本书之部分或全部内容。
版权所有，侵权必究。

图书在版编目（CIP）数据

国际贸易法 / 荣振华，王迎主编. —北京：电子工业出版社，2019.8
高等学校"十三五"应用型本科经管规划教材. 国际贸易系列
ISBN 978-7-121-37095-3

Ⅰ. ①国… Ⅱ. ①荣…②王… Ⅲ. ①贸易法－高等学校－教材 Ⅳ. ① D996.1

中国版本图书馆CIP数据核字（2019）第144132号

策划编辑：姜淑晶
责任编辑：王　斌
印　　刷：北京捷迅佳彩印刷有限公司
装　　订：北京捷迅佳彩印刷有限公司
出版发行：电子工业出版社
　　　　　北京市海淀区万寿路173信箱　邮编100036
开　本：787×1092　1/16　印张：20.5　字数：499千字
版　次：2019年8月第1版
印　次：2024年7月第3次印刷
定　价：58.00元

凡所购买电子工业出版社图书有缺损问题，请向购买书店调换。若书店售缺，请与本社发行部联系，联系及邮购电话：(010) 88254888，88258888。
质量投诉请发邮件至zlts@phei.com.cn，盗版侵权举报请发邮件至dbqq@phei.com.cn。
本书咨询联系方式：(010) 88254199，sjb@phei.com.cn。

前言

近些年，随着各国经济快速发展，国与国之间的经济交往日趋频繁与密切，随之而产生的国际贸易摩擦与纠纷也不断增加，急需既懂国内法又懂国际贸易法的法律人才。与此同时，各高校避免人才培养同质化，不断创新课堂教学方法，并注重应用型人才的培养，基于此，各高校师生对教材提出更高的要求：不仅要介绍基础知识，还要注重对学生应用能力的培养，能够拓展学生的视野，启发学生进行深入思考。

本书结合一线教师和学生对教材的反馈意见，采取纸质内容与二维码技术相结合的方式，将基础知识进行系统介绍，对于需要拓展的知识点，以二维码链接的形式予以展现，避免纸质教材过于厚重而引发的既增加教师的课堂授课负担、又增加学生购买教材的经济负担。同时，这种做法也有利于学生课后展开自我学习与思考。

为了提高学生应用技能，培养学生对各章知识独立思考的能力，本书每章以案例导入为开篇，促使学生带着问题进入课堂教学。为了避免课堂授课变成教师单纯地说教，对于重要知识点，本书配以案例分析、课堂讨论、知识拓展等教辅栏目，以培养学生对相关知识点的理解与应用能力。

近几年，与国际贸易有关的法律法规不断修订，本书还对最近几年新出台与新修订的法律进行了剖析，介绍了2019年1月1日施行的《中华人民共和国电子商务法》，分析了2018年7月1日实施的《最高人民法院关于设立国际商事法庭若干问题的规定》，还对"一带一路"、自由贸易区等相关的法律问题进行相应探讨，使教材内容做到与时俱进。

全书由荣振华负责总体构思、结构安排，由荣振华和王迎最后统稿，具体的编写分工如下：第2章、第11章和第12章由荣振华编写，第6章和第9章由李晓燕编写，第1章和第10章由刘怡琳编写，第3章、第4章和第5章由王迎编写，第7章和第8章由崔格豪编写。

本书的出版得到电子工业出版社相关编辑的关心与大力支持，尤其是姜淑晶编辑，结合自己的编辑工作经验，参与了本书的整体规划，并为本书提出了很好的修改建议，在此表示衷心感谢。在编写过程中，本书还参考了同行专家和教师所出版的著作、教材、论文和法院的裁判文书，以及互联网上的最新资料，在此对这些作品的作者表示衷心感谢。

本书提供电子课件、习题参考答案等教学资料,教师可以从电子工业出版社华信教育资源网站免费下载。

由于编者水平有限,本书难免存在疏漏与不妥之处,恳请读者批评指正。

荣振华

目 录

第一篇 国际贸易交易法

第1章 国际贸易法导论 ... 3
1.1 国际贸易法的概况及调整对象 ... 3
1.1.1 国际贸易法的概况 ... 3
1.1.2 国际贸易法调整的对象和范围 ... 4
1.1.3 国际贸易法的特征 ... 5
1.1.4 国际贸易法的主体 ... 6
1.2 国际贸易法的渊源与发展 ... 9
1.2.1 国际贸易法的法律渊源 ... 9
1.2.2 国际贸易法的新发展 ... 12
1.3 国际贸易法的基本原则 ... 13
1.3.1 贸易自由化原则 ... 13
1.3.2 平等互利、公平交易原则 ... 14
1.3.3 强制性规则优先原则 ... 14
1.3.4 国际合作与发展原则 ... 15
复习思考题 ... 15

第2章 国际货物买卖法 ... 17
2.1 国际货物买卖适用的公约、法律及惯例 ... 18
2.1.1 调整国际货物买卖的法律 ... 18
2.1.2 调整国际货物买卖的公约 ... 19
2.1.3 国际贸易惯例 ... 23
2.2 国际贸易术语 ... 24
2.2.1 国际贸易术语概述 ... 24
2.2.2 2010年版《国际贸易术语解释通则》常用术语介绍 ... 27
2.3 国际货物买卖合同的成立及条款 ... 33

2.3.1 国际货物买卖合同的概念和特征 ········· 33
2.3.2 国际货物买卖合同的成立 ············· 33
2.3.3 国际货物买卖合同的条款 ············· 37
2.4 国际货物买卖合同双方的义务 ················ 39
2.4.1 国际货物买卖合同买方的义务 ········· 39
2.4.2 国际货物买卖合同卖方的义务 ········· 41
2.5 违反国际货物买卖合同的救济措施 ············ 45
2.5.1 主要违约情形 ······················ 45
2.5.2 买方的救济措施 ···················· 48
2.5.3 卖方的救济措施 ···················· 52
2.5.4 违约免责事由 ······················ 54
2.6 货物所有权及风险的转移 ···················· 55
2.6.1 所有权的转移 ······················ 55
2.6.2 风险的转移 ························ 56
复习思考题 ······································ 59

第3章 国际海上货物运输与保险法 ················ 62

3.1 国际海上货物运输方式 ······················ 63
3.1.1 班轮运输 ·························· 63
3.1.2 租船运输 ·························· 63
3.2 国际海上货物运输合同形式 ·················· 64
3.2.1 班轮运输合同形式 ·················· 64
3.2.2 租船运输合同形式 ·················· 65
3.3 有关提单的法律问题 ························ 66
3.3.1 提单的定义及作用 ·················· 66
3.3.2 提单的内容 ························ 68
3.3.3 有关提单签发日期的法律问题 ········· 68
3.3.4 提单中有关保函的法律性质 ··········· 70
3.3.5 有关租船提单的法律问题 ············· 70
3.4 与提单有关的国际规则 ······················ 71
3.4.1 《海牙规则》《维斯比规则》与《汉堡规则》的比较 ··· 71
3.4.2 《鹿特丹规则》 ···················· 72
3.4.3 《国际海事委员会海运单统一规则》 ··· 75
3.4.4 《国际海事委员会电子提单规则》 ····· 76
3.5 我国关于国际海上货物运输的法律规定 ········ 76
3.5.1 承运人的主要义务 ·················· 77
3.5.2 承运人的基本权利 ·················· 77

3.5.3　托运人的主要义务 78
3.6　租船运输合同 79
　　3.6.1　航次租船合同 79
　　3.6.2　定期租船合同 79
3.7　国际海上货物运输保险法 80
　　3.7.1　国际海上货物运输保险的基本原则 80
　　3.7.2　国际海上货物运输保险合同 82
　　3.7.3　海上运输货物保险条款 82
　　3.7.4　代位求偿权 86
复习思考题 87

第4章　国际贸易支付法 91

4.1　国际贸易支付工具 92
　　4.1.1　国际贸易支付票据 92
　　4.1.2　票据关系 94
4.2　国际贸易支付方式 97
　　4.2.1　概述 97
　　4.2.2　汇付 98
　　4.2.3　托收 100
　　4.2.4　信用证 103
复习思考题 111

第5章　国际电子商务法 114

5.1　国际电子商务法概述 115
　　5.1.1　电子商务与电子商务法概述 115
　　5.1.2　国际电子商务法 117
5.2　国内外电子商务法发展现状 118
　　5.2.1　国际组织的电子商务立法 118
　　5.2.2　各国（地区）的电子商务立法 122
5.3　国际电子商务法律问题 127
　　5.3.1　域名及其法律问题 127
　　5.3.2　电子商务合同法律问题 128
　　5.3.3　电子支付及其法律问题 132
　　5.3.4　国际电子商务法的知识产权法律问题 133
　　5.3.5　国际电子商务的司法管辖问题 141
复习思考题 142

第二篇 国际贸易管理法律制度

第6章 世界贸易组织 ········ 147
6.1 世界贸易组织概述 ········ 148
6.1.1 世界贸易组织的产生 ········ 148
6.1.2 世界贸易组织的前身——关税与贸易总协定 ········ 149
6.1.3 世界贸易组织的宗旨 ········ 150
6.2 世界贸易组织的职能及机构 ········ 152
6.2.1 世界贸易组织的职能 ········ 152
6.2.2 世界贸易组织的机构 ········ 154
6.3 世界贸易组织的基本原则 ········ 157
6.3.1 非歧视原则 ········ 157
6.3.2 市场开放原则 ········ 159
6.3.3 公平贸易原则 ········ 160
6.3.4 鼓励发展与促进改革原则 ········ 161
6.3.5 透明度原则 ········ 163
复习思考题 ········ 164

第7章 区域贸易法律制度 ········ 167
7.1 区域贸易协定主要法律制度概述 ········ 168
7.1.1 区域贸易协定的类型 ········ 168
7.1.2 多边贸易体制与区域经济一体化的关系 ········ 171
7.2 亚洲及太平洋经济合作组织 ········ 173
7.2.1 亚洲及太平洋经济合作组织概述 ········ 173
7.2.2 经济技术合作 ········ 174
7.2.3 APEC 的意义 ········ 175
7.2.4 "一带一路"倡议与 APEC 的对接 ········ 176
7.3 欧洲联盟的经济贸易法律制度 ········ 179
7.3.1 欧洲共同体的产生及其法律地位 ········ 179
7.3.2 欧洲一体化的高级形式——欧洲联盟 ········ 180
7.3.3 欧洲联盟的法律制度 ········ 182
7.4 北美自由贸易协定 ········ 186
7.4.1 北美自由贸易协定概述 ········ 186
7.4.2 NAFTA 关于货物贸易的规定 ········ 187
7.4.3 NAFTA 关于服务贸易的措施 ········ 189
复习思考题 ········ 190

第8章 国际服务贸易 ··· 193

8.1 国际服务贸易概述 ······································ 194
8.2 《服务贸易总协定》 ···································· 194
- 8.2.1 《服务贸易总协定》的基本框架 ······················ 194
- 8.2.2 《服务贸易总协定》的适用范围 ······················ 195
- 8.2.3 外国服务与外国服务提供者 ·························· 196
- 8.2.4 《服务贸易总协定》中的一般义务 ···················· 197
- 8.2.5 《服务贸易总协定》中的具体承诺 ···················· 199

8.3 《海峡两岸服务贸易协议》 ······························ 201
- 8.3.1 《海峡两岸服务贸易协议》概述 ······················ 201
- 8.3.2 《海峡两岸服务贸易协定》的解读 ···················· 202
- 8.3.3 《海峡两岸服务贸易协定》给予台湾企业与居民的优惠待遇 ······ 203

复习思考题 ··· 206

第9章 国际技术贸易与知识产权 ································ 209

9.1 国际技术贸易 ·· 210
- 9.1.1 国际技术贸易概述 ·································· 210
- 9.1.2 国际技术贸易的法律保护 ···························· 212

9.2 与贸易有关的知识产权 ·································· 212
- 9.2.1 国际贸易与知识产权 ································ 212
- 9.2.2 WIPO 体系下的知识产权保护 ························· 213
- 9.2.3 《TRIPS 协议》对知识产权国际保护的完善 ············ 216
- 9.2.4 《TRIPS 协议》的主要内容 ························· 219
- 9.2.5 《TRIPS 协议》的特点 ····························· 224
- 9.2.6 《TRIPS 协议》的具体实施规则 ····················· 225
- 9.2.7 《TRIPS 协议》的争端解决机制 ····················· 227

复习思考题 ··· 228

第10章 对外贸易保护措施及相关法律制度 ······················· 231

10.1 对外贸易保护措施 ····································· 232
- 10.1.1 关税措施 ··· 232
- 10.1.2 非关税措施 ······································· 237

10.2 反倾销措施 ··· 243
- 10.2.1 反倾销法律制度 ··································· 243
- 10.2.2 反倾销措施实施 ··································· 247
- 10.2.3 反倾销救济措施 ··································· 251

10.3 补贴与反补贴措施 ····································· 253

  10.3.1 补贴与反补贴 ·············253
  10.3.2 反补贴救济措施 ·············256
 10.4 保障措施 ·············259
  10.4.1 保障措施概述 ·············259
  10.4.2 保障措施实施 ·············262
 复习思考题 ·············265

第三篇 国际贸易争议解决法律制度

第 11 章 国际贸易争议解决 ·············271
 11.1 国际贸易争议解决概述 ·············272
  11.1.1 国际贸易争议解决方式 ·············272
  11.1.2 国际贸易争议所适用的法律 ·············276
 11.2 国际贸易仲裁 ·············277
  11.2.1 我国国际贸易仲裁法律（规则） ·············277
  11.2.2 国际贸易仲裁机构 ·············278
  11.2.3 国际贸易仲裁协议 ·············281
  11.2.4 国际贸易仲裁程序 ·············283
  11.2.5 国际贸易网上仲裁 ·············288
  11.2.6 国际贸易仲裁裁决的承认与执行 ·············289
 11.3 国际贸易诉讼 ·············291
  11.3.1 国际贸易诉讼案件管辖权 ·············291
  11.3.2 国际贸易行政诉讼 ·············292
  11.3.3 外国法院判决的承认与执行 ·············293
 复习思考题 ·············294

第 12 章 世界贸易组织争端解决机制 ·············298
 12.1 世界贸易组织争端解决机制概述 ·············300
  12.1.1 WTO 争端解决机制法律渊源 ·············300
  12.1.2 WTO 争端解决机制的性质 ·············302
  12.1.3 WTO 争端解决机制的原则 ·············303
  12.1.4 WTO 争端解决机制适用范围 ·············305
 12.2 世界贸易组织争端解决机制基本制度 ·············306
  12.2.1 WTO 争端解决机制的主要机构 ·············307
  12.2.2 WTO 争端解决机制程序 ·············308
 复习思考题 ·············314

参考文献 ·············317

第一篇

国际贸易交易法

第一回

自由民权激动时代

第1章 国际贸易法导论

> **学习目标**
>
> 通过本章的学习，要求了解国际贸易法的产生和发展历史，理解国际贸易法的内涵，掌握国际贸易法的各种主体和基本原则，重点掌握国际贸易法的渊源。

1.1 国际贸易法的概况及调整对象

1.1.1 国际贸易法的概况

1. 国际贸易法的发展历史

国际贸易法是第二次世界大战后法学发展史上一个引人注目的法律学科。国际贸易法关系原属涉外民法关系，其基础是国际经济交往。随着国际经济交往的发展，国际贸易法关系也日益发展，尤其是第二次世界大战后，由于生产力的提高，商品的生产、流通及消费过程的国际化进一步增长，国际贸易关系的数量和复杂性也随之发展和增加。为了更加合理地进行国际贸易，保持国际贸易的自由、平等、互利等原则，世界各国通过缔结条约来调整和规范国际贸易关系，同时加强了对国际贸易惯例的运用。1962年9月，在联合国教科文组织的资助下，由国际法律科学协会主持，在伦敦召开了会议，专门就国际贸易法问题进行了讨论，这次会议为国际贸易法成为一个独立的法律部门奠定了理论基础。1966年，第21届联合国大会上通过了加强国际贸易法的决议，决定成立"联合国国际贸易法委员会"，其任务是通过推动制定公约、惯例及商业条款法典化的办法来协调和统一国际贸易法，从此国际贸易法的制定进入了一个新的阶段。该委员会的成立是国际贸易法成为一个独立法律部门的标志。

随着技术的进步和全球经济一体化的发展，国际贸易不断扩大和深化。20世纪60年代以后，技术开始作为一种独立的交易主体进入市场，技术贸易由此产生。20世纪80年代以来，国际劳务合作向纵深发展，服务贸易一词开始被引入，后在世界贸易组织（WTO）

一揽子协议中得到确定。因此，目前国际贸易法调整的贸易关系涵盖了国际货物贸易、国际技术贸易和国际服务贸易，相关的国际管理和规制框架已经形成，并得到国际上的普遍遵守。

2. 国际贸易法的概念

随着国际贸易法的内容日趋丰富和完善，人们对其研究也不断深入，而对于国际贸易法概念的界定问题显得尤为重要。有关国际贸易法的概念众说纷纭，界定时主要涉及三个方面的问题：一是如何正确界定它的调整对象，这是国际贸易法能否成为一个独立的法律学科的基础；二是如何将其与一个或若干个国际贸易领域的文件区别开来，突出国际贸易法的部门法地位；三是应强调国际贸易法所规范的行为具有"跨国性"的特点，这种跨国行为以及由此产生的跨国贸易关系可发生在多种主体之间。

本书认为，国际贸易法是调整跨国贸易活动关系，以及与之有关的其他各种关系的法律制度、规范的总称，主要包括调整平等主体间的商业交易活动的私法规范和国家对对外贸易活动进行管理的公法规范。其中，"跨国"一词表明国际贸易法调整的关系可以发生在不同国家的自然人和法人之间，还可以发生在一个政府与他国企业组织或个人之间；"跨国贸易关系"则包括跨越国境的货物、技术和服务方面的贸易交往关系；"与贸易有关的其他各种关系"则指与贸易有关的经济法律关系和行政管理关系，包括产品责任、知识产权、特定的投资措施等，而在这些关系中，国际贸易法只对与贸易发生联系的行为进行规范。但是由于国际服务贸易和国际技术贸易与传统的国际货物贸易存在较大差异，其法律规范具有特殊性，故本书不就服务和技术贸易进行过多探讨，而是主要围绕国际货物贸易方面的法律制度加以论述。

1.1.2 国际贸易法调整的对象和范围

1. 国际贸易法的调整对象

国际贸易法的调整对象是国际贸易关系，包括各国际贸易主体在货物、技术、服务领域的交易关系以及因此而形成的管理协调关系等。这些关系通常包括以下几种。

（1）营业地处于不同国家的贸易当事人之间的贸易交流、合作关系。通常通过跨国贸易当事人选择法律或惯例加以调整，但是当事人所属国的法律另有规定的除外。

（2）国家与国家之间的贸易关系。这主要通过国与国之间签订双边或多边贸易条约加以调整。

（3）一国政府对对外贸易活动进行管理、管制关系（对外贸易管理关系）。即通过有关国家的国内立法，如外贸法、海关法、贸易保障法等加以调整。

2. 国际贸易法的调整范围

国际贸易法既包括调整平等主体间的商业交易活动的私法规范，也包括国家对贸易活动进行管理的公法规范，相应地，可以根据其调整内容的不同，将国际贸易法的体系分为私法体系和公法体系。

（1）国际贸易法的私法体系。国际贸易法的私法体系主要指规范国际贸易交易的国际贸易交易法，其体系由国际货物买卖法、国际货物运输及保险法、国际贸易支付法和国际贸易争议解决程序法构成。其中，国际货物买卖法是国际贸易法的核心，国际货物运输及保险法、国际贸易支付法为国际货物买卖提供支持，国际贸易争议解决法则为国际货物买卖活动中的纠纷解决提供了司法途径。

（2）国际贸易法的公法体系。国际贸易法的公法体系是指国际贸易管理法，主要包括世界贸易组织法律制度、区域贸易法律制度及对外贸易保护措施制度等。前两者具有国际经济法律性质，后者则属于国内法范畴。

1.1.3 国际贸易法的特征

在明确了国际贸易法定义的基础上，通过进一步分析可知，国际贸易法具有以下特征。

1. 调整对象的跨国性

国际贸易法调整的贸易关系中既有国家与国家之间的贸易关系，又有营业地位于不同国家的企业或个人之间的贸易关系，同时还有一国政府机构与他国企业或个人之间的管理关系，这些贸易关系具有显著的跨国性。但值得注意的是，20世纪中后期以来，国际经济与贸易的格局发生了显著变化，许多国家相继设立了保税区、出口加工区和自由贸易区，跨越不同关税区、关境的贸易可能带有国际贸易的性质。与此同时，随着全球性、区域性经济一体化、自由化进程的加快，关税与非关税壁垒不断消除，一些跨越传统意义国境的贸易逐渐失去国际贸易的特点。所以在国际贸易法的空间表述上，目前的"跨越国境"的表述应当包括跨越国境和跨越关境两种含义。

2. 涵盖领域的广泛性

国际贸易法不仅调整国际贸易交易关系，还调整、干预和管理国际贸易形成的规制关系。随着国际贸易法的发展，这种交易关系的内涵和外延正在不断扩展，形成了跨越国境的货物贸易、技术贸易、服务贸易三位一体的交易关系。此外，一些西方学者还主张对国际贸易法作广泛的理解，认为国际贸易法不仅规范国际货物、技术等交易，还调整外国投资、国际支付等经济关系。

3. 法律性质的多重性

国际贸易法具有多重法律性质，其中既有调整国际贸易关系的国内法规范，又有调整国际贸易关系的国际法规范；既有调整纵向的国际贸易规制关系的公法规范，又有调整横向的国际贸易交易关系的私法规范；既有调整国际贸易关系的实体法规范，又有解决国际贸易争议的程序法规范，以及确定解决争议实体法的冲突法规范。

4. 法律渊源的多元性

国际贸易法在渊源上既包括调整多边及双边贸易关系的多边条约、国际公约以及双边贸易协定，又包括各国调整国际贸易规制关系和交易关系的国内法，同时也包括在长期的国际贸易实践中形成的国际贸易惯例与商人法。我国多数国际贸易法学者都主张国际贸易法是一种综合性的法律规范体系。

1.1.4 国际贸易法的主体

国际贸易法的主体是指国际贸易活动的参加者。主要有自然人、法人、国际组织和国家。

1. 国际贸易法的一般主体

（1）自然人。自然人是指在自然状态下出生而具有法律人格的人，包括本国人、外国人和无国籍人。国际条约和各国法律一般都规定，具有民事权利能力和民事行为能力的自然人是国际贸易法的主体。但受物力、财力所限，自然人在国际贸易领域发挥的作用有限。

（2）法人。法人是重要的国际贸易法主体。在我国，从事国际贸易活动的公司、企业和其他经济组织多以法人的形式出现，经工商行政管理部门登记，即可从事贸易活动。非依照我国法律规定设立的外国法人或经济组织，其权利能力和行为能力以其本国法确定。在不违反我国法律和公共秩序的情况下，可以自由地在我国从事各种经营活动。

（3）国际组织。这里的国际组织主要指国际经济组织，是在第二次世界大战后大量出现的国际贸易关系的新主体。大多数国际组织，包括各种类型的国际经济组织都有自己的组织机构和章程，有固定的资产和资金来源，在一定的范围和领域内承担一定的权利义务，有独立承担法律诉讼的能力。国际组织和国家之间、国际组织之间、国际组织和法人之间具有签订协议的能力。有些国际组织甚至享有外交特权和豁免权。在国际贸易领域，国际组织表现得非常活跃。有些国际组织和国际经济组织的决议、规定、原则、其制定的标准合同等已成为国际贸易活动中各国遵守的法律原则和行动准则，成为国际贸易法重要的渊源之一。有些国际组织，如欧盟，甚至具有超国家的职能，其指令和决议不但约束各成员国政府，而且可以直接适用于成员国的自然人和法人。

（4）国家。国家是一个特殊的法律主体，也是国际贸易法的主要缔结者。国家作为国际贸易法主体时可以以如下两种身份出现。

① 国际贸易的当事人。作为主权的最高代表和象征，国家可以以自己的名义从事各种国际、国内的经济活动，签订各种合同、条约和协议，并以国库的全部资产承担责任。然而，国家又不同于一般的民事主体，它享有不可被剥夺的主权豁免权。未经国家同意，国家的主权行为和财产不受外国管辖和侵犯。国家不能作为被告在外国法院出庭、应诉，国家财产不能作为诉讼标的以及法院强制执行的对象。然而，为了适应国际交往的需要，国家可以通过一定方式宣布自愿放弃豁免权，以平等的民事主体资格从事贸易领域的各种经济活动。在这种情况下，由国家授权的负责人或公司代表国家进行贸易活动。因此可以说，国家以国际贸易当事人身份活动时是一个特殊的民事主体。

② 国际贸易的管理者。除直接从事各种经济活动外，国家作为国际贸易法的主体，还具有其他主体所不具有的特殊职能，即对贸易进行管理和监督的职能。此时，国家与商事交易者之间的关系是管理与被管理的关系，在此过程中所依据的法律规范构成了国际贸易法的重要内容。

2. 国际贸易法的特殊主体

（1）跨国公司。

跨国公司虽然不是一个法律实体，但是由于其特殊的组织机构和强大的人力、物力、财力，在国际贸易活动中起着重要作用。由跨国公司跨越国境的货物、技术、人员、资本、服务活动引起的法律问题成为国际贸易法研究中十分重要的问题。因此，本书将其作为一个特殊的实体来研究。

① 跨国公司的概念和特征。跨国公司，又称多国公司、国际公司、世界公司等。联合国跨国公司委员会在 1983 年制订的《跨国公司行为守则（草案）》中将跨国公司定义为："跨国公司是指一种企业，构成这种企业的实体分布于两个或两个以上的国家。而不论其法律形式和活动范围如何，各个实体通过一个或数个决策中心，在一个决策系统的统辖之下开展经营活动，彼此有着共同的战略并执行一致的政策。由于所有权关系或其他因素，各个实体相互联系，其中一个或数个实体对其他实体的活动能施加相当大的影响，甚至还能分享其他实体的知识、资源，并为它们分担责任。"跨国公司具有以下特征。

第一，经营活动具有跨国性。跨国公司通常以一个国家为基地，设立母公司，同时又在其他一个或多个国家设立不同的实体，接受母公司的管理、控制和指挥，从事各种经营活动。

第二，具有全球性经营战略。跨国公司的母公司在制订经营方案时，通常从跨国公司的整体利益出发，制定其在全球范围内的生产、销售和经营策略。

第三，跨国公司由不同实体（通常包括母公司、子公司、分公司）组成。母公司具有核心决策权。跨国公司的经营战略由母公司制定并实施，母公司对跨国公司的其他实体拥有高度集中的管理权。有学者指出："跨国公司的主要法律形式，是根据各种法律制度成立的多个公司的聚积，但受母公司的集中控制，因而构成一个单一经济体。""从跨国公司具有共同的商业目的、中央控制和内部一体化的活动等方面看，可以说，跨国公司具有企业的特征，是一个经济实体，但它并不是一个法律实体。"

第四，跨国公司内部实体之间具有相互联系性。跨国公司由设立于不同国家的若干实体组成，各实体之间存在着不同程度的联系。尤其是母公司往往通过货物、资本、技术、人员、服务的内部转移等多种方式对其海外子公司、分公司进行指挥、控制，从而实现利润在各实体之间的转移，达到跨国公司内部资源的合理配置。

第五，跨国公司利益与跨国公司营业地所在的东道国利益之间的冲突性。东道国往往因为技术进步、经济发展等原因引进外国资本并给予相对优惠的措施，而跨国公司基于自身对于经济利益的强烈渴求，可能以损害东道国利益的方式逐利。双方的利益冲突重点往往集中在国际避税、商业贿赂、跨国并购、环境侵权、社会责任承担、劳工保护等方面。

② 对跨国公司的法律管制。由于跨国公司由设在不同国家的实体组成，各国基于属人原则和属地原则对其进行管辖，因此，对于跨国公司的管制主要是通过国内法实现的。在国际经济交往中，大多数公司都是有限责任公司，按照各国公司法的规定，作为独立法人，有限责任公司以其全部资产承担责任。但是对于跨国公司，基于母子公司之间的关联性，母公司对子公司拥有控制权，当出现由于母公司的责任造成子公司丧失对外偿付能力或丧

失履行义务的能力的情形时,为了保护债权人的利益,法律有时会允许"揭开公司面纱",即按照"公司法人人格否定"的理论,由母公司为子公司的债务承担直接责任。但该理论是对传统公司法"独立法律主体承担独立责任"理论的例外规定或是一种补充,因此实践中,多数国家对"揭开公司面纱"都持非常谨慎的态度,对其适用严格加以限制。除"揭开公司面纱"理论外,一些国家还通过制定公司集团法,对母公司对子公司承担责任的情况作出明确规定。

考虑到各国对跨国公司管制制度的差别,1974年12月,联合经济与社会理事会通过决议,成立"跨国公司专门委员会",拟定《跨国公司行动守则》,对跨国公司的母国及东道国有关跨国公司的管制制度予以统一规范。具体拟定工作从1977年开始。1982年起草工作组向跨国公司专门委员会第八次会议提交了《跨国公司行动守则(草案)》,1990年提交联大第45次会议审议。由于对草案的内容和法律性质存在分歧,该草案至今尚未通过。

同时,过去数年来,企业社会责任标准已经成为一种独特的"软法律",而这些标准通常聚焦于跨国公司的运作。《1994年世界投资报告》规定了企业和跨国公司社会责任的最低标准:"为社会提供利益,不具有故意伤害行为,如果产生了伤害,企业提供的利益必须足以抵消企业伤害行为带来的不利。"《2010年世界投资报告》也要求:"跨国公司应为转向低碳经济作出不可或缺的贡献。"

(2)国有企业。

随着国有企业在国际经济活动,特别是在国际贸易与国际投资领域日趋活跃并成为一支不可小视的力量,围绕国有企业的作用及其影响产生的法律问题引起了国际社会的广泛关注。

目前许多国家,无论是发达国家还是发展中国家,或出于保障民生,或出于技术创新,或出于国家安全等社会、政治、经济、战略利益的需要,在其不同行业中都存在着数目、规模不等的国有企业,这些国有企业在一国GDP、就业及市场资本中占有重要的部分。在一些新兴经济体,国有企业参与国际经济活动,被称为"国家资本主义的崛起"。针对国有企业对国际市场竞争的影响展开调查和研究成为21世纪以OECD(联合国经济合作与发展组织)为代表的发达国家的一个热门课题。

知识拓展二维码1-1:
中国跨国公司"一带一路"掘商机

国有企业又称国有公司,通常是指国家通过全部、多数或少数所有权对企业实行实质性控制的公司,但世界各国对国有企业的定义并不统一。实践中,国有企业的行为在经政府授权的情况下可以视同政府或公共机构的行为,各国也都承认国有企业在国内存在的合理性。但是,随着国有企业越来越多地参与国际市场竞争,并且多集中在一些战略或基础行业,其所占

知识拓展二维码1-2:
跨国公司和国有企业在国际投资领域的数字经济发展新趋势

有的政府资源和公共资源使得国有企业的市场行为可能产生反竞争效果,而导致公、私企业不公平竞争。①因此,在全球经济一体化的国际市场中,如何确保政府在其规范公私企业

---

① 王传丽. 国际贸易法(第二版)[M]. 北京:中国政法大学出版社,2015:16.

的国际贸易管理行为中的公平与不歧视，如何矫正和规制国有企业扭曲贸易的行为等问题成为国际贸易法研究的新课题。

1.2 国际贸易法的渊源与发展

1.2.1 国际贸易法的法律渊源

国际贸易法的法律渊源是指国际贸易法的外在表现形式，包括国内渊源和国际渊源两个方面。国内渊源主要是国内立法；国际渊源包括国际经济条约、国际贸易惯例，以及重要的国际组织关于国际经济方面的规范性决议。

1. 国际经济条约

国际经济条约（International Economic Treaties）指国家之间、国际组织之间或国家与国际组织之间为确定彼此间的经济权利和义务而达成的协议。各国缔结的有关国际商业和贸易的国际条约或公约是国际贸易法的重要渊源。其表现形式多种多样，涉及的内容也是全方位的，或表现为调整两国贸易关系的双边协定，或表现为调整若干国家之间相互贸易关系的多边协定，或表现为在某个国际组织主持下有多个国家参与缔结由国际会议通过的国际公约；在性质上可以是商事规则，也可以是管理规则。

从条约影响范围来看，载有国际贸易法规范的条约有世界性的、区域性的和双边的。

（1）世界性条约。世界性的条约主要体现为国际贸易领域的公约，如《联合国国际货物销售合同公约》《统一提单若干法律规则的国际公约》等，这类公约的适用范围更加广泛，影响也更深远，很大程度上是国际贸易法发展的主导方向。与国际贸易有关的重要国际公约请参见表1-1。

表1-1 与国际贸易有关的重要国际公约

所涉内容	重要公约名称及时间
国际贸易组织与管理	1944年《国际货币基金协定》 1947年《关税与贸易总协定》 1994年《建立世界贸易组织协定》
国际货物买卖	1980年《联合国国际货物买卖合同公约》 1974年《国际货物买卖合同时效公约》 1986年《国际货物买卖合同法律适用公约》
国际货物运输	1924年《统一提单若干法律规则的国际公约》（海牙规则） 1968年《关于统一提单若干法律规则的国际公约的法律议定书》（维斯比规则） 1978年《联合国海上货物运输公约》（汉堡规则）
国际贸易支付	1930年、1931年《日内瓦公约》 1988年《联合国国际汇票和国际本票公约》
技术贸易	1883年《保护工业产权巴黎公约》 1891年《商标国际注册马德里协定》 1886年《保护文学和艺术作品伯尔尼公约》

续表

所涉内容	重要公约名称及时间
服务贸易	1995年《服务贸易总协定》及WTO体制下的各项具体协议
国际贸易争议解决	1995年WTO体制下的《争端解决规则和程序的谅解》 1958年《承认与执行外国仲裁裁决公约》 1976年《联合国国际贸易委员会仲裁规则》

（2）区域性条约。与世界性条约不同，区域性条约的影响范围仅限于特定区域范围内，相关的贸易优惠措施等也仅限于提供给区域成员方。随着区域性安排在世界各地的不断建立及区域经济一体化趋势的发展，区域贸易协定也已经成为国际贸易法的重要渊源之一。亚洲及太平洋经济合作组织通过的《亚太经合组织加强经济、技术合作原则框架宣言》、东南亚国家联盟达成的《东盟自由贸易区共同有效优惠关税协定》等都属于区域性国际贸易条约。

（3）双边条约。双边国际贸易条约是仅对缔约国双方有约束力的规范性文件，可能会涉及缔约国双方贸易关系的诸多方面。有些双边条约的内容较为广泛，同时具有政治经济意义，有些条约的内容则相对单一具体，其名称也有"条约""协定""议定书""备忘录"等多种形式。例如，《中华人民共和国和朝鲜民主主义人民共和国双方对外贸易机构交货共同条约》就是用于调整两国之间的商品买卖关系的双边条约。

国际条约是国家协调意志的体现，因此，根据"约定必须信守"原则，国际条约或协定对缔约国具有法律约束力。与此同时，虽然国际条约原则上只对缔约国有约束力，但是根据条约的措辞与目的，其某些条款可以是"自我执行"的。一些重要的国际公约也规定了在一些条件下对缔约国和非缔约国之间的国际贸易关系也有效。例如，《联合国国际货物销售合同公约》不排除依据国际私法中的准据法规则适用于缔约国和非缔约国之间，甚至非缔约国之间的国际货物买卖行为。《国际法院规约》规定，只要公约确认了诉讼当事国所承认的规则，法院就可以适用该国际公约。各国大多通过本国立法程序将国际条约纳入本国法律体系。

2. 国际贸易惯例

国际贸易惯例是人们在长期的国际贸易交往中逐渐形成的为贸易当事人普遍认可并遵守的贸易规则，是国际贸易法的另一个重要渊源。最初，国际贸易惯例是不成文的，人们只是自发地、约定俗成地使用和遵守这些行为规范。后来，一些民间组织将一些主要的国际贸易惯例整理、汇编成文，以便于当事人理解、掌握及选择，逐渐就形成了通行的贸易做法，并得到国际贸易当事人及世界各国的普遍认可与采纳。目前在国际贸易交往中影响较大的国际贸易惯例见表1-2。

表 1-2　主要的国际贸易惯例

名称	所涉内容
《华沙—牛津规则》（1932 年）	国际贸易术语 CIF
《1941 年美国对外贸易定义修订本》（1941 年）	国际贸易术语（特殊注释）
《见索即付保函统一规则》（1992 年）	见索即付保函
《跟单信用证统一惯例》（1993 年）	信用证
《国际保付代理惯例规则》（1994 年）	国际保理
《托收统一规则》（1995 年）	托收
《国际贸易术语解释通则》（2010 年）	国际贸易术语

国际贸易惯例最大的特征是任意性，即其不具有普遍约束力，只有贸易双方当事人明确表示或默示援引某惯例的规定时，该惯例才对当事人有约束力；且双方当事人有权在合同中达成不同于惯例规定的贸易条件，即惯例的采纳与适用以当事人的意思自治为基础，若双方在合同中作出某些与惯例不符的规定，只要合同有效成立，双方都要遵照合同的规定履行义务，一旦发生争议，法院和仲裁机构也要维护合同的有效性。

其表现形式也是多种多样的，可以是国际组织或团体对有关规则的综述和拟定，也可以是行业组织制定的有关规则，"示范法""统一惯例""统一规则""标准合同"等都可以是国际贸易惯例的名称和表现形式。在适用范围上，国际贸易惯例多存在于国际商事交易的规范中，用于简化、补充、规范当事人的约定。

3. 重要国际组织决议

重要国际组织的决议主要包括那些由普遍性的国际组织所作出的、有关国际经济的规范决议，其符合国际法公认的准则，能够反映国际贸易法的原则、规则和制度，在国际贸易领域发挥重要作用。例如，1974 年 5 月 1 日联合国大会第六届特别会议通过的《建立国际经济新秩序宣言》和《建立国际经济新秩序行动纲领》，以及 1974 年 12 月 12 日第 29 届联合国大会全体会议通过的《各国经济权利和义务宪章》所确立的建立新的国际经济秩序原则等，成为国际贸易领域的指导性原则，是国际贸易法渊源中一个不可分割的组成部分。

4. 国内立法

国内立法是指为调整国际贸易关系，管理、指导当事人进行对外贸易活动，各国在对外贸易方面所进行的各项立法。它是国际贸易法的主要渊源，直接调整一国范围内的国际贸易关系，更是国际贸易管理规则的主要渊源。国际条约的适用和实施，也多通过国内法进行。国家为便于进行对外经济贸易活动，往往参照国际上通行的实践或规定，结合本国情况，制定本国专门适用于对外经济关系的法律，如对外贸易法、外国投资法、海关法、反倾销法、反补贴法、保障措施法等，构成国际贸易法的主要国内渊源。目前，我国在国际贸易法领域的国内法主要有《中华人民共和国对外贸易法》《中华人民共和国反倾销条例》《中华人民共和国反补贴条例》《中华人民共和国保障措施条例》《中华人民共和国货物进出口管理条例》《中华人民共和国技术进出口管理条例》等，这些法律规范共同构成了我国对外贸易管理法律制度的完整体系。

5. 国际组织、跨国公司等制定的格式合同及标准条款

这类格式合同及标准条款是国际组织、跨国公司等制定的,供当事人签订合同时使用的合同或条款。其中载明双方当事人的权利与义务关系,内容一般都参照国际上通行的办法,在国际货物买卖、运输及保险中广泛使用,已成习惯。比如,中国的各进出口公司、中国远洋运输公司及中国人民保险公司,都分别制定了自己的格式合同、提单和保险中保险条款。双方当事人在订约时就其中的规定根据实际情况进行修改或补充,一经签订则可以作为确定双方权利与义务关系的依据。因其在国际贸易交往中得到了广泛认可,而成为国际贸易法中一个独特的渊源。

课堂讨论 1-1: 国际贸易法有这么多种类型的法律渊源和具体法律规范,那么在实践中,应如何确定国际贸易法律关系,尤其是法律纠纷所应适用的法律条文呢?

例如,中国大连的甲进出口有限公司与英国南安普顿的乙贸易公司正在以 CIF 条件谈判出口一批机器设备,甲公司的业务员对该贸易合同项下的法律适用问题咨询如下。

(1) 该合同是否自动适用 2010 年版《国际贸易术语解释通则》?

(2) 如果双方约定采用 CIF 术语,但又特别约定卖方可以送货上门,那么该合同是否还可以适用 2010 年版《国际贸易术语解释通则》?

(3) 如果双方约定适用英国没有参加的《联合国国际货物销售合同公约》,该约定是否有效?双方的合同是否可以适用该公约?

(4) 如果双方约定该合同仅适用英国法,该约定是否违反中国法?

(5) 如果双方在合同谈判中未涉及法律适用问题,那本案可以适用中国法吗?

1.2.2 国际贸易法的新发展

传统的国际贸易法以调整国际货物贸易关系为核心,包括调整与货物贸易有关的运输、保险与支付的法律与制度。随着科学技术的发展,国际贸易范围的扩大,特别是 20 世纪末全球经济一体化的形成,国际贸易法的发展呈现出新的特点。

1. 国际贸易法的调整范围扩大

1947 年签订的《关税与贸易总协定》(GATT)是国际贸易法律体系发展的里程碑,当时各国对国际贸易的谈判与协调主要集中在货物贸易领域,强调削减货物贸易的关税壁垒和非关税壁垒。到 1994 年计划建立世界贸易组织(WTO)时,国际贸易的领域已经从货物贸易扩大到技术贸易和服务贸易,与贸易有关的投资措施和知识产权措施也成为各国谈判的要点。国际贸易法的调整范围已经明显扩大,并与投资、金融、知识产权等领域发生了密切联系。

2. 对外贸易管理措施的系统化增强

国家对外贸易管理措施从最初的关税领域扩展到非关税领域,配合现代技术手段,逐渐形成系统的行政法规。世界各国也通过更多的沟通和贸易谈判,使得政府管理手段和政

策不断科学化、系统化和透明化。

3. 区域性贸易规则成为国际贸易法的新内容

大量区域集团的形成使贸易向区域内发展，其内部贸易规则对传统的国际贸易法律体系提出了挑战，也极大地丰富了国际贸易法的内容。由区域贸易集团提出的法律问题，构成国际贸易法理论研究与实践中的重要课题。

4. 国际贸易法律基本规则出现统一化趋势

随着WTO的成立与其成员国的增加，许多国家都按照WTO的要求，或修改国内贸易法规，或颁布新法。例如，英国和美国先后分别修改了《英国货物买卖法》和《美国统一商法典》；欧盟也在反倾销与反补贴、运输业、电信业、金融业等领域颁布了新的规则和指令；我国更是在加入WTO以后参照WTO规则修改或颁布了一系列对外贸易方面的新法规。这些措施均表明，国际贸易法律的基本规则在全球化背景下出现了统一化趋势，为世界各国的贸易交往提供了进一步合作的法律基础。

1.3 国际贸易法的基本原则

国际贸易法的基本原则是指被国际社会普遍接受、指导国际贸易活动的准则。国际贸易法基本原则具有普遍意义，适用于国际贸易法的一切领域，并构成国际贸易法的基础。换言之，即所有的国际贸易法中各项具体法律制度的建立和运用都必须受到国际贸易法基本原则的指导和制约。

根据1974年12月联合国大会通过的《各国经济权利和义务宪章》，各国间经济关系的原则是：各国主权、领土完整，各国政治独立；一切国家主权平等；互不侵犯，互不干涉内政；公平互利，和平共处；各民族权利平等以及实行民族自治，以和平手段解决各种争端；纠正使用强权手段侵夺别国自身正常发展所需要的自然资源的各种非正义行为；真诚地执行各种国际义务，尊重人权；不谋求霸权以及各种势力范围；增进国际主义，开展国际合作以促进发展；在上述各项规则的范围内，地处内陆的国家享有进出海口的自由通道。可以认为，国际贸易法的基本原则除吸收现代国际公法中一般公认的那些原则外，为了适应建立新的国际经济秩序的需要，还确立了一些新的基本原则。这些新的基本原则主要包括以下内容。

1.3.1 贸易自由化原则

所谓贸易自由化原则，从本质上说，就是取消和限制一切妨碍与阻止国际贸易自由开展和进行的障碍，包括法律、法规、政策和措施等。因此，贸易自由化通常要求各国签署公约或条约，承诺关税减让、取消数量限制、减少和消除关税壁垒和各种形式的非关税壁垒；放开或改善市场准入条件，减少产品、服务、资本进入的限制性政策和措施；增加透明度，对各国政府实施的与贸易有关的法律、法规、法令、条令、行政规章、决定、司法判决等,都应及时公布,以供各国政府和贸易当事人知悉。通过各种推动贸易自由化的行为,使各国对外国商品和服务的进口所采取的限制逐步减少,为进口商品和服务提供更多的贸易优惠待遇,促进以市场为主导的全球化竞争市场的形成和资源的合理配置,最终实现货物、技术、服务和资本在全球范围内的自由流动。

经济学家认为,自由化能最大限度地实现资源的合理配置,从而达到增进各国福利、提高人民生活水平的目的。因此,国际贸易法的目标就是调整在国际贸易这个竞技场上的国家、法人、个人行为的准则,在不违反一国强制性法律规定和公共秩序的前提下,广泛承认合同双方的自主权利,即确定合同内容、自由选择管辖合同的法律、自由决定将其争议提交仲裁或司法解决的权利,在一个开放的市场上逐步削减关税及其他非关税壁垒,最终实现货物、技术、服务和资本在全球范围内的自由流动。

课堂讨论1-2:如何推进"一带一路"贸易投资便利化?

1.3.2 平等互利、公平交易原则

在国际贸易领域,此原则既适用于国家之间的公法关系,也适用于贸易合同双方当事人之间的私法关系。

知识拓展二维码1-3:贸易便利化

在国家之间,应依据主权平等的要求而相互给予条件互惠待遇,这是平等互利原则的国家层面的具体体现,是指导国家之间经济贸易活动的基本原则。它要求一国对所有在其领域内从事正当贸易活动的外国人和外国企业一视同仁,不得因国内贸易与对外贸易之间的差别或将国内法适用于国际贸易而使外国人处于不公平的、受歧视的地位。在发达国家和发展中国家的贸易关系中,发达国家应按照发展中国家的经济发展水平,提供有利的非互惠条件,以实现实质上的平等和公平。

在国际贸易交易当事人之间,双方的法律地位平等,权利和义务相对等。无论何种形式的国际贸易,都应使双方当事人相互受益。具体来说,主要包括3个方面的内容:第一,双方应在平等的基础上协商交易内容,遵循诚实信用原则,尊重意思自治和契约自由,尊重当事人之间的约定和交易意图;第二,双方应自觉维护交易公平,任何一方不得享有特权和豁免权,也不能接受不公平、不合理、片面追求单方利益的条款,其合法正当权益应当得到充分保护;第三,双方在适用法律上一律平等,相互尊重和承认对方依据相关法律所享有的权利和应履行的义务。

1.3.3 强制性规则优先原则

国际贸易交易的繁荣发展离不开意思自治和契约自由,国际贸易法律规范也因此存在大量的"任意性规则"。然而,当事人之间的国际贸易交往不得违反主权国家自主制定的强制性法律规定,也不得损害公共秩序,这是对国家主权的尊重。因此,在国际贸易中,强制性规则优先和公共秩序保留成为各国普遍认可的做法。

这一原则要求当事人不得通过协议或其他方式实施下列行为:①改变、违反或排除国内法的强制性规定;②排除根据有关国际私法原则而应适用的强制性规则;③排除国际公

约的强制性条款的规定；④损害一国的国家利益、社会公共利益及社会存在和发展所需要的一般秩序。

1.3.4 国际合作与发展原则

对于占世界 2/3 的发展中国家而言，必须首先通过国家经济的发展，才能逐步缩小直至消除穷国和富国之间的巨大差距，从而建立起公平、合理的国际经济关系。因此，国际合作与发展原则应作为国际贸易法的一项基本原则，每个国家都应该致力于国际经济贸易合作，以合作而不是对抗来促进国际贸易，进而促进共同繁荣。

在此原则指导下，各国应当努力通过多边体制来解决贸易问题，进行广泛的磋商、谈判，求同存异，共同建立统一的贸易规则。在发生贸易争端时，各国也应秉承合作谋求发展的宗旨，首先通过协商手段来解决争议，而不是直接采取单边的贸易保护主义及报复措施制裁对方。

本章相关知识拓展性阅读二维码

复习思考题

一、判断题

1. 国际贸易法的调整范围限于国际货物买卖关系及与之有关的国际货物运输保险关系。（   ）
2. 国际商业惯例是任意性规范，只有在当事人明示选择适用或默示援引的情况下才对当事人有约束力。（   ）
3. 国家是国际贸易法的主体，具有管理职能，而不具有国际贸易当事人的身份。（   ）
4.《联合国国际货物买卖合同公约》是国际贸易领域的重要国际惯例。（   ）
5. 跨国公司的利益与东道国的利益可能存在冲突，东道国可能通过国内法限制跨国公司的行为。（   ）

二、单项选择题

1．关于国际贸易法的调整范围不包括（   ）。
A．货物贸易　　　　B．服务贸易　　　　C．金融活动　　　　D．技术贸易
2．下列选项中，属于国际贸易惯例性质的是（   ）。
A．《托收统一规则》　　　　　　　　　B．《国际货币基金协定》
C．《与贸易有关的知识产权措施协议》　　D．《商标国际注册马德里协定》
3．关于国际贸易法的主体，下列说法错误的是（   ）。
A．具有民事权利能力和行为能力的自然人是国际贸易法主体

B．我国的个人不能从事国际贸易经营活动
C．国际组织可以参与国际贸易活动
D．国家可以以自己的名义签订国际贸易合同

4．关于跨国公司，下列说法错误的是（　　）。
A．跨国公司是具有多重国籍的国际法人
B．跨国公司内部可能存在母子公司关系、总分公司关系
C．跨国公司是由不同实体组成的，这些实体分布在不同国家
D．跨国公司具有全球性经营战略

5．下列不属于国际贸易法范畴的法律制度是（　　）。
A．区域贸易法律制度　　　　　　B．对外贸易保护措施制度
C．国际贸易支付法律制度　　　　D．国际私法冲突规范

三、多项选择题

1．下列哪些属于国际贸易法的渊源（　　）。
A．《中华人民共和国劳动法》　　B．《华沙—牛津规则》
C．《保护工业产权巴黎公约》　　D．《服务贸易总协定》

2．下列选项属于国际贸易法主体的有（　　）。
A．联合国国际贸易法委员会　　　B．获得对外贸易经营许可的A国有企业
C．某大型跨国公司　　　　　　　D．中国

3．国际贸易法的特点包括（　　）。
A．呈现出统一化趋势
B．既包括国际法规范，也包括国内法规范
C．其范围既包括公法，也包括私法
D．既包括实体法，也包括程序法

四、简答题

1．国际贸易法的定义和调整范围是什么？
2．简述国际贸易法的特征。
3．简述国际贸易法的渊源及其效力。
4．国际贸易法的基本原则有哪些？
5．简述跨国公司的法律特征。

五、案例分析题

甲国要求凡是进口至本国的食品必须加贴营养标签，而这种标签并非食品行业通常要求必须提供的标签。为达到甲国的这一标准，许多国家出口到甲国的每种食品都要花费500~2 000美元不等的营养成分检测费。甲国有关部门在对食品进行审批时还经常拖延时间，导致出口商增加了金额不小的额外费用支出，从而降低了产品竞争力。请问，甲国的这一做法是否构成违反国际贸易法基本原则的行为？

第 2 章　国际货物买卖法

学习目标

通过本章的学习，要求了解国际货物买卖的公约和惯例、国际货物买卖合同双方的义务，掌握 2010 年版国际贸易术语的变化、国际货物买卖合同中的要约和承诺的规定、国际货物买卖合同货物所有权的确定及风险的转移，重点掌握 2010 年版新增国际贸易术语的含义。

案例导入

2017 年 10 月 6 日，英国买方向中国卖方发出一份要约：购买小麦 1 000 吨，每吨 10 000 元，DAT INCOTERMS 2010 伦敦，见通知后 4 天内发货。中国卖方于 2017 年 10 月 8 日收到通知，相关负责人于 10 月 9 日见到通知，于次日发货，并于发货当天电话通知英国买方已发货，将货物在天津港装船交于第一承运人——日本运输公司，日本运输公司在将货物运往伦敦的途中，因雷电的原因，船上发生火灾，大部分小麦被火烧掉，英国买方认为其没有收到货物，中国卖方没有按期交货，应承担法律责任。中国卖方认为货物的灭失与自己没有关系，不应承担责任，货物已交承运人，且相关单据也已交承运人，已经完成交货，货物的损失应该由英国买方承担。

问题：

（1）英国买方与中国卖方之间的合同是否成立，成立的时间？

（2）在 DAT 术语下，买卖双方的义务是如何分配的？

（3）货物的所有权是否发生转移？

（4）货物的风险应由谁来承担？

带着对这些问题的思考，学习国际货物买卖法及相关制度。

2.1　国际货物买卖适用的公约、法律及惯例

国际货物买卖法是调整国际货物买卖关系以及与国际货物买卖有关的其他经济关系的法律规范的总称。广义的国际货物买卖不仅包括动产，还包括不动产，而狭义的国际货物买卖法仅指调整动产买卖方面的法律。本书所介绍的国际货物买卖法以动产为限。贸易法中重要的、传统的组成部分，主要为调整带有国际因素的货物买卖关系的原则、规则及规章制度。

2.1.1　调整国际货物买卖的法律

由于国际货物买卖涉及多个国家的法律，各个国家对彼此的国内法不是很了解，于是，各个国家为了便于彼此贸易往来，拟定了一些法律制度来协调国与国之间买卖纠纷法律适用问题。

1. 有关国际货物买卖的外国法律

各国货物买卖法通常是在商人习惯法的基础上进行总结和创造产生的，同时随着各国商人之间的贸易往来，各国将商人们共识的习惯法纳入各国国内法体系。由于英美法系与大陆法系国内法演进道路不同，各国货物买卖法的表达形式也有所差异。在普通法系国家，既有成文的货物买卖法，又有法官在审判中创设的判例法。英国著名的《1893年货物买卖法》，实际上就是判例法的成文化。该法在1979年修订，并在1994年进行了重大修改，更名为《1994年货物销售与供应法》(*Sale and Supply of Goods Act, 1994*)，将此法的适用范围扩大，不仅包括货物买卖，还包含货物供应。[①]

美国的货物买卖法主要有《1906年统一买卖法》(*Uniform Sale of Goods Act, 1906*)，此法主要是以英国的《1893年货物买卖法》为蓝本制定的，然而，随着时间的推移，此法无法适应美国经济的发展，因而，从1942年开始，美国民间一些法律团体，如美国法学会（American Law Institute）和美国统一各州法律委员会（National Conference of Commissioner Uniform State Law），起草美国《统一商法典》(*Uniform Commercial Code*, UCC)，此法建立在美国《1896年统一票据法》《1906年统一货物买卖法》《1906年统一仓库收据法》《1909年统一提单法》《1909年统一股票转让法》《1918年统一附条件货物买卖法》《1933年统一信托收据法》等7个成文的单行法规基础之上，[②]于1952年公布，并几经修订，现在使用的是1987年公布的文本。虽然UCC具有民间性，但截至目前，美国有50个州都采用了该商法典（路易斯安那州是部分采用此法法典）。[③]该法典将货物买卖法规定在第二篇，共7章104条，该篇也是UCC中篇幅最长的一篇，主要规范了以商品买卖为目的的合同所产生的买卖双方权利与义务的法律制度。

---

① 郭寿康，韩立余. 国际贸易法（第四版）[M]. 北京：中国人民大学出版社，2014：14.
② 王传丽. 国际贸易法（第五版）[M]. 北京：法律出版社，2015：21.
③ 周黎明. 国际商法理论与实务[M]. 北京：北京大学出版社，2014：118.

大陆法系在 17～19 世纪开始了民商事成文法的立法进程，其中，法国分别在 1673 年和 1682 年颁布了《商事条例》和《海事条例》，并在 1804 年和 1807 年颁布了《法国民法典》和《法国商法典》，德国也在 1896 年和 1897 年颁布了《德国民法典》和《德国商法典》。这些国家并没有在商法典中设置货物买卖法，而是将"买卖法"以"债编"的形式编入民法典。

2. 有关国际货物买卖的中国法律

我们国家没有专门制定货物买卖法，有关货物买卖的法律制度散布在各个单行法律之中。其中关于货物买卖法律制度原则性规定主要集中在《民法通则》（1986 年）[①]和《民法总则》（2017 年）[②]，我国曾在 1985 年制定了《涉外经济合同法》，1999 年施行《合同法》后[③]，《涉外经济合同法》废止。中国香港特别行政区在 1896 年参照英国《1893 年货物买卖法》制定《香港货物售卖条例》，并历经 7 次修订，现行 1994 年修订本，香港于 1997 年回归中国后，该条例在香港仍然继续有效。

虽然我国没有专门的货物买卖法，但是我国最高人民法院在 2015 年 5 月 10 日发布了《关于审理买卖合同纠纷案件适用法律问题的解释》，共 8 部分 46 条，对买卖合同成立及效力、标的物交付和所有权转移等法律适用问题作出细致的规定。同时，为了依法公正及时审理国际商事案件，平等保护中外当事人合法权益，我国最高人民法院还在 2018 年 7 月 1 日施行《最高人民法院关于设立国际商事法庭若干问题的规定》，此规定对我国营造稳定、公平、透明、便捷的法治化国际营商环境，服务和保障"一带一路"建设，以及提高国际贸易纠纷解决效率具有十分重要的意义。

2.1.2 调整国际货物买卖的公约

1. 调整国际货物买卖的主要国际公约

由于各国的国内法关于货物买卖的法律制度还存在一定的分歧，给国际贸易造成了很大的障碍，基于此，一些国际组织和国家开始从事国际货物买卖法的统一工作，以合同通过时间为依据，涉及国际货物买卖的国际公约主要有 5 项，分别为 1964 年在海牙通过的《国际货物买卖统一法公约》和《国际货物买卖合同成立统一法公约》、1980 年在维也纳通过的《联合国国际货物买卖合同公约》、1974 年在纽约通过的《国际货物销售时效公约》，以及 1983 年在日内瓦通过的《国际货物销售代理公约》等，见表 2-1。

[①]《民法通则》第 142～150 条对涉外民事法律关系作出原则性规定。
[②]《民法总则》虽然没有对涉外民事法律关系作出规定，但其关于法律行为的规定对涉外货物买卖法律关系认定具有参考意义。
[③]《合同法》第 126 条、第 128 条和第 129 条对涉外合同的法律适用作出明确规定。

表 2-1 调整国际货物买卖的主要国际公约

名称	制定主体	生效时间	参加国家数量
《国际货物买卖统一法公约》(Convention Relating to a Uniform Law on the International Sale of Goods)	国际统一私法协会	1972年①	制定时有西欧、美国等28个国家参加②
《国际货物买卖合同成立统一法公约》(Convention Relating to a Uniform Law on the Formation of Contracts for the International Sale of Goods)	国际统一私法协会	1972年	制定时有西欧、美国等28个国家参加
《联合国国际货物销售合同公约》(United Nations Convention on Contracts for the International Sale of Goods)	联合国国际贸易法委员会	1988年	截至2014年6月,参加该公约的国家共82个。我国是该公约的成员之一
《联合国国际货物买卖时效期限公约》(United Nations Convention on the Limitation Period in the International Sale of Goods)③	联合国	1988年	截至2005年,共有25个成员国
《国际货物销售代理公约》(Convention on Agency in the International Sale of Goods)④	国际统一私法协会	1983年通过,但至今未生效	

国际公约是国际货物买卖法的重要渊源。有关国际货物买卖法的国际条约除上述公约外,还有1924年《关于统一提单若干法律规则的公约》(海牙规则)、《维斯比规则》,1978年《国际海上货物运输公约》等,其中,1980年通过的《联合国国际货物销售合同公约》(以下简称《公约》)是迄今为止有关国际货物买卖合同的一项最为重要的国际公约,本书将重点介绍此公约。

---

① 由于国际公约涉及多个国家利益,因此,公约通过的时间与生效的时间多数不统一,有的甚至间隔数十年。
② 1964年4月在荷兰海牙举行的国际会议,有西欧、美国等28个国家参加,并最后通过了《国际货物买卖统一法公约》和《国际货物买卖合同成立统一法公约》两个公约,此公约于1972年生效。然而,这两个公约并没有达到统一国际货物买卖法的预期目的,这两个公约受欧洲大陆法的影响较大,有些概念晦涩难懂,内容也较为繁琐,有些规定不够合理并招致诸多批评。因此,这两个公约通过近50年,参加的国家寥寥无几。参见:王贵国. 国际贸易法[M]. 北京:北京大学出版社,2004:15;沈四宝,王军,焦津洪. 国际商法[M]. 北京:对外经济贸易大学出版社,2002:323.
③ 《联合国国际货物买卖时效期限公约》共4部分46条。主要内容是对时效期限的定义、期间、起算和计算、停止和延长,以及时效期限届满的后果作了具体规定。在此之前,国际货物买卖中的时效期限各国规定不一致,从6个月至30年不等,有碍于国际贸易的发展,该公约将时效期限统一规定为4年,在4年内,买卖双方皆可就国际货物买卖合同的任何争议提起诉讼,超过时效,仲裁机构和法院不得接受已过时效期限的请求,也不得对判决予以承认和执行。
④ 此公约主要补充《联合国国际货物销售合同公约》中没有涉及的代理问题。该公约调整代理问题中的外部关系,也就是代理人或本人与第三人的关系,而代理中的内部关系留给国内法调整。无论代理人以自己名义或以被代理人名义行为,该公约都适用,而且该公约由当事人选择适用。

2. 《公约》内容及适用范围

（1）《公约》内容。

《公约》共101条，分为4部分，第一部分为适用范围和总则（Sphere of Application and General Provisions），第二部分为合同的成立（Formation of the Contract），第三部分为货物买卖（Sale of Goods），第四部分为最后条款（Final Provisions），具体内容见表2-2。

表2-2 《国际货物销售合同公约》内容

条款数额	组成部分及主要涉及内容
共101条	第一部分：适用范围和总则，阐明了公约的宗旨、适用的货物的范围，以及确定国际性的标准
	第二部分：合同的成立，主要规定要约、承诺规则
	第三部分：货物的销售，包括买卖双方的义务、风险的转移、违约补救方法，以及免责条款等
	第四部分：最后条款，即公约的生效、保留等

（2）《公约》适用范围。

此公约适用范围主要体现在4个方面：主体的适用、合同标的的适用、合同内容的适用以及缔约国声明保留的除外适用，具体见表2-3。

表2-3 《联合国国际货物买卖合同公约》适用范围

类　型	适用的具体范围及相应列举
主体的适用	当事人的营业地需在不同国家（地区），且具备下列两个条件之一：①双方当事人营业地所在国（地区）都是缔约国（地区）；②虽然当事人营业地所在国（地区）不是缔约国（地区），但根据国际私法规则导致应适用某一缔约国法律，公约适用时，不考虑当事人的国籍、主体资格以及合同的性质
合同标的的适用	公约仅适用于普通的货物销售合同，不适用劳务合同或其他服务合同。同时，下列几种买卖合同亦不适用：①直接供私人使用的货物的销售，除非买方在订立合同前或者订立当时不知道且没有理由知道这些货物是用于该目的；②经由拍卖的销售；③根据法律执行令状或其他令状的销售；④公债、股票、投资证券、流通票据和货币的销售；⑤船舶、气垫船或飞行器的销售；⑥电力的销售；⑦卖方绝大部分义务是提供劳务或其他服务的销售
合同内容的适用	公约只适用于销售合同的订立以及买卖双方因合同而产生的权利义务。下列事项除非公约明文规定，一般不适用： ①合同的效力，或其任何条款的效力，或任何惯例的效力； ②合同对所售货物所有权可能产生的影响； ③货物对人身造成伤亡或者损害的产品责任问题

续表

类 型	适用的具体范围及相应列举
缔约国声明保留的除外适用	缔约国应直接适用公约，但是公约也规定，缔约国可以在公约明文许可的范围内提出保留。①根据《公约》第92条第1款的规定，对《公约》第二部分或第三部分予以保留；②根据《公约》第93条的规定，缔约国具有两个或两个以上的领土单位的，可以对适用的领土单位提出保留；③根据《公约》第95条的规定，对《公约》第1条第1款第（b）项予以保留，即可以不接受依据国际私法规则适用《公约》的做法；④根据《公约》第96条的规定，对《公约》第12条予以保留，即不受可通过非书面形式订立合同等的约束

课堂讨论 2-1： 一位专业摄影师以营业为目的购买的摄像机和一位消费者以满足自己个人业余爱好为目的所购买的摄像机，哪一个属于《公约》所调整的货物范围？

案例分析 2-1： 位于中国的甲公司与地处日本的乙公司订立某服装的买卖合同，由中国甲公司提供布料，由日本乙公司加工成男式西服，再卖给中国甲公司。

问题：此合同是否是国际货物买卖合同？

（3）中国对《公约》适用的保留。

我国是《联合国国际货物销售合同公约》的最早成员国之一。我国政府于1980年也曾派遣代表参加了当年举行的维也纳会议，并于1986年12月向联合国秘书长递交了关于该公约的核准书，成为该公约的缔约国。我国对《公约》适用态度是基本上赞同《公约》的内容，但在《公约》允许的范围内，根据中国具体情况，提出两项保留，即关于国际货物买卖合同必须采用书面形式的保留和关于《公约》适用范围的保留。

① 关于国际货物买卖合同必须采用书面形式的保留。按照该公约的规定，国际货物买卖合同不一定要以书面方式订立或以书面来证明，在形式方面不受限制。也就是说，无论采用书面形式、口头形式或其他形式都认为是有效的。这条保留是鉴于我国当时适用的《涉外经济合同法》，该法规定涉外经济买卖合同必须采用书面形式，而《公约》规定内容与我国国内法规定不一致，为此，提出保留，然而，随着《合同法》取代《涉外经济合同法》，并在《合同法》中对合同形式多元化进行规定，书面形式不再成为合同形式的唯一标准，提出保留的理由已不存在，建议我们国家放弃保留，以鼓励交易，促进国际贸易的发展。

② 关于《公约》使用范围的保留。《公约》在确定其使用范围时，是以当事人的营业地处于不同国家为标准的，对当事人的国籍不予考虑。《公约》适用于营业地处于不同的缔约国家的当事人之间订立的买卖合同。对于这一点，我国是同意的。

但是，该公约又规定，只要当事人的营业地是分别处于不同国家的，即使他们的营业地的所属国家不是《公约》的缔约国，但如果按照国际私法的规则指向适用某个缔约国的法律，则该公约亦将适用于这些当事人之间订立的买卖合同。这一规定的目的是要扩大《公约》的适用范围，使它在某些情况下也可适用于营业地处于非缔约国的当事人之间订立的买卖合同。对于这一点，我国在核准该公约时亦提出了保留。

根据这项保留，在我国，该公约的适用范围仅限于营业地点分别处于不同的缔约国的当事人之间订立的货物买卖合同。此举的目的是限制《公约》的适用范围，从而扩大中国国内法适用的机会。

2.1.3 国际贸易惯例

国际贸易惯例是国际货物买卖法的另一个重要渊源，也是在某一地区或某一行业逐渐形成的为该地区或该行业所普遍认知、适用的商业做法或贸易习惯做法，不具有普遍法律约束力，由当事人选择予以适用。如果双方当事人在合同内规定采用某项惯例，它对双方当事人就具有约束力。在发生争议时，法院和仲裁机构也可以参照国际贸易惯例来确定当事人的权利与义务。关于国际货物买卖的国际惯例很多，主要有以下 5 种。

1．《国际贸易术语解释通则》

国际商会在 1936 年制订，将其命名为《1936 年国际贸易术语解释通则》（INCOTERMS 1936），随后，为了适应国际贸易实践发展的需要，先后于 1953 年、1967 年、1976 年、1980 年、1990 年、2000 年及 2010 年进行了补充和修订（2011 年 1 月 1 日正式生效），其目的是为国际贸易合同中使用的主要术语提供一套具有国际性通用的解释，使这些术语在不同国家有不同解释的情况下，能选用确定而统一的解释。到目前为止，该通则在国际上已获得了广泛的承认和采用。

2．《华沙—牛津规则》

国际法协会 1928 年在华沙主持制定，并于 1932 年在牛津会议上修订，故称为《华沙—牛津规则》，该规则是针对成本加运费、保险费合同（CIF）制定的，它对 CIF 合同中买卖双方所应承担的责任、风险与费用做了详细的规定，在国际上有相当大的影响。

3．《跟单信用证统一惯例》和《托收统一规则》

国际商会制订的《跟单信用证统一惯例》（2007 年修订版本）和《托收统一规则》。这是两项有关国际贸易支付方面的重要惯例，它们确定了在采用信用证和托收方式时，银行与有关当事人之间的责任与义务，在国际上有很大的影响，我国在外贸业务中也普遍使用。

4．《美国对外贸易定义》

美国商会、美国进口商理事会和全国对外贸易理事会组成的联合委员会在 1941 年制定的《美国对外贸易定义》中，涉及 CIF、FOB 等 6 种术语，除在美洲国家有较大影响外，对其他国家的影响不及《国际贸易术语解释通则》。

5．《国际商事合同通则》

《国际商事合同通则》是国际统一私法协会于 1994 年制定、通过的，并于 2004 年 4 月对其作出了修订和增补。该通则特别阐明当事人应按照诚实信用和公平交易原则行事的一般义务，并且加入了一些合理的行为标准，旨在制定一套可以在世界范围内使用的国际商事合同规则体系，用于解释或者补充国际统一法律文件，也可用作国家或国际立法的范本。

2.2 国际贸易术语

2.2.1 国际贸易术语概述

1. 国际贸易术语内涵

国际贸易术语又称价格术语,是在长期国际贸易实践过程中形成的,用于确定买卖双方在交货中的责任、费用和风险负担的国际贸易惯例。[①]国际贸易术语解释通则经过多次修订,到目前为止,共有 8 个版本,其中常用的是 1990 年版本、2000 年版本和 2010 年版本。由于国际贸易术语解释通则本身是国际贸易惯例,并不是法律,因此,惯例在适用过程中有两个特点。

一是对国际贸易当事人而言,不具有必然的法律强制性约束力,其只对选择适用的当事人起到合同约定的效力。这就需要当事人对贸易术语加以定义,如果没有定义,一旦发生争议,法院或仲裁机构会根据适用的法律或者当事人所在国加入的国际公约来解释并作出判决或裁决。

二是国际贸易术语解释通则在适用时间效力上,并不适用"新法优于旧法"的规则。2010 年版国际贸易术语的实施并不能导致 2000 年版本自动废止,从事国际贸易活动的当事人在订立贸易合同时,仍然可以选择适用 2000 年版本的国际贸易术语,甚至 1990 年版本,而且当事人也可以根据国际贸易的实际情况减损、改变其内容及效力。为了避免误解,当事人在签订国际贸易合同时,如果选择国际贸易术语,最好标明合同适用的国际贸易术语的名称及其版本。

知识拓展二维码 2-1:1990 年和 2000 年版国际贸易术语

2. 2010 年版《国际贸易术语解释通则》概况

(1) 2010 年版《国际贸易术语解释通则》术语分类介绍。

随着无关税区的发展,电子数据交换的普遍应用,以及运输技术的变化,2000 年版本的国际贸易术语已不能完全适应当今国际贸易形势的快速发展以及国际贸易实践领域的新变化。2007 年 11 月,国际商会再次发起对国际贸易术语的修订工作,历经三年四度易稿,2010 年版《国际贸易术语解释通则》于 2010 年 9 月正式面世,并于 2011 年 1 月 1 日起生效。

2010 年版国际贸易术语虽然与 2000 年的版本相比,没有什么根本性的变化,但是适应经济发展的微调变化还是很多的。最为明显的是以运输方式为分类标准,一类是适用于任何运输方式的,另一类是只适用于海运及内河水运方式的,并且每一组术语中,再按照卖方义务由小到大进行排列,具体分类结构见表 2-4。

[①] 周黎明. 国际商法理论与实务[M]. 北京:北京大学出版社,2014:112.

表 2-4　2010 年版《国际贸易术语解释通则》分类结构

\multicolumn{3}{c}{适用于任何运输方式（Any Mode of Transport）}
EXW	Ex Works	工厂交货
FCA	Free Carrier	货交承运人
CPT	Carriage Paid To	运费付至
CIP	Carriage and Insurance Paid To	运保费付至
DAT	Delivered At Terminal	指定终端交货
DAP	Delivered At Place	指定目的地交货
DDP	Delivered Duty Paid	完税后交货
\multicolumn{3}{c}{仅适用于水运方式（Sea and Inland Waterway Transport Only）}
FAS	Free Alongside Ship	装运港船边交货
FOB	Free On Board	装运港船上交货
CFR	Cost and Freight	成本加运费
CIF	Cost, Insurance and Freight	成本加运保费

（2）2010 年版《国际贸易术语解释通则》的主要变化。

① 对国际贸易术语的数量及名称进行了调整，由原来的 13 种缩减到 11 种，删除 D 组 4 个术语，并新增 DAT、DAP 两个贸易术语。

② 国际贸易术语分类的调整。2000 年版的国际贸易术语分为启运组 E 组、主运费未付组 F 组、主运费已付组 C 组、到达组 D 组等 4 组，而且按照卖方责任逐步增加、买方责任逐步减少排列，2010 年版本的国际贸易术语按适用运输方式划为两大类，即按适用于各种运输方式和仅适用于水运进行分类。这种分类方式就是提醒贸易双方注意，不要将仅适用于水运的术语用于其他运输方式。

③ 2010 年版本的国际贸易术语对 2000 年版本中的 D 组结构及其贸易术语的含义改动较大，其删除 2000 年版国际贸易术语中 4 个 D 组贸易术语，即 DDU（Delivered Duty Unpaid，未完税交货）、DAF（Delivered At Frontier，边境交货）、DES（Delivered Ex Ship，目的港船上交货）、DEQ（Delivered Ex Quay，目的港码头交货），用 DAP（Delivered At Place，在指定目的地交货）取代了 DAF、DES 和 DDU 3 个术语，在这种术语条件下，卖方只需在指定的目的地使货物处于买方控制之下，无须承担卸货费。DAT（Delivered At Terminal，指定目的地或目的港的集散站交货）取代了 DEQ，且扩展至适用一切运输方式。只保留了 2000 年国际贸易术语 D 组中的 DDP（Delivered Duty Paid）。

④ 对适用范围扩大的调整。2010 年以前版本的国际贸易术语适用于国际货物销售合同，而 2010 年版本则考虑到一些大的区域贸易集团内部贸易的特点，将适用范围扩大，不仅适用于国际货物销售合同，而且适用于国内货物销售合同，并且 2010 年版国际贸易术语在解释买卖双方义务时，明确进出口商仅在需要时才办理出口/进口报关手续和支付相应费用。

⑤ 对每个术语都增加了指导性说明。这个说明主要解释了何时适用术语以及在何种情形下适用其他术语，该术语合同下与货物有关的风险负担何时转移，买卖双方之间的成本或者费用及出口手续如何划分等事宜，以及双方应当明确规定交货的具体地点和未能规定

所引起的费用的负担等。

虽然指导性说明并不是每个术语的必要组成部分，但是它们能够帮助使用者准确、高效地选择特定的国际贸易术语，就像 Frank Reynolds 说的那样，2010 年版《国际贸易术语通则》对使用者会更加友好。[①]

⑥ 对贸易术语义务项目上的调整。2000 年版的国际贸易术语，对于每种贸易术语下的买卖双方各自义务分别列出 10 个项目。而 2010 年版国际贸易术语不再将卖方每一项目中的具体义务对应买方在同一项目中相应的义务，而是采用分别描述，并且对各项目内容也有所调整。

⑦ 对货物风险转移界限的调整。2010 年版本取消了 2000 年版本中的 FOB、CFR 和 CIF 术语下与货物有关的风险在装运港"船舷"转移的概念，不再规定风险转移的临界点，由卖方承担货物在装运港上船为止的一切风险，而买方承担货物自装运港上船之后的一切风险，这种变化更能反映现代商业实际，避免以往风险围绕"船舷"这条虚拟垂线来回摇摆所带来的不确定性问题。

⑧ 新增连环贸易（String Sales）。2010 年版本国际贸易术语在 FAS、FOB、CFR 和 CIF 等适用水上运输的术语的指导性说明中，首次提到"String Sales"，而且在 CPT 和 CIP 的 A3 项中也有所涉及。

连环贸易主要适用于大宗货物买卖，货物经常在一笔连环贸易链条运转中被多次买卖，而且，由于在连环贸易中，货物由第一个卖方运输，作为链条中间环节的卖方就无须装运货物，而是根据其得到的货物单据而履行义务。如果按照 2000 年版国际贸易术语，就无法确定连环贸易模式下卖方的交付义务，为了明确起见，2010 年版国际贸易术语新增了"取得已船运的货物"义务，以将此作为通则的相关规则中船运货物义务的替代义务。

⑨ 进一步认可电子通信方式。2000 年版国际贸易术语提及买卖双方可以以电子数据交换信息替代的文件，如商业发票、交货凭证、运输单据等，而在 2010 年版国际贸易术语的 A1/B1 条款中进一步明确，只要订立合同双方同意，或者存在相关交易惯例，则电子文件或电子交易程序与纸质通信具有相同的效果。

⑩ 增加安全清关及所需信息的条款。由于贸易商人对货物运输安全非常关注，而且，各国商人均希望货物不会因为自有属性以外的原因对生命和财产构成威胁，因此，2010 年版国际贸易术语 A2/B2 和 A10/B10 条款对安全清关问题在买卖双方之间进行了责任划分。例如，在 EXW 术语中增加"若需要时，买方要求并由其承担风险和费用，卖方必须提供给买方货物安全清关时所需的任何信息。"

⑪ 新增码头作业费的明确规定。在 CPT、CIP、CIF、DAT、DAP 和 DDP 等国际贸易术语规则中，卖家必须为货物到达商定好的目的地的运输作出安排。尽管运费由卖方支付，但实际上是把运费成本包含在货物的售价中，由买方支付。

而且，有时运费中已包含货物在港口或集装箱码头内的理货和运输费用，但是，承运人或码头营运方还会向买方收取这笔费用，如此情况下，买方实际上支付两次费用：一次

[①] Frank Reynolds: Incoterms Update: Revision No.8, the Journal of Commerce, January-February 2009:70.

是付给卖方作为销售价格中的一部分；一次是单独支付给承运人或码头营运方。

为此，2010年版国际贸易术语A6/B6条款中对此项费用进行了明确的分配，进而避免重复付费的现象发生。

⑫ 增加生效规则（Entry into Force Rule），除非明确地说明使用贸易术语的版本，否则自2011年1月1日起运输的货物自动适用INCOTERMS 2010，也就是说，如果当事人仍在新版本实施后，继续选择使用早期版本，就应在合同中注明具体版本，如FOB INCOTERMS 1990。

2.2.2 2010年版《国际贸易术语解释通则》常用术语介绍

1. 常用术语介绍

在国际贸易中，经常为商人们所引用的国际贸易术语一般有3个，分别是装运港船上交货（FOB），成本加运费（CFR），成本、保险费加运费（CIF）。在此，对3类术语进行详细分析。

（1）FOB（Free On Board，装运港船上交货）。

FOB术语适用于海运或内河运输。

卖方的主要义务包括两方面：一是办理出口清关手续；二是按照约定的时间和地点，依照港口惯例将货物装上买方指定的船舶并给买方充分的通知。

买方的主要义务是办理运输、保险和进口清关等手续。

关于买卖双方风险转移情况，取消了"装运港船舷"转移概念，不再规定风险转移的临界点，卖方承担货物在指定的装运港交到船上之前的一切费用和风险，而买方承担货物自装运港装上船之后的一切风险。

案例分析 2-2： 我国某公司（卖方）与美国某公司（买方）签订出口冻牛肉的买卖合同，约定适用国际贸易术语解释通则的FOB术语，合同签订之后接到买方来电，称租船困难，委托卖方代为租船，相关费用由买方承担。为了尽快履行合同，卖方接受了买方的要求，但是到了装运期，卖方在规定的装运港没有租到合适的船，与买方沟通，买方不愿意改变装运港，致使装运期满，货物仍然没有装船，买方便来函以销售期已结束、卖方没有按期租船为由撤销合同。

问题：买方撤销合同的主张是否能够得到支持？为什么？责任应如何认定？

（2）CFR（Cost and Freight Paid，成本加运费付至）。

CFR是指卖方按照合同规定的日期或期限，在装运港将货物装上或通过取得已交付至船上的货物方式交货，并支付将货物运至指定目的港所需的运费。此术语适用于海运和内河运输。

整个货物买卖过程中，卖方的主要义务有两方面：一是办理出口清关手续；二是办理运输手续。主要包括自费租船，在约定的时间在装运港将货物交付至船上，并给予买方充分的通知。

买方的主要义务是办理保险和进口清关手续。

风险转移同FOB一样，将货物装上船或者通过取得已交付至船上货物的方式完成交货后的风险转移。

案例分析 2-3：韩国卖方与新加坡买方订立一批化妆品合同，约定适用 CFR 术语，韩国卖方按照合同约定的时间在装运港装船后，要求买方支付货款，但忘记正式向买方发出装船通知。货物在运输途中因遇台风而损毁，新加坡买方向韩国卖方索赔。

问题：此案件的货物损毁应由哪一方承担？为什么？

（3）CIF（Cost, Insurance and Freight Paid，成本、保险费加运费付至）。

CIF 是指卖方按照合同规定的日期或期限，在指定的装运港将货物装上船或者通过取得已交付至船上货物的方式交货，并支付将货物运至指定目的港所需的运费和保费。此术语适用于海运或内河运输。

卖方的主要义务：一是办理出口清关手续，具体包括自负风险和费用办理出口许可证和出口手续，交纳出口捐税和费用；二是负责办理运输手续，具体包括自费租船，在约定的时间在装运港将货物交付至船上，并给予买方充分的通知；三是自负费用的方式按合同约定办理保险，并向买方提供保险单证。①四是提供符合同规定的货物和单证。

买方的主要义务：一是支付货款，并接受卖方提交的交货凭证或相等的电子单证；二是办理进口清关手续。

风险转移同 FOB 一样，将货物装上船或者通过取得已交付至船上货物的方式完成交货后的风险转移。

案例分析 2-4：②卖方向买方出售了一些美国玉米，卖方可以在 14 250～15 750 包的范围内选择交货数量。合同规定每包货物应重 480 磅，价格术语是 CIF 伦敦。双方采用说明方式进行买卖，货物尚未特定化。后来卖方根据合同向买方发出了货物已拨付于合同项下的通知，其中提到，货物已被拨付到合同项下，在利物浦装上船，数量共计 15 444 包，这一通知得到买方的认同。通知当晚玉米因暴雨而受损失，卖方认为其已完成交货，故损失完全由买方承担。

问题：损失由哪一方来承担？

案例分析 2-5：我国卖方公司出售 100 吨洋葱给英国买方公司，约定适用 CIF 术语，洋葱在中国港口装船时，经相关公证部门查验，完全符合商销品质，并出具了合格证明。然而，此批货物运至美国买方时，洋葱已全部腐烂变质，不适合人类食用，买方因此拒绝收货，并要求卖方退回已付清的货款。

问题：上述争议如何解决？

2. 新增术语的介绍

（1）DAP（Delivered At Place，目的地交货）。

DAP 术语取代了 DAF（边境交货）、DES（目的港船上交货）和 DDU（未完税交货）

---

① CIF 与 CFR 唯一不同之处在于卖方需要购买以买方为受益人的，承保转移后的风险的货物保险。一般情况下，这个保险是最基本的保险项目，卖方只需按最低责任范围的保险险别办理保险即可，如果买方有特殊要求，如增加保险项目来保证其自身利益的，买卖双方需要进一步协商。

② 陈若鸿编译. 英国货物买卖法：判例与评论[M]. 北京：法律出版社，2003:226.

3 个术语，是指卖方将货物运送至指定的目的地，只需做好卸货准备而无需卸货，即视为完成交货，术语所指的到达车辆包括船舶，目的地包括港口。DAP 术语适用于任何运输方式或多式联运。

卖方义务：一是提供符合销售合同规定的货物和商业发票或合同可能要求的同等作用的电子信息；二是卖方自己承担取得任何出口许可证和其他官方授权书，并办理货物出口所需的一切必要的海关手续；三是卖方应当签订货物到指定目的地或约定地点的运输合同并自付费用；四是做好货物可供卸载的准备；五是充分通知买方；六是查对、包装和标记的义务；七是信息协助的义务。①

买方义务：一是按照合同规定支付价款；二是履行为货物进口必需的一切海关手续；三是收货义务；四是接受交货凭证义务；五是信息协助义务；六是负责在指定的目的地将货物从到达的运输工具上卸下。

风险转移：除非货物的损坏和灭失是由买方没有履行相应义务引发的，一般情况下，交货之前，货物的一切损坏和灭失的风险由卖方承担，交货之后由买方承担。

知识拓展二维码 2-2：在 DAP 术语下，买卖双方的义务

案例分析 2-6：中国卖方在 2018 年 1 月按照 DAP 满州里条件与俄罗斯买方签订了一批农产品买卖合同，合同约定数量为 80 吨，交货期为 2018 年 1 月 28 日。签约后，卖方开始备货，安排铁路运输，买方在满州里铁路货运站接收货物时，发现卖方未支付卸货费用，只能自行支付并收货，于是，买方向卖方发电通知，卖方未支付卸货费用，要求从货款中扣除。

问题：买方要求是否合理，为什么？

（2）DAT（Delivered At Terminal，运输终端交货）。

DAT 术语取代了 DEQ 术语，是指卖方在指定港口或者目的地的指定运输终端将货物从抵达的载货运输工具上卸下，交给买方处置时，即为交货。DAT 适用于各种运输方式或多式联运。

卖方义务：承担将货物运至指定的目的地或目的港的集散站的一切风险和费用（除进口费用外）。例如，卖方订立运输合同，同时在货物到达目的地时卸货，并且应当在合同双方商定的终点地和交货日期将货物交由买方处置。

买方义务：受领货物，交付货款，信息协助义务。

风险转移：风险自货物从交货的运输工具上卸下，并交给买方处置完成交货后，转移至买方，同时，协助买方办理相关手续。

知识拓展二维码 2-3：在 DAT 术语下买卖双方的义务

课堂讨论 2-2：中国买方公司准备与韩国卖方公司订立 10 吨大米的买卖合同，中国买

---

① 卖方在指定目的地交货，但卖方不负责将货物从到达的运输工具上卸下，买方负责在指定目的地将货物从到达的运输工具上卸下，但卖方要保证货物可供卸载。卖方签订运输合同时应注意运输合同与买卖合同相关交货地点的协调，如果卖方按照运输合同在指定目的地发生了卸货费用，除非双方另有约定，卖方无权向买方要求偿付。

方公司欲适用国际贸易术语解释通则，以某个国际贸易术语为基准订立买卖合同，买方对此项合同有下列要求：交货在中国买方公司所在地，并且由韩国卖方公司将货物从交货的运输工具上卸下，并交给买方处置完成交货。

  问题：（1）如果中国买方公司咨询到你，请问你建议其以哪一种国际贸易术语为依托订立此买卖合同？

  （2）根据你建议的国际贸易术语，韩国卖方公司还有哪些义务？

案例分析 2-7： 中国大连卖方与新加坡买方以 DAT 的方式签订了一批 10 吨海产品出口合同。合同中规定不准转运，中国大连卖方在规定的装运期限内，装运货物到直达班轮，并开船至新加坡买方目的港，并以直运提单办理了议付，新加坡开证行也凭付行提交的直运提单付了款。承运船只驶离中国大连港口后，途经某港时，船舶发生故障，中途耽搁了行程，使抵达目的港的时间晚了两天，从而影响了该公司对货物的使用。新加坡买方对中国大连卖方提出索赔。

  问题：中国大连卖方是否要承担索赔，为什么？

3. 其他术语具体内容介绍

  2010 年版《国际贸易术语解释通则》共 11 个术语，其中适用于任何运输方式（包括多式运输）的术语有 7 种，分别为 EXW、FCA、CPT、CIP、DAT、DAP、DDP，适用于水上运输方式（包括海运和内河运输）的术语有 4 种，分别为 FAS、FOB、CFR 和 CIF。前文详细介绍了 5 种，其他术语的卖方义务、买方义务，以及风险转移以表格的形式进行分析介绍，见表 2-5。

表 2-5   其他术语下买卖双方义务及风险转移

术语名称	卖方义务	买方义务	风险转移	备注说明
EXW 工厂交货①	在指定地点将货物置于买方的支配之下。承担将货物交给买方处置之前的一切风险和费用，提交商业发票或有同等作用的电子信息	办理出口清算、运输、保险、进口清关等手续。受领卖方提交的货物，支付货款	在指定地点将货物置于买方支配之下时转移	常用于买方用火车或汽车运输方式，直接到卖方工厂提货
FCA 货交承运人	办理出口清关手续，在指定地点将货物交给指定的承运人 提供符合合同规定的货物及单证	办理运输、保险和进口清关手续，支付价款，支付装运前检验的费用	当货物交给承运人或运输站操作人员时，风险发生转移	本术语适用于任何运输方式

---

  ① EXW 术语是卖方承担责任、风险最小和费用最少的一种贸易术语，成交时价格最低，对买方具有一定的吸引力，但是需要买方负责办理货物的出口手续。这就需要买方了解出口国政府的有关规定，当买方无法做到直接或间接办理货物出口手续时，不宜采用这一术语成交。同时，还需要买方注意一点，买方需自备运输工具到交货地点接运货物。一般情况下，卖方不承担将货物装上买方安排的运输工具的责任及费用，但是，如果双方在合同中约定，由卖方负责将货物装上买方安排的运输工具并承担相关的费用，则应在签约时对上述问题作出明确规定。

续表

术语名称	卖方义务	买方义务	风险转移	备注说明
FAS 装运港船边交货	办理出口清关手续，按照约定将货物置于买方指定船舶的船边，并给予买方充分的通知	办理运输、保险和进口清关手续	货物运至买方指定的船边	本术语适用于海运和内河运输
CPT 运费付至指定目的	办理出口清关、运输手续，（具体内容同CFR术语卖方义务）	办理保险、进口清关手续	将货物装上船或者通过取得已交付至船上货物方式完成交货后的风险转移	适用于任何运输方式
CIP 运费、保险费付至指定目的地	办理出口清关、保险、运输手续。（具体内容同CIF术语卖方义务）	办理进口清关手续		适用于任何运输方式
DDP 完税后交货①	办理出口清关、运输、进口清关手续，在指定的目的地将货物交给买方处置	接收货物	指定目的地将货物交给买方处置后风险发生转移	适用于任何运输方式

案例分析 2-8： 有一份出售茶叶的合同，采用 EXW 条件，数量为 10 000 千克，总价值为 25 000 美元，合同规定买方于 10 月提取货物，卖方于 10 月 8 日将提货单交付给买方，买方也已付清货款，但买方直到 10 月 31 日尚未提走货物，于是卖方将茶叶搬到一个存放牛皮的仓库与牛皮一起存放，当买方于 11 月 15 日提货时，发现有 10% 的茶叶已与牛皮串味而失去商销价值，于是双方发生争议。

问题：（1）本案中买方应承担何种责任？为什么？
（2）本案中卖方应承担何种责任？为什么？

案例分析 2-9： 新加坡的卖方与我国的买方订立 200 吨的白糖合同，合同约定适用 FCA 术语，提货地为新加坡卖方所在地。2018 年 2 月，我国买方派代理人到新加坡卖方所在地提货，卖方将白糖装箱放置临时场地，我国买方代理人要求新加坡卖方帮助装货，新加坡卖方认为货物已交给我国买方代理人，拒绝帮助装货。我国买方代理人无奈，花了 3 天时间，在当地招聘劳工，再次到新加坡卖方所在地提货，结果途中遇湿热的台风天气，20% 的货物受损。

问题：此损失由买方和卖方哪一方承担？

4. 2010 年版《国际贸易术语解释通则》新制度关于"链式销售"的介绍

由于国际贸易竞争日益激烈，加之国际贸易耗时较长，货物在运输过程中市场价值也

---

① 完税后交货术语，卖方必须承担将货物运至指定目的地的一切风险和费用，包括办理海关手续时在目的地应交纳的任何"税费"。

可能发生变动，买方从交易成本等角度出发，为了降低损失或赚取差额，可能会在承运人将货物运送至目的港之前，与销售合同外的第三方达成协议，将途中的货物转卖给第三人，链式销售由此诞生。

所谓"链式销售"，是指商品在销售过程中，货物在被运送至销售链终端之前，被买方多次转卖的现象。链式销售与《联合国国际货物销售合同公约》第68条提到的"在途货物的买卖"有差异。"在途货物的买卖"是指卖方在没有找到买方之前，先安排好了货物的运输。卖方趁货物还在运输途中时寻找买方并将货物出售的一种买卖形式。[①]而链式销售是指买卖双方已经签订好销售合同，卖方把货物交付运输之后，原销售合同的买方在货物运至目的地之前，又把货物转卖给第三人，并且这样的转卖行为有可能发生多次。

（1）链式销售可能面临的问题。

链式销售因其交易具有复杂性，因此会面临两个层面的问题。

问题一：如何判断原销售合同的买方完成了交付义务？因为原销售合同的卖方才是真正安排货物运输的人，也就是原销售合同的买方（将货物转卖的转卖方）并没有接触到货物，也没有对第三人办理货物的运输手续。

问题二：如何保障原销售合同的买方实现向下家转卖货物的权利？一般在国际贸易中，卖方在货交承运人后，由承运人向卖方开出运输单据，以证明承运人已经接管货物或者货物已经装船，运输单据包括提单、电子提单和海上货运单。其中提单虽有物权凭证的作用，但流转程序繁琐且速度太慢，电子提单虽然流转速度快，但应用十分有限，海上货运单只是承运人接收货物并装船的收据和海上运输合同的证明，不能起到物权凭证的作用，且海上货运单不可转让。

（2）2010年版《国际贸易术语通则》应对措施。

为了解决前述两方面问题，2010年版《国际贸易术语通则》对术语进行了如下调整。

① 交付义务调整。除保留传统的"将货物交给承运人""将货物运至指定地点"等可以视为完成交付外，如果原销售合同的买方合法地取得了在运输途中的货物的物权，也可以视为买方向其转卖的合同相对方履行了交付义务。原销售合同买方在取得了运输途中货物的所有权之后，可以指示承运人将货物运送给其转卖的合同相对方，由转卖的合同相对方收取货物，进而完成链式销售。

因此，2010年版《国际贸易术语通则》在4种海运和内河水运的术语FAS、FOB、CFR和CIF中的A4"交货义务"中强调，原销售合同买方在向转卖的合同相对方出售货物时，必须"取得货物"，并且，取得货物的状态还要符合这4个术语各自的交付方式。例如，按照术语FOB的规定，在一般销售中，货物置于卖方指定的船舶之上时，才算完成交付。原销售合同的买方如果要向下家出售货物，就要取得已经在船上交付的货物。

② 交付凭证的调整。只有承运人开具了可以作为物权凭证的运输单据，买方凭此单据向转卖的合同相对方出售货物的权利才不会受损，为此，2010年版《国际贸易术语通则》在术语CPT、CIP、CFR和CIF的A8"交货凭证"义务中还对运输凭证的性质也提出了要求。

---

① 吴寒. 国际货物买卖中在途货物的风险转移[J]. 时代经贸，2008(8).

例如，在术语 CFR 下，卖方向买方提供的运输单据必须"能使买方在指定目的地向承运人索取货物，并使买方能在货物运输途中以向下家买方转让或通知承运人的方式出售货物"。

2.3 国际货物买卖合同的成立及条款

2.3.1 国际货物买卖合同的概念和特征

按照《联合国国际货物销售合同公约》规定，国际货物买卖合同是指两个营业地分别处于不同国家的当事人之间对一笔或数笔动产货物在进出口交易中买卖双方的权利义务所达成的协议。从这个概念可以看出国际货物买卖合同具有以下两方面特征：一是国际的界定以营业地而不是以国籍为标准，如果没有营业地，则以惯常居住地为判断标准；二是国际货物买卖合同的货物一般是指有形动产。

2.3.2 国际货物买卖合同的成立

国际货物买卖合同是指营业地处于不同国家的当事人之间，由卖方向买方交付货物并转移货物所有权、买方向卖方支付货款的合同。国际货物买卖合同通过双方当事人的要约和承诺方式达成。《联合国国际货物销售合同公约》第二部分对要约和承诺作了详细的规定。

知识拓展二维码2-4：国际货物买卖合同货物的识别

1．要约

（1）要约概念。

要约（OFFER），又称为发价、报价或发盘，是指一方当事人以订立合同为目的，向特定的当事人所作的一种意思表示。《公约》第 14 条第 1 款规定，凡向一个或一个以上特定的人提出的订立合同的建议，如果十分确定并且表明要约人在得到接受时承受约束的意旨，即构成一项要约。

其中发出要约的人称为要约人，对方则称为受要约人。在国际贸易实践中，要约人也常常被称为发盘人、发价人、报价人、开价人等，受要约人被称为被发盘人或受盘人等。

（2）要约构成要件。

根据《公约》对要约的规定，可以看出要约的构成主要有三方面：①要约向特定的人提出。此处特定的人是指具体的法律主体，而非抽象的描述。②要约的内容必须具体明确。所谓具体明确，通常按照下列标准进行判断。一个建议如果写明货物并且明示或暗示地规定数量和价格或规定如何确定数量和价格。一般要约中要包括三方面内容：买卖标的名称；明示或默示的货物的品质、数量和价格；如何确定数量和价格的规定。③要约必须有表明要约人承受要约约束的意思表示。要约人愿意在要约得到接受时承受要约的约束从而缔结合同。

(3) 要约邀请。

要约邀请，又称要约引诱，在外贸实践中被称为虚盘（Offer without Engagement），按照《公约》第 14 条第 2 款的规定，凡不是向一个或一个以上特定的人提出的订约建议，仅应视为邀请作出发盘。要约邀请最大的特点是内容不确定。

课堂讨论 2-3：要约判断一：如果当事人在其订约建议中提出"必须以我方的最后确认为准"，或"仅供参考"，是要约吗？

要约判断二：如果广告中声称："我公司现有男式西服 1 000 件，每件 1 000 元，先来先买，欲购从速"，或者在广告中声称保证有现货供应，这是要约吗？

(4) 要约生效。

要约生效时间，是指要约送达到受要约人的时间。按照《公约》第 24 条的规定，用口头通知对方或通过任何其他方式送交对方本人，或其营业地或通信地址；如无营业地或通信地址，则送交对方惯常居住地。要约于送达时生效，至于受要约人是否了解或知晓其同内容不影响要约的法律效力。

案例分析 2-10：2017 年 12 月 16 日中国买方向韩国卖方发出要约：中国买方向韩国卖方购买某女式工作服 1 000 件，每件 500 元。该要约 2018 年 12 月 24 日到达韩国卖方的办公室，但是，办公室在 12 月 26 日送到采购负责人手中。

问题：此要约何时生效？

(5) 要约的撤回和撤销。

① 要约的撤回（Withdrawal）。按照《公约》第 15 条第 2 款的规定，要约可以撤回，只要撤回的通知能在该要约到达受要约人之前或者与要约同时送达要约人。

② 要约的撤销（Revocability）。要约的撤销指要约人在其要约已经送达受要约人之后，受要约人未发出接受通知之前，将该项要约取消，从而使要约的效力归于消灭所作出的意思表示。但是，在下列两种情况下要约不得撤销：一是要约中已经载明了接受的期限，或以其他方式表示它是不可撤销的；二是受要约人有理由信赖要约是不可撤销的，并且本着对该项要约的信赖行事。①

案例分析 2-11：2017 年 5 月 10 日，德国甲公司向香港乙公司发出如下要约：HP 彩色复印机 2 000 台，每台汉堡船上交货价（FOB）4 000 美元，即期装运，要约的有效期截止到 5 月 30 日。甲公司发出要约后，又收到了美国丙公司购买该种型号复印机的要约，报价高于甲公司发给香港乙公司的要约价格。由于当时香港乙公司尚未对该要约作出承诺，故而甲公司于 5 月 15 日向香港乙公司发出撤销 5 月 10 日要约的通知，而后与巴黎方面的公司签约。但是，5 月 17 日，甲公司收到了香港乙公司的承诺，同意德国甲公司的要约条件，并随之向甲公司开出了不可撤销的信用证，要求甲公司履行合同。后因甲公司未履约，香港乙公司诉诸瑞典斯德哥尔摩仲裁庭，要求甲公司赔偿损失。

问题：甲公司的辩称是否成立，甲公司 5 月 10 日发出的要约能否被撤销？

---

① 《联合国国际货物销售合同公约》第 16 条第 1 款，第 2 款。

(6) 要约失效。

要约失效是指生效的要约不具有法律效力,按照《公约》第17条的规定,一项要约,即使不可撤销的要约,应于拒绝该要约的通知送达要约人时终止。总结要约失效情形主要有4种:一是要约被撤回或撤销;二是要约被拒绝;三是要约规定的期限内,受要约人没有作出意思表示;四是受要约人对要约作出了实质性的变更,也就是说受要约人又向要约人发出了一个新的要约。

案例分析2-12:2017年5月10日,中国买方向德国卖方发出要约:德国某车门锁2 000件,每件汉堡船上交货价(FOB)400美元,即期装运,要约的有效期截止到5月30日。结果,6月10日德国卖方也没有作出承诺。

问题:中国买方发出的要约效力如何?

2. 承诺

(1) 承诺的概念。

承诺(Acceptance),在外贸实务中常被称作"接收"或"受盘",它是与要约相对应的一种行为,是指受要约人作出声明或以其他行为表示对要约的内容无条件接受的意思表示。《公约》第18条规定,所谓承诺是指受要约人作出声明或以其他行为表示对一项要约的同意。

(2) 构成要件。

从承诺的概念可以看出,有效的承诺需要满足4个要件。

① 作出承诺的主体必须是受要约人。这个受要约人可以是其本人,也可以是其授权委托的代理人,但不能是受要约人以外的第三人。

案例分析2-13:美国卖方,就HP电脑以电报方式邀请中国买方发出要约,中国买方于5月1日向美国卖方发出要约,并约定要约期限为5月6日。5月5日,中国买方收到德国卖方按照中国买方要约内容开来的信用证,与此同时收到美国卖方来电称:"你5月1日的要约已转德国卖方。"此时,HP电脑国际市场价格降价,中国买方将信用证退回开证行并按新价格向德国卖方发出要约。德国卖方则认为其信用证于要约有效期内送达,是有效的承诺,故合同已订立,拒绝接受新价,要求中国买方按合同履约。

问题:德国卖方的主张合法吗?

② 承诺必须是对要约的明示接受。所谓明示接受主要有两种判断的方式,一种是受要约人向要约人发出的表示同意或接受要约的专门通知或声明;另一种是《公约》第18条规定的,根据要约本身或根据当事人之间确立的习惯做法或惯例,受要约人可以作出某种行为。但是,缄默或不行为本身不等于承诺。

课堂讨论2-4:德国的甲公司与美国的乙公司常年存在贸易往来,2011年6月1日德国甲公司致电美国乙公司,内容如下:"需购下列货物:空调压缩机,1 000箱,10 000美元/箱CIF纽约。如接受请立即发货。"6月2日,美国乙公司将上述货物发运给德国甲公司。

试分析本案中,美国乙公司是否作出承诺。

③ 承诺必须是一种对要约完全和无条件的接受。根据《公约》第19条第1款的规定,

对要约表示接受但载有添加、限制或其他更改的答复，即为拒绝了该项要约，并构成反要约。可见，《公约》要求有效的承诺与要约本身的内容保持一致，然而实践中，受要约人对要约某些内容作出添加、更改或限制，那么，受要约人所作出的意思表示是否是承诺呢？

《公约》第19条第2款作了较为灵活的变通规定，对要约表示接受但载有添加或不同条件的答复，如所载的添加或不同条件在实质上并不变更该项要约的条件，除要约人在不过分迟延的期间内以口头或书面通知反对其间的差异外，仍构成承诺。如果要约人不作出这种反对，合同的条件就以该项要约的条件以及接受通知内所载的更改为准。

可见，不能仅从外观的变化来简单地否定受要约人所作出的意思表示，还要判定添加、更改或限制是实质性的还是非实质性的。如果是实质性的，那么这种接受便自动成为一项新要约，不再是有效的承诺；如果是非实质性的，那么受要约人接受的意思表示的最终效力要取决于要约人的态度，如果要约人对添加、更改或限制及时地以口头或书面方式表示反对，则这种接受便不能成为有效的承诺，否则，这种包含了与原要约非实质性变动的内容的接受，仍构成有效的承诺。

如何判断添加、更改或限制的内容是实质性的还是非实质性的？《公约》第19条第3款规定，有关货物价格、付款、货物重量和数量、交货地点和时间、一方当事人对另一方当事人的赔偿责任范围或解决争端等的添加或不同条件，均视为在实质上变更要约的条件。

课堂讨论 2-5：中国卖方购买日本买方的货物，中国卖方在要约中标明"Packing in Black Bags"，日本买方回复称："接受要约，Packing in New Black Bags。"中国卖方收到回复后着手备货。半个月后，当中国卖方准备发货时，该货物国际市场价格猛跌。此时日本买方来电称："我对包装条件作了变更，你未确认，故贵国与我之间并未订立合同。"

问题：此承诺是否有效？

④ 承诺必须在要约规定的期限内作出并送达要约人方为有效。《公约》对承诺期限分不同情况进行分类规定，主要分为明示和模糊表达两种情况，具体见表2-6。

表2-6 承诺期限表达方式

承诺期限类型	具体表达
明确期限与计算方法	既规定了承诺期限，又指明了该期限的计算方法，例如，"5天之内回复有效，从你方收到之日起算"
明确期限但未指明该期限计算方法	例如，要约中仅规定"限10日内复到有效"，而未进一步指明这10天从何时起计算。《公约》第20条规定了以下的计算规则：a.凡以电报或信件发出的要约，其规定的承诺期限从发电或信中落款的发信之日起计算，如果信中没有落款时间则以发信邮戳日期为发信日；b.凡以电传、传真、电话等快速通信方法发出的要约，其规定的承诺期限从要约传达到被要约人时起算
模糊表达	受要约人应该在"合理时间"内或者"依通常情形可期待得到承诺的期间"内承诺。对"合理时间"的判断，应考虑贸易货物的性质、要约人发出要约的方式以及货物市场价格等因素

（3）承诺的撤回。

受要约人作出承诺后，如果因行情变化并对自己不利或发现承诺内容有误而反悔时，是否将其承诺撤回并加以修改？这需要分两种情况来分析。

一种情况是当受要约人采用通知承诺方式作出了一项承诺时，由于《公约》对这种承诺的生效采取到达主义原则，所以，从承诺通知发出到该承诺送达要约人之间尚有一个时间差距。这种时间差的存在使得受要约人对已作出的承诺加以撤回或修改具有可能性。为此，这种承诺原则上是可以撤回的，但是撤回或修改通知必须先于或同时与原已发出的承诺送达要约人，这种撤回或修改才有效。

知识拓展二维码2-5：公约对"逾期承诺是否为有效承诺"的规定

另一种情况是当受要约人采用行为承诺方式作出一项承诺时，由于《公约》规定这种承诺是当有关行为作出时生效，因此，行为承诺一般是不能撤回的。

案例分析2-14：2017年10月25日，中国买方向美国卖方发出如下通知：苹果电脑2 000台，每台大连船上交货价（FOB）1 000美元，即期装运，通知的有效期截止到11月15日。美国卖方于10月28日回复完全接受通知内容，10月29日又收到了法国买方购买该种型号电脑的通知，报价高于中国买方发给美国卖方的通知价格。于是美国卖方于12月30日向中国A公司发出其他条件都接受，但价格改为每台1 400美元的通知。中国买方于11月2日收到美国卖方的第一个回复，但是，中国买方的董事长并没有看到这个回复，中国买方于11月4日收到美国卖方的第二个回复，中国A公司的董事长看到回复。

问题：（1）2017年10月25日，中国买方向美国卖方发出的通知是什么？

（2）美国卖方的第一个通知是什么？

（3）美国卖方的第二个通知是什么？

2.3.3 国际货物买卖合同的条款

1. 合同一般条款的内容

（1）法律及惯例对合同一般条款的态度。

《公约》未对国际货物买卖合同应具备的条款作出规定，但是，1997年国际商会制定了适用于制成品的《国际销售示范合同》以及中国政府有关部门与韩国、德国、日本政府有关部门制定了相应的《货物销售示范合同》提供了合同示范条款，这些示范条款有利于国际贸易交易主体快速缔结合同，减少协商成本，同时也能避免发生不必要的纠纷。结合这些示范条款和实践中人们订立国际买卖合同的习惯，合同通常由约首、正文和约尾三部分组成。

其中，约首包括合同的名称、编号、缔约日期、缔约地点、缔约双方的名称等；正文是合同主体部分，一般包括各项交易内容及相关条款，如商品名称、品质规格、数量、单价与总值、保险、商品检验、违约救济、争议解决、不可抗力等；约尾部分一般是约定合同本身的一些问题，即合同的份数、附件、使用文字及其效力、合同生效日期及双方的签字等。

我国《合同法》第12条和第131条根据合同当事人的一般思维，规定了合同的内容由当事人约定，并且引导性地规定了一般合同应当具备的条款，即：①当事人的名称或姓名和住所；②标的；③数量；④质量；⑤价款或者报酬；⑥履行期限、地点和方式；⑦违约责任；⑧解决争议的方法。当事人可以参照各类合同的示范文本订立合同。买卖合同的内容除上述内容外，还可以包括包装方式、检验标准和方法、结算方式、合同使用的文字及其效力等条款。

也就是说，立法层面并没有对合同条款进行刚性规定，只是倡导性地规定了一般条款，如果双方合同中没有规定以上条款，合同也是成立的，至于合同是否生效，还要看合同本身是否具备法律规定的条件，即：①合同的主体适格；②合同当事人的意思表示真实；③合同的内容合法；④合同的形式符合法律规定。合同只要满足上述条件，即使合同没有具备法律规定的倡导性条款，也是有效的。

2．合同主要条款的分析

结合国际商会的《国际销售示范合同》的内容和我国合同法的相关规定，合同主要条款除了订立合同主体身份条款之外，还需要参考十方面要素。

（1）货物品质条款。

货物品质条款是指商品所具有的内在质量与外观形态，一般合同中规定品质规格的方法有两种：①凭样品买卖。在凭样品确定商品品质的合同中，卖方要承担交货品质必须与样品完全一致的责任，通常，凭样品成交适用于从外观上即可确定商品品质的交易。②凭文字与图样的买卖。

知识拓展二维码2-6：国际货物买卖合同书中英文范本

在实践中，订立品质条款，应该注意以下问题：除在合同中约定确定品质的方法外，还要明确品质公差与品质机动幅度，以作为交货品质与所定标准之间产生差别的补救措施，这样，在公差品质限度内，买方不得以品质与样品不符为由而拒收货物。

（2）货物数量条款。

货物数量是指用一定的度量衡制度表示出商品的重量、数量、长度、面积、体积等的量。然而，制定数量条款时应注意一个问题，即约数的规定，但是，对约数的解释容易发生争议，为此，应在合同中增订"溢短装条款"，如"东北大米100吨，溢短装3%"。在国际货物买卖中，交货数量的溢短装部分应当计价，通常，计价方法有两种：①按合同价格计价；②按装船时的市价计算。

（3）货物包装条款。

包装是为了有效地满足商品的数量和质量要求，而把货物装进适当的容器。按照《公约》规定，卖方交付的货物需按照合同规定的方式装箱或包装，除双方当事人业已另有协议外，货物应按照同类货物通用的方式装箱或包装，如果没有此种通用方式，则按照足以保全和保护货物的方式装箱或包装。

（4）货物价格条款。

价格是指每一计量单位的货值，包括计价货币和总额，并且包括卖方根据合同承担的费用，一般不包括增值税。通常买卖合同的价格条款由单价和总价组成。

（5）交货条款。

交货条款一般指国际贸易术语，每一术语应包括相应的指定地点、目的地、装运港或目的港，但是应该注明国际贸易术语的版本。

（6）货物保险条款。

货物保险条款是指买卖当事人按照一定险别向保险公司投保，以便货物在运输过程中受到损失时，能从保险公司得到经济补偿。买卖合同的保险条款通常规定由哪一方负责向保险公司办理保险手续、保险费用由哪一方承担、保险的险别等内容。

（7）货物检验条款。

货物检验条款是指商品检疫机关对进出口商品的品质、数量、重量、产地等进行查验分析与公证鉴定，并出具检验证明。我国官方检验机构是指中国进出口商品检验检疫局以及一些专业性检验与检疫部门。

（8）违约救济与索赔条款。

违约救济与索赔主要规定合同双方应承担的违约责任和救济措施。违约方承担违约责任的方式主要是实际履行、损害赔偿等。

（9）不可抗力条款。

不可抗力条款是指合同订立以后发生的当事人订立合同时不能预见、不能避免、不能克服以及不可控制的障碍，进而导致合同不能履行或不能按期履行。

通常不可抗力有两种情况：①自然力引起，如水灾、水灾等；②社会原因引起，如战争、政府封锁等。当事人可以以列举式、概括式或其他方式来约定不可抗力条款及因不可抗力条款发生而产生的责任的承担。

（10）争议解决条款。

争议解决条款是指买卖双方在合同中选择的争议地点、争议方式及适用法律的条款。一般争议解决方式有协商、调解、仲裁、诉讼等方式。至于争议解决适用的法律，双方应在合同中明确规定，如果未在合同中明确规定，则按照与合同有"最密切联系"的原则，多半适用卖方国家的法律。

2.4 国际货物买卖合同双方的义务

2.4.1 国际货物买卖合同买方的义务

按照《公约》第三部分第 3 章的规定，买方在国际货物买卖合同中的主要义务为支付货款和受领货物。

1. 买方支付价款

买方支付价款义务一般会涉及货物价款的确定、支付价款的时间、支付价款的地点等事项,对于这些事项,如果买卖双方在合同中有约定,则遵循双方约定;如果双方没有约定,买方依照双方进一步协商约定或者任何有关法律和规则所要求的步骤和手续支付价款。这一点在国际贸易中十分重要,因为国际贸易付款程序比较复杂,而且涉及外汇使用问题,如果买方不履行必要的付款手续,很可能付不了款。例如,在实行外汇管制的国家,如需用外汇支付,必须先向有关当局提出申请取得许可。

（1）确定货物的价款。

如果合同对货物的价格作出明确约定,买方应按合同规定的价格履行付款义务。如果双方在合同中没有约定明确的价款,按照《公约》规定,如果合同已有效地订立,但是并没有明示或默示地规定价格或者规定确定价格的方法,在没有任何相反表示的情况下,双方当事人应视为已默示地引用订立合同时此种货物在有关贸易中在类似情况下销售的通常价格。

当然,在确定价款时,还可能出现按照货物重量来确定价格的情况,如果双方对货物究竟是按毛重还是按净重来计算货价问题没有具体约定,也没有进一步协商确定,则应按净重计算,货物包装不计算在内。

（2）支付地点。

如果国际买卖合同中对付款的地点已有明确的规定,买方应在合同规定的地点付款。如果买卖合同对付款地点没有作出具体规定,双方进一步协商仍不能确定,则按照《公约》第 57 条的规定,买方需在下列地点支付货款给卖方。

① 卖方的营业地。如果卖方有一个以上的营业地点,那么买方应在与该合同及合同的履行关系最为密切的那个营业地点向卖方支付货款。如果卖方营业地点在订立合同后发生变动,那么由于卖方营业地点的变动而引起的在支付方面增加的开支,应由卖方承担。

② 卖方交货和卖方交付地点。按照《公约》第 57 条的规定,在凭移交货物或单据支付货款的情况下,买方应在移交货物或单据的地点履行支付货款的义务。

（3）支付时间。

买方必须按合同约定的日期,或者从按合同可以确定的日期支付价款,无须卖方提出任何要求或办理任何手续。[①]《公约》第 59 条明确规定,如果合同没有约定或者约定不明,双方也可以按照《公约》规定的日期,或者按根据《公约》可以确定的日期支付价款。《公约》分 3 种情况进行了规定。

① 交货的同时付款。按照《公约》第 18 条第 1 款的规定,买方必须于卖方按照合同或《公约》规定将货物或控制货物的单据[②]交给买方处置时付款。卖方可以以支付价款作为

[①] 《公约》对支付时间的这种规定主要针对某些大陆国家法律,有些大陆国家法律规定,债权人必须先向债务人发出催告通知,才能使债务人承担迟延履行的责任,而英美法则没有这种催告制度,也就是如果买方不按时付款,就应负迟延付款的责任。

[②] 卖方以向买方提供适当的装运单据来履行其交货义务属于象征性交货。

移交货物或者单据的条件。简言之，买卖双方交货与付款义务同时履行。

② 买方先付款后，卖方再发运。按照《公约》第58条第2款的规定，如果合同涉及货物运输，卖方可以在买方支付价款后，把货物或控制货物处置权的单据移交给买方，作为发运货物的条件。

③ 买方先检验再付款。按照《公约》第58条第3款的规定，买方在未有机会检验货物前，没有义务支付价款，除非这种机会与双方当事人议定的交货或支付程序相抵触。简言之，在国际货物买卖合同履约过程中，买方是先检验再付款。然而在国际货物买卖实践中，存在大量的象征性交货，卖方只要提交了相应单据，买方也有付款的义务，此时的买方无法对货物进行检验，为了充分保障买方权益，《公约》允许当事人在合同中作出与《公约》规定相抵触的约定。例如，双方当事人可以在合同中约定，以装运港检验证明为付款依据，买方在货到目的港时具有复验权，并以到岸品质、重量证书作为提出索赔的依据。

2．收取货物

买方的另一项基本义务是收取货物，按照《公约》规定，买方的收取货物义务主要包括以下两个方面。

① 采取一切理应采取的行动，以便卖方能交付货物。根据不同的贸易术语，买方所需要承担的收货义务内容也会有所不同。归纳起来主要有三方面：一是买方负责运输事宜，则买方在收取货物时，需要办理租船或订舱手续，以便卖方在装运港及时交货；二是买方办理货物进口手续，便于卖方到目的港交货；三是如果卖方负责办理运输手续，买方需要做好接收货物的准备工作，如仓库存储手续。

② 接收货物。如果卖方交货与合同约定相符，那么买方应无条件接收货物。如何判断买方接收货物的义务履行情况呢？《公约》并没有明确规定。通常的判断标准是买方向卖方明确表示自己已经接受货物，或者买方在超过合理期限后仍保留着所买货物。

案例分析2-15：中国卖方与韩国买方订立10吨香蕉的买卖合同，总价款10万美元，合同约定韩国买方必须在2017年3月10日至20日派运输工具到产地装运水果。中国卖方多次催促对方派车，但是直至4月15日，对方仍没有派车，无奈，中国卖方将香蕉低价卖给日本买方，并要求韩国买方赔偿损失并支付违约金，韩国买方辩称，中国卖方私自转售货物，违反合同。

问题：中国卖方主张合法吗？为什么？韩国买方主张能得到法律的支持吗？

2.4.2 国际货物买卖合同卖方的义务

按照《公约》的相关规定，国际货物买卖交易的卖方具有交付货物的义务、担保义务和移交与货物有关单据的义务。

1．交付货物

交付货物是指卖方按照合同约定向买方提交货物的行为，从而使货物占有权从卖方实际地转移给买方。一般交付货物会涉及交货时间、交货地点和交货方式等三方面问题。

（1）交付货物时间。

《公约》分3种情况规定了卖方交货时间：①如果合同中规定了交货的日期，或者从合同中可以确定交货的日期，则卖方应在该日期交货。②如果合同中规定交货期间，或者从合同中可以推定一段时间，情况表明可由买方选定一个日期外，卖方有权决定在这段期间内的任何一天交货。③双方无约定，也无法从合同或当事人间的任何惯例做法中确定一个明确的交货时间，那么，卖方应在订立合同后的一段合理时间内交货，至于何谓合理时间，应根据交易的具体情况来确定。

（2）交付货物地点。

如果买卖合同对交货地点已有规定，卖方应按合同规定的地点交货。但是，如果合同对交货地点没有作出明确规定，那么，就需要依循《公约》来推定。《公约》对交货地点的规定分为3种情况。

① 涉及运输的交货。买卖合同涉及卖方将货物运送给买方。卖方将货物移交给承运人[①]或第一承运人的地点为交货地点，除非双方另有约定，一般这个地点由卖方决定。

② 特定地点。买卖合同不涉及卖方负责运输事宜，但是合同所涉的客体是特定货物或从特定存货中提取的或者尚待制造或生产的未经特定化的货物，并且双方当事人在订立买卖合同时已经知道这些货物存放在这个地方，或者已经知道它们将在某个地方生产或制造，那么，此地点则为交货地点。

③ 卖方营业地。如果合同不属于上述两种情形，则卖方应在自己的营业地把货物交给买方处置。如果卖方有一个以上营业地，则以与合同或合同的履行关系最密切的营业地为其营业所在地，如果卖方没有营业地，则以其惯常居所为准。

课堂讨论2-6：中国买方与德国卖方订立买卖汽车合同，双方对合同履行地点没有规定，合同没有规定让卖方负责运输事宜，而且，双方都知道合同所涉及的汽车正在德国斯图加特生产加工。

问题：根据《公约》规定，合同的履行地点在何处？

（3）交付货物方式。

在国际货物买卖中交付货物的方式一般有两种：实际交货和象征性交货。

实际交货是指卖方将货物置于买方的实际占有和支配之下。而象征性交货是在合同货物涉及运输或其他无法实际交货的情况下，出卖方发运货物并将取得的提单或其他证明货物所有权的运输单证交给买方，或者在货物已由第三人占有且第三人承认是代买方掌管此项货物时，尽管买方没有实际占有货物，但形式上已经拥有了支配货物的权利。在国际贸易中，大部分的交易为象征性交货。

对于象征性交货而言，交付单据是卖方的一个重要义务。卖方需按照合同规定的时间、地点和方式移交这些单据，如果卖方在合同规定的时间之前已移交这些单据，他可以在合同规定时间到达前纠正单据中任何不符合合同规定的情形，但是，此项权利的行使不得使买方遭受不合理的不便或承担不合理的开支。但是，买方保留本公约所规定的要求损害赔

[①] 此处的承运人是"独立"承运人，卖方自行运输货物不是此种意义上的运输。

偿的任何权利。

2. 担保义务

卖方的担保义务是指卖方保证其所出售的货物具备合同中约定的标准或法定标准，如果没有达到合同中约定的标准或法定标准，卖方需要承担相应的责任。卖方担保义务主要有品质担保和权利担保两方面。

（1）品质担保义务。

品质担保义务是指卖方交付的货物必须与合同所规定的数量、质量和规格相符，并须按照合同所规定的方式装箱或包装，或在没有约定时，卖方应按照法律规定的货物所应具备的通常品质提交货物的义务。

据此定义，我们可以抽象出两种担保，即明示担保和默示担保。明示担保是指买卖合同中对货物品质有约定，卖方的品质担保义务体现在保证交付的货物与合同相符。默示担保义务则指合同未约定货物的具体品质，卖方的品质担保义务体现在保证所交付的货物与法律的规定符合。

课堂讨论 2-7：中国买方向美国卖方购买 1 000 台电饭锅，双方在合同中对电饭锅的质量没有进行约定。然而，交货使用后，中国买方发现此电饭锅除煮饭会焦外，没有其他质量缺陷。

问题：美国甲公司是否应承担违反品质担保义务的责任？

（2）品质担保判断标准的规定。

按照《公约》规定，卖方对货物品质担保的判断标准有 4 个方面。①货物适用于同一规格货物通常使用的目的。②货物适用于订立合同时明示或默示地通知卖方的任何特定目的，除非情况表明买方并不依赖卖方的技能和判断力，或者这种依赖对他是不合理的。例如，买方在一项服装销售合同中暗示他将把该批服装销往欧美地区，并且买方同时指定一名服装设计师协助卖方进行服装型号的设计，这就表明买方并不依赖于卖方对服装型号的判断，从而免除卖方交付的货物与买方要求不一致时，卖方承担品质担保责任。③货物的质量与卖方向买方提供的货物样品或样式相同。④货物按照同类货物通用的方式装箱或包装，如果没有此种通用方式，则按照足以保全和保护货物的方式装箱或包装。

但是，如果买方在订立合同时知道或者不可能不知道货物的瑕疵，则卖方无须按上述规定承担品质担保责任。

（3）与品质担保义务相关的规定。

① 品质检验的规定。对于卖方的品质担保义务的判断通常会涉及对货物的检验问题，《公约》第 38 条对此作出了详细的规定，买方必须在按情况实际可行的最短时间内检验货物或由他人检验货物。如果国际货物买卖合同中所涉及的货物是运输的货物，那么，检验可推迟到货物到达目的地后进行。但是如果货物在运输途中改运或买方须再发运货物，没有合理机会加以检验，而卖方在订立合同时已知道或理应知道这种改运或再发运的可能性，检验可推迟到货物到达新目的地后进行。

当然，对于这一规定，买卖双方可以通过协商等方式减损或者改变。例如，买方通知卖方，虽然货物有瑕疵，但仍愿意接受货物。

② 品质担保的责任期间规定。正常情况下，卖方将货物交与买方，货物的风险也转移给买方，但是货物风险的转移并不等于免除卖方的品质担保，对此，《公约》第 36 条作了具体规定：卖方应按照合同和本公约的规定，对风险移转到买方时所存在的任何不符合同情形负有责任，即使这种不符合同情形在该时间后方始明显。也就是说，风险转移时货物质量问题已存在，那么，即使货物已在买方控制之下，卖方仍然承担品质担保责任。

对于风险转移后，卖方是否还要承担品质担保问题，《公约》又给予了进一步规定，即使风险转移后发生的不符合同情形，卖方也要承担责任，只要这种不符合同情形是由于卖方违反其某项义务所引起的，其中包括违反关于在一段时间内货物将继续适用于其通常使用的目的或某种特定目的，或将保持某种特定质量或性质的任何保证。

案例分析 2-16： 中国买方与加拿大卖方订立买卖合同，约定中国买方购加拿大卖方电脑 1 000 台，用于银行会计结算软件应用业务，采取 FOB 术语（2010 版）确定双方权利义务，中国卖方收到加拿大卖方提供的电脑后，经检验，加拿大卖方提供的电脑配置不能运行银行会计结算软件，于是追究加拿大卖方的违约责任。加拿大卖方认为货物装船后风险就随之转移了，那么，加拿大卖方就没有责任了。

问题：加拿大卖方的说辞是否合法？

③ 通知的规定。一是通知的时限。买方发现货物不符合合同约定，必须在发现或理应发现不符情形后一段合理时间内通知卖方，说明不符合同情形的性质，否则就丧失声称货物不符合同的权利。如果发现与理应发现时间起算点不一致，则应以较早发生者为准。

二是除斥期间。如果买方不在实际收到货物之日起两年内将货物不符合同情形通知卖方，则丧失声称货物不符合同的权利，除非这一时限与合同规定的保证期限不符。也就是说，正常情况下，两年期限过后，买方主张货物不符合同约定的主张在法律上得不到支持。

值得注意的是，双方当事人可以减损或改变《公约》中关于货物品质通知的规定。如果存在卖方已经知道或者不可能不知道货物不符合同规定，而又没有告知买方的情况，那么，卖方以买方未检验或未通知为由进行抗辩，则不成立。

课堂讨论 2-8： 买方通知卖方品质保证的形式是否有特殊要求？一定要通知卖方本人吗？

3. 权利担保义务

权利担保是指卖方应当保证其对所出售的货物享有合法的权利，没有侵犯任何第三者的权利，任何第三者都不会就该货物向卖方主张任何权利。《公约》从两方面对卖方权利担保义务进行规定。

（1）卖方所交付的货物必须是第三方不能提出任何权利或请求的货物，除非买方同意在受制于这种权利或请求的条件下，收取这项货物。

（2）卖方应保证其所交付的货物，必须是第三方不能根据工业产权或者其他知识产权主张任何权利或要求的货物。

但是，由于国际货物买卖的复杂性，加之工业产权和知识产权具有地域性，要求卖方保证交付的货物绝对不侵犯任何第三方的工业产权或其他知识产权，对于卖方而言，也是不合理的。为此，《公约》为了平衡卖方权益，设置了如下5个限制性的条件。

① 卖方只有在其订立合同时已经知道或者不可能不知道第三方对其货物会提出工业产权方面的权利或者请求时，才对买方承担责任。

② 如果买卖双方在订立合同时，已经知道买方打算把该项货物转售到某一个国家，那么卖方对于第三方依据该国法律所提出的有关工业产权或知识产权的权利请求，对买方承担责任。

③ 在任何其他情况下，卖方对第三方根据买方营业地所在国法律所提出的有关侵犯工业产权或知识产权的请求，应对买方承担责任。

④ 如果买方在订立合同时，已经知道或者不可能不知道第三方对货物会提出有关侵犯工业产权或知识产权的权利或请求，那么卖方对买方不承担责任。

⑤ 如果第三方所提出的有关侵犯工业产权或知识产权的权利或请求，是由于卖方按照买方提供的技术图纸、图案或其他规格为其制造产品而引起的，则应由买方对此负责，卖方对此不承担责任。

对于卖方权利担保义务，《公约》还为买方设定了义务，那就是，买方如果不在已知道或者理应知道第三方的权利或要求后一段合理时间内，将此权利或要求的性质通知卖方，那么，买方就丧失了向卖方主张权利担保的权利。

案例分析2-17： 中国买方购买日本卖方空调压缩机10 000台，中国买方在订立合同时，告知日本卖方该批空调压缩机转口至新加坡使用，日本卖方将空调压缩机按合同期限交与中国买方，中国买方将货物转运至新加坡买方，新加坡买方发现该压缩机的制造工艺侵犯了新加坡某公司的专利权，因此到法院起诉，法院调查，该压缩机确实侵犯了新加坡某公司的专利权。

问题：日本卖方是否承担责任？如果中国买方并没有将该空调压缩机转至新加坡使用，而是转口至英国使用，结果，该压缩机的工艺侵犯日本某公司的专利权，那么，日本卖方是否承担责任？

2.5 违反国际货物买卖合同的救济措施

2.5.1 主要违约情形

在国际货物买卖合同订立后，买卖双方都有可能发生违约行为。例如，卖方不交货、迟延交货或所交货物与合同约定不符，买方也可能出现无理由拒收货物和拒付货款等，一方违反合同致使另一方的权益受到损害时，受损害的一方有权采取适当措施，来维护自身的合法权益。这个过程中便产生了违约情形的确认和违约救济措施的运用。

违约情形的确认有两种方式：一种是根据违约程度不同，分为一般违约和根本违约；另一种是根据违约时间点不同，可分为预期违约和实际违约。其中，一般违约对合同目的没有根本的影响，当事人可以采取解除合同以外的措施进行补救，如修补、更换、重做等救济措施，而根本违约会导致合同目的不能实现，可能采取解除合同等救济措施。实际违约则是当事人没有从事合同中约定的义务或者从事行为不符合合同约定，给对方当事人造成损失的行为。守约的当事人可以采取解除合同、赔偿损失和承担违约金等救济措施。由于根本违约和预期违约判断标准比较复杂，因此，本书主要介绍根本违约和预期违约。

1. 根本违约

（1）根本违约的概念。

根本违约（Fundamental Breach）是从英国普通法上发展起来的一种制度，公约第 25 条对其作出明确的界定：如果一方当事人违反合同所产生的结果，使另一方当事人蒙受损害，以至于实际上剥夺了他根据合同规定有权期待得到的东西，即属于根本违反合同，除非违反合同的一方并不预知，而且同样一个通情达理的人处于相同情况下也没有理由预知会发生这种结果。

《公约》还对根本违约设定了除外情形，如果违反合同一方并不预知，而且一个同等资格、通情达理的人处于相同情况时也没有理由预知会发生这种结果，那么，就不能称违反合同一方为根本违约。

（2）根本违约的构成要件。

从根本违约的概念可以看出，根本违约需要满足以下 3 个要素。

① 存在违约行为或事实，并且违约行为或事实所产生的后果及损害很严重。但是，如何判断后果很严重，《公约》及各国法律很难给出精确的判断标准，一般而言，需从两个方面进行考量：一是违约部分是否影响到合同目的的实现。例如，某公司购买某汽车的配件，由于配件质量存在瑕疵，可能导致该公司生产的汽车无法使用，显然，提供汽车配件的卖方构成了根本违约。又如，某公司告知合同相对方，其进货目的是在圣诞节那天销售，结果，合同相对方在圣诞节过后才供货，显然，合同相对方迟延履行构成根本违约。二是违约部分的价值占全部合同价值的比重比较大。例如，合同标的为 1 000 万美元，而卖方违约部分的价值为 900 万美元，显然，此时卖方构成根本违约。

② 违约的后果及损害无法得到修补。合同一方违约后，也可能存在可以修补的情况，《公约》允许卖方进行修补，[①]因此，即使违约情形十分严重，可能导致剥夺受害人所期待的东西，但如果这种违约是可以修补的，它仍不构成根本违约。当然，如果卖方的补救对于买方而言是不合理的，或者卖方迟迟不予修补，致使买方遭受重大损失或以后履行合同已完全不必要时，则构成根本违约。

[①]《联合国国际货物买卖合同公约》第 37 条，如果卖方在交货日期前交付货物，那么他可以在该日期到达前交付任何缺漏部分或补足所交付货物的不足数量，或交付用以替换所交付不符合同规定的货物，或对所交付货物中任何不符合同规定的情形作出补救，但是，此项权利的行使不得使买方遭受不合理的不便或承担不合理的开支。同时，买方保留本公约所规定的要求损害赔偿的任何权利。

第 48 条，①在第 49 条的条件下，卖方即使在交货日期之后，仍可自付费用，对任何不履行义务作出补救，但这种补救不得造成不合理的迟延，也不得使买方遭受不合理的不便，或无法确定卖方是否将偿付买方预付的费用。但是，买方保留本公约所规定的要求损害赔偿的任何权利。② 如果卖方要求买方表明他是否接受卖方履行义务，而买方不在一段合理时间内对此要求作出答复，则卖方可以按其要求中所指明的时间履行义务。买方不得在该段时间内采取与卖方履行义务相抵触的任何补救办法。

③ 违约方对违约后果可预知性,即一个正常人处于违约人同一情况下不可能不知道违约后果的发生。

(3) 根本违约的救济。

① 解除合同。在国际贸易中,当一方当事人根本违约时,另一方当事人可以选择解除合同。解除合同是一种较为严厉的法律补救措施,按照《公约》规定,当一方当事人根本违约时,另一方当事人有权宣告合同无效,而且必须向另一方当事人发出通知,方为有效。

② 请求损害赔偿。《公约》规定了对于一方当事人的根本违约行为,实际受害方除可以解除合同外,还可以要求对方赔偿所受到的损害。

对于损害赔偿的范围,《公约》也作了两条限制:①赔偿的数额以订立合同时可以预见到的损失为限;②损害赔偿应扣除因受害方未采取合理措施使有可能减轻而未减轻的损失。

2. 预期违约

(1) 预期违约的概念。

预期违约(Anticipatory Breach of contract)又称先期违约,是指在合同规定的履行期限到来之前,一方当事人通过声明或者行为明确表明其不履行合同或者不能履行合同。预期违约最大的制度价值在于充分保护了合同当事人合理的履约期待权,能够及时解决纠纷,防止损失进一步扩大,被经济法学家称为"鼓励有效率的违约"。

预期违约可以分为明示预期违约和默示预期违约。其中,明示预期违约是指一方当事人无正当理由,明确肯定地向另一方当事人表示在合同履行期届满之前不履行合同或不能履行合同。默示预期违约是指在合同履行期届满之前,一方当事人有确切的证据证明另一方当事人将不履行或不能履行合同,并且另一方当事人又不提供必要的履行担保。

课堂讨论 2-9:中国卖方与加拿大买方在合同中约定,中国卖方于 2017 年 1 月 18 日将汽车交货于加拿大买方,然而,中国卖方于 2017 年 1 月 19 日明确表示不能履行合同。

问题:中国卖方的行为是预期违约吗?如果中国卖方于 2016 年 12 月 25 日被人民法院受理破产,丧失偿债能力,中国卖方的行为是预期违约吗?

(2) 预期违约的构成要件。

预期违约判断的标准主要有 5 个方面:①双方存在合法有效的合同关系;②预期违约者是在合同有效成立后,合同履行期届满之前,明确表示或以行为表示或客观情况表示其不履行合同主要义务;③预期违约者的违约无正当理由,也就是说,预期违约方没有免责事由,如不可抗力;④另一方当事人对预期违约者的预见是有合理依据或确切证据的;⑤预期违约者在被要求提供履约时,在合理期间内不能提供充分的保证。①

---

① 对于"不能履行合同的确切证据或合理依据"以及"对合理期间内提供充分的保证"的判断依据,《公约》没有作出规定。为此,各国法律对此判断依据进行了有针对性的规定,如《美国统一商法典》规定,在合同双方之间,无保障的合理理由及充分担保之提出,应以一般商业标准判断,当一方在收到合法的履行请求后 30 天内未提供依该事件所需的充分担保作为履约保证,则视为拒绝履行合同。

我国《合同法》列举了 4 种情况证明当事人有不履行合同的证据:一是经营状况严重恶化;二是转移财产,抽逃资金,以逃避债务;三是丧失商业信誉;四是有丧失或可能丧失履行债务能力的其他情况。但这个不履行合同的证据是针对于不安抗辩权制度的。

2.5.2 买方的救济措施

《公约》规定买方在卖方违约时可采取的救济措施有 9 种，具体如下。

1. 实际履行

（1）实际履行的概念。

实际履行又称依约履行或具体履行，是最重要的违约救济方式，是指买方直接要求卖方按合同的规定履行合同，也可以是买方向法院提起实际履行之诉，由执行机关运用国家的强制力，使卖方按照合同的规定履行合同。

《公约》第 46 条第 1 款规定，如果卖方不履行合同的义务，买方可以要求卖方履行其合同或《公约》中规定的义务。例如，买方可以要求卖方按照合同约定时间交货。但是如果买方采取与此要求相抵触的某种救济方式，则买方不可以要求卖方实际履行。例如，买方要求解除合同，那么，他就不能采取要求卖方实际履行的方式，因为这两种救济措施是相互抵触的。

课堂讨论 2-10：实际履行为什么会作为合同当事人违约时最重要的违约救济方法呢？

（2）实际履行的具体措施。

交付替代物和修理货物。《公约》第 46 条第 2 款和第 3 款规定了实际履行的两种措施，即交付替代物和修理货物。

如果卖方所提交的货物与合同规定不符，且货物不符合同的情况并不严重，尚未构成根本违反合同的，买方可以要求卖方通过修理对不符合同之处作出补救，或者根据具体情况，买方自行修理，但是相关费用由卖方来承担。

如果卖方所交货物与合同不符并构成根本违约的，买方必须在向卖方发出货物与合同不符的通知时，或者在发出上述通知一段合理时间内提出交付替代物的请求，以便卖方为交付替代物做准备，否则买方的这种权利不能得到支持，与此同时，买方必须能够将货物原物返还。

知识拓展二维码 2-7：预期违约与不安抗辩权

知识拓展二维码 2-8：两大法系及公约对实际履行的立法态度

2. 给予履行宽限期

给予履行宽限期是指买方可以给卖方一段合理的额外时间，让对方履行义务，以实现双方的预期利益。买方一旦给予宽限期，那么在宽限期内，买方不得对违反合同采取任何补救方法，除非卖方通知买方，卖方将不在所规定的时间内履行义务。值得注意的是，给予宽限期的买方并不因此丧失他对卖方的行为而享有的要求损害赔偿的任何权利。

如果卖方不按买方规定的合理的额外期限交货，或声明他将不在上述额外期限交货，按照《公约》规定，买方就有权宣告撤销合同。当然，如果卖方不按合同规定的时间交货的本身已经构成根本违约，则按照《公约》相关规定，买方可以不给卖方规定额外的合理期限，就可以立即宣告撤销合同。

课堂讨论 2-11：美国买方与加拿大卖方订立圣诞节食用火鸡买卖合同，约定美国买方从加拿大卖方进口一批供圣诞节出售的火鸡，如果圣诞节到了，加拿大卖方仍未供货，那么，美国买方是否需要给予加拿大卖方一段宽延期？如果合同的标的不是圣诞节出售的火鸡，而是普通的鸡肉，那么，美国买方是否需要给予宽延期？

3．减少价金

按照《公约》第50条的规定，如果卖方交货不符合合同规定，不论价款是否已付，买方都可降低价格，并且降低以后的价格应按实际交付的货物在交货时的价值与符合合同规定的货物在当时的价值两者之间的比例计算。值得注意的是，减少价金仅适用于货物不符合合同情形，而不适用于迟延交付以及其他违约情形。

但是，如果卖方对交货已采取补救办法，而买方拒绝了卖方对违约采取的补救办法或对卖方提出的补救办法未在合理时间内作出答复，那么，买方即丧失要求减少价金的权利。

4．卖方的主动补救

按照《公约》第48条的规定，除非买方已经宣布解除合同，否则即使在交货日期之后，卖方仍可自付费用，对任何不履行义务作出补救，如补交货物、提交相关资料、换货等，但这种补救不得给买方造成不合理的迟延，也不得使买方遭受不合理的不便，或买方无法确定卖方是否将偿付买方预付的费用，并且，买方保留《公约》所规定的要求损害赔偿的任何权利。

由于补救涉及双方权利义务，因此，补救需满足以下条件：①买方未按《公约》第49条规定撤销合同；②卖方应当承担补救的费用；③卖方在作出补救时不得给买方造成不合理的不便或迟延。

原则上，卖方不能强迫买方接受卖方的主动补救。但是，如果卖方要求买方表明他是否接受卖方履行义务，而买方没有在一段合理时间内对此要求作出答复，则卖方可以按其要求中所指明的时间履行义务。买方不得在该段时间内采取与卖方履行义务相抵触的任何补救办法。

5．部分货物不符时买方的救济方法

按照《公约》第51条第1款的规定，当卖方只交付一部分货物，或者卖方所交付的货物中只有一部分与合同的要求相符合时，买方只能对漏交的货物或对与合同要求不符的那一部分货物，采取退货、减价及要求损害赔偿等救济方式。但是，一般情况下，不能宣告撤销整个合同或拒收全部货物，除非卖方不交货，或者不按合同规定交货已构成根本违约时，买方才可以宣告撤销整个合同。

6．提前交货或超量交货时买方的补救方法

按照《公约》第52条第1款的规定，如果卖方在合同规定的日期以前交货，买方可以接受或拒绝收取货物。如果卖方提前交货遭到拒绝，等到合同规定的交货期临到时再次向买方提交货物，买方仍须收取这批货物。

如果卖方所交货物的数量大于合同规定的数量，买方可以收取全部货物，也可以拒绝收取多交部分的货物，而只收取合同规定数量的货物，但不能拒收全部货物。如果买方收取多交部分的货物，他就必须按合同规定的价格付款。

但是，如果这种超量交货的做法已构成卖方根本违约，买方可以宣告撤销合同；如果这种超量交货的做法并未构成根本违约，或者按照商业上的习惯买方不得不收下整批货物，则买方可以要求卖方赔偿他因此而遭受的损失。

7. 请求损害赔偿

如果卖方违约，买方可以要求损害赔偿，而且买方要求损害赔偿的权利，不因其已采取其他补救方法而丧失。简言之，即使买方已经采取了撤销合同、拒收货物、要求交付替代货物等救济方法，也有权要求卖方赔偿因其违约所造成的损失。

（1）买方不解除合同时请求损害赔偿范围。

如果卖方的违约是非根本违约，或者卖方虽然是根本违约，但买方不要求解除合同而要求损害赔偿的情况下，损害赔偿数额的计算比较简单。计算损害赔偿数额时只需注意以下三方面：一是赔偿额应与损失额相等；二是赔偿额应以违约方能够预料的损失为限；三是受损方扩大的损失不予赔偿。

① 请求损害赔偿额应与实际损失额相等。买方主张的损害赔偿额应与其实际损失额相等。通常这个实际损失额由直接损失和间接损失组成。其中，直接损失是指买方因卖方的违约行为直接受到的损失以及有关费用的支出。间接损失是指买方失去了合同正常履行时本应得到的经济利益。例如，买方转售货物的市场利润损失等。

② 请求损害赔偿额应以卖方能够预见的损失为限。买方请求损害赔偿额应以卖方能够预见的损失为限，简言之，损害赔偿不得超过卖方在订立合同时，依照他当时已知道或理应知道的事实和情况，对违约预料到或理应预料到的可能损失。例如，卖方在订立合同时对于买方购买货物的正常市场利润是能够预料到的，但是卖方对买方购买货物后因产品脱销而导致的价格猛涨等不正常的价格变化，是不能够预料到的，超过正常范围内的损失，卖方不承担赔偿责任。这种规定就要求买卖双方在订立合同时将自己与合同有关的情况尽量告知对方，让对方知道其不履行合同将会给自己造成的损失，并在违约时予以赔偿。

案例分析 2-18：一家磨坊的机轴破裂了，磨坊主把坏轴交给承运人，委托他找一家工坊重做一个新的机轴，但磨坊主并未预先告知承运人，如果承运人不能及时把机轴送到即将产生利润损失。结果承运人未及时办理，致使磨坊停工的时间超过了必要的时间。磨坊主要求承运人赔偿由于迟延交付机轴所造成的利润损失。

试利用所学知识分析：磨坊主的要求是否能够得到法律的支持？[①]

③ 买方不当扩大损失不能请求救济。当卖方违约时，买方应根据情况采取合理措施来减轻由于卖方违约而引起的损失。如果买方不采取这种合理措施，卖方可以要求从损害赔偿中扣除原可以减轻的损失数额。

（2）卖方采取替代交易情况下买方请求的损害赔偿数额。

---

① 周黎明. 国际商法理论与实务[M]. 北京：北京大学出版社，2014：156.

如果合同被宣告解除，并且在宣告解除后一段合理时间内，买方已以合理方式购买替代货物，买方可以要求取得合同价格和替代交易价格之间的差价，再加上买方其他损失。例如，交易标的物大米合同价格为每吨 2 200 美元，因卖方根本违约，买方解除合同后转买大米的价格为每吨 2 400 美元，合同价格与替代交易价格的差价为每吨 200 美元，卖方应按照每吨 200 美元的标准，再加上买方因此而产生的其他损失进行赔偿。

值得注意的是，买方的替代交易应是合理替代交易①，对于不合理替代交易，不能按照差价予以赔偿。

案例分析 2-19：日本买方向美国卖方购买听装奶粉，每听奶粉 80 美元，日本买方再转卖给韩国买方，美国卖方供听装奶粉的样品没有达到日本买方要求标准，日本买方不得已从澳大利亚卖方购买听装奶粉，当时此种品牌的听装奶粉市场价格为 120 美元，日本买方故意以 150 美元的价格成交。

问题：美国卖方应该赔偿多少差价？

（3）买方未采取替代交易情况下的损害赔偿数额。

如果买卖合同被宣告解除，买方没有采用替代交易而直接要求违约方进行损害赔偿，应按照《公约》第 76 条规定，如果货物有时价②，要求损害赔偿的买方可以取得合同价格和宣告合同无效时的时价之间的差额以及其他损害赔偿。但是，如果买方在接收货物之后宣告合同无效，则适用接收货物时的时价，而不适用宣告合同无效时的时价。由于合同解除后未发生替代货物交易，所以无法使用替代货物交易价格来确定损失，此时就只能以货物的时价为依据来计算损失的额度。

如此规定主要考虑到，买方在接收货物后宣告合同无效，对于那些市场价格波动大的货物，常常会有意识地选择宣告合同无效的时间以期得到更多赔偿。为防止买方这种投机行为，《公约》规定应适用接收货物时的时价，因为买方接收货物的时间，不完全取决于买方自己的选择，这样对买卖双方都比较公平。

8. 解除合同③

（1）解除合同的条件。

《公约》严格限制解除合同这种救济措施，仅将解除合同适用于根本违约这一种情形。

---

① 合理替代交易，应根据具体情况来判断，主要是指进行替代交易的时间应在解除合同后的合理时间内进行，进行替代交易的方式也应合理，即按照正常的交易程序、正常的交易渠道和正常的市场价格进行替代交易。

② 所谓时价（Current price），是指原应交付货物地点的现行价格，如果该地点没有时价，则指另一合理替代地点的价格，但应适当地考虑货物运费的差额，确定时价的时间应为宣告合同停止生效的当天，但如果受害方在合同宣告无效前接收了货物，则应以接收货物时的时价为准。

③《公约》对其表达为撤销合同和宣告合同无效，我们国家《合同法》沿袭大陆法系的规定比较多，对合同无效、合同撤销、解除合同都作了区别性的规定，其中合同无效违反的是公益要件和国家强制性规定，如恶意串通损害国家、集体、第三人利益则合同无效；合同撤销违反私益要件，例如，如果合同是欺诈胁迫损害集体和第三人的情况下建立的，那么该合同是可撤销的。也就是说，对于可撤销合同，我国法律是以列举的方式来界定的，而合同解除分为法定解除和意思自治解除，其中《公约》中列举的撤销合同和宣告合同无效恰好与我国的合同法定解除的条件相同，因此，本书将救济措施统称为解除合同。

如果卖方从事下列行为，买方可以采取解除合同的救济措施。[①]

① 卖方不履行其在合同中或《公约》中规定的任何义务，构成根本违约。

② 如果发生不交货的情况，卖方在买方规定的合理的额外时间内仍不交货，或卖方声明他将不在买方规定的合理的额外时间内交货。

③ 对于迟延交货的情形，买方必须在卖方交货后的一段合理时间内[②]宣告撤销合同。

④ 对于迟延交货以外的任何违约情形（如货物与合同规定不符等），买方必须在已经知道或理应知道这种违约情形后的一段合理时间内宣告撤销合同。

⑤ 在履行合同日期之前，明显看出卖方将根本违约，或卖方已声明将不履行其义务。

⑥ 分批交付货物的合同，卖方根本违约，则买方可以宣告合同无效。[③]

（2）解除合同对合同当事人的影响。

合同一旦解除，双方就无须再履行合同约定的义务，如交付货物的义务。但是双方因合同而给对方产生的损害赔偿仍应负责，也就是说解除合同与损害赔偿是同时存在的，而且合同的解除也不影响合同中约定的关于解决争端的任何规定，以及合同中关于双方解除合同后权利和义务的任何其他规定，如果合同已部分履行，也可以根据实际情况，同时履行相互返还义务。相互返还义务不仅涉及货物或价款的本身，还包括货物或价款所生之孳息和利益。例如，卖方有义务在归还价款的同时，还支付价款利息。[④]

2.5.3 卖方的救济措施

买方的违约行为主要包括不按合同期限付款或者延迟付款和不按照合同约定收取货物或者延迟收取货物。针对买方出现的违约事由，卖方可以采取各种救济方法，由于卖方采取的部分救济方法与买方采取的救济措施具有相似或相同之处，如损害赔偿，因此，对卖方的救济措施，本书只进行简要介绍。

1. 实际履行

根据《公约》第 63 条的规定，当买方不支付货款、不收取货物或不履行其他义务时，卖方可以要求买方在一段合理期限内实际履行其合同义务，除非卖方已采取了与这些要求

---

① 对于条件①、②、③和④，《公约》第 49 条赋予买方当事人宣告撤销合同权利；对于条件⑤，《公约》第 72 条赋予合同当事人宣告合同无效的权利。

② 何谓"合理的时间"，公约没有作出具体规定，须视具体案情而定。这是因为在卖方已经交货的情况下，买方撤销合同就意味着退货，这样卖方的处境将十分困难，他要处理被退回的货物，如将货物另行出售或运回本国，往往还涉及运输保险的安排问题。所以，在卖方已经交货的场合下，如买方想要撤销合同，就必须在合理时间内行使这项权利，以免给卖方带来更大的损失。

③《公约》第 73 条规定：①对于分批交付货物的合同，如果一方当事人不履行对任何一批货物的义务，便对该批货物构成根本违约，则另一方当事人可以宣告合同对该批货物无效；②如果一方当事人不履行对任何一批货物的义务，使另一方当事人有充分理由断定对今后各批货物将会发生根本违约，该另一方当事人可以在一段合理时间内宣告合同今后无效；③买方宣告合同对任何一批货物的交付为无效时，可以同时宣告合同对已交付的或今后交付的各批货物均为无效，如果各批货物是互相依存的，不能单独用于双方当事人在订立合同时所设想的目的。

④《公约》对如何确定货款与利息的币种、汇率以及利率等事项没有规定。

相抵触的救济方法。例如，卖方宣告解除合同，他就不能要求买方依照合同收取货物或支付货款。

值得注意的是，不是所有的合同都能确保买方实际履行，如果买方不履行合同或公约的义务已经构成根本违约，则卖方可以宣告撤销[①]合同。

如果在要求实际履行过程中，货物仍在卖方手中，那么，卖方有保全货物的义务，为此，对于易腐烂的货物或者保全货物需要支付不合理费用，卖方就可以采用其他救济措施。例如，可以在通知买方后转售货物，简言之，货物的客观条件不允许买方实际履行，或者实际履行时限较短时，卖方可采取其他救济措施。

2. 自行采取补救措施

根据《公约》第65条的规定，如果买方应根据合同约定对货物的形状、大小或其他特征作出具体规定，而他在约定的日期或在收到卖方的要求后一段合理时间内没有订明这些规格，则卖方在不损害其可能享有的任何其他权利的情况下，可以依照他所知的买方的要求，自行确定货物的具体规格。这项规定的目的是保证合同不因买方不指定具体规格而不能执行。

但是，如果卖方自己指定规格，他必须把货物规格的细节通知买方，如货物的形状、大小、尺码等，而且必须规定一段合理时间，让买方可以在合理时间内订出他所需要的规格，如果买方在收到卖方的通知后，没有在规定的合理时间内提出不同的要求，卖方所确定的规格就具有约束力。

3. 损害赔偿

无论卖方采取何种救济方式，只要买方违约给卖方造成损失，那么，卖方都可以要求买方给予损害赔偿的救济措施，对此，《公约》第63条作了明确的规定，即卖方给予买方一个额外时间，让其履行合同义务，则在此期限内卖方不得采取任何其他补救措施，这样的限制也不会使卖方丧失他对迟延履行义务可能享有的要求损害赔偿的任何权利。至于损害赔偿数额的确定以及损害赔偿的方式可以参照买方救济措施的损害赔偿。

4. 要求支付利息

如果买方没有支付价款或任何其他拖欠金额，卖方有权对这些款项收取利息，而且这种救济措施不妨碍卖方要求买方支付其他损害赔偿金。

5. 解除合同[②]

《公约》第64条规定了卖方解除合同救济的情形：（1）买方不

知识拓展二维码2-9：两大法系关于买方违约时卖方的救济方式的不同规定

[①] 这里的撤销相当于我国《合同法》中的解除。

[②] 《公约》第64条称宣告合同无效，由于我国《合同法》遵循大陆法系的称谓，这种情况下，法律赋予卖方的权利是解除合同。为了避免读者产生误解，本书遵照我国《合同法》的称谓来规定卖方的救济方式为解除合同。

履行合同或《公约》的义务已经构成根本违约；（2）卖方已经给买方规定了一段合理的额外时间，让买方履行其义务，但买方不在该段时间内履行义务，或买方声明他将不在所规定的时间内履行其义务；（3）如果买方已经支付货款，卖方原则上就丧失了宣告撤销合同的权利，除非他按照下面规定的办法去做：①对于买方迟延履行义务，卖方在知道买方履行义务前已宣告撤销合同；②对于买方迟延履行义务以外的任何违约情形，卖方必须在知道或理应知道这种违约情形的一段合理时间内宣告撤销合同无效，或者在给予买方合理宽限期届满或在得知买方声明不履行合同的一段合理时间内宣告合同无效，否则，卖方将失去宣告合同无效的权利。

2.5.4 违约免责事由

《公约》在第79条和第80条对违约免责事项作了细致规定，主要表现在如下4个方面。

1. 履约障碍免责

当事人对不履行义务不负责任，如果他能证明此种不履行义务是由于某种非他所能控制的障碍，而且对于这种障碍，没有理由预期他在订立合同时能考虑到或能避免或克服它。

2. 基于第三人行为的履约免责

如果当事人不履行义务是由于他所雇用履行合同的全部或一部分规定的第三方不履行义务所致，则当事人免除责任。

3. 不履行义务的一方必须将障碍及其对他履行义务能力的影响通知另一方

如果该项通知在不履行义务的一方已知道或理应知道此障碍后一段合理时间内仍未为另一方收到，则他对由于另一方未收到通知而造成的损害应负赔偿责任。

4. 对方当事人行为的免责

一方当事人因其行为或不行为而使得另一方当事人不履行义务时，不得声称该另一方当事人不履行义务。

案例分析2-20：美国卖方向中国买方出售400吨钢管，价格条件为CFR天津250元/吨。买方必须在2017年4月21日之前开立信用证。合同还约定，若买方未按时开立信用证，买方应向卖方支付合同金额的3%作为罚金。中国买方因为进口许可证问题没能在合同规定的开证期间开出信用证。4月30日，中国买方传真给美国卖方，称已与有关部门签订了"办证协议"，且已付相应款项，预计在5月5日拿到许可证，恳请延长开证期限。时至5月11日，中国买方仍未开出信用证。美国卖方依约正式向中国买方提出索赔，要求中国买方于6月30日之前支付3%的罚金。双方未达成一致意见，2017年10月，美国卖方根据合同仲裁条款提出仲裁，要求中国买方支付合同金额3%的罚金及利息。后查明，中国买方未能如期开出信用证是因为2017年1月国家主管钢材进口的相关职能部门发生职能变更所致。

问题：美国卖方的主张是否能够得到法律的支持？[①]

[①] 孟国碧. 国际贸易法实验案例教程[M]. 北京：中国政法大学出版社，2016：41~42.

2.6 货物所有权及风险的转移

2.6.1 所有权的转移

所有权是指物主对货物占有、使用、处分及收益的权利。在国际货物买卖中，货物所有权从何时起由卖方转移至买方，直接关系到买卖双方权利义务的确定，基于此，各国立法对买卖合同中标的物所有权转移作出明确规定，有的国家以合同成立作为确定所有权转移时间，有的国家以交货时间作为所有权转移时间，有的国家以货物特定化作为所有权转移时间。由于各国法律规定差异较大，难以达成一致协议，《公约》没有对所有权转移问题作出明确规定。本书仅介绍比较有特点的几个国家法律的相关规定。

1. 英美法系国家的相关规定

（1）美国有关规定。

《美国统一商法典》遵循当事人意思自治，只要双方当事人有特别约定，该特别约定又不违反法律规定，那么就依照当事人的意思来确定所有权转移的时间，但是当事人没有约定时，根据下列 4 种情况来确定所有权转移的时间。

① 货物特定化[①]。货物在特定于合同项下之前，所有权不发生转移，并且特定化后的货物所有权在交货时发生转移。

② 货物需要运输，所有权在实际交货时转移。当合同规定在目的地交货时，所有权在目的地由卖方提交货物时发生转移；当合同规定卖方需将货物发送至买方指定地点而无须送至目的地时，货物所有权在交付发运的时间和地点转移至买方。

③ 货物不需要移动即可交付。如果合同订立时货物已特定化，且无须交付所有权凭证，所有权在合同订立的时间和地点转移；如果卖方需要交付所有权凭证，货物的所有权在交付所有权凭证时转移。

④ 买方拒绝接受或保留货物，或买方正当地撤销对货物的接受。货物所有权重新转移至卖方。

（2）英国有关规定。

《英国买卖法》对所有权转移问题进行了分类规定，即特定化标的物所有权转移与非特定化标的物所有权转移。

① 特定化标的物买卖。特定化后的标的物所有权转移的时间取决于双方当事人的意图，一般而言，为了确定双方当事人的意图，需要考量双方当事人订立合同的条款，缔结合同当事人的行为等具体情况，同时，还要遵循以下原则。

一是无保留条件合同处于可交付状态的特定物时，所有权在订立合同时转移。

二是卖方需对货物作出某些行为才能使货物处于可交付状态，则货物所有权须在卖方

[①] 特定化是指在货物上加标记，或以装运单据，或向买方发通知，或以其他方式明确注明货物已归于某一特定合同项下。

完成此项工作并在买方收到有关通知时才转移至买方。

三是如果货物处于可交付状态，但卖方需对货物进行称量、量度、测试或作出某种行为才能确定价金时，那么，所有权在卖方作出该种行为且买方获得有关通知时发生转移。

四是如果是"试用买卖"或"余货退回买卖"，那么，当买方向卖方表示认可或接受该项货物或其他方式确认这项交易时，所有权即移转于买方，或者买方虽没有明确表示接受货物，但是退货期限已过或者合理退货期限届满，货物的所有权转移至买方。

② 非特定化标的物买卖。主要是指凭说明出售的货物，如果买方默示或明示同意，卖方将货物无条件划归合同项下时，所有权转移到买方；但是如果卖方附条件保留了对货物的处分权，则不管货物是否交付买方、交付承运人或其他委托人，货物所有权都不发生转移，直至所附条件成就。

2. 大陆法系国家的相关规定

（1）德国相关规定。

德国对所有权转移的规定比较特殊。德国民法认为所有权的移转属于物权法的范畴，而买卖合同则属于债法的范畴，买卖合同本身并不起到移转所有权的效力。为此，德国法规定，动产须以交付标的物为必要条件，如果卖方有义务交付物权凭证，卖方可以通过交付物权凭证转移货物所有权，至于不动产，其所有权的转移须以向主管机关登记为条件。

（2）法国相关规定。

法国对于买卖合同货物所有权转移处理比较特殊，立法与司法实践出现"双轨"运行的局面。《法国民法典》第1583条规定，当事人就标的物及其价金达成一致时，即使标的物尚未交付，价金尚未支付，买卖即告成立，而标的物的所有权亦此时在法律上由卖方转移于买方。然而，这种单一的时间点确定，不能满足人们对所有权转移时间多元化的需求，以及解决合同履行中可能产生的大量不可预见的难题，为此，法国法院在司法实践中适用以下原则：①买卖双方可在合同中自由确定所有权转移时间；②如果买卖的是种类物，必须经过特定化，所有权才转移至买方，无须交付；如果是附条件买卖，则必须满足所附条件后，所有权才移转至买方。

3. 我国法律的相关规定

我国《合同法》对于买卖合同中货物所有权的转移采取两种态度：①遵循当事人意思自治，赋予买卖双方在合同中规定所有权转移的时间之自由；②如果合同当事人双方无约定，其他法律亦无专门规定，则货物所有权自交付货物时转移。[①]

2.6.2 风险的转移

1. 风险转移确定的原则

国际货物买卖比国内货物买卖具有更大的风险，因此，风险转移时间的确认成为国际

[①] 我国《合同法》第133条规定，在买卖合同中，货物所有权自标的物交付时起移转，但法律另有规定或当事人另有约定的除外。

货物买卖合同中的重要问题。《国际贸易术语解释通则》和《联合国国际货物销售合同公约》都对国际货物买卖风险转移作出详细规定，各个国家也在国内法中对货物买卖风险转移作出具有可操作性的规定，总结上述规定，国际货物风险转移的确定通常遵守 3 项原则。

（1）当事人意思自治原则。

国际货物买卖合同风险转移时间点的确定，虽然涉及跨国法律适用问题，但仅就权利义务而言，仍然属于私法自治范畴，基于此，无论是各个国内法还是国际惯例，抑或公约，都将风险转移时间点确定权留给当事人，由合同当事人协商确定风险转移。简言之，只要当事人的约定没有触及领土主权、公共政策或公共利益等因素，风险转移的确定完全遵循双方在合同中的约定。

知识拓展二维码 2-10：《华沙—牛津规则》的相关规定

（2）交货为主并考量过失的划分原则。

国际货物买卖双方没有对风险转移进行约定，那么原则上，风险是在交货时转移至买方，但是，这个风险转移的确定是建立在卖方无违约责任的基础上。如果货物的遗失或损坏是由于卖方的作为或不作为所引起的，那么风险转移则适用过失划分原则。

（3）国际惯例优先原则。

如果买卖双方在国际货物买卖合同中约定使用某国际惯例，同时买卖双方的争议也适用公约，那么国际货物买卖风险转移的确定优先适用国际惯例。①

案例分析 2-21：2017 年 11 月，中国卖方与美国买方签订 10 吨大豆销售合同，合同另附适用美国买方熟知并经中国卖方确定的 FOB（2000 年通则）天津，并于 3 月 20 日装船。其中 FOB 条款规定，美国买方所租载船舶必须不迟于合同规定日期到达天津，由于载货船舶延迟抵达而使卖方遭受任何损失和额外费用需由美国买方承担。同时，美国买方必须于船舶到达装运港前 10 天将船名、船旗、船长的国籍和估计到达装运港时间通知中国卖方，并以中国卖方接受为准。中国卖方按照合同约定的时间将 10 吨大豆备妥待运，然而美国买方却来电话称租不到船只，要求延迟一个月装运。中国卖方考虑到货物已备妥，不同意延期，要求美国买方 3 月 20 日之前派船抵达天津港，结果 3 月 22 日，天津港遭遇特大风暴，致使货物大部分受损，美国买方称双方合同适用 FOB 术语，货物尚未交付，风险没有转移，要求中国卖方自我承担货损风险。

问题：美国卖方的主张是否得到法律支持？

2. 风险转移确定的具体规则

（1）《国际贸易术语解释通则》对风险转移的确定。

---

① 《公约》第 9 条规定：①双方当事人业已同意的任何惯例和他们之间确立的任何习惯做法，对双方当事人均有约束力。①除非另有协议，双方当事人应视为已默示地同意对他们的合同或合同的订立适用双方当事人已知道或理应知道的惯例，而这种惯例在国际贸易上，已为有关特定贸易所涉同类合同的当事人所广泛知道并为他们所经常遵守。

《国际贸易术语解释通则》对每个贸易术语的货物风险转移问题都作了详细的规定，但是这个规定是建立在买卖双方都没有违约的基础之上。由于国际贸易术语解释通则各个时期的版本均处于有效状态，供当事人交易过程中进行选择，本书选择2000年和2010年两个版本，对国际贸易术语中买卖货物的风险转移点的确定进行介绍，具体见表2-7。

表2-7　2000年版国际贸易术语和2010年版国际贸易术语中的风险转移

2000年国际贸易术语	风险转移临界点	2010年国际贸易术语	风险转移临界点变化
EXW（工厂交货）	卖方所在地交货时	EXW（工厂交货）	与2000年规定相同
FCA（货交承运人）	交付承运人时间地点	FCA（货交承运人）	与2000年规定相同
FAS（船边交货）	装运港船边交货时	FAS（船边交货）	与2000年规定相同
FOB（船上交货）	装运港船舷	FOB（船上交货）	在装运港口被装上船时
CFR（成本加运费）		CFR（成本加运费）	
CIF（成本保险加运费）		CIF（成本保险加运费）	
CPT（运费付至）	交付承运人时间地点	CPT（运费付至）	交付承运人时间地点
CIP（运费保险费付至）	交付承运人时间地点	CIP（运费保险费付至）	交付承运人时间地点
DAF（边境交货）	边境指定地点交货时	DAT（指定终端交货）	目的地或者目的港的集散站交付时
DES（目的港船上交货）	目的港船上交货时		
DEQ（目的港码头交货）	目的港船码头交货时		
DDU（未完税交货）	指定目的地交货时	DAP（指定目的地交货）	目的地交付时
DDP（完税交货）	指定目的地交货时	DDP（完税交货）	指定目的地交货时

（2）《联合国国际货物销售合同公约》对风险转移的确定。

关于国际货物买卖中的风险转移，《公约》在第67~69条中予以规定，归纳起来主要有3种类型的风险转移确定点：一是货物运输风险转移的确定；二是路货风险转移的确定；三是其他情况下风险转移的确定。

① 货物运输风险转移的确定。《公约》第67条对涉及货物运输的风险转移界限作了明确规定，如果销售合同涉及货物运输，但卖方没有义务在某一特定地点交付货物，自货物按销售合同交付给第一承运人以转交买方时起，风险就转移至买方。如卖方有义务在某一特定地点把货物交付给承运人，在货物于该地点交付给承运人以前，风险不转移到买方承担。从这个规定可以看出货物运输风险转移的确定必须满足如下两个条件。

一是承运人为买方所委托。如果是卖方用自己的运输工具运送货物，或者与运输公司签订合同，将卖方的货物运往装运港，尽管这时的运输公司也是承运人，但是这个承运人不是受买方的委托，因此风险不能在卖方将货物交给此类运输公司时转移至买方。实践中，还可能出现买方因某种不便，请求或委托卖方签订运输合同，运输费用由买方承担，这种情况下的承运人本质上属于买方委托，只要卖方将货物交于承运人，货物风险便发生转移。

二是货物必须确定在合同项下。第67条第2款规定，在货物上加标记、或以装运单据、或向买方发出通知、或其他方式清楚地注明有关合同以前，风险不转移至买方。简言之，卖方把处于适宜交货状态的货物无条件地划归在合同项下，转化为特定化货物，以便能够确定哪些货物属于风险转移的货物。①

② 路货风险转移的确定。国际贸易中的路货是指卖方将货物装上开往某个目的地的船舶，在运输途中寻找适当买主，并订立买卖合同进行销售的货物。对于路货的风险转移时间，公约规定了"两个标准"和"一点例外"。其中，两个标准是指：一、对于在运输途中销售的货物，从订立合同时起，风险就转移至买方；二、如果情况表明有此需要，从货物交付给签发载有运输合同单据的承运人时起，风险就由买方承担。一点例外是指：如果卖方在订立合同时已知道或理应知道货物已遗失或损坏，而他又不将这一事实告知买方，则这种遗失或损坏应由卖方负责。

③ 其他情况下风险转移的确定。按照《公约》第69条的规定，其他情况下风险转移主要有两种情况：一种是买方到卖方营业地接收货物；另一种是货物由仓库保管员保管或者卖方送货至买方。风险转移的具体情况见表2-8。

表2-8 其他情况下风险转移的确定

情况描述	风险转移的确定	备注说明
买方提货	一是买方接收货物时起，风险转移至买方； 二是买方不在适当时间内接收货物，则从货物交给他处置但他不收取货物从而违反合同时起，风险转移至买方	无论买方用自己的运输工具，还是委托承运人，风险转移界限都不变
货物由仓库保管员保管或者卖方送货到买方	如果买方有义务在卖方营业地以外的某一地点接收货物，当交货时间已到而买方知道货物已在该地点交给他处置时，风险方始转移	

知识拓展二维码2-11：根据《公约》规定，反思我国合同法关于买卖合同风险转移的规定

本章相关知识拓展性阅读二维码

复习思考题

一、判断题

1. 按《2010年通则》的规定，以C组贸易术语成交签订的合同都属于装运合同。
（　　）

---

① 实践中还可能出现，虽然卖方将货物特定化并交给买方委托的承运人，但卖方须授权保留控制货物处置权的单据。这时货物风险应在何时转移，因各国国内法规定不同而处于不确定状态。基于此，公约明确规定，卖方授权保留控制货物处置权的单据并不影响风险的转移。

2. EXW 术语属于《国际贸易术语解释通则》中卖方承担风险最小的一种。
（　　）

3. CIF 合同的货物在刚装船后因火灾被焚，应由卖方承担损失并请求保险公司赔偿。
（　　）

4. 根据《联合国国际货物买卖合同公约》的规定，卖方对于买方转卖至第三方国家的货物承担知识产权担保责任。
（　　）

5. 甲国卖方在合同履行期限未到期之前，得知乙国买方已经被宣告破产，甲国卖方通知乙国买方不再履行合同，甲国卖方的行为是预期违约。
（　　）

二、单项选择题

1. 下列术语中卖方不负责办理出口手续及支付相关费用的是（　　）。
A．FCA　　　　B．FAS　　　　C．FOB　　　　D．EXW

2. 按照《2010 年通则》的规定，以 FOBST 贸易术语的变形成交，买卖双方风险的划分界限是（　　）。
A．货交承运人　　　　　　　　B．货物在装运港船上
C．货物在目的港卸货后　　　　D．装运港码头

3. 《联合国国际货物销售合同公约》确定交易"国际性"的标准是（　　）。
A．买卖双方当事人营业地处于不同国家　　B．买卖双方具有不同国籍
C．订立合同行为完成于不同的国家　　　　D．货物必须由一国运往另一国

4. 中国甲公司与法国乙公司签订了向中国进口服装的合同，价格条件 CIF，货到目的港时，甲公司发现有两箱货物因包装不当途中受损，因此拒收，该货物在目的港码头又被雨淋受损。依 1980 年《联合国国际货物销售合同公约》及相关规则，下列哪一选项是正确的？（　　）
A．因本合同已选择了 CIF 贸易术语，则不再适用《公约》
B．在 CIF 条件下应由法国乙公司办理投保，故乙公司也应承担运输途中的风险
C．因甲公司拒收货物，乙公司应承担货物在目的港码头雨淋造成的损失
D．乙公司应承担因包装不当造成的货物损失

5. 根据《联合国国际货物买卖合同公约》的规定，对于正在运输中的货物进行交易，货物的风险从何时由卖方转移到买方？（　　）
A．卖方交货时　　　　　　　　B．买方收取货物时
C．合同成立时　　　　　　　　D．货交第一承运人时

三、多项选择题

1. 下列哪些销售不适用《联合国国际货物买卖合同公约》？（　　）
A．购买供私人、家人或者家庭使用的货物的销售
B．船舶、船只、气垫船或者飞机的销售
C．根据法律执行令状或者其他令状的销售
D．公债、股票、投资证券、流通票据或货币的销售

2．FOB、CIF、CFR 的主要区别是（　　）。
　A．风险划分的界限不同　　　　　　　B．交货地点不同
　C．买卖双方承担的责任不同　　　　　D．买卖双方承担的费用不同

3．我 A 公司向巴西 B 公司发出传真："急购巴西一级白砂糖 2 000 吨，每吨 250 美元 CIF 广州，2002 年 2 月 20 日至 25 日装船。"巴西 B 公司回电称："完全接受你方条件，2002 年 5 月 1 日装船。"依照国际贸易法律与惯例，巴西 B 公司的回电属于（　　）。
　A．对要约的拒绝　　B．一项新的发盘　　C．发盘的撤销　　D．接受

4．若买卖双方以 CFR 卸至岸上术语成交，以下答案正确的是（　　）。
　A．卖方应承担货物运至目的港以前的一切风险
　B．当货物卸至目的港，卖方的交货完毕
　C．装运港的船上是买卖双方风险划分的界限
　D．卖方在装运港船上完成交货义务

5．甲公司的营业地在甲国，乙公司的营业地在中国，甲国和中国均为《联合国国际货物销售合同公约》的当事国。甲公司将一批货物卖给乙公司，该批货物通过海运运输。货物运输途中，乙公司将货物转卖给了中国丙公司。根据该公约，下列哪些选项是正确的？（　　）
　A．甲公司出售的货物，必须是第三方依中国知识产权不能主张任何权利的货物
　B．甲公司出售的货物，必须是第三方依中国或者甲国知识产权均不能主张任何权利的货物
　C．乙公司转售的货物，自双方合同成立时风险转移
　D．乙公司转售的货物，自乙公司向丙公司交付时风险转移

四、简答题

1．《联合国国际货物买卖合同公约》适用范围有哪些？
2．2010 年《国际贸易术语解释通则》的主要变化有哪些？
3．DAP 术语卖方和买方的主要义务有哪些？
4．国际货物买卖合同卖方的义务有哪些？
5．国际货物买卖合同履行过程中，买方违约时，卖方的救济措施有哪些？

五、案例分析题

中国卖方与英国买方签订一份服装贸易合同。合同按 CIF 伦敦，即期信用证方式付款，合同和信用证中均规定不允许分批装运和转船。中国卖方按照约定在天津港将货物装上直达轮，并将所有单据转交给承运人，并凭直达提单在信用证有效期内向银行议付货款。该轮船中途经过某港时，运输公司为了接载其他货物，擅自将中国卖方服装卸下，换装其他船舶继续运往伦敦。由于换装的船舶设备陈旧，该批服装比原定时间晚了 3 个月到达。为此，英国买方向中国卖方提出索赔，理由是中国卖方提交的是直达提单，而实际是转船运输，属于欺诈行为。

问题：中国卖方应如何处理？为什么？

第3章　国际海上货物运输与保险法

学习目标

通过本章的学习，要求了解在国际海上货物运输方式下，买方和卖方的权利、义务分配，及其与承运人、保险人之间的权利义务关系，理解国际海上货物运输适用的公约制度及我国相关法律规则，理解国际海上货物运输保险的保险原则、承保的风险与损失。

案例导入

2002年1月4日，上海人保就"仲宇"轮的保险向中福轮船公司开具定期"沿海内河船舶保险单"，保险单载明：被保险人为中福轮船；险别为一切险。保险单"一切险"条款约定，保险人承保因碰撞、触碰等事故引起船舶倾覆、沉没等造成的船舶全损或部分损失；同时约定，对于船舶不适航（包括船舶技术状态、配员、装载等）造成船舶的损失，保险人不负责赔偿；又约定，被保险人应当按期做好船舶的管理、检验和修理等工作，确保船舶的适航性，否则保险人有权终止合同或拒绝赔偿。"仲宇"轮的船舶所有人为上海钟裕实业有限公司，船舶经营人为中福轮船，载重1 300吨，核定舱载量为前货舱655吨，后货舱645吨，核定船舶设计吃水为艏吃水2.973米，艉吃水3.505米，平均吃水3.25米。

2002年5月25日，"仲宇"轮装载1 260吨货物（前货舱约510吨，后货舱约750吨）从宁波北仑港出发驶往上海港，宁波海事局签发了出港签证。船舶艏吃水2.90米，艉吃水3.60米，平均吃水3.25米。次日，该轮行至乌龟岛附近水域时沉没。其时船舶国籍证书、船舶检验证书、船舶营运证书均在有效期内。吴淞海事处的"水上交通事故责任认定书"认定，"由于瞭望疏忽，对流压估计不足及操纵不当，船舶右舷中后部触碰水下障碍物，导致二舱破损进水，致使船舶沉没。"但上海人保认为，"仲宇"轮后货舱超载约105吨，不排除船体局部产生裂缝和屈曲进水，最终导致船舶沉没，事故系货物装载不符合规定、船舶不适航造成，且中福轮船不是该轮所有人，无可保利益。中福轮船向上海人保索赔不成，因而向上海海事法院提起诉讼。①根据本案事实提出问题如下。

（1）中福轮船对"仲宇"轮是否具有可保利益？
（2）该轮沉没原因是否属于保险合同约定的一切险承保范围？保险人能否以除外责任为依据拒绝承担保险赔偿责任？
（3）该轮开航时的情况是否属于船舶不适航？

3.1 国际海上货物运输方式

根据运输方式不同，国际海上货物运输主要分为两种：班轮运输与租船运输。

3.1.1 班轮运输

班轮运输（Liner Transport），指船舶在固定的航线和港口间，按事先规定的船期和公布的费率进行的运输。其货运程序为：揽货、订舱、装船、卸货、交付。班轮运输合同关系的确定需要班轮公司的订舱确认，但班轮运输合同的证明形式一般为承运人签发、交付的海运提单，并受到统一的国际公约的制约，有时也签发提单以外的单证，如海运单、大副收据或提货指示。不同的单据，其法律地位和作用是不同的。由于提单在班轮运输中的重要作用，班轮运输有时也称提单运输。

3.1.2 租船运输

租船运输（Charter Transport），指船舶出租人按一定条件向承租人提供船舶或船舶的部分舱位，由承租人支付租金的运输方式。关于班轮运输与租船运输方式的比较见表3-1。

表3-1 班轮运输与租船运输方式的比较

班轮运输	租船运输
无专门的运输合同,仅按船公司签发的提单处理运输中有关问题	承租人与出租人之间的权利、义务由双方签订的租船合同确定
适用于货种多、批量小的杂货运输	适用于大宗货物运输
一般按事先规定的固定港口、固定航线、固定开航时间和固定费率进行运输	有关航线和港口、运输货物的种类及航行的时间等，都按照承租人的要求由船舶出租人确认
班轮承运人负责包括装、卸货物及理舱在内的作业，并负责全部费用，不计滞期费、速遣费	依据租船运输合同的规定
班轮运费相对比较稳定	租船运输租金随市场行情变化

---

① 本案引自找法网。http://china.findlaw.cn/hetongfa/jingjihetong/baoxianhetong/61622.html。

租船合同主要由出租人和承租人按照契约自由原则订立，通过一般合同法进行调整，没有统一的公约，也没有强制实行的特定法律。但实践中租船合同往往会根据流行的标准合同条款结合自己具体需要制定，而且关于租船运输产生了大量的学说、判例，对实践也有很强的指导意义。

根据对货源的掌握及市场需求的不同，租船运输往往采用如下 3 种经营方式。

（1）航次租船（Voyage Charter），简称程租船，是由船舶出租人向承租人提供船舶或船舶的部分舱位，在承租人指定的港口间装运约定的货物，从而完成一次或多次货物运输的运输方式。

（2）定期租船（Time Charter），简称期租船，是指由船舶出租人提供船员配备充足的船舶，使承租人能够在约定的期间内按约定用途调度、使用船舶，并支付租金的租船方式。

（3）光船租船（Bareboat Charter），又称光船租赁或船壳租船，是指船舶出租人向承租人提供不配备船员的船舶，在约定的期间内由承租人占有、使用和营运，并向出租人支付租金的租船方式。①光船租船虽然属于债权债务关系，但它具有一定的物权功能，可以排斥出租人或其他人对租船合同的侵害。当侵害出现时，承租人能够以自己的名义采取维权行动，独立进行起诉、应诉等诉讼活动，处理相应的权利义务关系。

租船运输的 3 种经营方式具有各自不同的特点，见表 3-2。

表 3-2　航次租船、定期租船与光船租船的异同点

航次租船	定期租船	光船租船
出租人保留船舶所有权和占有权		承租人完全拥有船舶占有权和使用权，具有财产租赁的性质
出租人负责船舶经营和管理	承租人负责船舶经营和管理	
出租人负责配备船长和船员，承担工资、津贴和伙食等相关费用，并负责保持船舶正常工作		承租人承担船舶经营中的一切费用和开支，并承担船舶营运中所发生的风险和责任
承租人支付租金以完成约定航次为条件	承租人支付租金以约定使用的期限届满为条件	

3.2　国际海上货物运输合同形式

国际海上货物运输的实施多通过签订运输合同的方式进行，但船舶运输经营方式不同，采用的合同形式也有所不同，主要有托运运输合同和租用运输合同两种。

3.2.1　班轮运输合同形式

班轮运输主要采用托运运输合同形式，具体表现为托运单和运输单据。班轮运输的托

---

① 参见《中华人民共和国海商法》第 144 条。

运人根据国际货物买卖合同中相关条款的规定，将货物名称、类型、数量、包装、装运日期、装货港、目的港和收货人等信息填写在托运单中，并交给班轮承运人或其代理人申请托运，经班轮承运人审核并确定接受托运后，向托运人发出配舱回执单，以此证明双方之间的班轮运输合同成立。但关于承运人与托运人在货物运输关系中的权利、义务和责任等有关条款的规定体现在货物装运完成后承运人签发的海运提单中，因此，提单是班轮运输合同更为重要的表现形式。

3.2.2 租船运输合同形式

1. 航次租船合同形式

航次租船合同是航次租船运输方式下出租人与承租人在契约自由原则下关于权利、义务、责任和费用等方面所订立的协议。由于海上租船运输问题的复杂性，因而航次租船合同的内容和条款较多。通常，为了方便合同的订立以及纠纷的解决，国际租船运输实践中的出租人和承租人多采用标准格式的租船合同，再根据各自的需要，对标准格式合同中的某些条款进行修改、删减或者补充。

航次租船合同的标准格式有很多，承、租双方往往根据船舶航行的航线、装运货物的种类等情况选择使用，例如，《统一杂货租船合同》（*Uniform General Charter*，GENCON——金康）、[1]《北美谷物租船合同》（*North America Grain Charter*，NORGRAIN）[2]、《澳大利亚谷物租船合同》（*Australian Grain Charter*，AUSTRAL）[3]、《油船航次租船合同》（*Tanker Voyage Charter Party*，ASBATANKVOY）[4]等。

2. 定期租船合同形式

定期租船合同通常也是在承、租双方选择的标准租船合同的基础上按照双方的意图自愿达成的。与航次租船一样，定期租船合同也有很多标准格式供出租人和承租人选用。常见的定期租船标准合同有《统一定期租船合同》（*Uniform Time Charter*，BALTIME）[5]、《定期租船合同》（*Time Charter*，NYPE）[6]、《定期租船合同（1980）》（*Time Charter Party 1980*，

---

[1] 由波罗的海国际航运公会（The Baltic and International Maritime Council，BIMCO）于1922年制定，经英国航运总会采用以后于1976年和1994年分别作过两次修订。该标准合同在很多条款上都比较明显地维护出租人的利益，但由于其对航线和货物都存在广泛的适用性，目前在世界上被广泛适用。

[2] 由美国船舶经纪人和代理人协会（Association of Ship Brokers&Agents）制定，适用于由北美至世界各地的谷物运输。

[3] 由澳大利亚航运公会（Australian Chamber of Shipping）于1928年制定，适用于从澳大利亚到世界各地的谷物运输。

[4] 由美国船舶经纪人和代理人协会于1977年制定，专门适用于油轮航次租船运输。

[5] 由波罗的海国际航运公会制定。由于该合同有偏袒出租人的倾向，所以在世界商队增长过快、运力过剩的情况下很少有人使用。

[6] 由美国纽约农产品交易所（New York Produce Exchange）于1913年制定，经1921年、1931年、1946年、1981年和1993年多次修订。现在使用较多的是1946年和1993年修订版，由于其内容比较全面，规定比较公平，并且得到了波罗的海国际航运公会、船舶经纪人和代理人协会的推荐，所以得到比较广泛的使用。

SINOTIME 1980）[①]等。

3. 光船租船合同形式

光船租船合同不同于一般的货物运输合同，它具有财产租赁性质。在这种租赁关系下，船舶对第三者的责任关系发生了变化——承租人以船舶所有人的名义承担船舶对第三者的赔偿责任，这一点是明显区别于航次租船和定期租船的。但在租船合同的有关条款问题上，光船租船和前两种租船方式相似，也是在意思自治的基础上由出租人和承租人选择适用的标准合同范本并在此基础上进行修改、删减或者补充的。常见的光船租船标准合同主要有《标准光船租船 A 式合同》（*Standard Bareboat Charter A*，BARECON A）[②]和《标准光船租船 B 式合同》（*Standard Bareboat Charter B*，BARECON B）[③]。

目前还没有关于船舶租用合同的国际公约，英国、美国和德国等国家的海上货物运输法对此也只作原则性规定，细节问题和条款遵照"合同自治"原则由合同双方当事人自由商定。

3.3 有关提单的法律问题

由于提单在班轮运输中起着非常重要的作用，因此班轮运输也称提单运输。目前，调整班轮运输的主要国际公约为《海牙规则》《维斯比规则》《汉堡规则》，而这些公约的内容都与提单有关。

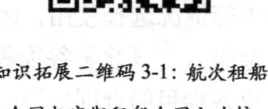

知识拓展二维码3-1：航次租船合同与定期租船合同之比较

3.3.1 提单的定义及作用

根据《汉堡规则》和我国《海商法》的规定，提单（Bill of lading, B/L）是指用于证明海上货物运输合同和货物已由承运人接收或装船，以及承运人保证据以交付货物的单证。根据定义，提单的作用主要体现在如下 3 个方面。

1. 提单是海上货物运输合同的证明

提单与海上货物运输合同是两个不同的概念。提单作为海上货物运输合同的证明，其体现的是两种情况下的运输合同关系：其一是建立在托运人与承运人之间的运输合同关系；其二是建立在提单持有人与承运人之间的运输合同关系。对于前者，原因在于托运人与承运人之间的货物运输合同关系形成于提单签发之前。提单在托运人和承运人之间只是运输合同的凭证或证据，而不是运输合同本身。对于后者，当提单经由托运人流转给提单持有

[①] 由中国租船公司于 1980 年制定的专供中国租船公司从国外定期租船时使用的自备格式。虽然这仅是中租的自备格式，但由于我国每年都要租用大量期租船，经过多年使用，已为许多船舶所有人熟悉和接受。

[②] 由波罗的海国际航运公会制定，有 1974 年和 2001 年两个版本，目前较为多用的是 2001 年版本，租约代号为 BARECON A，2001。

[③] 由波罗的海国际航运公会制定，专用于抵押贷款新建船舶的光船租赁。

人时，该提单就成为约束提单持有人与承运人的运输合同，提单持有人和承运人之间的权利义务责任都将依据提单上的记载来确定。

2. 提单是证明货物已由承运人接收或装船的收据

从提单的发展历史来看，货物收据是提单最开始具备的属性。承运人通过向承运人签发提单来证明其已经收到了提单项下的货物。提单作为货物收据，记载着有关货物的详细信息，从而保证承运人在目的港按照提单的记载向收货人交付货物。然而，在不同时期的立法却赋予了提单货物收据属性不同的证据效力。例如，《海牙规则》规定了提单是承运人收取货物的初步证据，即如果承运人有证据表明提单记载的货物与实际情况不符，提单记载便可被否定。这样一来，即使流通转让至第三人的提单也无法完全依赖提单的表面记载来保障提单持有人的利益。针对这一缺陷，《维斯比规则》和《汉堡规则》明确了提单的证据效力为绝对证据，即承运人必须按照提单的记载交付货物，承运人对提单记载的相反举证不得对抗提单持有人。这意味着，在面对发货人时，如果承运人有证据表明提单记载的货物与实际情况不符，提单记载可以被否定，但如果提单已经转让至第三人，承运人必须按照提单的记载交付货物，这一绝对性的交货义务不得免除。

课堂讨论 3-1： 某承运人所承运货物的海运提单记载，有 5 000 包小麦在装货港装船，但在卸货港交货时发现货物短缺 50 包。承运人称：原本装运时就少 50 包，因此不承担短货责任。

问题：承运人所述是否合理？为什么？

3. 提单是（代表）物权的凭证

具有物权凭证作用的提单仅指可转让提单。承运人在提单签发后，有义务在目的地按照正本提单的记载向收货人或提单持有人交付货物，提单持有人也有权力要求承运人交付货物，从而享有或占有货物。

案例分析 3-1： 原告诉称：2006 年 7 月 22 日，原告与美国进口公司（被告 1）签订金额为 5 090.88 美元的采购合同，被告 1 只支付了 30%的定金，尚有 3 563.62 美元未支付。原告现持有正本提单。被告 1 在未持有正本海运提单、不具有提货权的情况下，与物流公司（被告 2）恶意串通将货物提走。两被告的共同侵权行为侵害了原告依法享有的提单项下货物的所有权。为此，原告请求判令两被告退还货物或连带赔偿原告货款损失 3 563.62 美元和利息损失 250 美元，承担本案的全部诉讼费用。被告 1 辩称：货物已经收到，之所以没有支付 3 563.62 美元货款，是因为与原告之间还存在关于文具的其他纠纷没有解决。被告 2 辩称：原告认为被告 1 和自己有恶意串通行为，这是不存在的，自己没有无单放货，提单也不是自己公司签发的。因此，不应当作为本案被告。

法院查明：2006 年 7 月 22 日，原告与被告 1 签订了金额为 5 090.88 美元文具的简式采购合同，双方未签字或盖章。其后，原告委托被告 2 代理出运此票货物，并支付给被告 2 报关费等代理费用人民币 577 元。物流公司完成了货运代理事宜，并将提单转交给原告。货物运抵美国洛杉矶后，被告 1 未凭正本提单提取了货物，但尚欠货款 3 563.62 美元。

问题：原告向被告 1 和被告 2 起诉请求连带赔偿责任的主张是否合理？为什么？

作为国际惯例，各国法律也都承认提单持有人转让提单即视为转让提单项下货物的所有权。赋予提单物权凭证的职能，可以更好地促进国际贸易的发展。但在国际货物买卖中，货物所有权的转让必须以买卖双方共同的转让意图为基础。如果卖方没有转让所有权的意图，即使转让提单，货物的所有权也不能随之转让，即通常所说的"所有权的保留"。各国法律都允许买卖双方可以就所有权转让问题作出约定，如我国《合同法》规定，标的物的所有权自标的物交付时转移，但法律另有规定或当事人另有约定的除外。

3.3.2 提单的内容

提单作为一种格式合同，其内容通常由作为承运人的船公司单方面制定。提单由正面条款和背面条款两部分构成，其规定对运输合同相关当事人具有相应的约束力。

提单正面的内容和条款通常由托运人填写，主要包括对货物的品名、标志、包数或件数、重量或体积的描述和对危险品的危险特性的说明，对当事人的名称和船舶信息的描述，以及装货港、装船日期、卸货港、运费的支付等运输情况的描述等。我国《海商法》对上述内容仅作出倡导性规定，认为某些事项在不影响提单性质的情况下，承运人可以根据自己的实际需要进行相应的增减，再由承运人或其代表签字。

提单的背面条款通常为承运人提供的格式条款，主要包括名词定义、双方当事人的权利义务、责任期间、责任限制、责任免除、法律适用、法律管辖等内容。由于提单是受相应的国际条约和国内立法的强制性调整的，因此，提单背面条款中关于承运人的义务、赔偿责任、权利和豁免等条款内容虽然可以由承运人自行制定，但不得违反有关国际条约和国内立法的规定，否则无效。当提单背面的格式条款出现歧义需要进行解释时，法院一般会作出不利于格式条款的提供者的解释。

知识拓展二维码3-2：中国远洋运输（集团）总公司海运提单（英文/正面）

3.3.3 有关提单签发日期的法律问题

根据货物是否已装船，可分为已装船提单和备运提单。已装船提单上标有装载货物的船舶名称和装载日期，装载日期即提单的签发日期。诚实签发提单是海上运输合同中承运人的基本义务之一，即使发货人出具保函也不能免除承运人对提单持有人如实签发提单的义务。所以，提单的签发日期与实际装船日期不一致的，不论是倒签还是顺签，都是对提单持有人的违约行为。

倒签提单是指承运人应托运人的要求在货物装船后所签发的，使提单的签发日期早于实际装船完毕日期的提单。倒签提单的目的是使提单上的装船日期符合信用证要求，掩盖逾期付运的事实。因此，通常发生在托运人不能在信用证规定的期限装船，又来不及修改信用证或不能修改信用证的情况。从托运人（卖方）履行合同的角度看，承运人签发倒签提单变更了卖方交付货物的日期，使原本不可能符合合同规定的交货变得符合合同规定，而这构成对买方相应权利（如拒收权）的剥夺，属于侵权行为。当承运人倒签提单的这种既违约又侵权的行为被定性为侵权时，就超出了海上货物运输合同法的调整范围，要按照民法中有关侵权的规定来调整，这将扩大承运人的赔偿范围和赔偿责任。

案例分析 3-2： 2011 年 10 月，中国 A 公司（卖方）与美国 B 公司（买方）签订货物买卖合同，合同约定货物为圣诞礼物，总价款为 12 万美元，CIF 美国纽约，货物装船日期为同年 11 月 5 日，不允许转船和分配装运，以信用证方式结算。合同签订后，A 公司向 C 船代公司订舱，但由于没有很好地组织货源，直到 11 月 27 日才将货物全部备妥并装船。A 公司为了能够按信用证结汇，向 C 船代公司出具保函，请求其按 11 月 3 日的装船日期签发提单。C 船代公司认为货物在正常情况下可以在圣诞节前运抵纽约港，遂接收了 A 公司保函，签发了装船日期为 11 月 3 日的提单。然而，载货船舶在停靠下一装货港时出现事故，致使该轮直到 2012 年 1 月 2 日才抵达纽约港。此时 B 公司早已向 A 公司支付了货款，但该批货物早已错过圣诞节而丧失其商业利润。B 公司对提单上的装船日期产生怀疑，遂申请有关部门查阅船舶航海日志，得知该批货物的真实装船日期是 2011 年 11 月 27 日。于是，美国 B 公司委托中国律师向海事法院起诉，控告中国 A 公司与 C 船代公司串谋倒签提单进行欺诈，违背双方合同约定，也违反法律规定，申请法院扣押船舶，要求被告赔偿其损失并承担全部费用。

问题：美国 B 公司的诉讼请求是否合理？

另一种使提单的签发日期与实际装船日期不一致的情况是预借提单。预借提单是指在货物没有装船或没有装船完毕的情况下，托运人为了顺利结汇请求承运人提前签发已装船提单。开证银行应买方请求开出的信用证对货物的装运期限、信用证的有效期和交单日期都作了十分明确的规定，卖方只有在完全按照信用证的规定向议付银行提交所需单证后，才能顺利结汇。预借提单与倒签提单一样具有违约和侵权的双重法律性质，承运人签发预借提单和倒签提单的法律后果也基本相同，甚至承运人在签发预借提单时要承担更大的法律风险。一旦发生纠纷，承运人和托运人将因合谋欺诈行为而受到制裁。

案例分析 3-3： 2008 年 7 月，案外人华灵工具厂向原告出具货运委托书，委托原告办理涉案货物从上海至香港的出运业务，委托书载明：请安排 8 月 6 日左右的船，托运人为华灵工具厂，收货人和通知人均为香港 RED 公司。原告接受委托后以自己的名义向被告出具集装箱货物托运单，将涉案货物从上海出运至香港的运输业务委托被告办理，托运单上载明：请配 8/6 的船。原告对托运人、收货人和通知人等项目所作的指示与华灵工具厂的要求一致。被告接受原告委托后向原告出具了进仓通知书，要求原告将涉案货物于 2008 年 8 月 3 日前送达上海云丰仓储有限公司，预计开航日 2008 年 8 月 6 日。被告就涉案货物又向案外船公司订舱，并向原告出具了提单确认通知书。原告确认后，被告向原告出具了以被告为抬头、提单号为 YFHKG8080013、载明装船日期为 8 月 6 日且盖有电放章的提单。2008 年 8 月 11 日，被告得知原定航次被取消，并于其后 2 天内通知了原告。涉案货物由被告退关后，由于原告延误了出运时间，致使华灵工具厂延误了交货期，原告不得不另行委托他人将涉案货物以空运方式运至香港，为此支付空运费用 63 517 元。另据华灵工具厂与客户的供货协议，内有供应商迟延交货所产生的任何费用均由供应商承担的赔偿条款，故须赔偿采购商50 000美元的损失。华灵工具厂表示，由此引发的赔偿责任完全是由原告所造成的，将追索原告的责任。

原告诉称，被告未按约定出运货物且未及时通知原告货物未装船，导致原告不得已以空运方式将货物运至香港，产生空运费用63 517元以及散货陆路运输费用1 200元，请求依法判令被告赔偿原告经济损失64 717元并承担本案诉讼费用。

被告辩称，原、被告之间建立的是货运代理合同关系，被告从未向原告承诺过货物抵达时间。被告在得知货物因特殊原因无法运达目的港后曾征询原告意见，原告自行改变运输方式，被告没有责任，原告提出的空运费损失与被告的行为无关。即使要追究被告迟延交货的责任，被告的赔偿责任也应该以2倍运费为限。

问题：被告签发提单这一行为的法律性质和法律责任分别是什么？被告主张是否合理？

3.3.4 提单中有关保函的法律性质

在承运人如实签发提单的日期问题上会遇到发货人出具保函的情况，同样地，在承运人对已装船货物的表面状况进行批注时也会遇到类似的问题。当承运人收到的货物外表状况与托运人描述不符时，承运人就会在提单上作"渗漏""破损"或"包装不固"等字样的批注，带有该种批注的提单即为不清洁提单。在信用证支付的情况下，银行不接受不清洁提单。买方一般也不接受不清洁提单，因为不清洁提单表明卖方交付的货物存在与合同规定不符之处。所以，托运人往往向承运人出具保函换取清洁提单，该保函旨在向承运人保证，托运人对承运人因签发清洁提单可能遭受的损失承担赔偿责任。

然而，保函分为善意保函和恶意保函，《汉堡规则》和我国《海商法》承认善意保函的效力，但即使善意保函也仅在托运人和承运人之间有效，不能对抗第三人，即承运人对善意第三人的损失应先行赔偿，再根据保函向托运人索赔。对于托运人为换取清洁提单而向承运人出具的保函，只要不构成对收货人或提单持有人的欺诈，一般认为是善意保函。至于那些为欺诈收货人而为承运人和托运人签发的保函被视为恶意保函，此保函在托运人与承运人之间也无效。

3.3.5 有关租船提单的法律问题

租船提单是指在租船合同情形下签发的提单，根据租船目的的不同而具有不同性质。如果承租人租船是为了运送自己的货物，则由出租人签发提单，此时提单作为租船合同的证明受到租船合同条款的约束。承租人（托运人）与出租人（承运人）之间的权利义务关系以租船合同为准；如果承租人租船是为了以承运人身份承揽第三人的货物运输并由自己签发提单时，此时提单的性质与班轮运输下提单的性质一致，承租人（承运人）与托运人、提单持有人、收货人的权利义务关系以提单为准，而船舶出租人和承租人之间的关系以租船合同为准。

知识拓展二维码3-3：租船提单中并入条款的效力问题

3.4 与提单①有关的国际规则

由于各国国内立法对有关承运人和托运人的权利义务的规定差异较大，不利于国际贸易的发展，因此，国际社会从 1924 年起不断地发起、制定并通过若干国际公约，以求实现国际上调整提单运输的有关法律的统一。这些国际公约中已生效的有《海牙规则》《维斯比规则》和《汉堡规则》。②此外，随着海上货物运输方式的发展，为消除上述三大国际公约之间的分歧，真正实现调整提单运输有关法律的国际统一，2008 年 12 月 11 日第 63 届联合国大会审议通过了《联合国全程或部分海上货物运输合同公约》（简称《鹿特丹规则》），为托运人和承运人提供了一种有约束力且平衡的普遍制度。另外，随着集装箱运输和电子通信业务的发展，海运单和电子提单的使用越来越广泛。为此，国际海事委员会还制定了两个重要的民间规则，即《国际海事委员会海运单统一规则》和《国际海事委员会电子提单规则》。

3.4.1 《海牙规则》《维斯比规则》与《汉堡规则》的比较

1924 年产生的《海牙规则》是海上货物运输的一个重要公约，主要是由当时的航运大国签订的，较多地反映和偏袒了承运人和航运国家的利益，目前仍为大多数国家所采用。1968 年，对《海牙规则》进行了部分修订和补充的《维斯比规则》是随着殖民地国家的独立而产生的，但关于《海牙规则》的基本原则和精神，以及有关承运人的责任基础和免责条款等根本性问题并未作出改变，仍然是偏袒船方和航运国家利益的。在此形势下，发展中国家提出制定新规则的要求。经过联合国国际贸易法委员会的努力，1978 年通过、1992 年生效的《汉堡规则》对《海牙规则》作出了较大的实质性修改，扩大了承运人的责任范围，加重了承运人的责任，对货方和承运人双方的利益作了比较公平合理的调整和平衡。

1. 适用范围的比较

《海牙规则》仅适用于提单的签发地是公约的缔约国的情况。而《维斯比规则》适用于两个不同国家港口之间有关货物运输的每一份提单，其中包括了在某一缔约国签发的提单和货物从某一缔约国的港口起运的提单，以及如果提单或提单所证明的运输合同中规定，该提单或运输合同受该规则或使该规则生效的任一国家的立法约束的提单。《汉堡规则》适用于装货港、卸货港或备选卸货港中的实际卸货港在缔约国境内的提单，或者在缔约国境内签发的提单或证明海上运输合同的其他单证，或者依租船合同签发的提单，或者提单或证明海上货物运输合同的其他单证中规定，该规则或使该规则生效的任一国家的立法约束该合同的，也适用《汉堡规则》。

---

① 这里的提单包括海上货物班轮运输中签发的提单和租船运输中签发的提单。
② 我国不是这 3 个国际公约的成员国，但 1993 年 7 月 1 日我国开始实施《中华人民共和国海商法》，其中关于海上货物运输的规定以《海牙规则》《维斯比规则》为基础，并适当吸收了《汉堡规则》的有些规定，因此，这 3 个公约对我们了解有关提单的国际规则具有重要意义。

2. 责任期限

《海牙规则》和《维斯比规则》规定了承运人的责任期限是货物装船后到卸船前期间。而《汉堡规则》将承运人的责任期限扩展至货物在装货港、运输途中和卸货港处于承运人掌管的全部期间。

3. 赔偿限额

《海牙规则》规定承运人以每件或每单位货物 100 英镑的单轨制限额进行赔偿。《维斯比规则》将其修改为以每件或每单位货物 10 000 金法郎，或者按灭失或损坏货物的毛重每千克 30 金法郎的双轨制限额，择高进行赔偿。《汉堡规则》也采用双轨制，规定以每件或每装运单位货物 835 特别提款权，或按灭失或损坏货物的毛重每千克 2.5 特别提款权为限额，择高进行赔偿。

4. 货物范围

《海牙规则》适用的货物中排除了甲板货和活动物，承运人对这两种货物可以自由约定合同条件。《维斯比规则》中增加了有关集装箱货物。《汉堡规则》将上述货物均纳入其货物范围，并规定货物置于舱面的前提是托运人与承运人就该问题达成协议，否则承运人应对其后果承担责任。并且，承运人将货物置于舱面时，应在提单或其他货运单据上注明，否则承运人与托运人之间的协议约定不得对抗第三人。

5. 归责原则

《海牙规则》和《维斯比规则》都规定了大量的承运人免责事项，如承运人对船长、船员等在驾驶船舶或管理船舶过程中及在火灾中的过失免除赔偿责任，这属于不完全过错责任原则。《汉堡规则》废除了此类免责事项，改用推定过错原则，即对于发生的货物灭失或损失，只要承运人无法证明自己已经采取了一切合理的措施避免损失发生，就推定承运人有过错，承运人就要因此承担赔偿责任①。这是对《海牙规则》的根本性修改。

6. 诉讼时效

《海牙规则》和《维斯比规则》都规定自承运人交付或应当交付货物之日起的一年为货方对承运人提起诉讼的时效，但《维斯比规则》又规定，如经买卖双方同意，该诉讼时效可进一步延长，并可在法院允许的情况下，在上述期限届满后对第三人提起追诉。《汉堡规则》规定自交付货物或应交付货物的最后一日的次日算起，诉讼时效为两年。

知识拓展二维码 3-4：《海牙规则》的影响及其存在的问题

3.4.2 《鹿特丹规则》

随着世界经济的发展，传统的国际货物运输方式发生了很大变化，货物集装箱运输和

---

① 但作为平衡，《汉堡规则》将火灾的举证责任留给了索赔人。

门到门运输非常普及。为了适应货物运输新发展的需要和统一现行有关法律和规则，2008年12月11日，联合国大会第63届会议通过了《联合国全程或部分海上国际货物运输合同公约》（简称《鹿特丹规则》）。《鹿特丹规则》借鉴了《海牙规则》《维斯比规则》和《汉堡规则》的合理成分，并希望能够取代这三大公约，为国际海上货物运输提供了一个统一的法律框架。按照《鹿特丹规则》的规定，该公约将在联合国国际贸易法委员会收集到20个成员国提交核准书的一年后正式生效。然而截至2018年1月28日，该公约只有4个缔约方，分别是喀麦隆、刚果、西班牙和多哥，因此该规则尚未生效。

从内容上看，与《海牙规则》《维斯比规则》和《汉堡规则》不同的是，《鹿特丹规则》不仅涉及包括海运在内的多式联运、规定承运人和托运人的权利和义务，还引入了电子运输单据、批量合同、货物交付、（货物）控制方的权利和权利转让，以及管辖权和仲裁等新内容。

1. 公约适用范围的扩大

《鹿特丹规则》适用于收货地和交货地位于不同国家、且海上运输装货港和同一海上运输的卸货港位于不同国家的运输合同，运输合同约定的收货地、装货港、交货地或卸货港中的一个地点位于一个缔约国内。该公约主要适用于班轮运输，但不适用于班轮运输中的租船合同和使用船舶或其中任何舱位的其他合同。同时，公约不适用于非班轮运输中的运输合同，但下述情形除外：当事人之间不存在使用船舶或其中任何舱位的租船合同或其他合同，并且签发了运输单证或电子运输记录。

《鹿特丹规则》还规定，《海牙规则》《维斯比规则》和《汉堡规则》的缔约国，在成为《鹿特丹规则》的缔约国时，必须退出上述公约。

2. 责任人范围的扩大

《鹿特丹规则》以"履约方"和"海运履约方"的概念规定扩大了责任人的主体范围。依公约规定，履约方是指在承运人之外，受承运人直接或间接要求、监督或控制下的履行或承诺履行承运人在运输合同下有关货物的接收、操作、装载、积载、运送、保管、照料、卸载或交付的任何人（不包括托运人、单证托运人、控制方或收货人委托的人）。海运履约方是指货物从装货港至卸货港期间，履行或承诺履行承运人任何义务的人（包括履行或承诺履行完全在港区范围内服务时的内陆承运人）。公约对承运人的责任承担、免责条件、责任限额等方面的许多规定均适用于履约方和海运履约方。

3. 承运人责任义务的扩大

《鹿特丹规则》对承运人责任义务的扩大主要表现在如下3个方面。

首先，承运人责任期间的扩大。公约第12条规定了承运人的责任期间从承运人接收货物时开始，到交付货物时为止。

其次，承运人保证船舶适航的时间延长。《鹿特丹规则》规定承运人需对整个航程期间保证船舶的适航性，而不仅限于"开航前和开航时"。但与此同时，也规定了索赔人需对承运人的不适航承担举证责任。

最后，承运人的单位赔偿限额提高。《鹿特丹规则》继续沿用择高赔偿的双轨制，但将每件或每个其他货运单位的赔偿限额提高到 875 特别提款权，或者以货物的毛重计算，将每千克货物的赔偿限额提高到 3 特别提款权。

4. 运输单证种类的扩大

《鹿特丹规则》调整的运输单证包括传统的运输单证和现代的电子运输记录，且明确纸质的运输单证和电子运输记录皆有可转让和不可转让之分。只要不违反该公约的要求，且经承运人和托运人双方同意后，在运输单证上记载的内容，均可在电子运输记录上加以记载。电子运输记录的签发、占有或转让与运输单证具有同等法律效力。经承运人与持有人约定，已签发的可转让运输单证和电子运输记录可以相互替换，被替换的运输单证或电子运输记录即失去效力。

5. 索赔人举证责任的加重

《鹿特丹规则》仍采用推定过错责任原则，但对举证责任，特别是对船舶不适航的举证责任的调整，明显加重了索赔人的举证责任。例如，对于《鹿特丹规则》规定的 15 项法定免责事项造成的损害，需承运人举证证明损害的发生是由其中的免责事项导致的，若承运人不能举证，则需承担赔偿责任；对于非《鹿特丹规则》规定的法定免责事项造成的损害，需索赔人举证证明损害发生在承运人的责任期间，此后承运人可举证证明损害并非属于承运人或其受雇人过失所致，若承运人不能举证，则需承担赔偿责任；对于承运人船舶不适航造成的损害，首先需索赔人举证证明损害是由船舶不适航造成的，若索赔人不能举证，则按前两种情况执行，反之，若索赔人举证成功，需承运人举证证明其已经恪尽职守履行了保证船舶适航的义务，否则承运人就要承担赔偿责任。

6. 对货方相关概念及其权利义务的规定

《鹿特丹规则》除规定"托运人""收货人"外，还规定了"单证托运人"和"持有人"。根据规定，"单证托运人"即负责向承运人实际交付货物的卖方，是除托运人外，同意在运输单证或电子运输记录中记名为"托运人"的人。"单证托运人"与托运人享受相同的权利，承担相同的义务。而与国际贸易有关的各方均有可能成为运输单证的"持有人"，如贸易合同的当事人、参与结算的银行、保险人、运输单证的受让人和提货人等。

《鹿特丹规则》还新增了"控制方"及"控制权"的概念。控制方是唯一可以与承运人约定变更运输合同的人，控制权也只能由控制方对承运人行使。由此产生的额外费用或损失由控制方承担。因承运人未执行控制方的指示造成货物灭失或损坏的，由承运人承担相应的赔偿责任。控制权具体包括对货物的发出指示或修改指示、在计划停靠港口或内陆运输途中的任何地点提货、由包括控制方在内的其他任何人取代收货人等。但需注意的是，控制权仅存在于承运人的责任期间内，承运人的责任期间届满时，控制权即告终止。

《鹿特丹规则》还就控制方的识别和控制权的转让问题作了如下具体规定。

（1）托运人为控制方。除非托运人在订立运输合同时指定收货人、单证托运人或其他人为控制方，否则在未签发可转让运输单证或可转让电子运输记录时，托运人即为控制方。

控制方有权将控制权转让给其他人，此种转让在转让人向承运人发出转让通知时对承运人产生效力，受让人因此成为控制方。另外，当签发必须交单提货的不可转让运输单证时，控制方也是托运人。此时控制权可通过转让所有正本单证（无须背书）的方式转让给运输单证中指定的收货人。

（2）持有人为控制方。当签发可转让运输单证时，持有人在得到所有正本单证后即可成为控制方。持有人行使控制权应向承运人提交可转让运输单证。控制权的转让也必须通过持有人将所有正本可转让运输单证转让给其他人来实现。当签发可转让电子运输记录时，控制方就是可转让电子运输记录的持有人，持有人通过转让可转让电子运输记录转让控制权。

7. 允许无单放货的规定

《鹿特丹规则》允许在一定条件下，按照一定程序无单放货，即承运人不凭运输单证交付货物，而仅凭托运人或单证托运人发出的指示交付货物，并且规定，只要运输单证持有人对无单放货事先知情，即可免除承运人无单放货的责任。但如果运输单证持有人对无单放货事先不知情，承运人有权向发出指示的托运人或单证托运人要求提供担保，以保障承运人在此情况下的责任追索。

知识拓展二维码3-5：《鹿特丹规则》在承运人责任承担方面与其他三大海运公约——《海牙规则》《维斯比规则》《汉堡规则》不同规定的介绍

知识拓展二维码3-6：对《鹿特丹规则》的评价及展望

3.4.3 《国际海事委员会海运单统一规则》

随着海上货物运输的快速发展，航运技术的提高，航运速度有了很大的提高。尤其是航程较短时，航运速度越来越快，装卸效率越来越高，因此经常出现货物到港而提单尚未送达收货人，从而导致无法正常提货、错误交货甚至海运欺诈等现象。因此，在不必使用提单的情况下尽量使用海运单的呼声越来越高。但由于海运单与提单有着本质的区别，有关提单的国际公约和相关法律在用于海运单时就会产生一系列法律问题。基于这一背景，1990年6月海事委员会通过了《国际海事委员会海运单统一规则》。该规则属于民间规则，不具备法律强制效力，仅供当事人选择适用。

1. 规则的适用

《国际海事委员会海运单统一规则》主要适用于不使用可转让提单和类似物权凭证的运输合同，并且强制性规定《海牙规则》和《维斯比规则》或有关国内法适用于海运单。

2. 托运人、收货人与承运人的合同关系

依《国际海事委员会海运单统一规则》的规定，托运人与承运人签订运输合同不仅代表其自身利益，也作为收货人的代理人代表了收货人的利益。因此，收货人也是运输合同的当事人，也有权向承运人主张合同权利。

3. 托运人对货物的控制权

依《国际海事委员会海运单统一规则》的规定，托运人有权在货物运输途中或收货人提取货物之前的任何时候变更收货人的名称。托运人亦可在承运人接收货物之前，将货物的控制权转让给收货人。一旦控制权转让，托运人的控制权即告终止。

3.4.4 《国际海事委员会电子提单规则》

电子提单的出现使得改善传统纸质提单带来的问题成为可能。但作为新生事物，电子提单的使用也急需规范。1990年，国际海事委员会通过了《国际海事委员会电子提单规则》，该规则亦属民间规则，不具备法律强制效力，仅供当事人选择适用。该规则主要解决以下问题。

（1）传统提单法律的适用。《国际海事委员会电子提单规则》明确规定，传统的提单法律适用于电子提单。

（2）电子提单与书面提单的选择权。在交货之前，收货人享有向承运人索要书面提单的选择权。书面提单一经签发，电子数据交换程序即告终止。

（3）电子提单项下的货物权利。《国际海事委员会电子提单规则》规定，电子提单与传统提单一样，具有物权凭证功能，即具有完整的提单项下的货物权利，包括对承运人的货物请求权、对收货人的指定权与变更权、向承运人下达的交货指示权以及向承运人的索赔权。

3.5 我国关于国际海上货物运输的法律规定

和世界上大多数国家一样，我国也制定了专门的关于海上货物运输合同的法律规范。1993年7月1日起《中华人民共和国海商法》（以下简称《海商法》）开始实施，其中的第四章"海上货物运输合同"和第六章"船舶租用合同"就主要涉及国际海上货物运输合同（包括航次租船合同和多式联运合同）和定期租船合同的内容。①

虽然我国并未加入《海牙规则》《维斯比规则》和《汉堡规则》中的任何一个国际公约，

---

① 我国《海商法》第六章将期租与光船租赁合同统称"船舶租用合同"，认为船舶租用合同不属于海上货物运输合同。但是，航次租船合同则被视为运输合同。我国《海商法》如此处理，是由于航次租船合同与提单条款较为相似，而定期租船合同、光船租赁合同则与提单或海上运输合同相去甚远。对于这种规定，只需理解两点：第一，我国《海商法》第四章"海上货物运输合同"不适用于定期租船合同与光船租赁合同。定期租船合同与光船租赁合同当事人可自由拟定合同条款，不受干涉。第二，当船舶租用合同就有关事项没有规定或未明确规定时，应适用第六章"船舶租用合同"；如第六章也无规定，由于我国《海商法》为民事特别法，可适用《民法通则》有关租赁合同的规定；如我国《民法通则》也无规定，则应依照民法通则的规定，适用国际惯例。

但在充分考虑我国国情的基础上，很大程度地参考和借鉴了三大国际公约中符合国际航运实际和发展趋势的有关规定。其中，关于海上货物运输合同当事人的权利与义务，我国《海商法》的规定如下。

3.5.1 承运人的主要义务

1. 谨慎处理保证船舶适航

《海商法》第 47 条规定，承运人在船舶开航前和开航当时，应当谨慎处理，使船舶处于适航状态，妥善配备船员、装备船舶和配备供应品，并使货舱、冷藏舱、冷气舱和其他载货处所适于并能安全收受、载运和保管货物。

2. 妥善和谨慎地管理货物

《海商法》第 48 条规定，承运人应当妥善、谨慎地装载、搬移、积载、运输、保管、照料和卸载所运货物。

3. 保证避免不合理绕航

《海商法》第 49 条规定，承运人应当按照约定的、习惯的或地理上的航线将货物运往卸货港。但船舶在海上为救助或试图救助人命或财产而发生的绕航或者其他合理绕航，不属于违反上述规定的行为。

3.5.2 承运人的基本权利

1. 对运费和其他费用的请求权

在班轮运输方式下，运费有预付和到付两种支付方式。在没有其他规定的情况下，一般地，运费预付要求托运人在货物装船后、承运人签发提单前付清；运费到付要求收货人在卸货港提取货物前付清。承运人向收货人收取运费须以提单或运输单证上有"运费到付"的字样以及货物安全运抵卸货港为条件。在航次租船方式下，船舶出租人除有权向承租人收取运费外，还有权收取亏舱费和滞期费。此外，在货物运输过程中产生的共同海损分摊、各种垫付费用等，承运人也有权按合同、提单的约定收取。

2. 货物留置权

根据《海商法》第 87 条的规定，若托运人或收货人对应当向承运人支付的各项费用没有付清，又没有提供适当担保的，承运人有权在合理的限度内对其船载的货物进行留置，用以担保其对该项费用请求权的实现。

3. 法定免责权

《海商法》第 51 条对在承运人责任期间发生的货物灭失或损坏规定了 12 项承运人免责事项，其中包括驾驶或管理船舶过失、火灾（但是由于承运人本人的过失所造成的除外）、天灾及海上或其他可航水域的危险或意外事故、战争或武装冲突、政府的限制行为或依法扣押、罢工和停工或劳动受到限制、海上救助或者企图救助人命和财产、托运人及货物所有人或其代理人的行为、货物的自然特性或固有缺陷、货物包装不良或标志不清、谨慎处理仍未发现的船舶缺陷、非承运人或承运人受雇人以及代理人过失造成的其他原因导致的货物灭失或损坏。

4. 单位赔偿责任限制权

根据《海商法》的有关规定，由于承运人不能免责的事项造成的货物损坏、灭失或延迟交付，承运人的赔偿责任被限制在一定的范围内，而不是全部赔偿。在发生货物灭失或损坏的情况下，按每件或每货运单位666.67特别提款权，或每千克毛重2特别提款权赔偿。在延迟交付货物的情况下，承运人的赔偿限额为延迟交付货物的运费；如果同一货物的延迟交付还伴有货物损失，则适用货物灭失或损坏情况下的赔偿限额，但计算中应包括因延迟交付所造成的经济损失。

3.5.3 托运人的主要义务

1. 及时提供约定货物并妥善申报货物

根据《海商法》的有关规定，托运人要按约定的时间和地点，将约定的货物交付给承运人，并且完整、准确地向承运人提供货物的品种、性质、数量、包装、危险品特征等与货物运输相关的重要资料。

2. 支付运费和其他费用

《海商法》第69条规定，托运人应当按照约定向承运人支付运费。托运人与承运人可以约定运费由收货人支付；但是，此项约定应当在运输单证中载明。第70条规定，由于托运人或托运人的受雇人、代理人的过失对承运人、实际承运人所遭受的损失或船舶所遭受的损坏，应负赔偿责任。

3. 及时收受货物

托运人或收货人在货物运抵目的港时应当及时接收货物，否则，船长有权将货物卸在仓库或其他适当场所，由此产生的风险和费用将由收货人承担。

案例分析3-4：2000年12月，上海某公司（被告）委托某国际运输公司（原告）办理一批至荷兰鹿特丹的货物出运和相关报关手续。原告按照约定完成了报关业务，并签发了自己的一套运费到付的契约承运人提单交给被告，按照被告的要求，该提单托运人一栏注明为"××贸易公司"、收货人为"To Order"。货物实际由原告运往目的港。货物到港后，原告在当地的代理将货物从实际承运人处提出，但没有收货人前来提货。原告先后数次与被告联系，但被告未予回应。原告请求法院判令被告支付涉案货物的海运费、目的港仓储费等共计25 000美元。被告在诉讼中辩称，被告仅委托原告办理涉案货物的货运代理业务，双方只存在货运代理法律关系。原告所签发提单的托运人为"××贸易公司"，被告只是××贸易公司的出口代理。原告以海上货物运输合同承运人的身份起诉被告是错误的，因为双方不存在海上货物运输合同法律关系。

问题：被告关于应由"××贸易公司"支付运费、目的港仓储费等费用的抗辩理由是否成立？

3.6 租船运输合同

租船运输一般由出租人和承租人在平等的基础上以书面形式订立租船运输合同，在合同中详细约定双方当事人的权利和义务。租船合同属合同法调整范畴，其法律关系一般由国家制定的专门部门法（如《海商法》《海上货物运输法》等）来调整。现行的有关海上货物运输公约无一例外地排除了对租船合同的适用，但各国国内的立法中一般都借鉴了相关国际公约中有关托运人和承运人基本义务的规定，并强制性地规定这些基本义务适用于租船合同，所以，国际上不存在统一的调整租船合同的条约。

知识拓展二维码3-7：我国《海商法》现有规定的不足

3.6.1 航次租船合同

航次租船合同是船舶出租人向承租人提供船舶或船舶的部分舱位装运约定的货物，从一港运至另一港，由承租人支付约定运费的合同。在航次租船合同中，双方制定合同条款的重点在船舶和航程，但不仅限于此，还包括货物条款、装卸港口、受载期、装卸时间、滞期费、速遣费、运费、留置权条款和仲裁条款等诸多条款。

在航次租船运输方式下，船舶出租人（承运人）也有签发提单的义务。这就会出现出租人、承租人与提单持有人之间权利义务关系的调整问题。提单在承租人手中尚未流通转让时，出租人与承租人之间的权利义务关系依据航次租船合同，因为出租人与承租人的关系首先受制于租船合同的约束，提单只是出租人收取货物的收据和承租人拥有物权的凭证；提单流转至第三人手中时，提单将作为运输合同和物权凭证明确出租人与提单持有人之间的权利义务关系，因为提单持有人并非航次租船合同的当事人，无法依据该合同享受其权利及要求出租人履行其义务。

3.6.2 定期租船合同

定期租船合同指船舶出租人向承租人提供约定的配备船员的船舶，由承租人在约定的期限内按照约定的用途使用，并支付租金的合同。尽管各种定期租船合同范本中的条款略有差异，但总的来说，合同的主要内容条款基本相同，主要包括出租人和承租人的名称、船名、船籍、船级、船舶吨位和船舶容积、船速、燃油消耗、船舶用途、航区、租用期间、交还船舶时间和地点、租金及其支付等有关内容。但不同的定期租船合同中所涉及的内容或多或少，并无法律上的强制规定，只要不影响合同效力即可。

由于定期租船合同兼具财产租赁合同和提供劳务合同的双重性质，为了使合同双方在合同履行过程中的责任义务明确清晰，定期租船合同中通常订有以下条款：船舶说明条款、交船和还船条款、租期条款、合同解除条款、货物条款、航区条款、出租人提供事项条款、承租人提供事项条款、租金支付条款、停租条款、出租人免责事项条款、使用与赔偿条款、转租条款、共同海损条款、双方互有责任碰撞条款、战争条款和仲裁条款等。

3.7 国际海上货物运输保险法

国际贸易的货物运输有海运、陆运和空运等多种途径，相应的国际货物运输保险也有海上货物运输保险、铁路货物运输保险、公路货物运输保险和航空货物运输保险等种类。国际海上货物运输保险作为其中历史最悠久、业务量最大的部分，其法律规定也最为全面。

3.7.1 国际海上货物运输保险的基本原则

国际海上货物运输保险作为一项财产保险，其基本原则主要包括以下几种。

1. 最大诚信原则

最大诚信原则是指国际海上货物运输保险合同的当事人必须以诚实信用为基础，在订立合同时履行告知义务，在履行合同时履行保证义务。各国保险法通常都规定了订立保险合同的最大诚信原则，英国法更是将最大诚信原则作为海上货物运输保险合同的一项基本原则。我国关于诚信原则的法律规定主要体现在告知义务上。《海商法》采用了无限告知与有限告知的结合，其第 222 条第 1 款规定了无限告知义务，要求在保险合同订立之前，被保险人要将其知道的或在通常业务中理应知道的有关影响保险人确定保险费率或确定是否承保的重要情况如实告知保险人；其第 222 条第 2 款则规定了有限告知义务，即保险人知道的或在通常业务中理应知道的情况，保险人没有询问的，被保险人无须告知。其第 223 条又作规定，当被保险人故意未将重要情况如实告知保险人时，保险人有权解除合同且不退还保险费；合同解除前发生保险事故且造成被保险人损失的，保险人亦无须承担赔偿责任。

知识拓展二维码 3-8：根据我国《海商法》，被保险人未履行如实告知义务将会产生的法律后果

案例分析 3-5：CTI 公司告知义务案[①]

原告 Container Transport International Inc.（简称 CTI 公司）是一家经营集装箱出租业务的公司，为了解决该公司与客户经常发生的涉及集装箱损失责任的纠纷，该公司同意在承租人缴纳额外的费用后，由 CTI 公司承担本应由承租人支付的一定金额的维修费用。CTI 公司就该笔费用分别向 Crum & Forster、Lloyds 及 Oceanus 投了保。Oceanus 认为，原告在向其投保时未向其告知前几年的索赔及保费数据，也没有向其告知在要求 Lloyds 续保时被拒绝的情况。由于原告未告

---

① Container Transport International Inc. V.Oceanus Mutual Underwriting Association (Bermuda)Ltd.[1982] 2 Lloyd's Rep.178.

知这些"重要情况",被告 Oceanus 宣告原、被告之间的保险合同无效。

问题:原告与被告之间的保险合同是否有效?

2. 损失补偿原则

损失补偿原则是指当保险事故发生致使被保险人遭受损失时,保险人必须在其责任范围内对被保险人所受到的实际损失进行补偿。由于海上货物运输保险的目的在于补偿被保险人的损失,而不是使其通过保险获利,因此,损失补偿只限于损失财产的实际价值,即部分损失部分赔偿,全部损失全部赔偿,但最高赔偿金额不得超过保险金额。

3. 保险利益原则

保险利益原则作为海上货物运输保险中的一个根本原则,又称可保利益原则。所谓保险利益,是指被保险人对保险标的所具有的被法律承认的、可以确定的经济利益。保险利益原则就体现在被保险人对保险标的的保险利益,只有被保险人对在保险标的具有保险利益,其与保险人之间的保险合同才有效,才能在货物发生损坏或灭失时依据保险合同向保险人索赔。

在保险实际业务中,一般要求被保险人在保险事故发生时必须对保险标的具有保险利益,而不要求被保险人在投保时就具有保险利益。保险利益可因被保险人与保险标的利害关系而产生,如保险标的的所有权、占有权、担保权等转移至被保险人都可使被保险人与保险标的具有利害关系从而产生保险利益。

4. 近因原则

英国 1906 年颁布的《海上保险法》第 55 条第 1 款规定:"根据本法规定,除保险单另有约定外,保险人对承保风险作为近因而导致的任何损失承担保险责任;但不对承保风险并非近因而导致的任何损失承担保险责任。"可见,近因是指促成损失结果的最有效或最有支配力的原因。英国法中的这一规定便以近因原则固定下来,并在海上保险理赔中起着十分重要的作用。

案例分析 3-6:1936 年 4 月 23 日,S 轮装运加拿大 A 公司的 50 600 袋稻米(共计 5 080 吨),从缅甸仰光开往不列颠哥伦比亚的弗雷泽河。A 公司于 1929 年 12 月 19 日与某保险公司签订了流动保险单,为其稻米投保了平安险,承担海难及"其他所有风险、损失和意外对保险标的的造成的损害",每包免赔额为 3%。S 轮到达弗雷泽河时,所有稻米都有发热现象。A 公司认为稻米本身没有缺陷,货损是海难或"海上危险"造成的(海上经历了 11 级暴风),因而要求保险公司对稻米的损失进行赔偿。而保险公司认为,一方面,损失是由于稻米自身的固有缺陷造成的,大米在开航前就已经受热了;另一方面,发生货损的近因是"间歇和反复的限制通风",由于天气不好使得舱口和通风机不得不关闭,使货物得不到通风造成的稻米发热,这是船长人为的行为而非海难原因所致,因而不在承保范围内。

知识拓展二维码 3-9:近因原则

问题：A公司遭受的损失是否可以得到保险公司的赔付？

3.7.2 国际海上货物运输保险合同

国际海上货物运输保险合同是指保险人按照约定，对被保险人遭受保险事故造成的以海上运输货物为保险标的的损失和产生的责任负责赔偿，而由被保险人支付保险费的合同。被保险人以填制保单的形式向保险人提出保险要求，经保险人同意承保，并且在双方就海上货物运输保险合同条款达成协议后，保险合同成立。合同成立后，保险人需及时向被保险人签发保险单或其他保险凭证。

保险人依据保险合同对海上货物运输中货物遭受保险事故所造成的损失、引起的费用承担赔偿责任。保险人与被保险人之间的合同关系，除保险合同外，还可以通过保险单证、投保单和来往函电等来证明。保险单证作为保险合同的证明，一般可分为保险单和保险凭证两大类。其中，保险单详细列明了保险标的、运载工具名称、保险价值、保险金额、保险费（率）、承保险别、保险责任、除外责任、保险期间、赔付地点和被保险人的义务等。保险单证作为一种简式保险合同，仅包括保险标的、运载工具名称、保险价值、保险金额、保险费（率）、承保险别和赔付地点等陈述性内容。

保险人和被保险人在保险合同的约束下，均需按照合同的规定履行各自的义务。作为被保险人，为了获得保险赔偿，其必须履行保险合同中规定的有关义务。根据我国《海洋运输货物保险条款》的规定，被保险人应承担以下主要义务：一是当保险标的运抵保险单所载明的目的港（地）时，被保险人应及时提货；二是当保险标的遭受保险责任范围内的损失时，被保险人应迅速采取合理措施，以防止损失进一步扩大；三是如遇航程变更或发现保险单所载明的货物、船名或航程等内容有遗漏或错误，被保险人应立即通知保险人，并在必要时加缴保险费；四是若保险标的遭受损失，被保险人向保险人索赔时，必须提供保险单正本、提单、发票、装箱单、货损货差证明、检验报告及索赔清单等单证；五是如涉及第三者责任，被保险人须提供向责任方追偿的有关函电及其他必要单证或文件；六是被保险人在获悉有关运输契约中"船舶互撞责任"条款的实际责任后，应及时通知保险人。

国际海上货物运输保险合同（保险单）可自由转让，无须经由保险人同意。由于海上货物运输保险合同的客体是对货物所具有的可保利益，因此，在海上货物运输保险合同（保险单）转让时，应注意其转让与可保利益、货物灭失或损坏之间的关系。在可保利益已经丧失时，海上货物运输保险合同（保险单）的转让是无效的。货物所有权的转让也不能代表保险权利的转让，但已经丧失了所有权的保险权利的转让也是无效的，这就要求保险权利的转让必须在保险标的的所有权转让之前转让，或与保险标的的所有权同时转让。另外，货物是否灭失或损坏不影响保险单的转让，只要保险单在转让时其转让方具有可保利益即可。

3.7.3 海上运输货物保险条款

除中国人民保险公司制定的《海洋运输货物保险条款》外，国际上应用最广泛的是伦敦保险协会制订的《协会货物保险条款》（*Institute Cargo Clause*，ICC）。此外，1987年联合国贸易和发展会议制定的《海上货物保险示范条款》作为国际范本,可供大家选用。

1. 我国《海洋运输货物保险条款》

我国《海洋运输货物保险条款》分为一般保险条款、特殊保险条款和专门险条款。一般保险条款规定了可以独立投保的三种基本险别:平安险、水渍险和一切险。特殊保险条款和专门险条款规定了不能单独投保的险别,其中,特殊保险条款包括一般附加险、特别附加险和特殊附加险 3 种险别,专门险条款涉及海洋运输冷藏货物险和海洋运输散装桐油险。这里主要介绍一般保险条款和特殊保险条款中所涉及的险别。

(1) 平安险(Free From Particular Average,FPA)。平安险的英文原意为"单独海损不赔"。在实践中,平安险作为 3 种基本险别中保险责任最小的一种,其承保的责任范围主要包括自然灾害造成的全损、意外事故造成的全损或部分损失、装卸或转运时的全损或部分损失,以及共同海损。其"单独海损不赔"的说法仅限于对自然灾害造成的单独海损不赔。

案例分析 3-7:某外贸公司按 CIF 术语出口一批货物,装运前已向保险公司按发票总额的 110%投保平安险,6 月初货物装妥顺利开航。载货船舶于 6 月 13 日在海上遭遇暴雨,致使一部分货物受到水渍,损失价值 3 500 美元。数日后,该轮又突然触礁,致使该货物又遭到部分损失,损失价值达 12 000 美元。

问题:保险公司对该批货物的损失是否赔偿?

(2) 水渍险(With Particular Average,WA)。水渍险的英文原意为"单独海损负责",除负责承保上述平安险的各项责任外,还负责承保被保险货物由于自然灾害所造成的部分损失。

案例分析 3-8:我国某公司向澳大利亚出口布匹 100 包,按合同规定,我国公司按发票总额的 110%投保了水渍险。海运途中因舱内饮用水管漏水,致使该批货物中的 20 包浸有水渍。

问题:保险公司是否赔偿该批货物的损失?

(3) 一切险(All Risks)。一切险除负责承保水渍险的各项责任外,还承保货物在运输途中由于一般外来原因所造成的损失。所谓一般外来原因是指不必与海水的因素或运输工具联系起来的原因,包括偷窃、提货不着、淡水雨淋、短量、混杂、玷污、渗漏、串味异味、受潮受热、包装破裂、钩损、碰损、破碎和锈损等。

案例分析 3-9:我国某外贸公司向香港出口罐头,共 500 箱,CIF 香港。投保人向保险公司投保了一切险。货到目的港后,发现部分罐头包装生锈。经查是航行途中,罐头受到海水浸泡所致。

问题:保险公司是否应赔偿该部分损失?

(4) 一般附加险。一般附加险承保各种外来原因所造成的货物损失。一般附加险在一切险的范围之内,因此,如果已经投保了一切险,就不必再加保一般附加险。我国《海洋运输货物保险条款》规定的一般附加险包括偷盗、提货不着险;淡水雨淋险;短量险;混杂、玷污险;渗漏险;碰损、破碎险;串味异味险;受潮受热险;钩损险;包装破裂险和锈损险等 11 种。

案例分析 3-10：我国某公司以 CIF 条件从法国采购 3 吨奶酪，价值 3 万美元。收到海运提单后到目的港提货时发现无货可提。查明原因后得知，船舶在航行途中遇暴风雨，奶酪全部被水浸泡，故船方将其全部弃于海中。于是我国该公司凭保险单向保险公司索赔，却遭到保险公司拒绝。

问题：保险公司拒绝赔偿是否合理？

案例分析 3-11：我国 A 公司自烟台港装冷冻黄花鱼 50 吨（散装），并经公证处公证，船运到英国伦敦港后，经测量及公证处公证，卸货重量为 47 吨，失重 3 吨。

问题：对于航运途中的 3 吨失重损失，投保何种险别可获得保险公司赔偿？船方是否应对此损失负责赔偿？

（5）特别附加险。特别附加险承保因特殊风险所造成的损失。特别附加险所承保的责任已超出一切险的承保责任范围，因此，在必要情况下，需要在一切险的基础上，加保特别附加险。特别附加险包括：交货不到险；舱面险；进口关税险；拒收险；黄曲霉毒素险和出口货物到香港或澳门存仓火险等 6 种。

案例分析 3-12：我国某公司以 CIF 条件从中东地区进口一批货物，合同规定投保水渍险附加偷窃提货不着险。货轮于运输途中恰逢战争被扣。我方在提货不着后便向保险公司提出索赔。

问题：保险公司是否会给予赔偿？如果我国公司投保的是水渍险附加交货不到险，保险公司是否会给予赔偿？

（6）特殊附加险。特殊附加险也不能独立投保，必须在投保基本险的基础上加保。特殊附加险主要承保海运货物战争险、海运货物战争险的附加费用险和货物运输罢工险。

知识拓展二维码 3-10：国际货物运输加保战争险的原因与中国人民保险公司关于战争险的保险期限具体规定

案例分析 3-13：我国某公司以 CIF 条件向阿根廷出口大米 100 吨。合同规定由卖方投保一切险加战争险，后应买方要求加保了罢工险。货物抵达目的港卸至码头后，恰遇码头工人罢工，与警方发生冲突，工人将大米包垒成掩体进行对抗，罢工历时 15 天才结束。当收货人提货时发现大米损失达 80%，因而向保险公司索赔。

问题：保险公司是否会给予赔偿？

案例分析 3-14：我国某公司以 CIF 条件出口冷冻食品，合同规定投保平安险加战争险、罢工险。货到目的港后遇码头工人罢工，港口无人作业，导致货物无法卸载。不久后，货轮因无法补充燃料导致冷冻设备停机。等到罢工结束时，该批冷冻食品已变质。

问题：保险公司能否给予赔偿？

根据我国《海洋运输货物保险条款》的规定，保险人的责任起讫一般采取"仓至仓"原则，但在特殊情况下，保险标的未到仓库也终止。在实际业务中，保险标的卸离运载船舶后，在运至保险单所载明的收货人仓库之前，需要在卸货港存放一段时间，对该段时间，保险人仍需提供保险保障，但最长时间不能超过 60 天，若 60 天后保险标的仍未进入收货人仓库，保险责任将终止；若 60 天内保险标的进入收货人仓库，保险责任即在保险标的进入收货人仓库时终止。

案例分析 3-15：一批红茶从天津出口运往釜山，货轮于 10 月 11 日抵达釜山港并开始卸货，10 月 13 日全部卸在码头货棚而未运往收货人仓库。

问题：保险责任在什么时候终止？

我国《海洋运输货物保险条款》还对海上运输中被保险货物发生的损失和费用做了除外责任的规定，即当海上运输中被保险货物发生下列损失和费用时，保险人不负赔偿责任：①被保险人的故意或过失造成的损失；②属于发货人责任引起的损失；③在保险责任开始前，被保险货物已经存在品质不良或数量短差造成的损失；④被保险货物的自然损耗、本质缺陷、特性以及市价跌落、运输延迟所造成的损失或费用；⑤海洋运输货物战争险条款和罢工险条款规定的责任范围和除外责任。

案例分析 3-16：我国某外贸公司与荷兰进口商签订一份皮手套合同，价格条件为 CIF 鹿特丹，向中国人民保险公司投保了一切险。生产厂家在生产的最后一道工序将手套的湿度降到了最低程度，然后用牛皮纸包好装入双层瓦楞纸箱，再装入 20 尺的集装箱。货物到达鹿特丹后检验结果表明：全部货物湿、霉、变色、玷污，损失价值达 80 000 美元。据分析：该批货物的出口地不异常热，进口地鹿特丹不异常冷，运输途中无异常，完全属于正常运输。

问题：保险公司对该货物损失是否应予赔偿，为什么？该批货损应如何处理？

2. 伦敦保险协会《协会货物保险条款》

《协会货物保险条款》有 6 种条款，即 ICC（A）条款、ICC（B）条款、ICC（C）条款、战争险条款、罢工险条款和恶意损害险条款。

（1）ICC（A）条款。A 条款的承保范围最为广泛，保险人在 A 条款之下将承保除外责任之外的一切风险。其除外责任主要有一般除外，不适航、不适货除外，战争除外和罢工除外等 4 类。其中，一般除外包括：被保险人的故意不法行为造成的损失或费用；自然渗漏、重量或容量的自然损耗或自然磨损造成的损失；包装或准备不足或不当造成的损失或费用；保险标的固有缺陷或特性造成的损失或费用；直接由于延迟造成的损失或费用；船舶所有人、承租人、经理人经营破产或不履行债务造成的损失或费用；使用任何原子或热核武器造成的损失或费用。不适航、不适货除外包括：被保险人或其受雇人对装船时船舶的不适航或不适货有私谋造成的损失或费用，以及被保险人或其受雇人参与了违反船舶适航、适货默示保证的私谋。战争除外责任规定对战争行为、敌对行为以及由此引起的捕获、禁制或扣押（海盗除外）等所造成的损失和战争武器所致的损失不予负责。罢工除外责任规定对包括罢工者、被迫停工工人或参加工潮、暴动或民变人员及其行为造成的损失和费用，以及对任何恐怖分子或任何由于政治动机采取行为的人员所造成的损失和费用不予负责。

案例分析 3-17：马来西亚某出口商以 CIF 条件，将一批粉状货物采用纸袋包装，通过海上租船方式运输，投保了 ICC（A）条款。货交承运人时包装良好，承运人也签发了清洁提单。货到目的港后，发现部分货物的包装破损，货物散落。进口商要求保险人赔偿。

问题：保险人是否会就该项损失给予赔偿？

（2）ICC（B）条款。B条款的承保责任范围小于A条款，它以明确列明风险的方式将所承保的风险逐一罗列，未列明的风险保险人不予承保。根据B条款的规定，保险人主要承保自然灾害和意外事故造成的损失，以及共同海损的牺牲、分摊和救助费用。与A条款相比，B条款的除外责任增加了任何人（不仅仅是被保险人）的非法故意行为所造成的货物灭失和海盗风险。

案例分析 3-18：货主A的皮货与货主B的烟草载于同一货船上，两批货物都投保了ICC（B）条款。在航行途中，由于遇恶劣天气，海水自甲板浸入货舱将皮革浸湿，烟草由于存放位置较高未遭水浸，但湿损的皮革腐烂后发出的浓重气味使附近舱位的烟草串味。到达目的港后，发现有近1/4的烟草丧失了使用价值，于是货主B向保险公司提出索赔。

问题：保险公司是否应给予赔偿？

（3）ICC（C）条款。C条款是A、B、C三种条款中承保责任范围最小的条款，主要承保因重大意外事故所造成的损失以及共同海损牺牲和救助费用。自然灾害及非重大事故造成的货物灭失保险人不予承保。C条款的除外责任与B条款完全相同。

案例分析 3-19：某公司出口一批陶瓷，由A、B两轮联运，货物皆投保了ICC（C）条款。运输途中，A轮遭遇暴风雨，船舶激烈颠簸，船上陶瓷相互碰撞发生部分损失；B轮则与C轮发生碰撞事故，致使陶瓷也发生部分损失。

问题：保险人是否应就上述两部分损失给予赔偿？

（4）战争险条款。战争险条款的承保范围包括战争等敌对行为；因战争行为引起的捕获、扣留、扣押等行为或这种行为企图；战争中遗弃的武器；为了避免有关本条款项下的承保危险所致的共同海损及救助费用。但保险人对由于战争原因造成航程中止，导致货物未能运达保险单所规定的目的地而引起的间接损失和对由于敌对行为、使用原子武器等所造成的灭失或损害，都不负责赔偿。

（5）罢工险条款。ICC罢工险条款与我国《海洋运输货物保险条款》规定的罢工险一样，只负责由于罢工等风险所造成的保险标的的直接物质损失，对由于罢工等风险所造成的间接损失或产生的费用不负责赔偿。

（6）恶意损害险条款。恶意损害险条款属于补充性的协会货物保险条款，不能单独投保，需在基本保险条款的基础上加保。恶意损害险条款承保的是被保险人以外的其他人（如船长、船员等）的故意破坏行为所造成的保险标的的灭失或损害。但如果这种恶意损害是出于政治动机的人为行动所致，便不予在该条款中承保，但可以在罢工险中得到赔偿。

3.7.4 代位求偿权

根据我国《海商法》的规定，保险人对约定的风险所造成的保险标的的损失承担赔偿责任，并对被保险人支出的合理费用承担支付义务。当保险标的发生损失是由于第三人的责任造成的时，保险人在向被保险人赔偿损失后，在保险赔偿范围内，保险人将取得向第三人请求损害赔偿的权利，这就是所谓的代位求偿权。

保险人在行使代位求偿权时，应当向法院提交已向被保险人实际支付保险赔偿额凭证，并以保险人自己的名义向负有责任的第三人起诉。被保险人已经向第三人起诉的，保险人可提出变更当事人的请求，代位求偿。当被保险人获得的保险赔偿额不能弥补由于第三人责任所造成的全部损失时，保险人和被保险人可以作为共同原告向第三人起诉。

课堂讨论 3-2：英国某公司向巴西出口儿童玩具，该批货物向保险公司投保，保险公司承担由于恶意损害行为造成的损失。货物装上船后，在航行途中，船公司的某个海员故意用刀划开货物的包装，造成一部分玩具掉入海中。货到目的地后，被保险人向保险公司索赔。

问题：保险公司应如何处理？

知识拓展二维码 3-11：代位求偿与委付的比较　　本章相关知识拓展性阅读二维码

复习思考题

一、判断题

1. 凡是承运人加了批注的提单都是不清洁提单。　　　　　　　　　　　　（　　）
2. 海运提单、铁路运单和航空运单都属于物权凭证，均可以通过背书进行转让。（　　）
3. 平安险意为单独海损不赔，实际上，保险公司仍然承担了一部分单独海损的责任。
　　　　　　　　　　　　　　　　　　　　　　　　　　　　　　　　　　（　　）
4. 委付是指被保险人在保险标的发生实际全损的情况下，将保险标的所有权转移给保险人，以便得到赔偿。　　　　　　　　　　　　　　　　　　　　　　　　（　　）
5. 在国际货物运输保险中，被保险人必须对被保险标的物拥有可保利益，方可在保险标的物遭受承保范围内的损失时向保险人索赔。　　　　　　　　　　　　（　　）

二、单项选择题

1. 甲公司与国外客户以 FCA 条件达成一项货物买卖合同，甲公司委托承运人乙轮船公司运送该批货物出口，在装卸货物时由于承运人的工作人员不慎，10 件货物从船甲板落入海中灭失；由于承运人雇用的平仓人员操作不当，货物未被合理积载，导致运输途中货物在舱内互相积压损坏 10 件；运输途中船员未给货舱及时通风，导致 20 件货物因受热而变形，在目的港卸货时由于船上人员卸货不当，使 15 件货物落入海中。问：承运人应赔偿多少件货物灭失的赔偿责任？（　　）
   A. 20　　　　　　B. 40　　　　　　C. 55　　　　　　D. 35
2. 关于海上货物运输中的迟延交货责任，下列哪一项表述是正确的？（　　）
   A.《海牙规则》明确规定承运人对迟延交付可以免责

B．《维斯比规则》明确规定承运人对迟延交付的责任

C．《汉堡规则》只规定了未在约定时间内交付为迟延交付

D．《汉堡规则》规定了迟延交付的赔偿为迟交货物运费的 2.5 倍，但不应超过应付运费的总额

3．一批货物由甲公司运往中国青岛港，运输合同适用《海牙规则》。运输途中因雷击烧毁部分货物，其余货物在目的港被乙公司以副本提单加保函提走。丙公司为该批货物正本提单持有人。根据《海牙规则》和我国相关法律规定，下列哪一选项是正确的？（　　）

A．甲公司应对雷击造成的货损承担赔偿责任，因损失发生在其责任期间

B．甲公司可限制因无正本提单交货的赔偿责任

C．丙公司可要求甲公司和乙公司承担连带赔偿责任

D．甲公司应以货物成本加利润赔偿因无正本提单交货造成的损失

4．关于国际货运保险被保险人应在（　　）具有可保利益。

A．投保时　　　　　　　　　　　B．保险单签发时

C．保险事故发生要求赔偿时　　　D．向保险公司办理索赔时

5．平安险是中国人民保险公司海洋货物运输保险的主要险别之一。下列哪一损失不能包括在平安险的责任范围之内？（　　）

A．被保险货物在运输途中由于自然灾害造成的全部损失

B．共同海损的牺牲、分摊

C．被保险货物在运输途中由于自然灾害造成的部分损失

D．共同海损的救助费用

三、多项选择题

1．下列不属于我国《海上货物运输保险条款》规定的基本险别的是（　　）。

A．战争险　　　　　　　　　　　B．平安险

C．舱面险　　　　　　　　　　　D．一切险

2．依我国《海商法》的规定，承运人的免责事项包括（　　）。

A．船舶在开航前和开航时不具有适航性

B．船长和船员在驾驶或管理船舶中的疏忽行为

C．未谨慎积载货物

D．货物包装不当

3．深圳甲公司从日本购进线钢 4 500 吨，价格条件为 CIF 广州。由于短途运输和船速较快，该批货物先于提单到达目的港。深圳甲公司凭副本提单加自己签署的保函提取了货物，之后该公司未去银行付款赎单。银行于是向承运人提出了索赔要求。下列关于本案的主张有哪些是正确的？（　　）

A．承运人可以凭副本提单加保函向深圳甲公司交货

B．承运人应凭正本提单向收货人交货

C．承运人应当赔偿银行的损失

D. 承运人与银行没有关系，不应承担任何责任

4. 某国远洋货轮"亚力山大号"满载货物从 A 港起航，途中遇飓风，货轮触礁货物损失惨重。货主向其投保的保险公司发出委付通知。在此情况下，该保险公司可以选择的做法是（　　）。

　A. 接收委付　　　　　　　　　　B. 拒绝委付
　C. 先接受委付，后又撤回　　　　D. 不予回应

5. 一批投保了海洋运输货物险"一切险"的货物发生了损失。在此情况下，下列选项中哪些事故原因可使保险公司不承担赔偿责任？（　　）

　A. 货物损失是由于发货人发运货物包装不当造成的
　B. 货物损失是由于货物在装船前已经有虫卵，运输途中孵化而导致的
　C. 货物损失是由于运输迟延引起的
　D. 货物损失是由于承运人驾驶船舶过失造成的

四、简答题

1. 简要介绍航次租船与定期租船方式各自的特点。
2. 试述海运提单的作用。
3. 比较《海牙规则》《维斯比规则》和《汉堡规则》。
4. 如何理解和利用保险利益原则？
5. 我国海洋运输保险的一般保险条款有哪几种主要险别？它们的承保范围有什么不同？

五、案例分析题

1997 年 2 月 25 日，晓星公司与香港智得国际贸易有限公司（以下简称智得公司）签订了一份《购销尿素合同》，约定由晓星公司供给智得公司尿素 28 000 吨，单价 200 美元/吨。依据该合同，1997 年 3 月 10 日智得公司又与广西防城港进出口公司第六分公司（以下简称六分公司）签订一份《售货合同》，约定由智得公司供给六分公司尿素 28 000 吨，单价为 210.8 美元/吨，价格条件为 CIFFO 中国防城港，总金额为 5 902 400 美元。付款条件为需方在 1997 年 3 月 19 日前开出不可撤销远期 180 天信用证。1997 年 4 月 3 日，智得公司租用"西来尔"轮将晓星公司供应的 28 000 吨尿素运至防城港，然后货物交由承运人在目的港的代理人中国船务代理公司防城港公司管理（以下简称"防城外代"），"西来尔"轮开出正本提单一式三份交由晓星公司收执。货到港后，六分公司委托防城外代理货报关，防城外代向海关申报并办理了 9 000 吨尿素的通关手续。4 月 17 日，六分公司、梧州农行分别向防城外代出具保函，保证尽快提交正本提单，并要求防城外代放行提货。4 月 18 日至 7 月 19 日，防城外代共放行货物 9 000 吨给六分公司。由于六分公司未能开出许可证，银行亦不允许开出信用证，为了保证双方的利益，7 月 21 日，晓星公司与六分公司、智得公司签订《协议书》（以下简称"三方协议"），约定：甲方（六分公司）必须保证乙方（晓星公司）的最低利益，购买价按乙方成本价 194 美元/吨计算，甲方采取开立其他货物信用证贴现给智得公司转付给乙方作为尿素货款，并约定了信用证的开证时间、银行及金额

的安排，最迟不能超过 8 月 15 日、须全部贴现付清货款；乙方保证积极配合甲方办理报关及清关工作，不能错过 7 月、8 月农用尿素销售季节；如甲方未能按上述执行，一切损失由丙方（智得公司）负责。合同签订后，由于没有进口许可证，防城外代无法清关。1997 年 9 月 11 日，防城港海关以货物超期未报关为由提取变卖了"西来尔"轮所载的 19 245.8 吨尿素，扣除税款等费用后，于 1998 年 6 月 12 日通知防城外代，要求其通知货物所有人办理退款手续。1998 年 4 月 22 日，晓星公司将一份正本提单交智得公司转六分公司，以便六分公司向海关办理 19 000 吨尿素的退款手续。同年 11 月晓星公司将六分公司诉至防城港市中级人民法院，称其是"西来尔"轮货物的提单持有者，防城外代是该船的船务和货物代理，1997 年 6 月 6 日防城外代分拆提单提走了 9 000 吨尿素，1997 年 9 月 11 日海关变卖余下货物，并要求船代公司通知货主，由于防城外代未及时通知而未果，为此，请求法院确认其是"西来尔"轮全套正本提单的持有人，海关变卖"西来尔"轮所载 19 245.8 吨尿素的余款 16 702 311．55 元为其所有。经法院主持调解，双方自愿达成协议：六分公司确认晓星公司是"西来尔"轮全套正本提单的所有人，提单项下的 19 245.8 吨尿素的余款 16 702 311.55 元属晓星公司所有。调解书（[1998]防中法经初字第 80 号）已生效执行。晓星公司为追索 9 000 吨尿素的货款，曾于 1999 年 6 月 1 日以有仲裁条款的《售货合同》诉至南宁市中级人民法院，被南宁市中级人民法院裁定驳回起诉。1998—2001 年，晓星公司每年向香港法院、新加坡法院申请扣船令，以保证本案诉讼时效。2001 年 3 月 28 日，晓星公司以"西来尔"轮货物正本提单诉至广西高级人民法院（原审法院），请求法院确认三被告无单放货的事实，侵犯了晓星公司拥有的提单项下货物的所有权。

请分析，本案中谁是提单项下的货物所有人？三被告无单放货的事实是否侵犯了晓星公司拥有的提单项下货物的所有权？晓星公司主张三被告侵权并要求赔偿提单项下 9 000 吨尿素的货款的理由是否成立？

第 4 章 国际贸易支付法

学习目标

通过本章的学习,要求了解国际贸易支付工具和支付方式的概念,掌握国际贸易不同支付工具和支付方式的特点,以及国际贸易支付方式中各当事人之间的权利义务关系,重点掌握托收和信用证的有关法律规定。

案例导入

某年 4 月 20 日,经中华国际化工品公司申请,中国光大银行以韩国 CNK 株式会社为受益人开出不可撤销信用证。4 月 23 日,中华国际化工品公司通知中国光大银行修改信用证,中国光大银行于当日通知韩国 CNK 株式会社对信用证作如下修改:

① 信用证金额增加 163 875.00 美元,新金额为 327 750.00 美元;
② 货物数量由 "500 吨" 改为 "1 000 吨(允许增减 5%)净重";
③ 货物名称由 "阿拉斯加青鳕鱼" 改为 "青鳕鱼"。

中国光大银行发出修改通知后,韩国 CNK 株式会社未向中国光大银行作出接受或拒绝修改信用证的意思表示。

同年 5 月 28 日,中国光大银行收到韩国 CNK 株式会社提交的单据,经审单发现单据上显示的金额和数量信息都符合修改后的信用证的规定,但货物名称仍然是 "阿拉斯加青鳕鱼",不符合修改后的信用证中所要求的 "青鳕鱼"。因此,中国光大银行于 6 月 9 日(需要说明的是,5 月 29 日到 6 月 9 日期间有 5 个公休日)发出拒付通知。

韩国 CNK 株式会社遂向法院起诉中国光大银行,认为中国光大银行以单证不符为由拒付不能成立,且超过审单期限,要求中国光大银行支付信用证项下的金额及其他经济损失。中国光大银行辩解称,韩国 CNK 株式会社所提交的单据与信用证不符,故拒付成立;而且在货物被收货人提货后,韩国 CNK 株式会社于同年 7 月 26 日与货物买方签订协议,并根据协议取回了货物,因此，原告韩国 CNK 株式会社没有受到任何损失，中国光大银行不应承担付款及赔偿责任。①根据本案事实提出问题如下。

（1）韩国 CNK 株式会社提交的单据是否符合修改后的信用证的要求？
（2）开证行中国光大银行是否超期审单？
（3）中国光大银行能否以韩国 CNK 株式会社已经从货物买方处取回货物为由拒绝承担付款及赔偿责任？

4.1 国际贸易支付工具

4.1.1 国际贸易支付票据

无论在国际贸易还是在国内贸易中，以货币（现金）支付货款既不方便又不安全，因而甚少采用，更常用的是以代替货币流通的票据，通过汇付、托收、信用证等方式完成买卖双方货款的收付。

1. 票据的概念与形式

国际贸易支付中的票据是指由出票人签发的委托他人或由自己于指定日期或于见票时无条件支付一定金额给持票人的书面凭证。

各国法律对票据的形式有不同的认定。大陆法国家认为票据一般只限于本票和汇票两种形式；而英美法国家则认为票据包括本票、汇票和支票三种形式。我国《票据法》所规定的票据与多数国家的法律规定一致，包括汇票、本票和支票三种形式。

（1）汇票（Bill of Exchange）。汇票是出票人签发的，委托付款人在见票时或在指定日期或在将来可以确定的日期，无条件支付确定的金额给收款人或持票人的票据。在国际贸易支付中，汇票的应用最为广泛。

（2）本票（Promissory Note）。本票又称期票，是出票人签发的于见票时或在将来可以确定的日期，向收款人或持票人无条件支付一定金额的书面承诺。本票依据出票人的不同，分为商业本票和银行本票两种。我国《票据法》中所规定的本票仅指银行本票。

（3）支票（Cheque of Check）。支票是指由存款人签发的，委托办理支票存款业务的银行或其他金融机构在见票时无条件支付确定金额给收款人或持票人的票据。

知识拓展二维码 4-1：汇票、本票和支票法律特点的比较

2. 票据的特征

票据作为一种有价证券，具有下列特征。

（1）票据是流通证券。可流通转让是票据的基本特征。票据的流通转让性主要表现在：

---

① 韩立余. 国际贸易法案例分析[M]. 北京：中国人民大学出版社，2009：94～96.

①票据可以自由转让，让与人或受让人不必通知债务人（付款人）就可以使受让人能以自己的名义对债务人行使权利；②正当持票人享有优于前手的权利。

（2）票据是无因证券。无因证券的实质是票据关系与其基础关系相分离。票据关系是基于票据行为在票据当事人之间的债权债务关系。票据的基础关系是指票据当事人之间之所以签发或转让票据的法律关系。票据当事人之间的票据关系不受基础关系的影响，更不受基础法律关系的履行情况影响，完全以票据上的文字记载为准。票据的这种无因证券特征保证了票据作为流通证券可自由流通的交易安全，从而促进票据的流通转让。

（3）票据是要式证券。票据作为要式证券必须以书面做成，并且具备法律规定的格式、事项和内容。比如，我国《票据法》要求票据上要有签章，票面金额必须以中文大写和阿拉伯数字同时记载，法定的记载事项必须记载齐全，且要求有关票据金额、日期和收款人名称的记载事项不得更改，而其他记载事项的更改须由原记载人签章证明等。

知识拓展二维码4-2：票据的流通转让与民法上的债权让与的区别

案例分析4-1：A交给B一张经付款银行承兑的远期汇票作为A向B订货的预付款。B在票据上背书后转让给C，以偿还原先欠C的借款。C于到期日向承兑银行提示取款，恰遇当地法院公告该行当天起进行破产清理，因而被退票。C随即向A追索，A以B所交货物品质不符合同规定为由予以拒绝，并称10天前通知银行止付，止付通知及止付理由也同时通知了B。在此情况下C再向B追索，B以汇票系A开立为由推诿不理。C遂以A、B及银行三方为被告向法院起诉。

问题：法院将如何依法判决？

3. 票据法

由于各国票据法存在重大分歧，给票据在商业上的使用，特别是在国际结算中的流通使用带来了许多不便。

（1）日内瓦公约体系。第一次世界大战后，为了统一各国票据制度，便于国际支付，1930年国际联盟主持召开日内瓦国际会议，签订了《统一汇票本票法公约》及其附件《统一汇票本票法》和《解决汇票本票法律冲突公约》，1931年国际联盟再次主持召开日内瓦会议，签订了《统一支票法公约》及其附件《统一支票法》和《解决支票法律冲突公约》，上述公约的签订使德国法系与法国法系之间的分歧逐渐消失，并融合为统一体系，该体系被称为日内瓦公约体系或大陆票据法体系。

由于日内瓦公约体系的建立主要是按照德国法系的传统制定的，与英美法系国家的传统和实践存在矛盾，导致国际上英美票据法系与日内瓦公约体系的并存和对立。

知识拓展二维码4-3：日内瓦公约体系与英美票据法体系的区别

（2）《联合国国际汇票和国际本票公约》。为了促进票据制度的协调统一，消除日内瓦公约体系与英美票据法系之间的分歧，1988年12月9日，在纽约联合国第43次大会上通过了《联合国国际汇票和国际本票公约》（*Convention on International Bill of Exchange and International Promissory Note of the United Nations*），简称《国际汇票本票公约》。《国际汇票本票公约》提供了关于供国际商业交易当事方选择使用新国际票据的法律规则的全面法典。该公约适用于载有"国际汇票（贸易法委员会公约）"或"国际本票（贸易法委员会公约）"标题并在文内有上述字样的国际汇票和国际本票，并且要求国际汇票的汇票开出地、出票人签名旁示地、受票人姓名旁示地、收款人姓名旁示地、付款地这5项中至少有两个地点位于两个不同国家（而不是两个缔约国），而且汇票开出地和付款地均位于缔约国境内（而不是同一个缔约国境内）。然而，按照该公约的有关规定，须经至少10个国家批准或加入后，该公约方能生效。截至2019年8月，该公约尚未生效。

（3）我国票据立法。为了规范票据行为，1995年5月10日，在第八届全国人大常委会上通过了新中国成立以来的第一部《票据法》，并于1996年1月1日起实施。我国《票据法》与日内瓦公约体系的规定比较相似，但比较而言，我国票据法更具有制度上的优点。例如，我国规定，票据丧失时可以采取挂失止付、向人民法院申请公示催告和向人民法院提起普通诉讼等3种补救措施，使票据当事人可以根据实际情况选择其中最有利的一种补救措施，给票据当事人提供最大限度的保护。但同时由于侧重管理票据行为，维护经济秩序，我国《票据法》存在一些问题。例如，我国《票据法》第10条"票据的签发、取得和转让，应当……具有真实的交易关系和债权债务关系。票据的取得，必须给付对价……"，第21条第1款"汇票的出票人必须与付款人具有真实的委托付款关系"，第88条关于"禁止签发空头支票"等多项条款规定，都表明我国法律要求票据关系与其基础关系是不可分离的，这就必然限制我国票据的流通转让。

4.1.2 票据关系

1. 票据关系概述

票据关系是指票据当事人基于票据行为而发生的债权债务关系。票据关系中的当事人，即享有票据权利、承担票据义务的票据关系主体，可分为基本当事人和非基本当事人。基本当事人是指出票时就参加票据关系的当事人，如出票人、收款人和付款人。非基本当事人是指出票后基于各种票据行为而加入票据关系的当事人，如背书人、被背书人和保证人等。

所有的票据当事人都处于票据的债权债务关系当中，要么为债权人，要么为债务人。其中，债权人即为享有票据权利的人，如出票时的收款人和最终的票据持票人，都可以对在票据上签名的人主张行使《票据法》规定的一切权利；票据债务人即承担票据义务的人，它有第一债务人和第二债务人之分。第一债务人是承担付款义务的主债务人，如汇票的承兑人、本票的出票人和支票的付款人等。第二债务人是担保付款的从债务人，即当债权人向第一债务人行使的付款请求权得不到满足时，继续对债权人承担付款义务的当事人。

2. 票据行为

票据行为是指以产生、变更、消灭票据关系为目的的票据法律行为。国际贸易支付中的票据主要包括汇票、本票和支票3种，其中，汇票是最基本的票据，在国际贸易中应用最为广泛。根据我国《票据法》的规定，除有特别规定外，本票和支票的背书、保证、付款行为和追索权的行使等规定均适用于汇票。因此，此处以汇票为例进行票据行为的介绍。

汇票的主要票据行为有出票、背书、提示、承兑、付款以及追索。汇票的票据行为可能是这几种行为中的一部分，也可能是全部。

(1) 出票行为及其法律效力。

① 出票的概念。出票是指出票人做成票据并将其交付给收款人的票据行为。因此，出票包括两个行为：一是制作票据，由出票人按照法定要式制作票据；二是交付票据，将汇票交给受款人，即"自愿转移对汇票的占有"。只有在出票人自愿地将对汇票的占有转移给受款人时，出票行为才告完成。

② 出票行为的法律效力。合法完成的出票行为产生下列效力。

一是对出票人来说，出票使出票人成了票据的第二债务人，即承担保证付款人承兑与付款的责任。如果票据被拒绝承兑或付款，收款人或持票人有权向出票人追索。

二是对收款人来说，出票使收款人可以享受汇票的付款请求权和追索权，也可以放弃这一权利，还可以将汇票转让，但收款人须遵守有关背书、提示、发出拒付或拒绝承兑通知、时效等法律规定。

三是对付款人来说，除非他承兑了汇票，否则汇票对付款人无任何的约束力。如果出票人与付款人另外订有协议，规定付款人有义务承兑或付款，那是合同的效力，而非票据本身的效力。

(2) 背书行为及其法律效力。

① 背书的概念。背书是指持票人在汇票的背面或粘单上记载有关事项并签章的票据行为。背书是背书人单方面的意思表示，无须通知债务人。票据转让一般须通过背书和交付完成，通过背书转让的票据，后手（后来取得该汇票的人）需对其前手背书的真实性负责，因此，票据上的背书越多，其信用就越高。

② 背书的法律效力。一是对背书人来说，票据已经背书，汇票上的一切权利，包括付款请求权、对前手的追索权、对票据保证人的权利、转让票据的权利等，都由背书人转移给被背书人。除限制性背书和免受追索背书外，合法有效的背书使他成为票据的从债务人，须对包括被背书人在内的所有后来取得该汇票的人（俗称后手）保证该汇票必将得到承兑或付款，在票据被拒绝承兑或拒付时后手持票人可向背书人请求承兑或付款。

二是对被背书人来说，连续的背书证明了其对票据享有的一切权利。被背书人可以用自己的名义向付款人要求承兑、付款，也可以将汇票再度背书转让给他人。当该汇票遭到拒付时，被背书人有权向其直接的背书人以及曾在汇票上签名的一切前手直至出票人进行追索。

(3) 提示行为及其法律效力。

① 提示的概念。提示是指持票人向付款人出示汇票，要求其承兑或付款的行为，分为承兑提示和付款提示两种。如果要求付款人承兑，则必须作承兑提示；如果要求付款人付

款，则必须作付款提示。

② 提示的法律效力。付款人看到汇票叫作见票。如为即期汇票，付款人见票后应立即付款；如为远期汇票，付款人见票后应办理承兑手续，待汇票到期时付款。无论是承兑提示还是付款提示，都必须在法律或票据规定的时间内完成。如果按期提示，持票人就会享有对其前手的追索权；如果未在规定时间提示，持票人将丧失对其前手的追索权。此外，提示要在正当地点进行，即汇票载明的付款地点或付款人的地址。

(4) 承兑行为及其法律效力。

① 承兑的概念。承兑是远期汇票的付款人明确表示接受出票人的付款提示，同意承担付款义务，而将此项意思表示记载于汇票之上的行为。承兑行为仅针对远期汇票而言，本票、支票和即期汇票都不存在承兑行为。

承兑的方式通常是由付款人在汇票正面书写"承兑"字样，签上自己的名字并注明承兑的日期。承兑不得附有条件，否则视为拒绝承兑。[①]

② 承兑的法律效力。承兑的作用在于确定付款人对汇票的付款义务。当付款人承兑汇票之后，即成为承兑人，承兑人作为第一债务人须承担按汇票金额付款的义务。如果付款人拒绝承兑，即表示付款人拒绝付款，收款人或持票人需要及时地向其前手直至出票人行使追索权。

(5) 保证行为及其法律效力。

① 保证的概念。保证是由票据债务人以外的人担保票据债务履行的票据行为。保证行为通常需要在票据上记载"保证"字样[②]、保证人的名称和住所、被保证人的名称、保证日期和保证人签章等事项。其中，如果未记载被保证人的名称，对于已承兑票据，承兑人即为被保证人；对于未承兑票据，出票人将被视为被保证人。[③]保证不得附有条件，但附有条件并不影响保证人对汇票的保证责任。[④]

② 保证的法律效力。根据我国《票据法》第49条至第52条相关条款的规定，保证人将对合法持票人承担保证责任，并且与被保证人一起对持票人承担连带责任。保证人为两人以上的，保证人之间也要承担连带责任。保证人清偿汇票债务后，可以行使持票人对被保证人及其前手的追索权。

(6) 付款行为及其法律效力。

① 付款的概念。付款是指汇票的付款人在持票人提示付款后，向持票人支付汇票金额的行为。当收款人或持票人在票据到期日提示票据要求付款时，付款人须按法律规定的时间完成付款。对此，我国《票据法》第54条和日内瓦《统一汇票本票法》第74条都规定：要在提示付款当日完成付款。汇票的付款人付款时，有权要求持票人在汇票上记载"收讫"字样并将汇票交给付款人。

---

① 我国《票据法》第43条。
② 根据最高人民法院《关于审理票据纠纷案件若干问题的规定》第62条的规定，保证人未在票据或者粘单上记载"保证"字样，而是另行签订保证合同或者保证条款的，不属于票据保证。
③ 我国《票据法》第47条。
④ 我国《票据法》第48条。

② 付款的法律效力。付款人付款之后，产生如下效力：a.票据当事人之间的票据法律关系消灭；b.基础法律关系当事人之间的债的关系消灭。

（7）追索行为及其法律效力。

① 追索行为。追索是指持票人提示票据后得不到承兑或付款，从而引发收款人或持票人向其背书人、保证人或其他票据债务人索要票面金额的行为。追索行为被视为持票人追索权利的行使，而上述被追索的人需对持票人负连带责任，即正当持票人可以不按背书顺序，越过其前手，对任何一个债务人行使追索权，任何一个债务人都有清偿全部金额的义务。

如果持票人得不到承兑或付款，不论是付款人拒绝还是承兑人或付款人死亡、逃匿，或者因为付款人或承兑人被依法宣告破产或因违法被终止业务活动的，持票人都可以行使追索权。但行使追索权时必须在法定时间内提供包括拒绝证明、退票理由书、法院宣告破产的司法文书、行政机关的处罚决定或其他有关证明在内的证明材料。[①]

② 追索的法律效力。如果付款人拒绝承兑汇票，则由于其尚未成为该汇票的债务人，持票人就不能向其追索，而只能对背书人及出票人进行追索。但是，如果付款人承兑了汇票，到期时又拒绝付款，持票人就可以直接起诉付款人（承兑人）。付款人承兑汇票并不能解除出票人和背书人对汇票的责任，因此，执票人除有权对付款人（承兑人）起诉外，还可以向任何前手背书人或出票人行使追索权。被追索的债务人清偿票款后，即取得持票人的权利，可以对其他债务人行使再追索权。

4.2 国际贸易支付方式

4.2.1 概述

国际贸易支付方式，指国际间因商品交换而发生的，以货款为主要内容的债权债务清算方式。它从初期简单的现金支付方式发展到目前较完善的以银行为中心的非现金支付方式，银行通过一定的支付工具在异国异地之间进行资金划拨，以清偿跨国间的债权债务关系。因此，国际贸易支付方式按资金流向和支付工具传送的方向，可以分为顺汇和逆汇两种。

顺汇，也称汇付法，是由债务人或付款人主动将款项交给银行，委托银行使用某种支付工具，支付一定金额给债权人或收款人的支付方式。因其支付工具的传递方向和资金流向相同，所以成为顺汇。传统支付方式中的汇付即为顺汇。

逆汇，也称出票法，是由债权人或收款人向银行提供债权凭证，委托银行通过国外代理行向国外债务人索取款项的支付方法。因支付工具的传递方向是从债权人向债务人移动，与资金流向相反，所以称为逆汇。传统国际贸易支付中的托收方式和信用证方式都属于逆汇。

---

① 最高人民法院《关于审理票据纠纷案件若干问题的规定》第71条和我国《票据法》第63条。

4.2.2 汇付

1. 汇付的概念

汇付，或称汇款，是银行应其客户的委托或自身业务的需要，利用一定的结算工具（如汇票、支付委托书、加押电传等），将资金从本国拨付到国外债权人或收款人所在地的分行或代理行转付给债权人或收款方的结算方式。这种方式只有在卖方充分信任买方，尤指相信买方有偿付能力时才会采用。

2. 汇付的当事人

在汇付业务中，关系到 4 个基本的当事人，即汇款人、收款人、汇出行和汇入行。其中，汇款人即付款人，是将款项存入汇出行，并委托汇出行对外汇出资金的人，一般是国际货物买卖中的买方；汇出行，又称委托行，是受汇款人的委托，向其国外代理行发出委托付款指令的银行；汇入行，又称解付行，是受汇出行委托，将汇款资金付给收款人的银行；收款人（债权人），通常是国际货物买卖中的卖方。

3. 汇付的种类

（1）信汇。

信汇（Mail Transfer，M/T）是指汇出行以邮寄方式向汇入行寄送付款委托书或信汇委托书，指令其支付汇款资金给收款人的汇款方式。信汇的流程如图 4-1 所示。

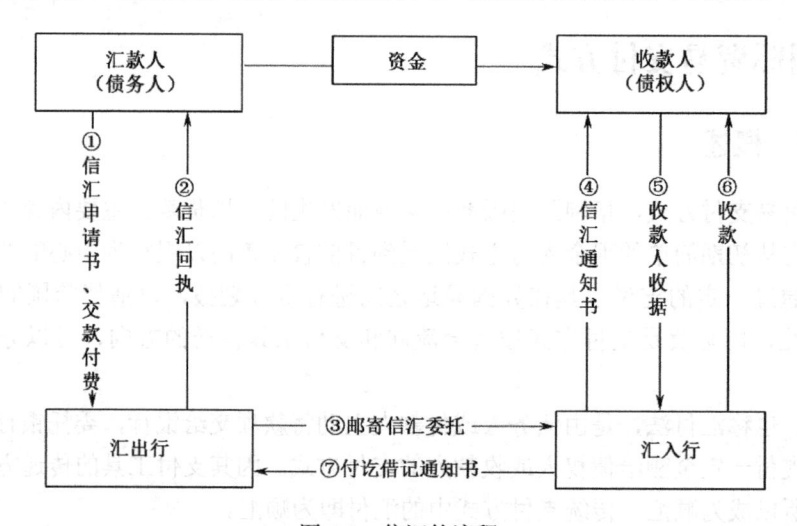

图 4-1 信汇的流程

（2）电汇。

电汇（Telegraphic Transfer，T/T）是指汇出行以电报、电传等方式将付款指令送达汇入行，指令其支付汇款资金给收款人的汇款方式。电汇的流程如图 4-2 所示。

（3）票汇。

票汇（Remittance by Banker's Demand Draft，D/D）是指汇款人将汇出行签发的以汇入

行为付款人的银行即期汇票自行邮寄或交给收款人,由收款人到汇入行提示领款的汇款方式。票汇的流程如图 4-3 所示。

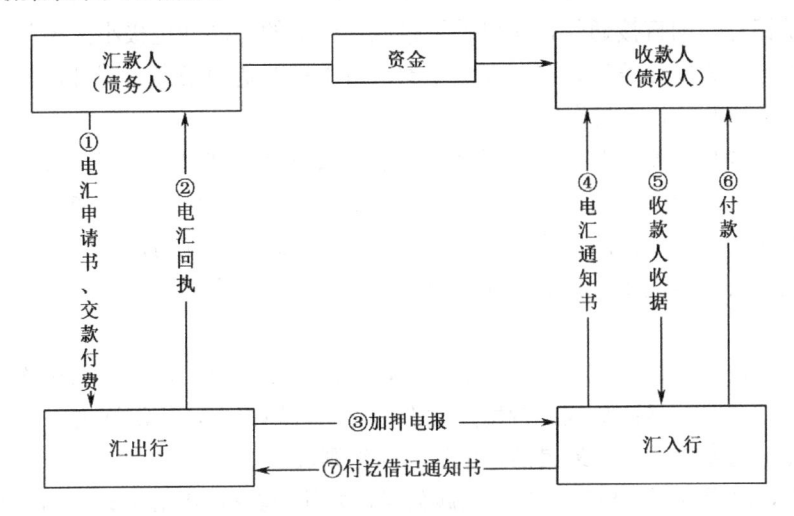

图 4-2 电汇的流程

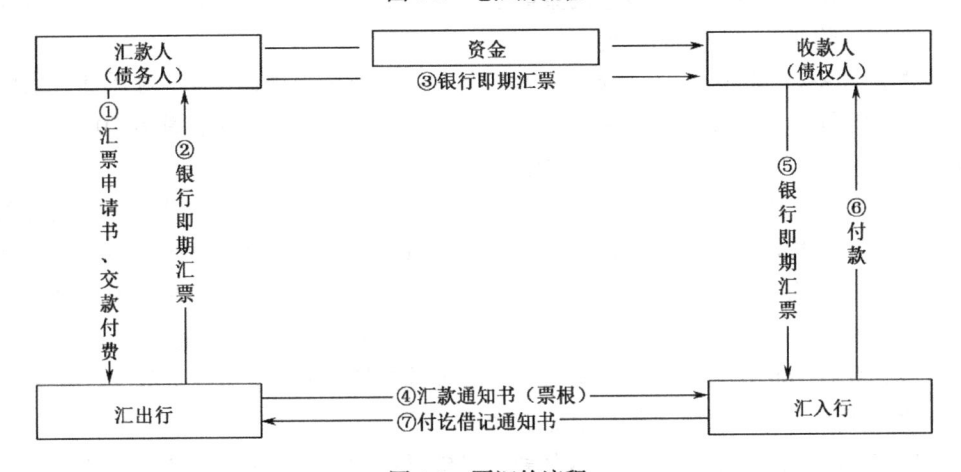

图 4-3 票汇的流程

(4)电汇、信汇、票汇的比较。

作为最常用的 3 种汇付方式,电汇、信汇和票汇有各自的优点和缺点,当事人在使用时应当选择适合自己的方式。

信汇的结算工具是以航邮方式传递支付委托书或信汇委托书,虽然费用较电汇低廉,但传递速度慢,收款时间比电汇长,而且由于邮递的中转环节多,容易遗失或耽误结算。信汇方式条件下,收款人也只有在接到银行信汇通知书后才可领款,与电汇方式一样,不如汇票方式下资金运用灵活。但是,信汇毕竟是银行间的业务指示,因此在邮寄过程中比一般函件优先,即使遗失,也不易被冒领,因此,信汇的安全性比票汇好,费用也比电汇低,汇款人负担较轻。

电汇的结算工具多数为加押电传和经 SWIFT 系统发出的委托付款指示,其传递速度极快,在银行业务中往往被优先处理,因而电汇是实现资金转移的最快方式。电汇适用于金额大的款项,可缩短资金在途时间,减少利息损失。同时,由于加押电传和SWIFT系统的电讯指示是银行间的直接通信,所以差错率低,遗漏的可能性也极小,因此,收款安全、及时。但是电汇成本比信汇、票汇高,汇款人所承担的费用最高。同时,收款人只有在收到银行的电汇通知后,方可取款使用,不够灵活。

票汇是以银行即期汇票为结算工具,由汇款人直接将结算工具寄给收款人或自带出境使用的,因此手续简便,银行费用也低,而且银行即期汇票可以背书转让,收款人可以自行决定取款时间,使用灵活。但是票汇通过邮局传递或自带使用,遗失被窃的风险较大,一旦被窃或遗失,挂失止付很费时间,因此,票汇较适用于零星小额支付或贸易从属费用的汇付。

综上所述,就汇款速度而言,电汇最快,信汇次之,票汇较慢;从收款安全角度看,电汇、信汇均比票汇强;从成本费用角度看,电汇费用最高,信汇次之,票汇最廉;从使用灵活方便的角度看,票汇最灵活,电汇与信汇则较差。

近年来,由于各银行电讯设备越来越先进,尤其是具有SWIFT设备的银行,在资金划拨上都采用了电汇方式,只有少量的金额小的个人汇款才用信汇方式,而票汇大多是在支付国外费用、购买杂志等用品时使用。

案例分析 4-2:2000年10月8日,A公司为缓解资金短缺的困难,在无货可供的情况下,与外地的B公司签订了一份购销合同,由A公司向B公司供应价款为200万元的优质钢材,交货期限为4个月,B公司交付银行承兑汇票,付款期为6个月。

合同签订后,B公司商请C公司做保证人,向其开户行甲银行申请办理了银行承兑汇票,并签订了承兑协议。汇票上记载付款日期为2001年4月12日。A公司收到汇票后,马上向其开户行乙银行申请贴现。乙银行在审查凭证时发现无供货发票,便发电报向甲银行查询该承兑汇票是否真实,收到的复电是"承兑有效"。据此,乙银行向A公司办理了汇票贴现,并将160万元转入A公司账户。临近付款期,B公司派人去催货,才发现A公司根本无货可供,方知上当受骗,于是告知甲银行。

2001年4月13日,乙银行提示付款,甲银行拒付,理由有二:①该汇票所依据的交易合同是虚构的;②乙银行明知A公司无供货发票,仍然为其办理了贴现,具有重大过失。于是,乙银行以甲银行、B公司、A公司为被告起诉至法院,请求三方支付汇票金额及利息。

通过本案,请分析:在使用汇款方式结算时,需要注意什么问题?

4.2.3 托收

1. 托收的概念

托收(Collection)是出口方(委托人)在根据货物买卖合同发运货物后,向进口方或付款人签出汇票,并委托出口地银行(委托行)通过其在进口地的银行(代收行)向进口方(付款人)收取货款的支付方式。

2. 托收的当事人

根据《托收统一规则》(URC522)第三款的规定，托收业务中通常有如下5类基本当事人。

（1）委托人。委托人是委托银行代为收款的人。在国际贸易支付中通常是国际货物买卖合同的卖方。

（2）托收行。托收行是接受委托人的委托，通过外国银行代收货款的银行，托收行通常是卖方营业地所在地的银行。

（3）代收行。代收行是接受托收行的委托，向付款人收取款项的银行。代收行通常是托收行在买方营业地所在地的国外分行或代理行。根据《托收统一规则》(URC522)第五款（4）的规定，委托人可以指定代收行，如无指定，则代收行可以是托收行或其他银行视情况而选择的在付款或承兑所在国家的任何银行。在国际贸易支付中，代收行通常是买方营业地所在地的银行。

（4）提示行。提示行是向付款人提示汇票和单据的银行。提示行可以是代收行也可以是与付款人有往来账户关系的其他银行。

（5）付款人。付款人是接受有关单据提示、支付票款的人。在国际贸易支付中通常是国际货物买卖合同的买方，亦即卖方所出具汇票的受票人（付款人）。

此外，当付款人拒付时，就会涉及需要时的代理人。需要时的代理人作为出口商（委托人）指定的代理人，需要对货物的存仓、保险和转售等事宜进行处理。

3. 托收的种类

根据《托收统一规则》(URC522)第二款的规定，托收涉及两种票据，一种是金融单据，如汇票、本票、支票及其他可用于取得款项支付的凭证；另一种是商业单据，包括发票、运输单据、所有权单据或其他类似的单据等。根据汇票是否附带商业单据，托收可分为光票托收与跟单托收。前者是指仅使用金融单据而不附有商业单据的托收。跟单托收则是指在汇票后附有代表货物所有权的货运单据一起交银行委托代收货款的托收。在国际贸易支付中，货款托收大多采用跟单托收的方式。

根据银行交单条件的不同，跟单托收又可分为付款交单与承兑交单。

① 付款交单（Documents Against Payment at Sight，D/P）是指卖方交单以买方付款为条件，即委托行必须在买方付清货款或其他票据后，才把商业单据交给买方。

② 承兑交单（Documents Against Acceptance，D/A）是指卖方的交单以买方承兑汇票为条件，买方承兑汇票后即可从代收行取得货运单据，领取货物，等到汇票到期时再支付货款。

委托人未明确交单条件的，通常按付款交单处理。

案例分析 4-3：我国A公司受其国内客户B公司委托，以本公司名义与国外C公司签订了一项进口某商品的合同，支付条件为"即期付款交单"。在履行合同时，卖方C公司未经A公司同意，就直接将货物连同单据都交给了国内客户B公司，但B公司在收到货物后由于财务困难，无力支付货款。在这种情况下，国外卖方C公司认为，A公司是合同的买方，根据买卖合同的支付条款，要求 A 公司支付货款。

问题：A 公司是否有义务支付货款？

4. 托收中当事人的权利和责任

（1）委托人。

跟单托收的委托人，即国际货物买卖合同中的出口商，在委托银行办理托收时，其主要义务包括：①委托人应明确填写托收申请书；②托收申请中应明确适用的规则；③委托人应负担的费用。

（2）托收行。

① 托收行应完全按照委托人的托收申请行事。托收行在接受托收业务后，应认真审核托收申请，在无误时，应根据托收申请填制托收委托书，连同单据一起寄给代收行，委托其代收货款。

② 托收行应按有关惯例和常规行事。URC522 规定，如委托人未指定代收行，托收行可自行指定代收行，如果托收行发出的指示未被执行，托收行不承担责任。它还规定，托收行以通常方式邮寄单据，对传递过程中的延误或灭失所引起的后果概不负责。

对于其他需要处理的业务，凡委托人在托收指示中未予规定的，托收行按惯例、常规办事，可不承担风险责任和费用。

同时，托收行应以善意和合理的谨慎行事。例如，把代理托收过程中发生的情况及时通知委托人，并及时向代收行发出指示等。如未及时发出，银行应承担过失责任。

③ 托收行对单据的免责事项。托收行对收到的单据，仅负责确定表面上系托收申请中列明的单据，即仅审核单据的种类和数目是否与托收申请所列一致，如有遗漏或所列不符，应立即通知委托人。银行无须对单据的实质内容进行审查，可按原样寄单，对单据的完整性和真实性及其法律效力不负责任。

④ 毫无延误地付款。收妥的款项（按情况扣除手续费、支出或费用）必须按托收申请和托收委托书的要求毫无延误地交由委托人支配。

（3）代收行。

代收行作为代理人，其基本责任与托收行相同，即应严格遵照托收委托书行事；按惯例和常规行事；以善意和合理的谨慎行事；代收行对收到的单据内容及其有效性不承担责任。但代收行还将履行其他责任，包括：

① 保管好单据。跟单托收是通过银行凭单据取得付款人的承兑和付款。因此，当付款人未履行交单条件时，代收行不能把单据交给付款人，并有义务妥善保管好单据。

② 及时通报托收情况。代收行应按托收委托书规定的方式毫不迟延地将付款通知、承兑通知或拒付通知送交托收行；付款通知中应详细列明收到的金额、已扣除的费用以及处理款项的方法；收到的款项在扣除必要的手续费和其他费用后必须按照指示书的规定毫无迟延地交付托收行；一旦发生拒付，代收行应尽力查明拒付原因。

托收行在收到拒付通知后，必须作出处理单据的相应指示，在发出拒付通知的 60 天内，代收行仍未接到相应指示的，可将单据退回托收行，代收行不再承担任何责任。

知识拓展二维码 4-4：
托收委托书与托收指示书

知识拓展二维码 4-5：托收行贴现委托人
的汇票而成为汇票持有人的法律问题

案例分析 4-4： 某年年初，国内 A 公司与印度 B 公司签订了价值 50 万美元的男装出口合同，合同约定货物分 9 批出运，支付方式为 D/P90 天。A 公司根据合同约定发运货物后，于 9 月收到第一笔货款 2 万美元，此后再未收到余款。由于投保了出口信用保险，A 公司遂将上述逾期应收账款委托保险公司进行海外追偿。经信保公司海外调查发现，A 公司未能如期收汇的根本原因在于其印度的代收行违规操作，D/P 支付条件项下未收款就擅自放单。

问题：本案给我们带来什么启示？

4.2.4 信用证

1. 信用证的概念

信用证（Letter of Credit，L/C），是银行以自身的信用向出口商提供有条件付款保证的一种书面凭证。根据《跟单信用证统一惯例》（UCP600）的规定，信用证指一项不可撤销的安排，无论其名称或描述如何，该项安排构成开证行对相符交单予以承付的确定承诺。

2. 信用证的当事人及其法律关系

信用证业务可能涉及的主要当事人有如下几个。

① 开证申请人，即向银行申请开立信用证的人。国际货物买卖合同约定了采用信用证方式付款的情况下，买方就有向其所在地银行申请开立信用证的义务。

② 开证行，即接受开证申请人的委托，为其开立信用证的银行。开证行通常是买方营业地的银行。

③ 通知行，指受开证行的委托，将信用证或信用证修改通知受益人的银行。通知行一般是开证行在受益人所在地的分行或代理行。如果信用证以电讯的形式开立，则开证行会将电讯文件直接发给通知行，由通知行以信用证通知书的形式将电文转告受益人；如果信用证以信件的形式开立，则开证行会把正本信用证寄给通知行，由其转递给受益人，此时的通知行也被称为转递行。

④ 受益人，指接受信用证并享受其利益的人，即国际贸易中的卖方。

⑤ 议付行，即愿意买入或贴现受益人按信用证所开立的汇票的银行。议付行可以是开证行、开证行指定的银行。开证行可授权任何银行作为议付行。

⑥ 付款行，即信用证上指定的向受益人付款的银行，可以是开证行自己，也可以是其他银行。

⑦ 保兑行，指根据开证行的授权或要求对信用证加具保兑的银行。

3. 信用证当事人之间的法律关系

(1) 开证申请人与开证行之间的法律关系。

开证申请人与开证行之间的法律关系是以开证申请书及其他文件为基础所确定的合同关系。在此关系中，开证申请人要履行提供开证担保、及时付款赎单和作为第二付款人向受益人（出口商）付款等义务，同时享有在出口商未提供规定的履约保证金时拒开信用证，在出口商未按信用证装船、交单时没收其保证金，在赎单前有权对单据进行检验，并对与信用证条款不符的单据拒绝付款赎单、拒付并收回押金或担保或抵押品，若单据合格但被银行错误地对外拒付时，提出异议并要求银行赔偿相应的损失等权利。

开证申请人在开证申请书中写明他对开证行开立信用证的要求。开证行一旦接受委托开立信用证，就要承担按信用证规定的第一性付款义务。同时，开证行也将享有向开证申请人收取开证手续费和开证保证金，在付款前审核单据，并在单证不符的情况下决定是否拒绝付款等权利。

(2) 通知行与开证行之间的法律关系。

通知行与开证行之间的法律关系是通过双方之间签订的委托代理合同确立起来的。通知行有权决定是否接受开证行关于通知信用证或修改的委托。通知行可以拒绝接受关于通知信用证或修改的委托，不承担通知信用证的责任，但它必须毫不延迟地告知开证行，以使开证行能及时地另寻通知行。一旦通知行与开证行的委托代理合同达成，通知行便要负责把开证行开出的信用证通知受益人。从法律上讲，通知行是开证行在出口地的代理人，他们之间的权利义务关系受委托代理合同关系的约束。通知行的代理责任仅限于对信用证的表面真实性进行检验，并通知信用证的受益人，以保护受益人的利益。

知识拓展二维码 4-6：开证申请书样本和开证申请人承诺书样本

(3) 通知行与受益人之间的法律关系。

通知行与受益人之间不存在合同关系，通知行对信用证的表面真实性进行检验，并通知信用证的受益人，以保护受益人的利益，但并不承担议付或付款的责任。

(4) 开证行与受益人之间的法律关系。

按照各国法律的规定与惯例，开证行与受益人之间的法律关系是通过开证行开立信用证所建立起来的合同关系。这种合同关系以进出口双方的贸易合同为基础，但又独立于贸易合同，以信用证作为具有法律效力的文件约束双方当事人。作为信用证的受益人，虽然出口商可以使用信用证并收取货款，但他必须按合同和信用证要求发货并提交单据，还要接受交单议付后可能发生的议付行的追索。

(5) 议付行与受益人、开证行、付款行之间的法律关系。

按照信用证条款的规定，议付行有审查受益人提交的全套单据的义务，在确认受益人提交的单据符合信用证条款规定后，向受益人办理议付。此后，议付行成为合法的票据持有人，并受票据法的保护，对开证行及付款行享有不受其他权益约束的请求权，对受益人享有追索权。

（6）付款行与开证行之间的法律关系。

付款行可以是开证行，也可以是另一家银行。如果是另外一家银行，那么付款行和开证行之间的法律关系为委托人和代理人的关系。被指定的付款行一经接受开证行的委托授权，就代开证行履行凭单付款责任。除非误付，否则付款行不能向受益人进行追索，只能根据代理合同或代付约定向开证行取得偿付的款项，并收取因为付款而发生的一切费用。如果付款行付款后开证行倒闭，则付款行可以持单据或承兑汇票，向开证行的清理人提出偿付要求，但其仅处于一般债权人的地位，并无优先权。付款行不能因开证行倒闭而向出口商进行追索，也不能越过开证行的清理人，要求进口商直接赎单。因此，在开证行资信较差的情况下，被指定的付款行可以不接受开证行的授权，拒绝付款。

（7）保兑行与开证行之间的法律关系。

保兑行一般与开证行有密切联系，处于同等法律地位。根据 UCP600 第 2 条的规定，保兑指保兑行在开证行承诺之外作出的承付或议付相符交单的确定承诺。可见，未接受开证行对其开立的信用证加具保兑请求的银行，不能称为保兑行。保兑行根据开证行的要求加具保兑后，在信用证上加注保兑注记，就构成其对信用证在开证行以外的确定付款责任。当受益人向保兑行提交单据时，在单证相符的情况下，保兑行对受益人或其指定人承担与开证行相同的付款责任。保兑行付款后只能向开证行索偿并收取保兑费。即使开证行无付款能力或无理拒付，保兑行也无权向受益人追索。

4. 信用证的业务流程

信用证种类繁多，其详细的业务流程也较为复杂。根据国际商会《跟单信用证操作指南》（国际商会第 515 号出版物），信用证的业务流程如图 4-4 所示。

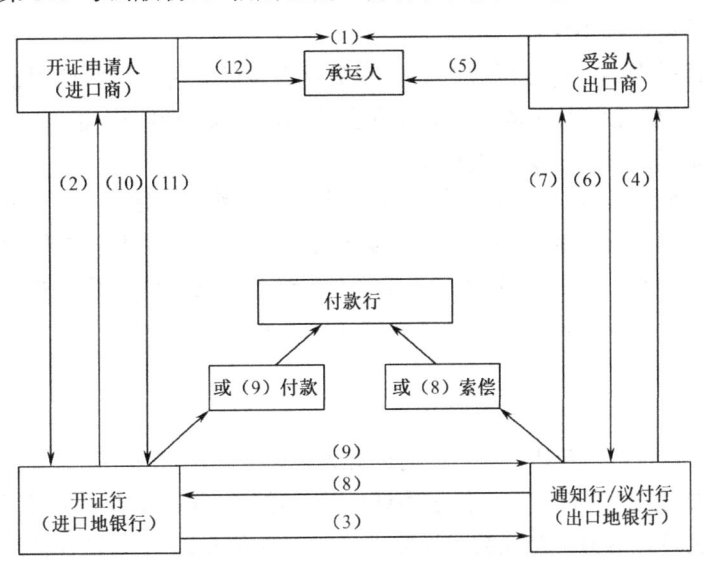

图 4-4 信用证的业务流程

在图4-4中，各环节的具体内容如下。

（1）进出口双方签订买卖合同，并约定以信用证进行结算。

（2）开证申请人（进口商）根据买卖合同填写开证申请书，向所在地银行申请开立信用证，并交纳押金或提供其他保证。

（3）开证行根据申请书内容，向受益人开出信用证并寄交出口商所在地通知行。

（4）通知行核对印鉴无误后，将信用证通知受益人（出口商）。

（5）受益人审核信用证内容与合同规定相符后，按信用证规定装运货物、备妥单据并开出汇票。

（6）在信用证有效期内，受益人将信用证规定单据和汇票送议付行，向议付行提示要求议付。

（7）议付行按信用证条款审核单据无误后，把货款垫付给受益人（议付）。

（8）议付行将汇票和货运单据寄开证行索汇或向开证行寄单并向其指定的付款行索偿。

（9）开证行核对单据无误后，付款给议付行或其指定的付款行。

（10）开证行通知开证申请人付款赎单。

（11）开证申请人审核单证相符后，付清应付款项，开证行将信用证下的单据交给开证申请人。

（12）开证申请人凭单据向承运人提货。

5. 信用证的种类

根据不同的标准可将信用证分为如下两类。

（1）可撤销信用证与不可撤销信用证。

信用证曾经分为可撤销信用证与不可撤销信用证，但是，根据国际贸易实践，UCP600废除了可撤销信用证这一种类，目前的信用证都为不可撤销信用证。

（2）保兑信用证和不保兑信用证。

根据信用证是否经开证行以外的另一家银行之保证兑付，可将信用证分为保兑信用证和不保兑信用证。保兑信用证是指开证行开出的信用证又经另一家银行保证兑付的信用证。不保兑信用证是指没有经过保兑的信用证。

案例分析4-5：我国某出口公司收到国外开来的不可撤销信用证，由设在我国境内的某外资银行通知并加保兑。我国公司在货物装运后，正拟将有关单据交银行议付时，突然接到该外资银行通知称，由于开证行已宣布破产，该外资银行将不承担对该信用证的议付或付款责任，但可接受我国出口公司的委托向买方直接收取货款。

问题：我方应如何处理？

（3）可转让信用证和不可转让信用证。

根据信用证是否可以转让，可将信用证分为可转让信用证和不可转让信用证。可转让信用证是指明确表明其"可以转让"的信用证，其受益人（第一受益人）可以要求将信用证的全部或部分权利转让给另一个或数个受益人（第二受益人）。不可转让信用证是指受益人不能将信用证权利转让给他人的信用证。未注明"可以转让"的信用证通常为不可转让信用证。

案例分析 4-6：I 银行开立一张不可撤销可转让跟单信用证，以 M 作为受益人，A 银行为该证的通知行。在 A 行将该证通知 M 后，M 指示 A 行将此证转让给 X，该转证的到期日比原证早 1 个月。第二受益人 X 收到转证后，对于转证的一些条款与第一受益人 M 产生了分歧。双方经过多次协商，终未达成协议。而此时，该转证已过期。于是，M 请求 A 行将已过期的未使用的转证到期日恢复到原证到期日。鉴于原证到期日尚有 1 个月，M 要求 A 行将到期日恢复到原证的金额再转让给新的第二受益人 Y。A 行不同意 M 的做法。因为，将该证转让给 Y 构成了信用证的第二次转让，而这违反了 UCP600 第 38 条的规定，况且，A 行未从第二受益人 X 处收到任何货物已出运或转证未被使用之类的信息。

问题：A 行的主张是否正确？

（4）循环信用证。

循环信用证是指信用证准许受益人在每次规定的金额被使用后，能够重新恢复至原金额再度使用，直至达到规定的使用次数或总金额限度为止。循环信用证适用于一些定期分批均衡供应、分批结汇的长年供货合同。

（5）备用信用证。

备用信用证实质上是银行担保，开证银行保证在主债务人（可以是买方也可以是卖方）不履行其义务时，即由该银行付款，实质上与银行保函相似。银行在付款时也要求受益人提交某种单据，通常是表明主债务人（开证申请人）没有履行其义务的单据或文件，备用信用证被认为是第二性付款手段。这种信用证只凭违约证书有效，不应附加任何副本商业单据的要求，否则将导致不恰当的银行业务做法，引起所谓"单证不符"的纠纷。

（6）即期信用证、延期付款信用证、承兑信用证和议付信用证。

根据付款时间的不同，可将信用证分为即期付款信用证和远期信用证。即期付款信用证是受益人根据开证行的指示开立即期汇票，或无需汇票仅凭货运单据即可向指定银行提示请求付款的信用证，如议付信用证。议付信用证是指允许受益人向某一指定银行或任何银行交单议付的信用证。远期信用证包括延期付款信用证和承兑信用证。延期付款信用证是指不需要汇票，仅凭受益人交来单据，审核相符，按规定所确定的到期日付款的信用证。承兑信用证是指受益人在银行或他人承兑其出具的汇票后即交单的信用证。

不同类型信用证的比较见表 4-1。

表 4-1 信用证的比较说明[①]

信用证类型	说明	评论
不可撤销信用证	未经受益人同意，不得修改、撤销	对于受益人最安全
保兑信用证	第二家银行在票据上背书，表示愿意对于特定的单据承担付款责任	为受益人提供了额外的付款担保
可转让信用证	允许受益人将信用证转让给第二受益人	对第二受益人没有银行信用的保护，也没有商业信用的保护

---

① [美]雷·奥古斯特，唐·迈耶，迈克尔·比克斯比. 国际商法[M]. 高瑛玮译. 北京：机械工业出版社，2013:354~355.

续表

信用证类型	说明	评论
循环信用证	买方在卖方获得货款后，可以自动恢复原有额度的信用证	用于信誉好、进口量大、定期从同一出口商处进口货物的买方
备用信用证	卖方申请人以买方为受益人的信用证	作为卖方依约交货的担保，如果卖方交付的货物存在问题，买方可以退货并要求开证行退还货款
即期信用证	买方汇票在提示时付款	默认安排
议付信用证	允许指定的汇票由任何银行议付	只有开证行承担付款责任
远期信用证	买方汇票在特定时间或特定时期之后付款	给予买方在支付货款之前售出货物的时间
延期信用证	卖方统一在提交单据之后一段时间再提示即期汇票的信用证	与远期信用证相同，只是汇票是即期汇票
承兑信用证	银行先承兑远期汇票，等远期汇票到期时再付款	受益人可提前要求承兑行或到贴现市场办理汇票贴现，收回货款

知识拓展二维码4-7：备用信用证与一般商业信用证的区别

知识拓展二维码4-8：中国应当尽快加入《联合国独立担保和备用信用证公约》

6. 信用证的特点

根据UCP600及信用证的定义和内容，信用证具有如下3个重要特点。

（1）开证行负第一性付款责任。

开证行负第一性付款责任是指出口商交来的单据要符合信用证条款，开证行不管进口商是否能够付款，在相符交单的条件下都必须付款给受益人或被指定银行。UCP600第7条b款规定："开证行自开立信用证之时起，即不可撤销地承担承付责任。"开证行承担了第一性的、首要的付款责任，而不能以开证申请人的情况为由拒绝付款，因此，尽管信用证是应申请人的要求开立的，但一经开立，就承担了付款责任，即使事后申请人发生了破产、倒闭等明显无力付款的情况，开证行仍然不能逃避第一性付款责任。而且，开证行对受益人的付款是终局性的，没有追索权，从而体现了信用证的银行信用。

在保兑信用证业务中，则由保兑银行承担第一性付款责任。UCP600第8条b款规定："保兑行自对信用证加具保兑之时起，即不可撤销地承担承付或议付的责任。"只要规定的单据提交给保兑行，或提交给其他任何指定银行，并且构成相符交单，保兑行就必须承付或无追索权地议付。

案例分析 4-7： 我国 A 出口公司收到一份国外开来的 L/C，出口公司按 L/C 的规定将货物装船运出，但在尚未将单据送交当地银行议付之前，突然接到开证行通知，称开证申请人已经倒闭，因此开证行不再承担付款责任。

问题：A 公司该如何处理？

（2）信用证是一项独立文件。

虽然银行开立的信用证是以进出口双方的贸易合同为基础的，并且信用证中的条款大部分来自贸易合同，但信用证是独立于贸易合同以外的具有法律效力的文件。UCP600 第 4 条 a 款规定："就性质而言，信用证与可能作为其开立基础的销售合同或其他合同是相互独立的交易，即使信用证中含有对此类合同的任何援引，银行也与该合同无关，且不受其约束。因此，银行关于承付、议付或履行信用证项下其他义务的承诺，不受申请人基于其与开证行或与受益人之间的关系而产生的任何请求或抗辩的影响。受益人在任何情况下，不得利用银行之间或申请人与开证行之间的合同关系。"同条 b 款规定："开证行应劝阻申请人试图将基础合同、形式发票等文件作为信用证组成部分的做法。"

根据上述规定，可以得出两个结论：其一，信用证是一项独立文件，虽然信用证中出现了合同号，但银行并不对合同负责，而只对信用证负责；其二，受益人也只受信用证条款的约束，不受贸易合同条款或开证申请书的约束。

案例分析 4-8： 国内某出口公司收到由香港某银行开立的不可撤销跟单信用证，开证申请人为香港某进口公司。信用证中关于货物的包装条款与销售合同有不同之处。销售合同中的货物包装条款规定："均以三夹板盛放，每箱净重 10 千克，2 箱一捆，外套麻袋。"而信用证中却规定："均以三夹板盛放，每箱净重 10 千克，2 箱一捆。"受益人在包装货物时，完全按照信用证条款的规定，没有外套麻袋。货物抵达香港后，香港进口商以货物未按销售合同规定进行包装而拒绝付款。

问题：开证行的做法是否合理？

（3）信用证以单据为处理对象。

在信用证结算方式下，实行的是凭单付款原则。根据 UCP600 第 5 条规定："银行处理的是单据，而不是单据可能涉及的货物、服务或履约行为。"因此，信用证结算方式是一种纯单据业务，只要受益人交来的单据符合信用证条款的规定，那么即使货物存在质量等问题，也不影响指定银行的付款责任。根据 UCP600 第 14 条 a 款规定："按指定行事的指定银行、保兑行（如果有的话）及开证行须审核交单，并仅基于单据本身确定其是否在表面上构成相符交单。"可见，银行判别单据是否与信用证相符是根据单据的"表面"情况。同时，第 14 条 d 款规定："单据中的数据，在与信用证、单据本身以及国际标准银行实务参照解读时，无须与该单据本身中的数据、其他要求的单据或信用证中的数据一致，但不得矛盾。"在保兑信用证业务中，保兑银行向受益人的付款依据，也只能是信用证和信用证项下的单据相符。

案例分析 4-9： 某公司自德国进口一批化学品，所开出的信用证中规定以青岛为目的港，但从出口商交来的单据中发现：①装箱单不是由信用证受益人签发的，而是由包装公司签发的；②集装箱提单指示的目的港是大连，不是青岛或青岛附近的集装箱堆场；③提单上的被通知人不正确；④提单上的重量大于装箱单上的重量。

问题：以上各点能否成为银行拒付的依据？

通过上述分析，可以把信用证结算方式的特点概括为"一个原则，两个只凭"。一个原则，即"严格符合原则"，是指受益人提交的单据必须与信用证条款严格相符。两个只凭，即只凭信用证条款办事，而不受买卖合同的约束；只凭规定的单据行事，而不问货物的实际情况。

知识拓展二维码4-9：信用证欺诈例外原则、英美国家的有关法律与法院判例

7. 信用证的有关法律制度

（1）《跟单信用证统一惯例》。

由于除美国在《统一商法典》中对信用证有专门的规定外，其他国家的国内立法在该领域一直处于空白状态，因此由国际商会制定的《跟单信用证统一惯例》（*Uniform Customs and Practice for Commercial Documentary Credits*）2007年修订本，国际商会第600号出版物（简称UCP600）得到了广泛应用。UCP600是对1993年修订本（简称UCP500）的进一步修订，将UCP500中的49个条款进行了大幅度的调整及增删，变成现在的39个条款。其中，第1~5条为总则部分，包括UCP的适用范围、定义条款、解释规则、信用证的独立性等；第6~13条明确了有关信用证的开立、修改、各当事人的关系与责任等问题；第14~16条是关于单据的审核标准、单证相符或不符的处理的规定；第17~28条属单据条款，包括商业发票、运输单据、保险单据等；第29~32条规定了有关款项支取的问题；第33~37条属银行的免责条款；第38条是关于可转让信用证的规定；第39条是关于款项让渡的规定。

UCP600只有当事人约定适用时才对当事人产生约束力，当事人约定适用该惯例，也可以对其进行修改、增加或删除。UCP600虽然不是立法，但实际上，它已经成为各国信用证实践中的普遍规则。

此外，国际商会把《〈跟单信用证统一惯例〉电子交单补充规则》（*UCP Supplement to UCP500 for Electronic Presentation*，国际商会eUCP1.0版）修改为《跟单信用证电子交单统一惯例》（*Uniform Customs and Practice for Documentary Credits for Electronic Presentation*，eUCP1.1版）作为UCP600的补充规则。eUCP共有12个条款。UCP600中的很多条款都不能对电子交单产生约束，因此在电子交单或电子和纸质单据混合方式交单的情况下，UCP600要与eUCP一起使用。

（2）中国关于信用证的规定。

中国没有关于信用证的专门立法。最高人民法院于2005年11月14日发布了《最高人民法院关于审理信用证纠纷案件若干问题的规定》（自2006年1月1日起施行，以下简称《规定》）。该《规定》第2条规定，人民法院审理信用证纠纷案件时，当事人约定适用相关国际惯例或者其他规定的，从其约定；当事人没有约定的，适用国际商会《跟单信用证统一惯例》或者其他相关国际惯例。第3条规定，开证申请人与开证行之间因申请开立信用

证而产生的欠款纠纷、委托人和受托人之间因委托开立信用证产生的纠纷、担保人为申请开立信用证或者委托开立信用证提供担保而产生的纠纷以及信用证项下融资产生的纠纷,适用本规定。

知识拓展二维码4-10:《最高人民法院关于审理信用证纠纷案件若干问题的规定》

本章相关知识拓展性阅读二维码

复习思考题

一、判断题

1. 本票是出票人的支付承诺。（　　）
2. 在汇款业务中,只要解付行尚未将款项交付给收款人,汇款人就有权要求撤回所汇款项。（　　）
3. 跟单托收中有银行的参与,因此,它属于银行信用。（　　）
4. 银行对于信用证违规的单据将不予审核。（　　）
5. 信用证业务中,开证行负第一性付款责任,保兑行负第二性付款责任。（　　）

二、单项选择题

1. 代收行的手续费和费用,一般情况下由（　　）负担。
   A. 委托人　　　　　B. 托收行　　　　　C. 付款人　　　　　D. 代收行自己
2. 跟单托收所使用的汇票是（　　）。
   A. 商业汇票　　　　B. 银行汇票　　　　C. 银行承兑汇票　　D. 即期汇票
3. 在国际贸易结算中,汇入行又可称为（　　）。
   A. 保兑行　　　　　B. 议付行　　　　　C. 解付行　　　　　D. 通知行
4. 可转让信用证可以转让（　　）。
   A. 1次　　　　　　B. 2次　　　　　　C. 3次　　　　　　D. 无数次
5. 信用证的第一付款人是（　　）。
   A. 开证行　　　　　B. 通知行　　　　　C. 议付行　　　　　D. 开证申请人

三、多项选择题

1. 托收业务中,D/P与D/A的主要区别是（　　）。
   A. D/P属于跟单托收,D/A属于光票托收

B. D/P 是付款后交单，D/A 是承兑后交单
C. D/P 是即期付款，D/A 是远期付款
D. D/P 是远期付款，D/A 是即期付款

2. 汇付包括（　　）。

A. M/T　　　　　　B. T/T　　　　　　C. D/D　　　　　　D. D/P

3. 信用证的特点包括（　　）。

A. 信用证是由开证行承担第一性付款责任的书面文件
B. 信用证以单据为处理对象
C. 信用证是一种商业信用
D. 信用证是一份独立的、自足性的文件

4. 信用证支付方式下，银行处理单据时负责审核（　　）。

A. 单据与有关国际惯例是否相符　　　B. 单据与信用证是否相符
C. 单据与贸易合同是否相符　　　　　D. 单据与单据是否相符

5. 下列有关信用证与合同的关系，表述正确的是（　　）。

A. 信用证以合同为基础开立　　　　　B. 信用证与合同相互独立
C. 信用证是纯粹的单据买卖　　　　　D. 合同是审核信用证的依据

四、简答题

1. 试比较汇票、本票以及支票的区别。
2. 阐述三种汇付方式的不同。
3. 托收方式下当事人的责任义务有哪些？
4. 试说明信用证与买卖合同、货物、单据之间的关系。
5. 试述信用证当事人之间的法律关系。

五、案例分析题①

2008年3月19日，原告宁波经济技术开发区进出口公司（下称"进出口公司"）与被告香港永顺明有限公司签订了一份货物买卖合同，永顺明公司向进出口公司销售512吨、价值460 800美元的塑胶，以见单90天后付款，远期不可撤销信用证方式结算等。

同年4月9日，进出口公司在中国工商银行宁波市分行申请开立了以永顺明公司为受益人的不可撤销跟单信用证。4月20日，开证行收到受益人提交的、经由香港分行转交的信用证项下全套单证，即向进出口公司发出承兑通知。因发现承运人新港船务有限公司签发的 B/LNO.HK-SH9706 号正本提单上未载明承运船舶航次，进出口公司遂向开证行表示不予承兑。4月29日，永顺明公司传真给进出口公司一份由新港船务有限公司出具的保函。内容为："我司就我司出具的提单 B/LNO.HK-SH9706 作如下保证，提单船名航次为 JIANGCHANGV9725，并保证该提单项下的 512 吨 LDPE18A 如期装运，对此保证我司愿承担一切经济责任。"进出口公司在收到电传和保函后，向开证行表示接受信用证项下的全

---

① 韩立余. 国际贸易法案例分析[M]. 北京：中国人民大学出版社，2009：96～99.

套单证。同日，开证行向香港分行对信用证项下的远期汇票确认承兑。随后，进出口公司在持正本提单提货时发现，JIANGCHANGV9725 上没有该提单项下的货物，而 JIANGCHANG 轮亦非新港船务有限公司经营的船舶。

其后，进出口公司与永顺明有限公司交涉不成，向法院申请冻结信用证项下货物，要求开证行止付。

根据上述案例，请回答：法院能否冻结信用证项下货款？

第5章 国际电子商务法

学习目标

了解电子商务及电子商务法的定义以及电子商务的国际立法情况,掌握国际电子商务法的概念及其法律关系,重点掌握电子商务法律关系中主体的多样性,以及国际电子商务中的诸多法律问题,掌握我国电子商务法相关内容。

案例导入[①]

2004年8月10日,原告陈女士在阅读并接受了被告亿贝易趣网络信息服务(上海)有限公司经营的亿贝(eBay)易趣购物网(以下简称"易趣网")的《用户协议》后注册成为易趣网的用户。《用户协议》约定:易趣网不参与实际交易,如买卖双方发生争议,易趣网免责。

2004年10月,原告陈女士通过被告的网站竞拍由网名为"我想有个家1"的卖家提供的三星牌yp-520h型号的MP3播放器(以下简称"三星播放器")。2004年10月21日,原告以一口价方式,即以156元/台的价格竞拍三星播放器成功,并收到成交的通知。原告通过易趣网获悉物品提供者系案外人天津卖家张某,并得到张某的电话号码、电子邮箱地址等信息,之后,原告称其与张某电话联系,约定张某以156元/台的价格向原告出售7台三星播放器,履行方式为款到发货,银行户名为另一案外人何某,账号为中国农业银行955998002012896×××× 。

2004年10月22日,原告根据张某告知的上述银行户名及账号,通过中国农业银行向何某汇付了7台三星播放器的全部货款1 092元。然而,原告货款汇出后数日仍未收到三星播放器。2004年11月3日,原告向被告发出投诉书,要求被告尽快与案外人取得联系,拿出解决问题的可行性方案,案外人至少应退回全部货款。原告还要求被告对案外人作出严厉的处罚,建议将案外人从易趣网上除名,同时建议就案外人盗用他人名义进行交易一事上

---

① 韩立余. 国际贸易法案例分析[M]. 北京:中国人民大学出版社,2009:144~147.

报天津公安机关。

2004年11月24日，原告再次向被告发函，表示对被告就投诉所作的回复不予接受。原告陈女士认为，被告作为网络交易平台，在本案中理应承担相应的法律责任；被告注册协议中的免责条款无效；被告的交易规则存在严重的安全漏洞，被告未尽到"谨慎注意义务"，故请求法院判令被告双倍返还原告已付的货款2 184元。为此，原告向法院提供并出示了成交通知、中国农业银行银行卡存款凭条回单、投诉书、法律函等证据。

针对原告的指控，被告亿贝易趣网络信息服务（上海）有限公司辩称，被告提供的是网络信息的交流平台，并不参与交易。原告应仔细阅读注册协议并予以认可后，方能注册成为被告的用户。协议中的免责条款作为合同的一部分是双方真实意思的表示，具有法律效力。原告在网上以"一口价"的方式成功竞拍用户名为"我想有个家1"、网上姓名为张某的卖家提供的三星播放器，但原告是在根据被告提供的电话号码与卖家联系后，以156元/台的价格购买7台成交的，且原告在获悉卖家的银行户名为何某而非张某时仍将货款汇出，由此造成的损失应由原告自行承担，故请求法院驳回原告的诉讼请求。据此，被告向法院提供并出示了易趣网《用户协议》、原告在易趣网的注册信息、原告以一口价方式所购买的物品页面、原告投诉信及附件、被告的回复等证据。

问题：（1）原告与用户名为"我想有个家1"的卖家之间通过易趣网签订的交易合同是否有效？

（2）被告是否应该对原告与用户名为"我想有个家1"的卖家之间的纠纷承担责任？

5.1 国际电子商务法概述

5.1.1 电子商务与电子商务法概述

1. 电子商务的定义

在经历了20世纪80年代的EDI电子商务之后，20世纪90年代初期，互联网电子商务作为一种崭新的商务模式出现，并且在计算机信息技术的普及和互联网的推广下得到快速发展。电子商务是以互联网为依托的交易活动和相关服务活动，是对传统商业活动各环节的电子化、网络化。[1]电子商务的实质是利用先进的信息技术改造传统的商业模式，经济交易的当事人通过网络全部或部分地完成交易过程。其内涵丰富、外延广泛，然而对电子商务的定义并不统一。

---

[1] 百度百科. 电子商务的概念. http://wenku.baidu.com/link?url=pqPhz07A0pYD34pSVbIg5DEEUgGYGcbychSCUz5XQCI-yFu_W6j5BgsuRKGrOuhz-yHcqhZgO4HkYk7-DwNslYOxHL63DzeKsJe1pPdKmG.

联合国国际贸易法委员会（UNCITRAL）在联合国第 85 次全体会议上通过了《电子商务示范法》，其中指出：电子商务是以数据电文形式，即以电子手段、光学手段或类似手段，包括电子数据交换（EDI）、电子邮件、电报、电传、电子复印等方式生成、发送、接收、储存或用其他方法处理数据电文的信息形式，也包括使用替代物替代以信纸为载体的信息交换与存储方法所进行的商业活动。① 全球信息基础设施委员会（Global Information Infrastructure Commission，GIIC）对电子商务所作的定义是：运用电子通信作为手段的经济活动，通过这种方式人们可以对带有经济价值的产品和服务进行宣传、购买和结算。联合国经济合作与发展组织（Organization for Economic Co-operation and Development，OECD）认为电子商务是发生在开放网络上的包含企业之间（Business to Business，B2B）、企业和消费者之间（Business to Consumer，B2C）的商业交易。欧盟委员会《欧洲电子商务提案》给出的定义为：电子商务是通过电子方式进行的商务活动。在各国的立法文件中，也对电子商务的概念作了界定。例如，美国政府在《电子商务与国家信息基础设施》（EC and the NII）技术白皮书中把电子商务定义为：在两个或多个交易方之间应用电子工具和电子技术处理商品与服务的交易事务。② 我国《电子商务法》第 2 条规定：电子商务，是指通过互联网等信息网络销售商品或提供服务的经营活动。③ 但比较权威的定义是由 WTO 秘书处和 WTO 总理事会作出的。WTO 秘书处专题研究报告《电子商务与世界贸易组织的作用》将电子商务简单定义为，通过电子通信网络进行的产品生产、广告、销售和交付。WTO 总理事会就 WTO 在电子商务方面所制订的《工作计划》（WT/L/274，983738）给电子商务所作的定义为：通过电子方式的生产、分销、营销、销售或货物和服务的交付。

知识拓展二维码 5-1：EDI 电子商务与互联网电子商务的区别

2. 电子商务法的定义

真正意义上的电子商务法是在 20 世纪 90 年代伴随着电子商务的快速发展和成熟而迅速发展起来的。所谓电子商务法，是指调整电子商务活动中所产生的社会关系的各种法律规范的总称。它作为一个新兴的综合法律领域，对人们在电子商务活动中所产生的各种社会关系（包括生产、销售、广告、物流和交付等）进行调整，从而引导电子商务参与者在进行电子商务活动时的行为，以保证电子商务活动的有序化进行。

知识拓展二维码 5-2：电子商务法的特征

虽然电子商务归根结底也是一种商务活动，但由于电子商务依赖电子技术这一特殊载体，因此，电子商务法与民商法、经济法、诉讼法等传统的法律制

---

① 联合国国际贸易法委员会《电子商务示范法》第 2 条。
② 赵学明. 电子商务的法律特征及法律适用探讨. http://Cyber.com.cn.2003-05-17.
③ 《中华人民共和国电子商务法》于 2018 年 8 月 31 日第十三届全国人民代表大会常务委员会第五次会议通过，自 2019 年 1 月 1 日起施行。

度存在很大的冲突。对于这种种冲突，国际组织和各个国家或地区都通过现行立法或出台新的专门立法加以解决。

5.1.2 国际电子商务法

1. 国际电子商务法的定义

国际电子商务法是调整跨国电子商务活动中所产生的各种社会关系的法律规范的总称。国际电子商务法有狭义和广义之分。狭义的电子商务法仅限于对有关交易性内容的规定，而广义的电子商务法则包括 3 个方面的法律规范：其一，规范国际电子商务的交易性内容的法律规范；其二，对国际电子商务进行监督管理的监管类法律规范；其三，解决国际电子商务争议的争议解决法律规范。

从性质上说，国际电子商务法有公法和私法之分，又兼具强制性与任意性，以制定法律规范为主，且突出国际性特点。

2. 国际电子商务法律关系

国际电子商务法律关系是指由相关法律法规调整的，国际电子商务活动参与人在该活动中形成的以权利和义务为主要内容的社会关系。

（1）国际电子商务法律关系的主体。

参与国际电子商务活动的人统称为电子商务法律关系的主体，是以营利为目的，借助电脑技术、互联网技术与信息技术实施商事行为并因此而承担义务和享受某种权利的法人、自然人和其他组织。具体包括交易主体和辅助主体，见表 5-1。

表 5-1 国际电子商务法律关系的主体

国际电子法律关系主体		角色	活动行为
交易主体	法人；具有经营资格的非法人实体	卖方/买方	依法登记注册，发布或搜寻企业或产品信息，销售、提供或购买商品或服务
	个人	买方（通常情况）	网络购物、网上支付
		卖方（偶尔，但不一定具备经营资格）	参与个人对个人（C2C）交易
协助主体	网络交易平台	买卖双方交易的媒介	对买卖双方的注册进行审核，为买卖双方提供格式条款，提供担保或先行赔付服务
	网络服务商	网络服务提供商（ISP）、网络接入提供商（IAP）、网络平台服务商（IPP）、网络内容服务商等	提供基础服务，使双方顺利通过网络进行磋商、签订合同、在线支付等；提供互联网接入和 E-mail 服务、Web 服务器的维护、数据维护与备份、数据共享、业务应用程序开发及网上软件租赁等
	金融机构	网上银行	网上支付结算，并开通网上保险、网上股票、网上基金、网上黄金等交易业务
	认证机构	属于第三方机构	验证相关当事人的身份及相关信息的真实性
	物流配送机构	物流企业	提供产品的运输服务（无形商品除外）

(2) 国际电子商务法律关系的客体。

国际电子商务法律关系的客体是指国际电子商务法律关系的主体在电子商务活动中享有的权利和承担的义务所共同指向的对象,是主体之间权利、义务得以形成的基础。具体包括物、行为、智力成果和信息,见表 5-2。

表 5-2 国际电子商务法律关系的客体

国际电子商务法律关系的客体		特征	举例
物	传统的物理形式的物	现实生活和经济活动中使用的	衣服、电脑等
	特殊的无形的物	无法脱离网络环境而独立存在	QQ 币、网络游戏装备等
行为	电子商务交易	以获得服务为目的	网上购买杀毒软件
	网上的电子商务活动	无纸化	网上招标与投标、信息服务等
智力成果	知识产权	与知识产权查询、转让等有关	商标、专利、著作权、专有技术等
信息	经营信息	商业秘密	管理方法,产销策略,客户名单、货源情报等
	技术信息		生产配方、工艺流程、技术诀窍、设计图纸等

5.2 国内外电子商务法发展现状

5.2.1 国际组织的电子商务立法

随着 20 世纪 80 年代信息技术的发展,电子商务的国际立法应运而生。但由于早期的电子商务活动受到网络技术的限制,电子商务立法只限于 EDI 标准和规则的规定。20 世纪 90 年代互联网技术的发展和成熟,推动了真正意义上的现代国际电子商务立法的发展。

1. 联合国贸易法委员会

(1)《贸易法委员会电子商务示范法》。

为了消除法律障碍并提高电子商务法律可预测性的国际公认规则,从而促成并便利使用电子手段进行商务活动,1996 年 6 月 12 日联合国贸易法委员会通过了《贸易法委员会电子商务示范法》(*UNCITRAL Model Law on Electronic Commerce*)。该法作为世界范围内第一部关于电子商务的统一法规,对电子商务的一些基本法律问题作出了规定,填补了国际上在电子商务方面的法律空白。虽然它既不是国际条约,也不是国际惯例,仅仅是电子商务的示范法律文本,却有助于各国完善、健全有关传递和存贮信息的现行法规和惯例,并给全球化的电子商务创造出统一的、良好的法律环境。

《贸易法委员会电子商务示范法》是第一部采用不歧视、技术中性和功能等同原则的现代电子商务法律文本。其中,不歧视原则确保不会仅以一份文件是电子形式为理由而否认其法律效力、有效性或可执行性。技术中性原则规定必须采用不偏重使用任何技术的条款。

鉴于技术的快速进步，中性规则旨在适应未来的发展而无须再做立法工作。功能等同原则规定了将电子通信视为等同于纸面通信所依据的各项标准。特别是，其中规定了电子通信为满足传统的纸面系统中的某些概念（如"书面""原件""经签名的"和"记录"）所要实现的目的和功能而需要满足的具体要求。

《贸易法委员会电子商务示范法》分两部分，共 17 条。第一部分为电子商务总则，其中包括一般条款、对数据电文的适用法律要求和数据电文的传递等 3 个章节的内容。具体涉及电子商务中数据电文、电子数据交换（EDI）的定义，数据电文的法律承认，电子合同、电子签名的效力，电子证据的原件、可接受性和证据力，数据电文的确认收讫、发出和收到数据电文的时间和地点等问题。第二部分为电子商务的特定领域[①]，主要涉及货物运输中的运输合同、运输单据、电子提单的效力和证据效力等问题。

需要指出的是，《贸易法委员会电子商务示范法》的某些规定已由《联合国国际合同使用电子通信公约》（2005 年）按照最近的电子商务做法作了修改。此外，《贸易法委员会电子商务示范法》中述及货物运输方面的电子商务的第二部分也已得到其他法律文本的补充，其中就包括《联合国全程或部分海上国际货物运输合同公约》（简称《鹿特丹公约》）。

（2）《贸易法委员会电子签名示范法》。

2001 年 7 月 5 日，联合国贸易法委员会通过了《贸易法委员会电子签名示范法》（*UNCITRAL Model Law on Electronic Signatures*）。《贸易法委员会电子签名示范法》旨在为电子签名和手写签名之间的等同性提供技术可靠性标准，从而促成和便利电子签名的使用。因此，《贸易法委员会电子签名示范法》可协助各国制定现代、统一、公平的法律框架，以有效解决在法律上如何对待电子签名的问题，并使电子签名的地位具有确定性。

《贸易法委员会电子签名示范法》以联合国贸易法委员会关于电子商务的所有法规的共同基本原则为基础，即不歧视、技术中性和功能等同。《贸易法委员会电子签名示范法》为电子签名和手写签名之间的等同性规定了技术可靠性标准，还规定了对评估签名人、依靠方和介入签名过程的受信赖的第三方的义务和赔偿责任提供准则的基本行为规则。《贸易法委员会电子签名示范法》还载有一些规定，支持根据实质等同原则承认外国证书和电子签名，而不考虑外国签名的来源地。

（3）《联合国国际合同使用电子通信公约》。

为确保以电子方式订立的合同和往来的其他通信的效力和可执行性与传统的纸面合同和通信相同，从而促进在国际贸易中使用电子通信，2005 年 11 月 23 日，联合国贸易法委员会通过了《联合国国际合同使用电子通信公约》（*United Nations Convention on the Use of Electronic Communications in International Contracts*），简称《电子通信公约》，该公约规定了一条总原则，即不得仅以通信为电子形式为由而否定其法律效力，并以《电子商务示范法》和《电子签名示范法》为基础，坚守不歧视、技术中性和功能等同这三大原则。

《电子通信公约》规定，本公约可因当事方的选择而适用，并适用于营业地位于不同国家的当事人之间交换的所有电子通信，条件是至少有一方当事人的营业地位于一缔约国。合同的当事人可以排除该公约的适用或在所适用的其他法律规定允许的范围内更改该公约

---

① 《电子商务示范法》被设计为一个开放性系统，允许根据具体情况的需要不断增加相关章节，所以第二部分的特定领域部分目前只涉及一个有关货物运输的领域。

的条款。但是,为个人、家人或家庭目的订立的合同,如与家庭法和继承法有关的合同,以及某些金融交易、流通票据和所有权文据,均不在该公约的适用范围之内。

该公约列出了确立电子通信和纸面文件之间以及电子认证方法和手写签名之间功能等同的标准,规定了发出和收到电子通信的时间和地点,并对《电子商务示范法》的规定进行了革新。鉴于自动电文系统不断增多,该公约为通过这类系统订立的合同的可执行性留有余地,包括在没有自然人对这些系统进行复查的情况下所订立的合同仍然具有有效性或可执行性。该公约明确,通过电子手段提出的订立合同提议,凡不是向特定当事人提出的,即相当于交易邀请,而不属于要约。此外,该公约还规定了将信息输入自动电文系统的自然人发生输入错误时的补救措施。

知识拓展二维码 5-3:《电子通信公约》的重要意义及其与国际私法和现行国内法的关系

(4)《增进对电子商务的信心:国际使用电子认证和签名方法的法律问题》。

2007 年,联合国国际贸易法委员会出版了解释性法规《增进对电子商务的信心:国际使用电子认证和签名方法的法律问题》,分析了在国际交易中使用电子签名与认证方法产生的主要法律问题。

(5)《贸易法委员会电子可转让记录示范法》。

为了从法律上支持电子可转让记录的国内使用和跨境使用,2017 年 7 月 13 日,联合国国际贸易法委员会通过了《贸易法委员会电子可转让记录示范法》(*UNCITRAL Model Law on Electronic Transferable Records*)。该法适用于与可转让单证或票据功能等同的电子可转让记录。根据该法,电子可转让记录在功能上等同于可转让单证或票据,前提是:①该记录包含可转让单证或票据需包含的信息;②确定该电子记录为单一电子可转让记录;③该电子记录能够自其生成时起至其失去任何效力时为止的有效期间内被置于"控制"①之下;④保全该电子记录的完整性。

2. 世界贸易组织

世界贸易组织(WTO)建立后,立即开展了关于信息技术贸易的谈判,并取得较大进展,先后达成了 3 项协议。1997 年 2 月 15 日通过的《全球基础电信协议》旨在要求各成员国向外国公司开放其电信市场并结束垄断行为;1997 年 3 月 26 日通过的《信息技术协议》旨在要求各成员国将主要的信息技术产品的关税降为零;1997 年 12 月 31 日通过的《开放全球金融服务市场协议》旨在要求各成员国对外开放银行、保险、证券和金融信息市场。这 3 项协议为电子商务和信息技术的健康有序发展提供了新的法律基础。

1998 年 5 月,在 WTO 部长级会议上通过了《关于全球电子商务宣言》,规定至少 1 年内免征互联网上所有贸易活动的关税。1998 年 9 月,WTO 总务理事会通过了《电子商务

---

① "控制"是《贸易法委员会电子可转让记录示范法》的一个基本概念,因其在功能上等同于可转让单证或票据的占有。特别是,就电子可转让记录而言,如果使用一种可靠方法:①证明某人对该电子可转让记录享有排他控制;并且②指明该人为控制权人,即为满足这种占有要求。

工作方案》，该方案极具影响力。1999年9月又通过了《数字签名统一规则草案》，就电子合同实施中的电子签名问题作了初步规定。

3. 国际商会

1997年6月在巴黎举行的世界电子商务会议上通过了《国际数字保证商务通则》，试图平衡不同法律体系的原则，为电子商务提供指导性政策，并统一有关术语。

4. 经济合作与发展组织

1998年10月，经济合作与发展组织（OECD）在渥太华召开了第一次以电子商务为主题的部长级会议，形成了一批对电子商务实际运作具有指导性意义的文件。主要有《在全球网络上保护个人隐私宣言》《关于在电子商务条件下保护消费者的宣言》《关于电子商务身份认证的宣言》和《电子商务：税务政策框架条件的报告》等。

此外，经济合作与发展组织先后发布了《国际数据宣言》《信息系统安全性指南》《电子商务中消费者保护的指南》《OECD电子商务部长级会议结论》和《全球电子商务行动计划》等。

5. 世界知识产权组织

世界知识产权组织（WIPO）通过了《世界知识产权组织版权条约》和《世界知识产权组织表演与录音制品条约》，统称为国际互联网条约，提出了《互联网名称和地址管理及其知识产权问题》的报告，建立了解决域名纠纷的机制来处理国际顶级域名的纠纷事宜。

6. 欧盟

1997年4月15日，欧盟委员会提出《欧洲电子商务行动方案》（*European Initiative in E-commerce*），又译为《欧洲电子商务倡议》。该方案不仅为规范欧洲电子商务活动制定了框架，而且在一定程度上也为全球电子商务的发展提供了一个可以效仿的政策制定模式。同年7月，欧盟成员国在波恩召开了有关全球信息网络的部长级会议，通过了支持电子商务发展的部长宣言，主张官方应尽量减少不必要的限制，帮助民间企业自主发展以促进互联网商业的竞争，扩大互联网的商业应用，大力发展电子商务。

1997年5月，欧盟颁布了《关于远程合同中对消费者保护的指令》，目的在于使欧盟成员国境内规范消费者与经营者之间的由远程缔结的合同的法律规范逐渐走向统一。

为了消除欧盟境内对电子商务，尤其是在通过电子方式来缔结合同和进行商业行动方面造成障碍的不当法律规定，1998年11月18日，欧盟发表了《发展电子商务法律架构指令》。

1999年12月13日，欧盟电信部长理事会通过了《欧盟电子签名指令》，其立法目的在于消除使用电子签名的困难，确认电子签名的法律效力。

2000年3月，欧盟委员会发起了一项名为"电子欧洲"（e-Europe）的行动方案。以作为其加强欧洲公民网络介入和获得信息社会服务机会的策略之一。电子欧洲行动计划是一个政治协议，其目的是确保欧盟所有成员国能够从信息社会所带来的变化中受益。它也是欧盟在电子商务方面主要的政策文件之一。

2000年5月4日欧盟通过了《电子商务指令》，《电子商务指令》和《欧盟电子签名指令》一起协调与规范了电子商务立法的基本内容，构成了欧盟国家电子商务立法的核心和基础。《电子商务指令》更是全面规范了关于开放电子商务的市场、电子交易、电子商务服务提供者的责任等关键问题，其主要内容包括：一是成员国开放在线服务的市场；二是成员国不对电子商务合同的使用加以限制；三是为仅作为第三方的信息传输管道的中介创设了责任豁免；四是要求标明属于电子形式的广告信息；五是允许律师、会计师在线提供服务；六是要将国籍法和来源国法作为适用于电子服务的法律；七是允许成员国为了保护未成年人防止煽动种族仇恨，保卫国民的健康和安全，对来自他国的电子服务加以识别；八是确定提供电子服务的公司所在地，成为其实际开展营业的固定场所，不论其网站设在何处。《电子商务指令》是欧盟发展电子商务的核心内容，它确立了欧洲单一市场准则同样适用于电子商务，其目的是防止出现因各国制度不同而导致欧洲电子商务发展受限的局面，从而推动泛欧在线服务的开展。

5.2.2 各国（地区）的电子商务立法

1. 美国电子商务法

美国是世界上开展电子商务最早的国家，也是电子商务最发达的国家之一，它在电子商务立法方面取得的成就也令世界瞩目。

20世纪90年代中期以来，美国大力推广以互联网为运行平台的电子商务交易形式，使之成为国民经济增长的重要支点。为了促进和保障电子商务的全面发展，美国以各州的立法行动为先导开始电子商务法的立法工作。1995年，犹他州颁布的《数字签名法》（*Utah Digital Signature Act*）是美国乃至全世界范围内的第一部全面确立电子商务运行规范的法律文件。此后，美国几乎各州都制定了与电子商务有关的法律，有些州还在主要电子商务法之外制定了配套法规，如佛罗里达州在《电子签名法》之外制定了《数字签名与电子公证法》；伊利诺伊州在《电子商务安全法》之外制定了《金融机构数字签名法》；等等。

1999年，在美国《统一商法典》的基础上，美国统一州法委员会通过了《美国统一计算机信息交易法》，成为美国第一部调整电子商务的法律规则，对信息权、网络格式合同等内容进行了规范。该法力图为美国50个州建立一个统一的电了商务规范体系，从操作规程上保障电子商务的发展。2000年6月，美国联邦政府和国会又颁布了《全球与全国商务电子签名法》（*Electronic Signatures in Global and National Commerce Act*），该法适用于国际贸易中的电子签名、合同和记录，规定了同意条款，即在B2C模式下，电子签名要在消费者同意的基础上才具备法律效力。该法的出台使得美国在日后的跨国和跨州商务场合中使用电子签章有了法律依据。

1997年，美国克林顿政府出台了政策性宣言《全球电子商务政策框架》（*A Frame-work for Globe Electronic Commerce*），这是全球第一个官方发表的关于电子商务立场的文件，也是主导电子商务发展的宪章性文件。该文件作为美国政府发展电子商务的战略性政策框架，提出了5项原则：一是私营部门必须发挥电子商务活动中的主导作用；二是政府应该避免对电子商务的不必要限制；三是当政府必须参与时，政府参与的目标应该是支持和创造一种可以预测的、受影响最小的、持续简单、有利于商业发展的、合适的法律环境；四是政府必须认清互联网的特性；五是应以全球为基础，在全球范围内促进互联网上的电子商务活动。

2. 澳大利亚电子商务立法

澳大利亚政府在制定电子商务法规时注重消除影响电子商务发展的不必要障碍，同时使法规内容合乎公共利益的需要。为了使电子商务能够按照市场规律发展，澳大利亚政府努力提供良好、宽松的法律环境，注重建立有利于电子商务发展的法规管理体系，以树立企业和消费者对网上交易的信心。澳大利亚的电子商务发展迅速，其市场环境竞争力仅次于美国。

1999 年，澳大利亚颁布的《电子交易法》是支持和提倡澳洲电子商务发展的重大举措。该法允许个人通过电子方式与政府部门和机构进行交易，并明确了个人可以通过电子方式签订合同的一般原则。根据《电子交易法》的规定，以下任何一种要求或许可都可以通过电子形式来完成：提供书面信息；提供亲笔签名；提交材料；记录和保留信息。该法还规定，书面材料和电子文件在交易中具有同样的效力。

《电子交易法》的实施分为两个阶段：2001 年 7 月 1 日之前，该法只适用于在 2000 年颁布的《电子交易条例》中所指出的联邦法；自 2001 年 7 月 1 日起，电子交易法适用于所有联邦法，除非它们被电子交易条例特别豁免。

澳大利亚政府与各个州及区域协商发展统一的法律，目的是消除澳大利亚电子商务发展中的法律障碍。2000 年，澳大利亚司法部常务委员会以统一的电子交易议案的形式成功达成这一目标。这部统一议案严格遵循联邦《电子交易法》，并且反映了联邦法中的实质性条款。2000 年 4 月 3 日，澳大利亚司法部长宣布所有的司法管辖区都将实行这一统一议案。如今，各个州及区域都拥有自己的电子交易法。他们大多反映了联邦电子交易法，偶尔有些不同的界定和新增的条款。

另外，《电子商务消费者政策保护框架》在商务信息、支付、赔偿、权限以及隐私权等方面作出了具体规定。《消费者保护法》同时适用于线上交易和线下交易的情况。无论交易是通过电子还是传统的方式，1974 年颁布的《联邦贸易惯例法》和 2001 年颁布的《澳大利亚证券投资委员会法》皆可适用。2001 年颁布的《网络犯罪法》赋予了一些调查权并明确了一些刑事罪行，旨在保护 1995 年颁布的《刑事法典法令》中计算机数据和电子通信的安全性，可靠性及完整性。《网络犯罪法》指出，未经授权访问受限制的数据和传播计算机病毒等活动均属非法行为。《电子商务争端解决》《电子交易法案》等法规纷纷出台，对维护澳大利亚电子商务环境也起到了重要的作用。

3. 新加坡电子商务立法

新加坡是发展信息高速公路及电子商务较早，且发展速度较快的国家之一。1998 年，新加坡正式颁布了《电子交易法》（*Electronic Transactions Act*），这是一部有关电子商务的综合性法律规范。由于新加坡非常重视政府在电子商务中的作用，因此，与《电子交易法》

相配套的《新加坡电子交易（认证机构）规则》和《新加坡认证机构安全方针》也相继出台，对认证机构的管理机关、认证机构的内部管理机构、评估标准、申请费用、证书的证据推定效力和限定性责任等问题作出了规定。

4. 我国电子商务立法

（1）电子商务法体系。

1998年11月，时任国家主席江泽民参加在吉隆坡举行的亚太经合组织（APEC）第六次领导人非正式会议时就电子商务问题发言，明确了中国政府发展电子商务的态度："我们不仅要重视私营以及工商企业的推动作用，同时也应加强政府部门对发展电子商务的宏观规划和指导，并为电子商务的发展提供良好的法律法规环境。"随着我国电子商务的蓬勃发展，我国相继修改和出台了一系列与电子商务相关的法律法规，具体见表5-3。

表5-3 我国电子商务立法情况简介

法律	1999.3.15 修订	《合同法》	规定了采用数据电文形式订立的合同成立的时间和地点等问题
	2000.12.28 通过	《全国人大常委会关于维护互联网安全的决定》	对促进我国互联网的健康发展，维护国家安全和社会公共利益，保护个人、法人和其他组织的合法权益都起到了重要作用
	2001.10.27 修订	《中华人民共和国著作权法》	增加了网络传播权的内容，确认了著作权人享有网络传播权和获取报酬的权利
	2004.8.28 通过	《中华人民共和国电子签名法》	是我国首部也是目前为止唯一一部针对电子商务的单行法。该法首次对电子签名、数据电文等概念进行了明确规定，并规定了认证机构的设立条件及其允许，以及电子商务参与人的法律责任
	2013.10.25 修订	《中华人民共和国消费者权益保护法》	增加了网络交易的规范，并赋予消费者网络交易的"后悔权"
	2018.8.31 通过	《中华人民共和国电子商务法》	为了保障电子商务各方主体的合法权益，规范电子商务行为，维护市场秩序，促进电子商务持续健康发展
行政法规	2000.9.25 颁布 2016.2.6 第二次修订	《中华人民共和国电信条例》	新修订的条例强调电信资费要实行市场调节价。国家依法加强对电信业务经营者资费行为的监管，建立健全监管规则，维护消费者的合法权益
	2001.12.20 颁布 2013.3.1 第二次修订	《计算机软件保护条例》	加重了对侵犯计算机软件著作权人权利的惩罚力度
	2006.5.18 颁布 2013.1.30 修订	《信息网络传播权保护条例》	大大加重了对侵犯网络传播权的惩罚力度

续表

部门规章	2000—2014	《互联网信息服务管理办法》(2000)、《中国互联网域名管理办法》(2004)、《中国互联网信息中心域名争议解决办法》(2005)、《互联网著作权行政保护办法》(2005)、《互联网新闻信息服务管理规定》(2005)、《非经营性互联网信息服务备案管理办法》(2005)、《互联网电子邮件服务管理办法》(2006)、《电子认证服务管理办法》(2009)、《非金融机构支付服务管理办法》(2010)、《中国互联网信息中心域名争议解决程序规则》(2012 修订)、《网络交易管理办法》(2014)等	国务院所属的各部、局、署、组等从行业管理或全面管理的角度制定了大量的与电子商务有关的规范性文件
地方性法规	1999—2000	《上海电子商务近期发展目标和实施计划》(1999)、《上海市电子商务价格管理暂行办法（数字证书部分）》(2000)	决定在全市范围内加快电子商务的实施步伐
	2000	《香港电子交易条例》	主要内容是给予数码签署及电子档案以等同于人手签署及文件档案的法律地位
	2003	《广东省电子交易条例》	我国内地第一部真正意义上的电子商务立法，主要对确立电子签名的法律地位、规范认证机构的管理和电子交易服务提供商等方面的问题进行了规范

(2) 电子商务法介绍

我国电子商务法的立法进程是全国人大常委会在 2013 年 12 月 7 日启动，2018 年 8 月 31 日，第十三届全国人大常委会第五次会议表决通过《电子商务法》，并于 2019 年 1 月 1 日施行。该法是保障电子商务各方体的合法权益，规范电子商务行为，维护市场秩序，促进电子商务持续健康发展的法律。全法共 7 章 69 条，主要从电子商务经营者、电子商务合同的订立与履行、电子商务争议解决与电子商务促进和法律责任等 5 部分对电子商务活动作出系统性规定，其中主要内容如下。

① 子商务法总则。电子商务法总则主要包括如下内容。一是明确我国电子商务的范围。采取概括与列举相结合的方式明确电子商务的范围。电子商务，是指通过互联网等信息网络销售商品或提供服务的经营活动。其中，法律、行政法规对销售商品或提供服务有规定的，适用其规定。金融类产品和服务，利用信息网络提供新闻信息、音视频节目、出版以及文化产品等内容方面的服务，不适用电子商务法。二是明确国家对电子商务持鼓励的发展态度，秉持电子商务与实体商务相互平等，线上线下的基础法律标准一致，只

知识拓展二维码 5-4：我国的法律体系及其效力等级

不过电子商务特有"网络安全与个人信息保护等方面义务"。三是国家建立管理体系、市场治理体系，并鼓励行业组织建立健全行业规范，推动电子商务有序发展。

② 电子商务经营者的规定。对于电子商务经营者的规范，电子商务法采取一般义务规范与电子商务平台具体义务列举规范相结合。主要内容如下。

一般义务规范规定主要体现在 4 个方面。一是明确电子商务经营的主体形式和经营形式，前者是指自然人、法人和非法人组织。后者是指经营平台、平台内经营、自建立网站或其他形式。二是明确电子商务经营准入制度。原则上电子商务经营者应当依法办理市场主体登记。但是，个人销售自产农副产品、家庭手工业产品，个人利用自己的技能从事依法无须取得许可的便民劳务活动和零星小额交易活动，以及依照法律、行政法规不需要进行登记的除外。当然，如果电子商务经营者从事的经营活动，需要取得相关行政许可的，应当依法取得行政许可。三是明确电子商务的纳税义务及完税条件。四是明确经营提供发票义务、自我公示主体信息义务、向消费者提供搜索广告等须公平的义务、禁止把搭售作为默认选项的义务、承担商品运输中的风险与责任的义务、押金退还义务、信息守法义务、执法配合义务等。

电子商务平台经营者特殊义务的列举，主要体现在以下 10 个方面。一是入口把关义务，要求电子商务平台经营者必须核验、登记进入平台的经营者身份、地址、联系方式和行政许可，并定期核验更新。二是向市场监督管理部门和税务部门报送"经营者身份信息"的义务。三是发现违法信息，采取必要处置措施，并向有关主管部门报告的义务。四是平台的服务信息、交易信息管理义务。五是制定平台服务协议和交易规则的义务。六是明确平台制定规则的负面清单：禁止不合理限制、不合理条件和不合理费用。七是允许平台自营业务，但要保障社会公众知情权，能够让社会公众区分其平台功能和自营业务。八是平台知道或应当知道平台上提供的服务侵害消费者合法权益行为、未采取必要措施的，则承担连带责任。如果未对相关资质尽到审核义务或对消费者未尽到安全保障义务，造成消费者损害的，承担相应责任。九是不得删除评价义务。十是平台具有知识产权保护义务。

③ 电子商务合同的订立与履行。电子商务合同的订立与履行主要从以下 6 个方面进行规范。一是推定电子商务主体具有民事行为能力，主要目的是与电子商务的高效快速经营特点相结合。二是格式合同与约定内容不符，则约定优先原则。三是明示订立电子商务合同的具体操作规程，明确电子商务的告知义务和保证义务。四是明确快递业可以提供代收货款服务。五是电子支付服务提供者在电子商务中的权利和义务，并特别规定应当向用户提供免费对账、最近 3 年交易记录。六是规定了电子支付服务提供者的法定赔偿义务和支付确认义务，以及无权支付的通知、补救、赔偿等责任人及责任措施。

④ 电子商务争议解决。电子商务法主要从 5 个方面进行规定。一是明确电子商务争议解决的思路和基本规则，即建立消费者权益保证金、平台先行垫付赔偿责任和事后追偿权利。二是电子商务经营者自我完善争议解决义务，即建立便捷、有效的投诉、举报机制，公开投诉、举报方式等信息，及时受理并处理投诉、举报。三是明确电子商务的 5 种解决争议的途径，即和解、调解、投诉、仲裁和诉讼。四是平台具有在消费者与经营者之间争议协调的义务。五是电子商务经营者的提供证据义务。

⑤ 电子商务促进措施。主要体现在以下 5 个方面。一是明示国家对电子商务的态度是支持并促进电子商务创新发展。二是明确电子商务与包装、仓储等周边行业的发展路径。三是推动和完善电子商务相关条件、制度和标准的建设。四是明确国家对电子商务交易安全、信息保护、数据流与共享的态度。五是明确国家促进跨境电子商务发展的改革方向，例如，参与电子商务国际规则的制定，促进电子签名、电子身份等国际互认。

⑥ 法律责任。电子商务法对电子商务活动的法律责任主要从以下 5 个方面进行规定。一是明确电子商务经营者的合同责任。二是明确规定电商违法的责任，例如，电子商务经营者违法，处以 1 万元以下的罚款；电子商务平台经营者对违法的平台经营未采取必要措施的，处 2 万元以上 10 万元以下的罚款。三是明确电子商务经营者违法提供搜索结果、搭售商品、服务的责任。四是明确押金问题和个人信息保护问题的法律责任。五是明确电子商务平台经营者的法律责任，例如，电子商务平台经营者平台管理违法行为的法律责任，最高可罚 200 万元的罚款。

知识拓展二维码 5-5：电子商务法对代购、微信、网络直接销售商品和提供服务的影响

5.3 国际电子商务法律问题

5.3.1 域名及其法律问题

1. 域名的概念

域名（Internet Domain Name）是从事大多数电子商务活动的前提，因此，域名的法律问题成为国际电子商务活动的首要法律问题。根据 2004 年 11 月 5 日公布的《中国互联网络域名管理办法》的规定，域名是指互联网络上识别和定位计算机的层次结构式的字符标识，与该计算机的互联网协议（IP）地址相对应。

2. 域名管理机构

1998 年 10 月，美国政府成立了互联网名称与数字地址分配机构（The Internet Corporation for Assigned Names and Numbers，ICANN），这是一个全球性的、非营利性的域名分配与管理组织，承担域名系统管理、IP 地址分配、协议参数配置，以及主服务器系统管理等职能。

知识拓展二维码 5-6：域名的分类和形式

国际互联网协会（The Internet Society，ISOC）和亚太互联网络信息中心（Asia Pacific Network Information Center，APNIC）则是地区性的互联网注册管理机构。前者主要负责发展国际互联网络的技术架构，后者负责向亚太地区 64 个经济体提供 IP 地址和自治系统（AS）号码分配。

2004 年 12 月 20 日，我国正式确定工业和信息化部（原信息产业部）为负责我国互联网络域名管理工作的主管部门，并在《中国互联网络域名管理办法》中规定，具有条件的法人组织均可申请成为域名注册管理机构，经过政府部门的行政审批许可，便可开展域名

注册管理工作。目前，我国的域名注册管理机构主要是中国互联网络信息中心（China Internet Network Information Center，CNNIC）与政务和公益机构域名注册管理中心两个部门。CNNIC 主要负责行使国家互联网络信息中心的职责，政务和公益机构域名注册管理中心主要负责政务和公益机构域名注册管理工作。

3. 国际域名争议解决

（1）国际域名争议解决适用的规定

当发生以".com"".net"和".org"为结尾的通用顶级域名争议，或者发生以".biz"".name"".aero"".museum"".info"".pro"和".coop"为结尾的新的通用顶级域名争议时，根据 ICANN 通过的《统一域名争议解决政策》（UDRP）启动的行政程序，并不排除投诉人或域名持有人在行政程序开始前或结束后向有管辖权的法院起诉的权利。但按照国际惯例，国际域名争议经常采用的解决办法是仲裁。国际域名争议仲裁适用于 ICANN 通过的《国际域名争端统一解决协议》《统一域名争议解决政策》《国际域名争端统一解决协议程序规则》《域名注册协议》以及域名争议解决机构的补充规则。

知识拓展二维码 5-7：ICANN 的组织机构及职能

（2）国际域名争议解决机构。

国际域名争议仲裁须由经过 ICANN 认证的国际域名争议解决机构受理。目前，ICANN 批准的国际域名争议解决机构分别是：

① 世界知识产权组织（WIPO）仲裁与调解中心。WIPO 仲裁与调解中心建于 1994 年，总部设在瑞士日内瓦，为解决私人当事方之间的国际商务争端提供仲裁和调解。

② 美国国家仲裁论坛（The National Arbitration Forum，NAF）。1999 年 12 月，NAF 得到 ICANN 的授权，总部位于美国明尼苏达州，专门负责为企业提供仲裁和调解服务。

③ 亚洲域名争议解决中心（Asian Domain Name Dispute Resolution Centre，ADNDRC）。2001 年 12 月 3 日，ICANN 正式宣布亚洲域名争议解决中心为国际通用顶级域名争议的解决机构。亚洲域名争议解决中心分别在仲裁委员会和香港国际仲裁中心下设北京、香港、首尔和吉隆坡等 4 个秘书处，主要为亚洲地区乃至世界范围内的当事人就国际通用顶级域名提供统一的争议解决服务。

（3）国际域名争议处理程序。

国际域名争议处理程序见图 5-1。

知识拓展二维码 5-8：国际域名争议裁决的依据

5.3.2　电子商务合同法律问题

1. 电子商务合同的概念

电子商务合同，简称电子合同，是指通过互联网或电子数据交换的方式来设立、变更和终止合同双方当事人之间的权利义务关系的协议。可见，电子商务合同与传统的合同在本质上并没有多大区别，都是当事人之间订立、变更和终止权利义务关系的协议，因此电子商务合同也要遵循传统合同法的一般规律。但由于电子商务合同是通过互联网或电子数据交换的方式达成的，故存在有别于传统合同的特性。其一，电子商务合同的订立和传递环境都是互联网络，即具有虚拟性；其二，电子商务合同基本采用数据电文形式或在网络中嵌入格式合同的形式，因此纸质书面材料几乎不再使用，即电子商务合同具有无纸性的特点；其三，电子商务合同不需要传统意义上的签名盖章，但需电子签名。

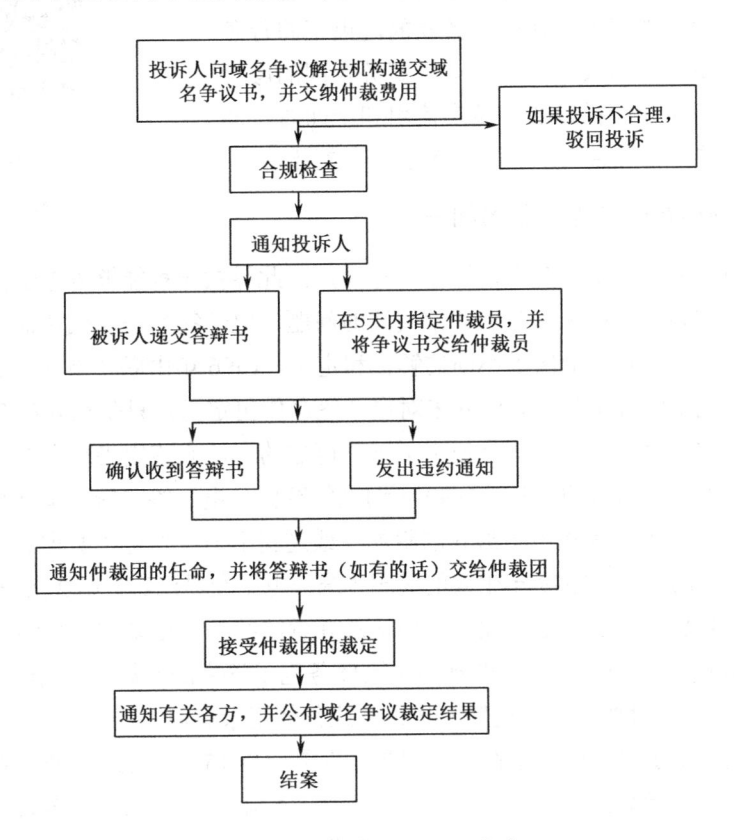

```
         投诉人向域名争议解决机构递交域
         名争议书，并交纳仲裁费用
                      │
                      ▼                如果投诉不合理，
                  合规检查   ─────────▶   驳回投诉
                      │
                      ▼
                 通知投诉人
                   │       │
                   ▼       ▼
         被诉人递交答辩书   在5天内指定仲裁员，并
                           将争议书交给仲裁员
                   │       │
                   ▼       ▼
         确认收到答辩书    发出违约通知
                   │       │
                   └───┬───┘
                       ▼
         通知仲裁团的任命，并将答辩书（如有的话）
         交给仲裁团
                       ▼
                 接受仲裁团的裁定
                       ▼
         通知有关各方，并公布域名争议裁定结果
                       ▼
                     结案
```

图 5-1　国际域名争议处理程序[①]

2. 电子商务合同的订立

《中华人民共和国电子商务法》（以下简称《电子商务法》）第 49 条规定，电子商务经营者发布的商品或服务信息符合要约条件的，用户选择该商品或服务并提交订单成功，合同成立。当事人另有约定的，从其约定。但由于互联网环境的特殊性，使电子商务合同的订立既要遵循传统合同订立的方式，又要注意认识其中的变化。例如，网络购物平台上的商品信息介绍和图片展示可视为卖方的要约邀请，那么买方点击浏览视为收到卖方对买方发来的要约，一旦买方提交商品订单，即为买方发出承诺。如果买方的承诺通知到达卖方系统时，卖方没有立即表示拒绝（如告知买方无货），而是给买方反馈了交易

---

① 作者根据亚洲域名争议解决中心的程序流程绘制而成。详细程序请浏览网址：https://www.adndrc.org/mtsc/img/pdf/URS_Flowchart.pdf。

成功的提示,则表明双方之间的电子商务合同已经达成。

除了上述网上订单的合同订立方式外,在电子商务交易中还存在通过电子邮件订立的方式等。但它们与传统合同订立方式并没有本质上的差异,只是采用了电子化的形式而已。

电子商务合同订立以后,对双方当事人都具有法律的约束力,因此,当事人要在合同条款的约束下履行各自的义务,享受各自的权利。由于电子商务合同的履行也和传统合同的履行一样,要在诚实信用和全面履行的原则下进行,并且也受合同法调整,这里不再赘述。

知识拓展二维码5-9:我国《电子商务法》关于合同履行中的具体问题的规定

3. 电子商务合同的电子签名问题

在电子商务中,交易的安全问题至关重要,因此寻找一种能够为电子商务安全提供重要保障的手段成为国际组织和各国非常关注的问题。电子签名是现代认证技术的泛称,不同的国际组织和国家立法给出了不同的解释和定义。1996年由联合国国际贸易法委员会制定并通过的《电子商务示范法》中并未对电子签名作出定义,只是在其第7条第1款中解释了电子商务中的"签字"应该是使用了一种可靠的方法来鉴定当事人的身份,并且表明该人认可了数据电文内含的信息。1999年通过的欧盟《电子签名统一框架指令》第2条第1款规定,"电子签名"是指电子形式的附加于或逻辑上与其他电子数据关联的数据,起到身份鉴定和验证的作用。1999年生效的美国《统一电子交易法案》第2条第8款规定,"电子签名"是指附加于或逻辑地关联于一项记录并意欲签署该记录的人采纳的电子声音、符号或程序。2000年生效的美国《全球与全国商务电子签字法》第106节第(五)条规定,"电子签字"一词指附加于或在逻辑上与合同或其他记录有联系的电子声音、符号或程序,并且执行或采纳电子签字的人意在签署记录。我国于2015年修正的《电子签名法》第2条规定,电子签名是指数据电文中以电子形式所含、所附,用于识别签名人身份并表明签名人认可其中内容的数据。其中,数据电文是指以电子、光学、磁或类似手段生成、发送、接收或储存的信息。①

从上述定义来看,凡是能在电子通信中,起到证明当事人的身份、证明当事人对文件内容的认可的电子技术手段,都可被称为电子签名,所以,从本质上来讲,电子签名就是"建立在计算机基础上的个人身份证明"。通过电子签字可以确定一个人的身份,肯定是该人自己的签字,并使该人与文件内容发生关系。除此之外,根据所签文件的性质不同,签字还有多种其他功能。例如,签字可以证明当事人愿意受所签合同的约束;证明签字人承认其为某行为的行为人;证明签字人同意经由他人写出的文件的内容;证明签字人某时身在某地的事实等。

---

① 2004年8月28日,第十届全国人民代表大会常务委员会第十一次会议通过了《中华人民共和国电子签名法》,2015年8月31日,根据2015年4月24日第十二届全国人民代表大会常务委员会第十四次会议《关于修改〈中华人民共和国电力法〉等六部法律的决定》进行了修正。

4. 电子商务合同的签名电子认证问题

（1）电子认证的概念。

如前所述，在电子商务活动中，为了保护数据电文的安全，防止其内容被篡改或否认，当事人须使用电子签名。进一步地，为了保证交易当事人电子签名的真实与可靠，提升交易关系的信用安全，必须确保电子商务合同当事人得到的电子签名来自该电子签名的真正签署人，而不是被该合同当事人冒用，以确保电子签名与该合同当事人之间的联系。因此，便产生了第三方对电子合同当事人的身份真伪进行鉴别，即进行第三方电子认证。

知识拓展二维码5-10：电子签名的形式及国际上规制电子签名的方案模式

所谓电子认证就是由认证机构（Certification Authority，CA）对电子签名及其签署人的真实性进行验证的具有法律意义的服务。认证机构须证实电子签名人与电子签名制作数据之间的联系，那么，由认证机构出具的、能够证实二者之间有联系的数据电文或其他电子记录即为电子签名认证证书。电子签名认证证书是电子商务安全的又一保障。

（2）电子签名认证的当事人及其义务。

在电子签名认证活动中涉及三方当事人，即电子签名人、电子签名认证机构和电子签名依赖方。其中，电子签名人是持有电子签名制作数据并以本人身份或者其所代表的人的名义实施电子签名的人。电子签名人将向认证机构申请数字证书。电子签名认证机构是为电子签名人和电子签名依赖方提供电子认证服务、出具电子认证证书的第三方机构。电子签名依赖方是基于对电子签名认证证书或电子签名的信赖从事有关活动的人，是电子签名的接受者。

在向认证机构申请电子签名认证前，签名方要履行真实准确陈述相关信息的义务，以保证电子证书的有效性；在取得第三方签名认证后要履行妥善保管认证证书的义务，防止电子证书丢失。《中华人民共和国电子签名法》第27条规定，电子签名人知悉电子签名制作数据已经失密或可能已经失密，但未即时告知有关各方并终止使用电子签名制作数据，未向电子认证服务提供者提供真实、完整和准确的信息，或者有其他过错，给电子签名信赖方、电子认证服务提供者造成损失的，应承担赔偿责任。

在收到签名人提交电子签名认证申请后，认证机构要履行谨慎审核，并保证认证证书信息真实、准确和完整的义务，并且注意保障认证系统的安全可靠，从而保障签名人电子签名认证证书的安全。认证机构还要注意履行保密义务，不得对外泄露签名人和依赖方的资料。

依赖方需要注意的是，在接收签名人的电子签名认证后，应当在认证机构所建议的证书信用等级范围内与签名人发生业务往来，以避免损害发生。

5. 第三方导致电子商务合同当事人违约的责任承担问题

由于电子商务法律关系中存在多方参与主体，故在电子商务合同履行的过程中，可能出现因双方当事人以外的第三方造成合同无法继续履行或合同当事人违约的行为。例如，由于网络服务商的原因导致网络中断,致使电子商务合同的当事人无法继续履行合同义务;由于金融机构的网上银行发生故障,导致买方无法正常支付而违约;由于网上交易平台网站出现故障,导致电子商务合同在一段时间内无法履行,等等。

依据我国《合同法》第121条的规定:"当事人一方因第三方的原因造成违约的,应当向对方承担违约责任。当事人一方和第三方之间的纠纷,依照法律规定或者按照约定解决。"可见,上述情况中的电子商务合同中的违约方在自身无过错的情况下,仍然要向对方当事人承担违约责任,并赔偿损失,但违约方可向第三方追偿损失。

5.3.3 电子支付及其法律问题

1. 电子支付的概念

电子商务活动的开展离不开电子化货币资金的流动,这就需要全新的支付方式满足这一需求。电子支付因此成为电子商务活动必不可少的重要环节。

我国《电子商务法》第53条规定,电子商务当事人可以约定采用电子支付方式支付价款。根据中国人民银行2005年10月26日公布的《电子支付指引(第一号)》规定,电子支付是指单位、个人直接或授权他人通过电子终端发出支付指令,实现货币支付与资金转移的行为。电子终端是指客户可用以发起电子支付指令的计算机、电话、销售点终端(POS机)、自动柜员机(ATM机)、移动通信工具或其他电子设备。可见,从事电子商务交易的当事人通过信息网络,采用数字化方式,使用安全的信息传输手段,便可实现货币资金的安全、迅速支付或流转。

根据电子支付的数额大小,可将电子支付分为小额电子支付和大额电子支付。小额电子支付又称零售电子资金支付,主要利用个人信用卡和电子钱包等在网下或网上直接向商家付款。由于其支付金额相对较小,故多用于个人消费。大额电子支付,又称电子资金划拨,是以计算机和网络为依托,通过电子信息进行资金支付的方式。由于大额电子支付具有即时、准确、安全等特点,因此,被从事国际贸易的企业或在金融市场从事交易活动的商业银行广泛使用。本章即以大额电子支付为重点来介绍电子支付的相关法律问题。

2. 大额电子支付的当事人及其权利义务

大额电子支付的当事人包括:①发端人;②发端人银行;③受益人;④受益人银行;⑤中间银行①。其中,由于发端人、发端人银行和中间银行都是向接受银行发出指令的人,因此可统称为发送人;而发端人银行、中间银行和受益人银行都是接受发送人发出的指令的银行,因此统称为接收银行。大额电子支付业务流程见图5-2。

知识拓展二维码5-11:大额电子支付与票据支付的区别:借记划拨与贷记划拨

在大额电子支付业务中,一旦接收银行接受发送人的支付命令,发送人与接收银行之间的权利义务关系便已存在,并且都要

---

① 在大额电子支付业务中,可能没有中间银行,也可能有一家或多家中间银行。

受支付命令的约束。此时，大额电子支付业务各当事人之间的权利义务见表 5-4。当受益人银行代表受益人的利益接受了中间银行发出的支付命令时，该项电子支付业务即告完成。根据美国《统一商法典》第 4A 编的规定，发端人履行对受益人的基础合同债务。同时，根据《国际贷记划拨示范法》的规定，受益人银行对受益人的债务取代了发端人对受益人的基础债务。

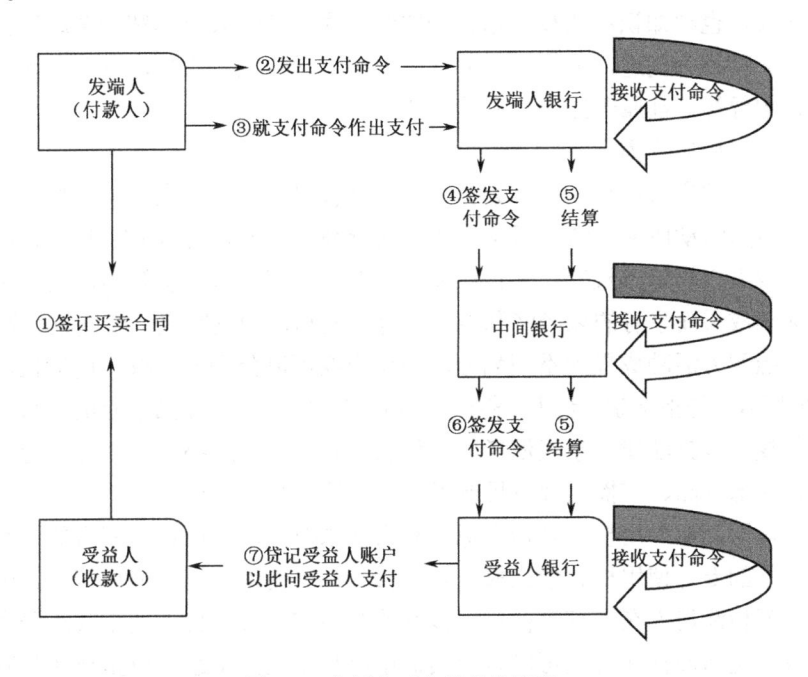

图 5-2 大额电子支付业务流程

表 5-4 接收银行接受支付命令后各当事人之间的权利义务

当事人		义务	权利
发送人	发端人	向发端人银行支付该命令的金额	要求它的支付命令能够在正确的时间、按照正确的金额、向正确的对象执行
	发端人银行	向中间银行支付该命令的金额	
	中间银行	向受益人银行支付该命令的金额	
接收银行	发端人银行	向中间银行签发支付命令以执行接受的支付命令	要求发送人支付被接受的支付命令的金额
	中间银行	向受益人银行签发支付命令以执行接受的支付命令	
	受益人银行	向受益人支付	
受益人		—	得到付款

5.3.4 国际电子商务法的知识产权法律问题

根据《电子商务法》第 5 条的规定，电子商务经营者从事经营活动，应履行消费者权益保护、环境保护、知识产权保护、网络安全与个人信息保护等方面的义务。可见,知识产权问题是电子商务活动中的一项重要法律问题。

1. 知识产权的概念和分类

(1) 知识产权的概念。

知识产权,也称知识所属权,指在一定时期内,权利人对其智力劳动所创作的成果享有的权利。各种智力创造,如发明、外观设计、文学和艺术作品,以及在商业中使用的标志、名称、图像等,都属于知识产权的范畴。

(2) 知识产权的分类。

一是按照知识产权的权利内容划分,知识产权包括人身权利和财产权利。知识产权中的人身权是智力活动成果创造人所享有的以人身利益为内容的、与人身不可分离的专属权,如署名权、发表权和修改权等;知识产权中的财产权则是指享有智力活动成果创造人基于这种智力活动成果而享有的以经济利益为内容的权利,如复制权、表演权、发行权等。

二是按照智力活动成果的不同划分,知识产权可以分为著作权、商标权、专利权等。著作权,即版权,是指文学、艺术、科学作品的作者依法对其作品享有的一系列的专有权。广义的著作权还包括法律赋予表演者、音像制品制作者、广播电台、电视台或出版者对其表演活动、音像制品、广播电视节目或版式设计等享有的专有权。

商标权,即商标专用权,是指商标所有人依法对其注册商标所享有的专有权利。具体包括注册商标的专有使用权、禁止权、转让权、许可使用权和续展权等。其中,商标专有使用权,是商标注册人在国家商标总局核准的商品或服务项目上使用其注册商标的权利;商标禁止权,是指商标注册人可以禁止其他单位和个人,未经许可擅自在与其核准商品或服务项目相同或类似的商品或服务上使用与注册商标相同或近似的商标的权利。

专利权,简称"专利",是指发明创造人或其权利受让人对特定的发明创造在一定期限内依法享有的独占实施权。专利权具有排他性、时间性和地域性的法律特点。所谓排他性,也称独占性或专有性,是指专利权人对其拥有的专利权享有独占或排他的权利,未经其许可或者出现法律规定的特殊情况,任何人不得使用,否则即构成侵权。所谓时间性,是指法律对专利权所有人的保护是有时间限制的,超过这一时间限制,专利权便消失,该专利成果将成为人类共同财富,任何人都可以利用。所谓地域性,是指依照一国法律取得的专利权只在该国境内受到法律保护,而在其他国家则不受该国家的法律保护,除非两国之间有双边的专利或知识产权保护协定,或共同参加了有关专利或知识产权保护的国际公约。

2. 电子商务环境下知识产权保护面临的挑战

知识产权所包含的内容非常广泛,其中,著作权、商标专用权和专利权是与电子商务联系较为密切的几类。然而,从特性上来说,知识产权与电子商务之间又存在着剧烈的冲突和矛盾,见表5-5。而且,电子商务环境下的知识产权还具有客体多样化、侵权行为隐蔽化以及数字产品不可破坏、易复制和内容可变性的特点。[①]因此,国际电子商务的知识产权

---

① 郭子明,秦良娟,等. 知识产权保护的特征、挑战与策略[J]. 电子商务,2014(5):3~4.

保护与侵权之间的法律问题变得尤为突出。

表 5-5　电子商务与知识产权之间的矛盾

	电子商务	知识产权
资源占有使用方面	网络资源的公开、公用、共享性	专有性限制
资源流动性方面	网络传输无国界性	地域性限制
商业效果	使一部分商品流通"隐形化"	使"知识产品"权利明确、清晰

一方面，电子商务的发展需要知识产权的保护。在电子商务系统中，涉及 4 种"流"，即商流、物流、资金流和数据信息流。电子商务的核心问题就是数据信息[①]，数据信息安全是电子商务活动正常开展的重要保证。因此，知识产权法律制度作为保护知识产权和数据信息安全的一种有效法律工具，也是保障国际电子商务有序健康发展的有效途径。

另一方面，电子商务的发展对知识产权保护的挑战。国际电子商务活动在虚拟化的网络环境中开展，不仅使知识产权面临匿名性和信息开放性等问题，而且还存在知识产权客体增多、网络侵权更为隐蔽，以及数字化产品易复制、难消除和可更改等难题。这些新问题决定了在电子商务环境下要对知识产权实施保护的难度。由图 5-3 可以更清楚地理解电子商务环境下知识产权的特点所决定的知识产权保护的难点所在。

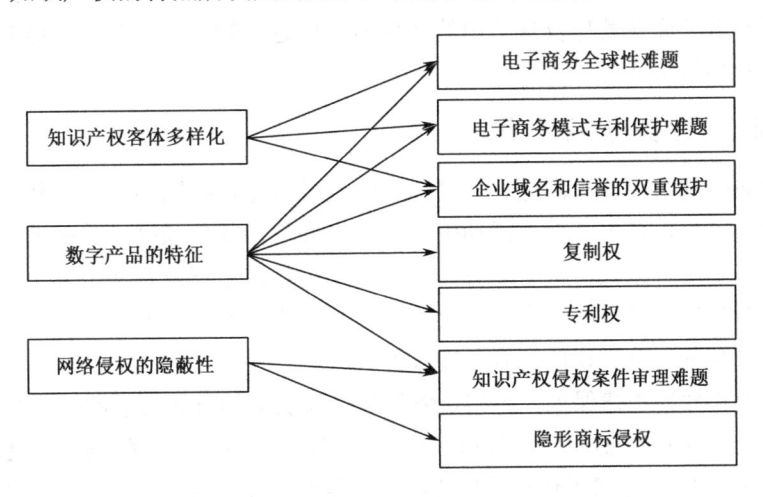

图 5-3　电子商务环境下知识产权的新特征与面临的挑战[②]

3. 国际电子商务与著作权保护

著作权保护的核心内容是保障著作权人对其创作作品的发行、传播、复制、使用所拥有的控制权。在传统的传播技术条件下，著作权人所可能遇到的作品发行、广播、复制等权利被他人非法侵犯的问题，在网络环境下也同样可能遇到，甚至情况更为复杂和严重。

---

① 贺宁馨，肖尤丹. 促进电子商务知识产权保护的战略思考——基于行政管理的视角[J]. 中国科学院院刊，2014（6）：677~683.

② 郭子明，秦良娟，等. 知识产权保护的特征、挑战与策略[J]. 电子商务，2014（5）：3~4.

（1）传统作品数字化侵权问题。要将已经以传统形式存在的作品发布到互联网上的前期准备工作就是先将该作品进行数字化转换。所谓数字化转换，是指把各类信息，包括数字、文字、声音、图形、图像等输入计算机系统，转换成二进制数字编码的技术。美国《知识产权与国家信息基础设施》明确规定：作品的数字化属于复制行为。我国《关于制作数字化制品的著作权规定》第二条也作了同样的规定。另外，我国《著作权法》第十条规定，只有著作权人或经其许可的其他人对作品享有复制权和信息网络传播权等权利。因此，数字化传统作品并将其上传到互联网络的行为必须得到著作权人的同意，否则即为侵权。

知识拓展二维码 5-12：著作权人与作者的区别

（2）网络服务商侵权问题。网络服务商有网络内容服务商和网络中介服务商之分。网络内容服务商自己组织信息，并通过网络向公众传播信息，而网络中介服务商是按照用户的选择传输或接收信息，其本身不负责组织和筛选将对公众传播的信息，只是为网络信息传播提供平台中介服务。二者信息选取的方式不同，职能不同，故涉及的侵权问题也就存在差异。前者所选取和传播的信息在网页上体现出来，并被公众阅读、转载、下载和转发等，如果这些信息未经著作权人许可，就会构成其对作品复制权和网络传播权的侵犯。但由于网络中介服务商在著作权保护中的法律地位问题比较复杂，在此不再赘述，可参见本章篇尾提供的拓展阅读资料。

4. 国际电子商务与专利权保护

电子商务是利用计算机硬件、软件和网络基础设施，在网络环境下从事各种各样商业活动的方式。可见，在电子商务活动中，计算机硬件、软件和网络基础设施是基础，商业模式和方法是实质。因此，电子商务的专利权保护问题主要涉及两个方面，即电子商务计算机软件的专利权保护与电子商务商业模式和方法的专利权保护。

（1）电子商务计算机软件的专利权保护。

对计算机软件的法律保护，起初是依赖著作权保护的方式实现的。1972 年，菲律宾在其《著作权法》中明文规定计算机软件享有著作权。1980 年 12 月，美国国会通过"96-517 号公法"修订了 1976 年《著作权法》的第 101 条和第 117 条，从而正式把计算机程序列入著作权法保护范围。[①]世界知识产权组织（WIPO）制定的《保护计算机软件示范条款》（1978）和《计算机软件保护条约》（1983），以及 WTO 推出的《与贸易有关的知识产权协议》（简称，TRIPS）第 8 条第一款和第 19 条中均肯定了这一保护方式。在当时，著作权保护计算机软件已经成为国际潮流，得到美国、日本、英国、法国和德国等几乎所有保护软件国家的认可，并纷纷出台《版权法》。

对计算机软件的保护来说，思想内容与软件的表达形式同样重要。所以，计算机软件的权利人不仅要防止自己的计算机软件作品被他人擅自复制和传播，还要防止其创造性的设计构思和具体思想不被他人盗用。对此，版权法是无法提供有效的法律保护的，因为版

---

① 郑成思. 知识产权论[M]. 北京：法律出版社，2001：189.

权法只保护作品的表达形式，不保护其中体现的具体思想。基于上述矛盾，对计算机软件的保护需要寻找新的保护方式。

20世纪80年代以后，随着计算机技术的发展，对计算机软件的法律保护开始进入专利保护时代。这源于1978年，美国关税与专利上诉法院在复审"弗利曼申请上诉案"中提出的"不能笼统地把一切计算机程序排除在专利法的保护之外"的观点。1981年，美国最高法院在"载尔诉讼案"中进一步肯定了前述案例中关税与专利上诉法院的观点及其审查方法，并得出计算机程序可以获得专利的结论。此后，美国开始扩大对计算机软件的专利保护，并主要通过判例法来实现。[①]1995年6月，美国专利商标局发布了《对软件以及与电脑相关发明的检验标准》，作为专利审查员审核有关计算机程序专利申请的指导性文件，从此开启了计算机软件专利保护的时代。此后，其他国家也开始纷纷效仿，并将计算机软件的专利保护法制化。

（2）电子商务商业模式和方法的专利权保护。

虽然计算机软件的专利保护已有突破性进展，但电子商务中属于计算机软件范畴的商业方法却一直是计算机软件专利保护的例外。直到美国富街银行与信托公司（State Street Bank & Trust Co.Vs.）诉署名金融集团公司（Signature Financial Group, Inc.）案（Feb. Cir, 1998），才使该问题取得新的进展。该案的被告Signature公司拥有一项计算机软件专利，主要用于共同基金的投资理财监控管理。原告State Street Bank在与Signature公司进行针对该项专利的授权使用谈判失败后，遂提起了请求该专利无效之诉。麻省地方法院认为，商业方法所适用的数学算法（涉及计算机软件）以及商业方法本身应排除在专利权之外，且该项专利描述纯属商业方法，不属于专利保护的范围，故判该专利无效。Signature公司上诉到美国联邦巡回上诉法院，并得到该专利有效的最终判决。该专利之所以被判定有效，法官的观点是，金融服务也所适用的软件虽然属于商业方法，但仍应与其他方法采用相同的审查标准，即只要其能产生"有用的、具体的、有形的后果"[②]，均可受到专利法保护。此案确定了在进行专利审查时，商业方法应当与其他行业的专利申请平等的原则，使得与电子商务相关的软件等网络技术也具有了获得专利的可能。

电子商务商业模式和方法专利保护的另一个典型案件就是美国亚马逊公司（Amazon.com .Inc）诉Barnesandnoble.com.INC专利侵权案。1997年9月，亚马逊公司获得了美国专利商标局批准的"通信网络定购货物的方法和系统"专利，也被称为"一建下单"（Once-click）购物技术电子商务专利。该专利有26项权利请求，主要内容为电子商务的方法。同年10月21日，亚马逊公司以巴山德电子商务公司的"快速通道"（The Express Lane）网上购物技术与其专利技术相同为由，向美国区法院提起专利侵权诉讼。

1999年底，华盛顿州的一个地方法院作出判决，Barnesandnoble.com.INC的确侵犯了亚马逊公司的专利权，并通过一项初级禁令禁止Barnesandnoble.com.INC使用"快速通道"

---

① 因为1980年美国新修订的《版权法》已经正式把计算机软件程序列入版权法保护的范围。

② 根据1995年6月，美国专利商标局发布的《对软件以及与电脑相关发明的检验标准》的规定，包含于软件中的数字计算只是一种抽象思想，但若将这种数字算法用于实践从而产生"有用的、具体的、有形的后果"，该软件即可成为专利性主体，能够获得专利。

网上购物技术。但后者立即提出了上诉，上诉持续了好几年。2000年10月，美国联邦巡回上诉法院举行了该案件的上诉听证会。结果，美国联邦巡回上诉法院撤销了之前地方法院作出的临时禁止令，并将案件发回地方法院作进一步审理。2002年双方达成和解，虽然具体条款并未披露，但Barnesandnoble.com.INC终于可以把"快速通道"购买方式放到网上了。

专利是企业保护自身利益、维持竞争优势的有效途径。在电子商务环境下，具备有效的电子商务模式和方法专利更加能够保持企业的竞争甚至垄断优势地位。美国专利与商标局和司法机构已明确地将电子商务模式纳入专利保护的范围，并且授予包括金融服务、电子销售、广告模式、商务模式、账单支付的方法等电子商务模式的专利权。而且，美国的司法机构也通过若干判例为这些商业方法的电子商务专利予以确认。因此，将公司策略、管理方针和投资模式等申请专利以争取法律保护将成为普遍做法。

5. 国际电子商务与商标权保护

商标权人的权利主要有注册商标的专有使用权、禁止权、转让权等内容。基于网络的特殊性，国际电子商务环境下的商标权保护问题主要涉及以下几个方面。

（1）商标的域名抢注。

企业在互联网环境中使用的域名跟在传统经济中使用的品牌、商标一样，都具有商业识别功能。域名作为企业在互联网中存在的标志，被视为访问者登录企业网站的"钥匙"。因此，抢注域名成为企业进入互联网推广市场或开展电子商务活动的首要问题。

但域名和商标又有所区别，见表5-6。商标在注册后，至少能保证同类或相似商品或服务的唯一性，而域名是保证在全球范围内的唯一性。二者都实行"先申请先注册"原则，且一旦注册，在有效期内，其他人不可再进行相同注册。因此，域名抢注与商标发生冲突的法律问题在所难免。

表5-6 域名与商标的比较

	域名	商标
形式	不直接用于商品或服务	附着于商品或服务
注册规则	先申请先注册原则、唯一性原则	先申请先注册原则、显著性原则
作用	区别主页提供者	区分商品或服务的来源，并且不允许相同或相似的商品出现相同或相似的商标
组成	目前仅限于英文字母、数字及符号组合	文字、图形，或者是文字与图形的组合
地域	全球性	地域性

由于域名的"唯一性"和"先申请先注册"原则，往往发生域名注册人与商标权人之间的权利冲突，这种情况虽有域名抢注的事实，但并不构成真正法律意义上的域名抢注。真正法律意义上的域名抢注，是指侵权人故意把知名或比较知名的商标或商号大量注册为域名，并将抢注的域名出售、出租以获利或迫使商标权利人高价"赎回"。

（2）网页链接中的商标侵权行为。

链接技术是互联网存在的基础，使处于不同服务器上的文件通过超文本标记语言链接起来。只要浏览者在网页上点击超链接部分，另一个网页或网页的另一部分内容就呈现在用户的计算机屏幕上。但直接用被链接文件的网址作为图标的情形是很少的，设计者常常使用标题、文字或标志作为链接图标。如果在自己网页上将他人注册的商标或驰名商标设为链接，采用深度链接或加框链接技术，绕开被链接网站的主页，从而借他人商标的知名度来增加自己点击率和浏览量或招引用户，就会引发网络商标侵权。

随着电子商务环境下商标地域性和时间性的日趋淡薄，简单易行的网页链接侵权行为也逐渐成为电子商务环境下商标侵权的主要形式。此外，由于这种侵权行为并不直接针对特定的商品或服务，而是直接针对特定的链接，所以目前针对这种行为的法律法规几乎处于空白状态，只能通过《最高人民法院关于审理商标民事纠纷案件适用法律若干问题的解释》和《反不正当竞争法》中的相关条款勉强给予调节和规制。

（3）网页元标签的不当使用与商标侵权。

元标签属于计算机技术领域中网站源代码中的一种软件参数，用于描述网页文档的属性。随着互联网技术的发展与电子商务贸易模式的普及，在搜索引擎的辅助作用下，将商标置入元标签中可以提高该网站的检索排名，对网站的商品交易、广告宣传、流量计费等有巨大的影响。在此过程中，元标签的不当使用将极有可能导致商标权人的商标及其商誉遭到侵害。

网页元标签商标侵权行为主要是以元标签的商标置入行为为基础。根据行为人的主观目的不同，网页元标签商标侵权分两种情况：第一，侵权人将他人注册的商标置入元标签中，故意引起消费者的混淆，从而提高商品交易量，获得经济利益以及竞争优势；第二，侵权人将他人驰名商标置入元标签中，利用驰名商标的商誉提高搜索结果排名，从而获取不当利益。

此外，电子商务中还存在通过网络广告、远程登录数据库查索、电子邮件帐户以及在电子商务活动中假冒、盗用他人的注册商标推销、兜售自己的产品或服务或在网上随意地诋毁他人商标信誉等侵权行为。

6. 国际电子商务中的商业秘密与反不正当竞争法律问题

按照中国《反不正当竞争法》[①]第九条的规定，商业秘密（Business Secret）是指不为公众所知悉、能为权利人带来经济利益，具有实用性并经权利人采取保密措施的技术信息和经营信息。一个企业的管理方法、产销策略、客户名单和货源情报等经营信息，以及产品生产配方、工艺流程、技术诀窍和设计图纸等技术信息都属于商业秘密。商业秘密属于知识产权的一种，是企业的财产权利，关乎企业的竞争力，甚至直接影响到企业的生存。

根据我国《反不正当竞争法》第九条，以及国家工商行政管理局《关于禁止侵犯商业

---

① 2017年11月4日，第十二届全国人民代表大会常务委员会第三十次会议通过了对《中华人民共和国反不正当竞争法》的修订，新修订的《中华人民共和国反不正当竞争法》自2018年1月1日起施行。书中所涉及的《反不正当竞争法》均为2018年1月1日起开始实施的新法。

秘密行为的若干规定》第三条的规定，侵犯他人商业秘密的下述行为构成不正当竞争：①以盗窃、利诱、胁迫或其他不正当手段获取的权利人的商业秘密；②披露、使用或者允许他人使用以前项手段获取的权利人的商业秘密；③违反约定或者违反权利人保守商业秘密的要求，披露、使用或者允许他人使用其所掌握的权利人和商业秘密。第三人明知或者应知商业秘密权利人的员工、前员工或者其他单位、个人实施前款所列违法行为，仍获取、披露、使用或者允许他人使用该商业秘密的，视为侵犯商业秘密。

随着互联网技术和电子商务的发展，传统的不正当竞争行为在互联网领域不断延伸，并且衍生出互联网领域中所特有的、利用技术手段进行的不正当竞争行为。2017年11月4日，第十二届全国人民代表大会常务委员会第三十次会议通过了对《中华人民共和国反不正当竞争法》的修订，新修订的《中华人民共和国反不正当竞争法》对互联网领域的不正当竞争行为进行了更为全面的规定。

（1）禁止仿冒混淆行为。

互联网已经成为越来越多的电子商务参与者进行宣传和经营的重要场所，因此，与互联网密切相关的域名、网站名称、页面设计等成为企业的网络标识。根据《反不正当竞争法》第六条（三）的规定，擅自使用他人有一定影响的域名主体部分、网站名称、网页等引人误认为是他人商品或者与他人存在特定联系的行为，构成商业混淆的不正当竞争行为。

（2）禁止虚假宣传行为。

《反不正当竞争法》第八条规定，经营者不得对其商品的性能、功能、质量、销售状况、用户评价、曾获荣誉等作虚假或者引人误解的商业宣传，欺骗、误导消费者。值得注意的是，该条规定明确了经营者对其商品的"销售状况"和"用户评价"等作虚假或者引人误解的商业宣传，属于欺骗、误导消费者，将构成不正当竞争。2018年以前，消费者更多地依据《消费者权益保护法》的有关规定对电子商务领域经营者提供虚假的销售状况、不真实的用户评价等行为进行维权。从2018年1月1日开始，针对电子商务交易平台中经营者的此类违法行为，《反不正当竞争法》给予了更为明确的处理依据。

（3）专门禁止互联网领域中的新型不正当竞争行为。

《反不正当竞争法》第十二条专门规定了在互联网领域，利用技术手段从事妨碍、破坏其他经营者合法提供的网络产品或服务正常运行的不正当竞争行为，其中包括：一是未经其他经营者同意，在其合法提供的网络产品或服务中，插入链接、强制进行目标跳转；二是误导、欺骗、强迫用户修改、关闭、卸载其他经营者合法提供的网络产品或服务；三是恶意对其他经营者合法提供的网络产品或服务实施不兼容；四是其他妨碍、破坏其他经营者合法提供的网络产品或服务正常运行的行为。

由于国际电子商务中的不正当竞争行为与传统的不正当竞争行为在本质上是一致的，因此，都可根据我国《反不正当竞争法》《民法通则》及相关司法解释的规定对实施不正当竞争行为的经营者追究法律责任，见表5-7。

表 5-7　电子商务不正当竞争行为的法律责任

法律责任的类型	承担责任的方式	电子商务不正当竞争行为适用的方式
民事责任	停止侵害；排除妨碍；消除危险；返还财产；恢复原状；修理、重做、更换；赔偿损失；支付违约金；消除影响；恢复名誉；赔礼道歉	赔偿损失；消除影响；恢复名誉；赔礼道歉
民事制裁	罚款；收缴侵权商品、专门用于生产侵权商品的材料、工具、设备等财物和非法所得	罚款；收缴专门用于网络侵权工具、设备等财物和非法所得
行政责任	警告；罚款；没收违法所得；没收非法财物；责令停产停业；暂扣或吊销许可证；暂扣或吊销执照；行政拘留；法律和行政法规规定的其他行政处罚	专门针对网络不正当竞争行为所作出的规定，见《反不正当竞争法》第十八条①、第二十条②和第二十四条③
刑事责任	构成犯罪的适用	构成犯罪的适用

5.3.5　国际电子商务的司法管辖问题

诉讼管辖有级别管辖和地域管辖之分。所谓级别管辖，是指按照人民法院的级别来确定民事行政案件的分工和权限。而地域管辖是指同一级别的法院之间在各自的辖区内受理案件的分工和权限。电子商务中所涉及的案件，绝大部分是由基层人民法院和中级人民法院管辖的。但由哪个地域的基层或中级人民法院管辖，却需要通过以下几种方式确定。

1. 侵权行为地、被告住所地或计算机终端等设备所在地管辖

针对侵权行为，我国传统民事诉讼法理论是以当事人住所地和行为地为基础来确定法院的管辖权。我国《民事诉讼法》第 29 条规定："因侵权行为提起的诉讼，由侵权行为地或者被告住所地人民法院管辖。"

最高人民法院出台的《最高人民法院关于审理涉及计算机网络著作权纠纷案件适用法律若干问题的解释》（法释〔2006〕11 号）规定，网络著作权侵权纠纷案件由侵权行为地或者被告住所地人民法院管辖。侵权行为地包括实施被诉侵权行为的网络服务器、计算机

---

① 违反本法第六条规定实施混淆行为的，由监督检查部门责令停止违法行为，没收违法商品。违法经营额 5 万元以上的，可以并处违法经营额 5 倍以下的罚款；没有违法经营额或者违法经营额不足 5 万元的，可以并处 25 万元以下的罚款，情节严重的，吊销营业执照。

② 经营者违反本法第八条规定对其商品作虚假或者引人误解的商业宣传，或者通过组织虚假交易等方式帮助其他经营者进行虚假或者引人误解的商业宣传，由监督检查部门责令停止违法行为，处 20 万元以上 100 万元以下的罚款；情节严重的，处 100 万元以上 200 万元以下的罚款，可以吊销营业执照。

③ 经营者违反本法第十二条规定妨碍、破坏其他经营者合法提供的网络产品或服务正常运行的，由监督检查部门责令停止违法行为，处 10 万元以上 50 万元以下的罚款；情节严重的，处 50 万元以上 300 万元以下的罚款。

终端等设备所在地。《最高人民法院关于审理涉及计算机网络域名民事纠纷案件适用法律若干问题的解释》规定，涉及域名侵权纠纷案件，由侵权行为地或者被告住所地的中级人民法院管辖。对难以确定侵权行为地或者被告住所地的，原告发现该域名的计算机终端等设备所在地可以视为侵权行为地。

可见，对于网络侵权案件，侵权行为地和被告住所地是确定司法管辖地的首要依据，其次考虑原告发现侵权内容的计算机终端等设备所在地。

2. 原告所在地和最密切联系地管辖

根据《最高人民法院关于〈中华人民共和国民事诉讼法〉若干问题的意见》第28条的规定，侵权行为地包括侵权行为实施地和侵权行为结果发生地。由此可见，网络侵权案件的司法管辖地除了依据侵权行为地的原则确定外，侵权结果发生地也可以作为司法管辖地的确定原则。在 Steve Bochan, Plaintiff, v.Ray La Fontaine, Mary La Fontaine, Robert Harris Defendants (Civil Action No.98-1749-A)①一案中，原告是一个居住在美国弗吉尼亚州的居民，他宣称：居住在得克萨斯州和新墨西哥州的被告，从互联网上的新闻组中粘贴损害其名誉的言论，从而对其构成诽谤，并要求弗吉尼亚州东部地区法院对非弗吉尼亚州的被告行使管辖权。他指出：尽管此案从表面上看来，被告的居住地和侵权行为地是在得克萨斯和新墨西哥，与弗吉尼亚州法院地的联系是消极的，但因为原告生活在弗吉尼亚州，被告粘贴的言论已经对原告的名誉造成了影响，该行为的主要"后果"发生在弗吉尼亚州，因此，被告应该可以预见到弗吉尼亚州法院对此是有管辖权的。该案最终由原告所在地法院实施了管辖权，其根据是，原告所在地是侵权结果发生地，虽然侵权结果发生地不计其数，但显然原告所在地是与案件有最密切联系的地方。其实在很多案件中，都能够发现原告所在地和与案件有最密切联系地往往是重合的，从而成为确定司法管辖地的原则之一。

本章相关知识拓展性阅读二维码

复习思考题

一、判断题

1. 电子商务法律关系的客体是指电子商务的各方参与者，即享有权利、承担义务的当事人。（　　）
2. 1999年的《中华人民共和国合同法》增加了"数据电文"的规定。（　　）
3. 刘某看到某网站出售DVD光盘的广告后，依照该网页的要求用鼠标点击了标有"同意"字样的键钮，刘某与网站之间的合同即告成立。（　　）
4. 域名的组成可以是文字，也可以是图形。（　　）

---

① 案例网址：http://www.temple.edu/lawschool/dpost/bochan.html。

5. 域名的注册规则除"先申请先注册原则""唯一性原则"外，不承担检索责任。
（   ）

二、单项选择题

1. 世界范围内第一部全面确立电子商务运行的法律文件是（   ）。
   A. 联合国《电子商务示范法》　　　B. 美国《数字签名法》
   C. 美国《统一计算机信息交易法》　　D. 中国《电子签名法》

2. 电子商务法的调整对象是（   ）。
   A. 商家与消费者之间的服务关系
   B. 电子商务交易活动中发生的各种社会关系
   C. 实体社会中的各种商事活动的法律规范
   D. 企业与员工之间的劳务关系

3. 电子签名是指（   ）中以电子形式所含、所附，用于识别签名人身份并表明签名人认可其中内容的数据。
   A. 电子邮件　　　　　　　　　B. 电子合同
   C. 数据电文　　　　　　　　　D. 磁盘

4. 侵权行为地通常包括侵权行为实施地和（   ）。
   A. 侵权行为结果发生地　　　　B. 侵权人所在地
   C. 被侵权人所在地　　　　　　D. 侵权服务器所在地

5. 目前，我国对软件的保护实际上是采取（   ）。
   A. 以专利法保护为主，并辅以著作权法、反不正当竞争法等其他手段的交叉保护方式
   B. 以商业秘密方式保护为主，并辅以著作权法、反不正当竞争法等其他手段的交叉保护方式
   C. 以著作权法保护为主，并辅以反不正当竞争法、合同法等其他手段的交叉保护方式
   D. 以物权法保护为主，并辅以著作权法、反不正当竞争法等其他手段的交叉保护方式

三、多项选择题

1. 电子商务立法的原则有（   ）。
   A. 打击黑客的原则　　　　　　B. 促进电子商务发展的原则
   C. 技术中立的原则　　　　　　D. 全球协调一致原则

2. 以下属于网络作品著作权财产权的是（   ）。
   A. 发行权　　B. 发表权　　C. 出租权　　D. 信息网络传播权

3. 我国《电子签名法》主要规定的内容有（   ）。
   A. 电子签名的效力　　　　　　B. 电子合同
   C. 电子商务经营者的法律责任　　D. 电子认证服务市场准入制度
   E. 电子签名安全保障制度

4. 常见的计算机网络侵权包括（   ）。
   A. 侵犯只是产权　　B. 侵犯人格权　　C. 侵犯继承权　　D. 不正当竞争

5. 按照我国相关法律规定，下列表述不正确的是（　　）。
A. 域名权利就是商标权利
B. 先注册的域名如果是他人的商标就是域名抢注行为
C. 域名是一种知识产权客体，这在各国法律中已经有明确规定
D. 驰名商标被他人注册就构成了对商标权的侵害

四、简答题

1. 简述电子商务法的调整对象范围。
2. 电子商务法律关系主体有哪些？
3. 域名与传统知识产权的异同点。
4. 常见的涉及网络域名的纠纷类型有哪些？
5. 用专利权方式保护计算机软件的主要障碍有哪些？

五、案例分析题

施华洛世奇公司（原告）经中国商标局核准，注册SWAROVSKI及天鹅图形系列4个商标，该品牌的水晶饰品在全球享有较高的美誉度。该公司调查发现，2008年6、7月间，上海王星网络公司（被告）未经许可注册了4个带SWAROVSKI的域名，且指向的网站也冠以"施华洛世奇水晶专卖""施华洛世奇网"等名号进行水晶饰品销售。在庭审过程中，原告施华洛世奇方面诉称，被告将原告注册商标SWAROVSKI作为域名的主体，申请注册了chinaswarovski.com、swarovski-shop.cn等4个域名，并在其注册的多个网站中大量、突出使用原告的注册商标，宣传、销售假冒水晶产品，造成了公众的混淆和误认，侵犯了施华洛世奇公司（原告）的注册商标专用权，应停止侵权行为，将涉案域名无偿转让给原告，公开赔礼道歉，赔偿经济损失40万元，并承担诉讼费。审理中，以cn为后缀的3个域名已到期，原告的关联公司进行了注册。原告提出变更其中一项诉讼请求：判令被告王某注册的chinaswarovski.com域名由原告注册使用。被告上海王星网络公司方面反驳称，被告注册的上述4个域名虽然存在与原告注册商标相近似的内容，但被告是根据域名注册程序合法注册并支付了相关费用的，属于指示性使用，即指引消费者购买产品，而非在产品本身或服务中使用商标，这种使用是善意的、合理的，而其网站上的内容全部来源于淘宝网，在网站上提示、销售原告水晶产品，是对原告商品的宣传，并不构成侵权。被告同时辩解，上述4个域名均指向同一IP地址，4个域名对应的网页内容完全相同，只是排版不同，对应的是同一个网站。网站的经营管理均由上海王星网络公司负责，公司在注册后的2009年的年初才建立网站，在接到诉状后的2009年10月已停止使用涉案域名，并停止销售相关商品，总共卖掉的货品也只有区区3 200元，赔偿40万元显然没有依据。

请结合域名注册相关规范和电子商务经营主体的义务，回答：

（1）被告注册的域名是否侵犯原告的注册商标专用权？
（2）电子商务经营主体的义务有哪些？
（3）被告在其网站销售施华洛世奇水晶，违反了电子商务经营主体的哪项义务？

第二篇

国际贸易管理法律制度

第6章 世界贸易组织

学习目标

通过本章的学习，要求了解世界贸易组织（WTO）的成立过程及其前身《关税与贸易总协定》（GATT1947）的相关内容，掌握 WTO 的概念、宗旨、职能及机构等，重点掌握 WTO 的基本原则和派生原则，以及每个原则的具体适用。

案例导入[①]

2007年2月，美国政府向世界贸易组织提出诉讼，诉称我国利用税收减免等手段对出口产品进行变相补贴，造成我国产品出口后削弱了他国产品的竞争力。诉讼提出后不久，墨西哥也以同样的理由对我国提起了诉讼。我国积极应诉，同年3月、6月与美国、墨西哥两国进行了磋商，美国、墨西哥两国认为磋商已经不能解决问题，直接要求设立专家组，但是我方的态度是拒绝设立专家组。

2007年8月31日，针对美国、墨西哥第二次发出的设立专利组的要求，我国已经无权再进行拒绝，WTO 组织了专家组对我国是否存在违反 WTO 相关规定进行贸易补贴的问题进行调查。美方诉称，我国在木制品产业、钢铁产业、信息产业中都存在"优惠政策"，实则违规的出口补贴，而这些补贴均早已被 WTO 列入禁止补贴的禁止性规范之中。2007年12月19日，我国和美国就上诉内容自行协商，达成谅解，并签订了和解协议，美方撤诉并通知 WTO 争端解决机构。2008年2月7日，中国与墨西哥也用相同的办法解决了这一争端，墨西哥通知 WTO 争端解决机构撤回诉讼。分析此案例中蕴含的世界贸易组织相关知识，回答以下问题。

（1）对于国际贸易过程中产生的纠纷、诉讼，WTO 的职能包括什么？

（2）WTO 的组织机构有哪些？

---

① 案例来源：世界贸易组织官方网站。

6.1 世界贸易组织概述

WTO 成立于 1995 年 1 月 1 日，前身是成立于 1947 年的关税与贸易总协定。WTO 是协调、解决各成员方之间的贸易往来及相关法律问题的政府间国际组织，是当代最重要的国际经济组织之一，素有"经济联合国"之称。

6.1.1 世界贸易组织的产生

随着世界经济、国际贸易的不断发展，WTO 的产生是必然的。其产生的根源主要是国际贸易的发展和国家（地区）政府的政策干预之间的矛盾，旨在将政府干预国际贸易的政策限制在合理的范围之内，建立公平、和谐、有利于发展的世界贸易关系。

1. 国际贸易的发展

各国家（地区）都在追求经济增长，但是国内单一的经济增长到一定程度时必然陷入瓶颈，由于各个国家（地区）地缘状况、自然状况、人口数量等区别，有可能在某一种或几种产业的生产上具有相当的优势，利用这种极为可观的优势与别国（地区）发生贸易往来时，能够极大地促进本国（地区）的经济增长。以大卫·李嘉图为代表的经济学家认为，如果各国都更为合理地分配它的劳动资源，生产这种具有优势的产品并自由交换，则各国就都能得到更多的利益。但是，实际上各国家（地区）政府都对国际贸易的发展进行一定的干预。

2. 政府对国际贸易的干预

各国家（地区）政府大多通过制定相关的对外贸易政策来约束本国商业主体对外贸易往来，从而对国际贸易进行干预，各国家（地区）均选择对国际贸易进行不同程度的政策性干预，进行干预的原因主要有以下 3 个方面。

（1）保证本国财政收入。

由于各个国家（地区）都非常重视本国（地区）内部的产业发展，当本国（地区）内部的产品较之他国不具有绝对的竞争优势时，为了保护民族产业，大部分国家（地区）都会选择限制进口。限制进口的常用措施之一就是征收进口税，此举同时还可以增加关税收入，保证本国（地区）的财政收入。

（2）保护国内自然资源。

大部分地大物博、自然资源丰富的国家或地区，发展对外贸易都离不开自然资源的输出，该国家（地区）政府必须通过政策性的干预来限制出口，以保护本国自然资源，防止其过分流失。

（3）维护公共健康及环境。

为了规制有些贸易主体进口危害健康的产品、污染环境产品的行为，政策限制也起到了非常重要的作用。此时的政府干预政策在于保障公共健康安全及环境不受污染。例如，我国政府在2017年7月18日正式宣布：2017年年底开始不再接收"洋垃圾"，即外来垃圾，具体包括废弃塑胶、纸类、废弃炉渣等，该禁令已于2017年年底正式生效。

6.1.2 世界贸易组织的前身——关税与贸易总协定

1.《关税与贸易总协定》（GATT1947）

19世纪末期20世纪初期，资本主义经济由自由竞争阶段发展到垄断阶段，国内垄断经济的压力导致各大资本主义国家为了转嫁国内压力而放弃之前较为自由的国际贸易政策，收回绝对主权，提高关税、抵制进口，施行贸易保护政策。一国（地区）政府是否应当享有对国际（地区）间贸易往来进行干预的权利，针对这个问题存在多种不同的声音，就当时的世界情况来看，各国政府对于国际贸易的控制拥有绝对权利。1929—1933年，世界性经济危机爆发，各国政府不得不对国际贸易采取高压政策，具体手段包括大幅度提高关税、限制进口、鼓励出口、管制外汇等，试图以此来解决国内的失业问题、民生问题。这些措施非但没有使得国内经济态势好转，而且造成了国际贸易的严重萎缩，反而使得国内经济需求进一步减少，工厂倒闭，员工失业，民不聊生。

第二次世界大战结束前夕，接受这些深刻教训的战胜国认识到了国际贸易合作的必要性，开始致力于建立一个协调国际贸易关系的专门组织。第二次世界大战后，世界范围内经济环境相对和平，国际贸易迅速发展，1944年，英、美等44国集会，实现了之前建立国际货币基金组织的设想，但是建立一个国际贸易组织（当时被称为ITO）的设想由于美国的拒绝而未能实现。1947年，日内瓦会议致力于关税互惠的多边谈判，英、美、中、法等23个国家关于关税的多边谈判成功，达成了123项双边协议，这就是《关税与贸易总协定》中的重要组成部分。1947年10月23日，23个国家在瑞士日内瓦正式签订了以"提高生活水平、保证充分就业、保证实际收入和有效需求的大幅持续增长、扩大世界资源的充分利用以及发展商品生产与交换为目的"的《关税与贸易总协定》，又称为GATT1947。1948年1月1日，GATT1947正式开始运行，根据其约定，缔约方各国定期就关税互惠问题进行多边会谈，其中较为著名的有东京回合谈判、乌拉圭回合谈判等。GATT1947发挥了近半个世纪的作用，缔约方最终多达128个，取得了相当的历史成就，意义深远。但不容忽视的是，GATT1947也有一定缺陷，尤其在法律方面，导致其最后被WTO所取代。

2. 乌拉圭回合谈判

20世纪80年代，GATT1947由大国主导谈判的状况一直未得到改变，世界经济发展缓慢，各国政府也充分认识到GATT1947已经不能适应当时的国际经济局势需求，尤其是在涵盖范围、争端解决机制、法律缺陷等方面，GATT1947是亟待完善的。1986年9月15日，

知识拓展二维码6-1：
国际贸易保护理论

知识拓展二维码6-2：
GATT1947的法律缺陷

GATT1947 多边谈判中最为著名的乌拉圭回合谈判在摩洛哥的马拉喀什市举行，正是这一回合的谈判为世界贸易组织的产生奠定了基础。1986年8月，在由各缔约国参与的缔约方大会上通过了《乌拉圭回合部长宣言》（以下简称《宣言》），从《宣言》中可以确定乌拉圭回合谈判的主要目标包括：第一，修正过分的保护主义，消除目前存在的贸易扭曲现象，通过降低关税、减少贸易壁垒等方式，建立一个更为开放的世界贸易体系；第二，维护关税与贸易总协定的原则及宗旨，适当改变使其能够适应不断演变的国际经济形势；第三，加强发展中国家的话语权，实现实质意义上的公平。总之，这次会议的最大成果就是决定成立一个更具生命力的、持久存在的、世界性的多边贸易组织，即世界贸易组织。

知识拓展二维码 6-3：乌拉圭回合谈判的进程

3. 世界贸易组织的成立

在摩洛哥的马拉喀什市举行的 GATT1947 乌拉圭回合部长级会议中，各参与国达成了《建立世界贸易组织的协定》，即 WTO 协定，1995年1月1日，WTO 正式成立，取代了之前的 GATT1947。WTO 的主要特征体现在以下几个方面。

（1）多边贸易组织的涵盖范围更广。

WTO 已经不再是一个简单的多边条约，它不仅是事实上的国际经济组织，而且是目前世界上唯一的协调国际关系的全球性经济组织，其更具稳定性和持久性。各缔约方也赋予这一崭新的多边贸易组织更为广泛的管辖权，如关于知识产权、农产品、纺织品、服装贸易等方面的管辖权，这都是较之 GATT1947 的进步之处。

（2）形成了更为完善的法律体系。

不同于 GATT1947 临时性多边协议的性质，WTO 是真正意义上的国际经济组织，法律也赋予其人格。WTO 产生的法律规范效力也增强了，不再是"弱法"。同时在法律制度方面也更加完善了，例如，争端解决机制的变化弥补了过去半个世纪 GATT1947 "一票否决制"的缺陷，将其改为"一票赞成制"，这是一个非常大的进步。

（3）对关税、非关税等国际贸易相关问题进行了全面规定。

WTO 将关税全面降低，其中，发达国家平均税率有所降低，发展中国家平均税率大幅度降低，而零关税的商品比例则大幅度提高。除关税外，补贴与反补贴、反倾销、技术贸易壁垒等大量问题也都得到了更为规范的规制和解决。

知识拓展二维码 6-4：世界贸易组织与中国

课堂讨论 6-1：我国加入世界贸易组织后，对世界的主要贡献有哪些？

6.1.3　世界贸易组织的宗旨

WTO 协定的序言中明确规定了 WTO 的宗旨，这也是 WTO 成员在处理贸易及经济事务的关系时应当致力于实现的共同目标。同关税与贸易总协定的宗旨相比不难发现，WTO 的宗旨在承袭了 GATT1947 宗旨的基础上又有所发展。

1. 提高生活水平、保证充分就业、提高实际收入和有效需求

这一宗旨完全是对 GATT1947 宗旨的继承，是建立 WTO 的最高追求及根本宗旨。这里的"提高生活水平"，既不是指提高一国或地区的生活水平，也不是指提高几个发达国家或地区的生活水平，而是指普遍地提高整个世界人民群众生活水平。

为了保证本国（地区）内的经济发展，各国（地区）政府都不肯放弃对国际贸易的干预，但是有关研究表明，国际贸易政策越宽松，反而越有利于国内就业率提高。因此，WTO 的根本宗旨中很重要的一点就是发展各个国家（地区）的优势产业、保证充分就业，从而提高实际收入、提高生活水平，这也是各国民生之根本。

2. 进一步扩大生产与发展商品贸易

GATT1947 的宗旨中就包含了"扩大货物生产以及发展贸易"，WTO 在其基础之上进一步发展。通过乌拉圭回合谈判中达成的"一揽子"多边协定，降低关税、减少贸易壁垒，推动贸易全球化。同时，WTO 的贸易涵盖范围也进一步扩大，将服务贸易等项目纳入其中。这是在继承 GATT1947 宗旨基础上的再发展。

3. 持续发展，合理利用资源，保护环境

GATT 序言中强调充分利用世界资源，这也是 GATT 的宗旨之一。20 世纪 90 年代，联合国提出"可持续发展"的理念，基于这一理念的科学性，WTO 的宗旨改变了 GATT "充分利用世界资源"的着重点，将其表述为"合理利用世界资源"。WTO 专门成立了贸易与环境委员会，致力于环境监督管理及保护。这些变化体现了各缔约方已经能够较为清楚地认识到世界资源与经济发展的内在联系，在追求经济发展的同时，也着力于最大限度地保护环境，实现可持续发展。

4. 保证发展中国家成员贸易、经济的发展

WTO 素有"经济联合国"之称，它不是极少数发达国家的多边贸易体制，而是世界性的多边贸易体制。从 1947 年仅有 23 个国家参与 GATT 协议的签订，发展到 1995 年 WTO 的成立，已经有 128 个缔约方加入其中，时至今日，成员国已经多达 160 多个。WTO 成员包括发达成员、发展中成员、转轨经济体成员和最不发达成员等 4 类，WTO 协定的序言中也明确提到了"确保发展中国家成员尤其是最不发达国家成员能获得与它们国际贸易额增长需要相适应的经济发展"的目标，可见其改变 GATT1947 仅保证形式上实现平等的原始状态的决心，这一宗旨标志着国际经济新秩序正通过 WTO 组织的运行而朝着更加公平合理的方向发展。

5. 建立一体化的多边贸易体制

较之 GATT1947，WTO 涵盖的范围更广，农产品、纺织品、服务贸易、知识产权贸易均被纳入其中，这也是 WTO 的宗旨之一：建议一个更为完整的多边贸易体制。我们通过《马拉喀什协议》及其附件的相关内容。《1994 年关税与贸易总协定》（GATT1994）、《农产品协议》《纺织品与服装协议》《服务贸易总协定》《与贸易有关的知识产权协定》《关于争端解决规则与程序的谅解》《补贴与反补贴措施协议》等即可看出 WTO 是多边一体化的贸易组织。

6.2 世界贸易组织的职能及机构

6.2.1 世界贸易组织的职能

WTO 是唯一的处理国家（地区）间经济、贸易相关问题的全球性国际组织，其设立的法律基础与核心是 WTO 协定。根据该协定，WTO 的首要目标是保障并促进国际贸易的公平、顺利进行，增强其可预测性，建立一个具有统一规则、更开放、包容性更强的贸易环境。为了实现这一目标，WTO 的职能包括以下 5 项内容。

1. 促进 WTO 协定的执行及其他贸易协定的制定、运行

根据 WTO 协定的第三条第一款，WTO 的首要职能就是促进本协定的执行、管理、运行，促进其他各项多边贸易协议的制定、执行、管理、运作。国际贸易的发展需要一个相对稳定、标准统一、和谐的贸易环境，各种贸易往来需要在公平、透明的贸易规则下实施，而 WTO 协定和各项多边贸易协定如果充分发挥作用，则可以有效促进这一目标的实现。因此，WTO 的 5 项职能中第一项就是通过促进 WTO 协定及各多边协议的运行等工作来实现各协定中提及的目标、宗旨，推动贸易各方商品、服务、技术进出口贸易的顺利进行，从而推动国际贸易的发展。

此外，WTO 作为一个世界性的贸易组织，还需要对诸边贸易协议的执行、管理和运作提供相应的框架，而 WTO 协定是 WTO 设立、运行的理论基础，是具有约束力的法律文件，根据其规定形成的 WTO 法律体系也是国际贸易运行过程中的法律框架。

2. 为各成员提供谈判场所

谈判是国际贸易发展的过程中必不可少的手段之一，是指贸易双方或多方就某一主题进行磋商、解决问题、达成一致的过程。通过贸易谈判，可以产生新的合作意向、缔结进出口合同、协商纠纷、解决争端等。而 WTO 则应当担负为成员国就本协定及附件中涉及内容进行谈判提供平台的职责，这也是 WTO 的一项重要职能，旨在为各成员方提供一个公平的、开放的、能够迅速有效解决问题的沟通渠道。另外，如果部长级会议作出决定，WTO 还可以为各成员的多边贸易关系的进一步谈判提供场所，并为执行该谈判的结果提供切实可行的框架。

同双边贸易谈判相比，多边贸易谈判覆盖的国家利益更为广泛，产生的国际影响更为深远。尽管需要较长的谈判时间，但是一旦谈判各方就关键贸易问题达成一致，将极大地促进国际贸易的发展。比如，历时七年半的乌拉圭回合谈判是迄今为止涉及范围最广的，也是历时最长的一次多边贸易谈判，谈判旨在全面改革多边贸易体制，最终促成了 WTO 和各项贸易协定的诞生。WTO 在成立后的二十多年中，为成员提供了多样化的多边贸易谈判平台，取得了很多成就。各成员通过 WTO 下设贸易谈判委员会，就现行协定的具体实施和制定新协定进行贸易谈判，大幅降低了关税和非关税壁垒，大大促进了国际贸易的发展。另外，在经济全球化的背景下，WTO 的这一职能也成为保护国际贸易的屏障，对扩大

贸易自由化和全球化具有极其重要的作用。所有由谈判达成的协议，WTO 将在未来争端发生时负责解释该协议。WTO 的所有协议都包含争议解决程序，由 WTO 依法并中立地解决冲突和争端。

3. 管理解决贸易争端相关问题的职能

根据 WTO 协定第三条的规定，WTO 的又一重要职能就是管理实施本协议及附件有关争端解决。较之 GATT1947，WTO 的一大进步就是改变了争端解决机制软弱和分散的状态，切实建立起一个合理并逐步完善的争议解决体系，覆盖了商品贸易领域，服务贸易领域和贸易相关的知识产权领域。

争端解决机制保障了成员国在贸易往来中的合法权利和利益，同时也监督成员履行 WTO 义务，确保 WTO 协议的有效实施和可持续发展。在 WTO 建立的争端解决机制之下，各成员方必须承诺不对其他成员采取单方面行动，这既是权利，也是义务，他们也希望通过 WTO 的争端解决机制寻求追索权，并遵守其规则和调查结果。WTO 设置了争议解决机构，负责制定争议解决规则、流程，整个程序比 GATT 中的争端解决时间大幅缩短，执行力强，且程序简便、合理。

争端解决程序始于争端双边磋商或者 WTO 总干事的斡旋，如告失败，则专门设立一个独立的小组来听取争议。该小组针对争议问题向各方提交一份专家意见报告，报告经修改后将向所有 WTO 成员公布。每个 WTO 成员仅有一次投票权，大多数决定都是通过协商作出的。如果成员对专家组报告提出上诉，上诉机构将对争端进行重新审查。自提交上诉通知之日起 30～45 天内，上诉机构应召开口头听证会，争端各方可以进行口头陈述并回答问题。需要注意的是，上诉机构的审查对象仅涉及专家组报告相关的法律问题和专家组的法律解释，而不涉及事实问题。

4. 评审贸易政策的职能

WTO 应当实施与贸易政策审查机制（Trade Policy Review Mechanism，TPRM）有关的规则和条款。贸易政策审查是 WTO 非歧视性原则的具体体现，目的是提高透明度，更好地理解各国正在采用的政策并评估其影响。许多成员视审查结果为对其政策的建设性反馈。WTO 设立贸易政策审查机构，负责评审和宣传播国家贸易政策，并通过监督全球经济政策来确保贸易政策的一致性和透明度。对于许多发展中国家和前中央计划经济的国家来说，这一要求是朝着市场透明度迈出的重要一步。

WTO 的所有成员必须接受贸易审查机构的审议，审议频率取决于被审议成员对多边贸易体系的影响程度。若在某一代表性时期内，成员在世界贸易份额中所占比例越大，则说明该成员对多边贸易体系的影响程度就越大，需要接受贸易审议的频率就越高。比如，WTO 对全球四大经济体（美国，中国，日本和欧盟）的贸易政策每两年进行一次评估，对 16 家次级规模经济体的贸易政策每四年进行一次评估，对其他所有经济体每六年甚至更久进行一次评估。在与受审查的成员国进行广泛磋商后，由 WTO 秘书处发布政策审议报告，包括成员提交的报告，秘书处报告，以及贸易政策评审机构会议纪要等文件。因此，贸易政策审查过程不仅监督了成员履行义务的程度，提供新开放市场的信息，也为随后的贸易谈判和解决贸易争端提供了更坚实的基础。

5. 与其他国际组织合作，协调全球经济决策

WTO 的第五项职能为配合国际货币基金组织（IMF）和世界银行（IBRD）等国际组织及其附属机构确定统一经济政策。以 IMF 为例，IMF 和 WTO 的工作是相辅相成的，需要一个健全的国际金融体系来支持充满活力的国际贸易，同时，流畅的贸易有助于降低支付失衡和金融危机的风险。这两个机构共同努力确保向所有国家开放一个强有力的国际贸易和支付体系。这样的体系对于促进经济增长、提高生活水平和减少全球贫困至关重要。WTO 成立后不久，签署了与 IMF 的合作协议，涵盖双方关系的各个方面。这种合作可以表现为定期咨询、技术援助、技术培训等方式。

IMF 在某些 WTO 机构中拥有观察员地位，并可参加某些 WTO 委员会和工作组的会议。WTO 秘书处出席 IMF 执行局或董事会与 IBRD 及其他国际组织联络委员会会议，讨论共同关心的问题。

IMF、WTO 和其他国际组织和捐助者经常共同努力帮助各国提高贸易能力。贸易相关技术援助的强化整合框架（Enhanced Integrated Framework，EIF）向最不发达国家提供技术支持，使其在全球贸易体系中发挥更积极的作用，帮助它们解决供应方在贸易方面的制约因素。

除 IMF 和 IBRD 之外，WTO 总理事会也谋求与其他政府和非政府间组织的协商和合作。WTO 这一职能的目的是让影响全球贸易发展的国际组织紧密地结合在一起，密切配合，共同创建一个健康的决策环境，使世界经济贸易协调发展，避免法律文件和决策产生不必要的冲突。

课堂讨论 6-2：结合中美贸易战的现状，讨论：WTO 可以发挥哪些职能？

6.2.2 世界贸易组织的机构

为了实现上述众多职能，WTO 必须设置相应的专门机构各司其职，WTO 设置了最高决策机构、常设权力机构、各理事会、委员会及下属机构等专门机构。各机构分工明确，职能重要，这些机构具体包括部长级会议，总理事会及其下设理事会，委员会，总干事和秘书处等。

1. 部长级会议

部长级会议（Ministerial Conference）是 WTO 的最高权力机构、管理机构和决策机构，由所有成员国代表组成，代表人选通常为该成员国主管外经贸的部长级、副部长级官员或其全权代表，因此称为部长级会议。部长级会议至少每两年举行一次，可以就任何多边贸易协定下的所有事项作出决定，具有广泛的权力，例如立法权、准司法权、豁免某个成员在特定情况下的义务、批准非 WTO 成员国所提出的取得 WTO 观察员资格申请的请示等。部长级会议作为 WTO 重要的组织机构，担负着履行 WTO 职能的重任，其具体的日常工作由总理事会、争端解决机构以及贸易政策审议机构等机构分别负责执行。

（1）总理事会。

总理事会（General Council）是 WTO 的常设机构，也称为第二级机构，负责在部长级会议休会期间代表部长级会议行使职能，作出日常决策，处理 WTO 的所有事务，定期监督 WTO 的协议和部长决定。总理事会由绝大多数 WTO 成员任命的常任代表或大使组成。总理事会自行拟订议事规则及议程，以监督、解决成员之间争议的程序并分析成员的贸易政策。

（2）理事会。

总理事会下设货物贸易理事会、服务贸易理事会、贸易相关的知识产权理事会（TRIPS 理事会），分别负责货物贸易、服务贸易、知识产权贸易领域内的相关事项。理事会及其各自的附属机构履行各自的职责，并向总理事会汇报。理事会通常每月在瑞士日内瓦总部举行一次会议，可视情况自行拟订议事规则，经总理事会批准后执行。所有成员均可参加各理事会。

（3）总专门委员会和工作组。

部长级会议下设立专门委员会和工作组（Committees and Working Parties/Group），同理事会相比，专门委员会和工作组负责范围较小，主要负责特定的贸易领域及其他有关事宜。专门委员会和工作组向总理事会报告。

主要的专门委员会包括：贸易与环境委员会（Committees on Trade and Environment），贸易与发展委员会及最不发达国家分支委员会（Committees on Trade and Development & Subcommittee on Least Developed Countries），区域贸易协定委员会（Committees on Regional Trade Agreements），国际收支限制委员会（Committees on Balance of Payments Restrictions），预算、财政和日常管理委员会（Budget，Finance and Administration）等。委员会向总理事会汇报。

主要工作小组包括：入会工作小组（Working parties on Accession），贸易、贷款和融资工作组（Working groups on Trade，debt and finance），贸易和技术转让工作组（Working groups on Trade and Technology Transfer），贸易和投资关系工作组（Working groups on Relationship between Trade and Investment），贸易和竞争政策工作组（Working groups on Interaction between Trade and Competition Policy），政府采购透明化工作组（Working groups on Transparency in Government Procurement）等。

以上委员会和工作组通过总理事会分配，负责履行 WTO 协议和多边贸易协定赋予的职责。

2. 秘书处与总干事

（1）秘书处。

世界贸易组织秘书处（Secretariat of the WTO）设在日内瓦，包括 600 多名专业工作人员，由总干事领导。秘书处负责组织 WTO 部长级会议，向 WTO 各委员会提供技术和专业知识支持，秘书处职能包括并不限于：安排 WTO 各项会议；发布、出版秘书处文件；分析国际贸易、经济形势以及贸易政策并向公众和媒体解释 WTO 事务；起草法律文件，提供法律咨询，协助组织会议及谈判；协助处理 WTO 贸易争端；向发展中国家提供技术援助；建议并协助其他政府加入 WTO 等。秘书处工作人员由总干事指派，并按部长级会议通过的规则决定他们的职责和服务条件。

（2）总干事。

总干事（Director-General）负责领导秘书处，监督秘书处的专业工作人员及其工作，并担任 WTO 的发言人。总干事由部长级会议任命，并明确总干事的权力、职责、服务条件及任期规则。WTO 总干事的职责包括但不限于：影响并监督成员遵守 WTO 原则，履行 WTO 职责；判断、预测 WTO 未来发展方向，制定最佳发展战略；协助成员解决争议；日常预算管理和行政管理等；主持协商和非正式谈判，避免争议。

总干事任期为 4 年，由来自不同成员国的 4 位副主任协助总干事处理秘书处事务。

3. 争端解决机构

（1）争端解决机构的组成。

WTO 是经济发展全球化的产物，但是由于各国贸易规则的差异、保护主义、贸易壁垒、违规补贴、侵犯知识产权等问题的出现，WTO 必须设立专门机构以调解纠纷、解决争端。

争端解决机构（Dispute Settlement Body）由两个子机构组成：被指定裁决未决争议的专家组和处理上诉的上诉机构。专家组是临时设立的，就是否涉及不公平贸易行为作出裁定。在 DSB 批准成立专家组后，WTO 秘书处将向争议各方建议 3 名潜在专家的名单，并根据需要在合格人员名单上提出申请。如果选择存在实际困难，总干事可以直接任命小组成员。小组成员以个人身份任职，不受政府指示。

上诉机构以美国联邦上诉法院的结构为模型：上诉机构由 7 人组成，其中 3 人由专家组的判决分配给上诉机构。上诉机构的成员必须有 WTO 成员的代表，并且必须是在法律和国际贸易领域具有公认地位，并且不隶属于任何政府机构的人员。每名成员任期 4 年。

（2）争端解决程序。

WTO 争端解决机构解决贸易各方之间争端的基本程序包括：磋商、设立专家小组、上诉机构对专家组报告中法律问题进行审查、专家小组意见及上诉报告的通过、裁定和建议的监督执行程序等。上述几项程序为基本程序，此外，程序中还有可能涉及斡旋、调解和仲裁等非必经程序。

① 磋商。基本程序中的第一项为磋商程序，磋商是 WTO 争端解决的必经程序，也是申请设立专家组的前提条件。但磋商事项以及磋商的充分性，与设立专家组的申请及专家组将作出的裁定没有关系。

② 专家组程序。第二项程序为设置专家组，这是争端解决机制中的核心程序，往往关系着案件最终的处理结果。自提出磋商请求之日起 60 日内没有解决争端的，可以申请设立专家组。专家组是一个非常设机构。一般由双方当事人从专家组名单中选定 3 人组成，经双方当事方同意也可以由 5 人组成。如果双方无法达成一致，则可以由 WTO 总干事任命。设立专家组的申请决定专家组的权限范围，同时它具有满足正当程序目标的价值，使被诉方和有利害关系的第方有机会了解申诉方提出的问题并为自己辩护。专家组的最后报告一

般应在 6 个月内提交争端各方，报告中应列明对事实的调查结果，有关 WTO 规则的适用以及裁定和建议的基本理由。

③ 上诉机构审查。程序中的第三项为上诉机构审查程序，上诉机构是争端解决体系中的常设机构。在专家组报告发布后 60 天内，任何争端当事方都可以向上诉机构提起上诉。上诉案件由 7 名成员中的 3 名组成上诉庭审理，但上诉庭的最后报告由上诉机构集体审查讨论。上诉机构则只审查专家组报告涉及的法律问题和专家组作出的法律解释。上诉机构可以推翻、修改或撤销专家组的调查结果和结论，但没有将案件发回专家组重新审理的权力。在推翻有关裁决和结论时，为了使争端得到有效解决，如果专家组裁决的事实和专家组程序记录中的争端方无争议的事实比较充分，上诉机构可以继续对双方间的争议进行审查，对争议问题作出裁决和结论。

知识拓展二维码 6-5：
争议解决程序图

6.3 世界贸易组织的基本原则

WTO 旨在建立一个平等互利、公正互惠的国际贸易环境，以减少贸易屏障、避免贸易歧视、促进国际贸易及各成员国的综合发展。WTO 原则的重要性自然不必赘述，原则是 WTO 规则及附件的灵魂，贯穿始终，具有指导作用。在继承了 GATT 基本原则的基础上，更加完善，形成了以下主要原则：非歧视原则、市场开放原则、公平贸易原则、鼓励发展与促进经济改革原则以及透明度原则。在这些基本原则之下，又衍生出来一些派生原则，如最惠国待遇原则、国民待遇原则等、市场准入原则、关税保护原则等。

6.3.1 非歧视原则

平等是法律追求的目标之一，平等原则是法学基本原则，WTO 协定中的非歧视原则也可称为平等对待原则，就是平等原则在世界贸易中的体现。早在 20 世纪 30 年代世界经济危机期间，许多国家为寻求贸易保护，采取歧视性贸易政策，西方史学界也普遍认为贸易歧视导致了国际关系的恶化，是第二次世界大战经济政治危机的导火索之一。因此，所有国家都逐渐意识到根据不同国籍来区别对待其他贸易方是没有意义的，为了吸引外国投资者，需要提供一个超越宏观经济政治稳定的透明和非歧视的监管框架作为先决条件，并减少国际贸易中的歧视对待。贸易各方吸取之前经贸战争惨败的教训，将非歧视原则作为多边贸易体制的首要原则，也是国际贸易中已经被广泛认同的一项基本原则。

贸易各方遵循非歧视原则是国际贸易顺利进行的必要条件，为全球贸易往来创造一个开放、公平的竞争环境，从而改善资本配置，优化国际资源利用。基于此，非歧视原则又派生出了国民待遇及最惠国待遇两项原则。

1. 国民待遇原则

在 GATT1994 中就已经有了国民待遇原则的相关规定。根据 GATT1994 第 3 条的规定，在影响国内产品销售、供应、购买、运输等所有方面，贸易各方应当向其他所有成员国提供与本国相同的待遇即国民待遇。各成员方不允许违反规定使用国内征税、收费、法律规定等其他理由，对国内产业进行违规的保护，影响进出口贸易。在国内征税或其他国内收费标准方面，根据GATT1994第三条第2款的规定，各成员在进口商品时所执行标准不应高于出口国内类似商品的标准，或者进口商品时所执行标准不应高于出口国内具有竞争性或可替代性产品的标准。

　　WTO承袭了GATT1994中的国民待遇原则，继续坚持在WTO各成员国之间实现平等待遇，每个成员国对待进口的商品或服务都应该和本土商品或服务享受同等待遇。除了GATT1994外，国民待遇原则也同样存在于《服务业贸易总协定》（GATS协定）、《与贸易有关的知识产权协定》（TRIPS协定）、《技术性贸易壁垒协定》以及《实施卫生与植物卫生措施协定》等多边协议中。国民待遇原则的目的在于消除成员国之间的贸易壁垒，维护贸易体制下国内外产品和企业的公平性竞争，而这对于维护成员权利和义务的平衡以及维持多边贸易体系至关重要。国民待遇原则广泛地适用于进口的商品、服务、商标、版权、专利等，意在使国内外的同行业企业和同类产品在市场竞争中能够处于平等的地位，获得公平交易的机会。

2. 最惠国待遇

　　最惠国待遇原则（Most Favored Nation，MFN）与国民待遇原则一并构成非歧视原则中最重要的内容。最惠国待遇是指任何成员方对待另一成员方在关税、费用征收、规章手续、国内税费及所有法令、条例、规定等方面所给予的优惠、优待、特权或豁免，应当立即无条件地适用于其他任一成员国。即根据WTO协定的要求，各成员国不能差别对待他们的合作伙伴，这也是非歧视原则思想的体现。适用这一原则最初的目的是为合作伙伴提供特殊优待，但是如果这仅仅适用于某一部分贸易合作伙伴，则很显然有违WTO的基本原则——非歧视原则。因此，最惠国待遇条款规定，如果一个国家向其贸易伙伴给予增加利益的优惠，它必须向WTO内所有成员提供相同的"最优惠"对待，以此使所有成员都能平等地享有"最优惠"待遇。WTO体系之下的最惠国待遇原则确保了组织内140多个成员被平等地对待。

　　通常情况下，最惠国待遇意味着一个国家降低贸易屏障或者开启市场，都将对WTO所有成员提供相同的待遇，无论成员贫富和强弱。但是存在一些例外，这些例外是被WTO协定所允许的。例如，国家之间可以建立自由贸易协议，只针对自由贸易区内的商品贸易，或者它们可以给予发展中国家特殊的市场准入，或者一个国家可以向特定国家提高交易屏障用以对抗不公平的商品贸易。在服务业方面，各国可以在限定的环境下，对其他成员进行差别对待，但这些例外只能在严格的条件下才被允许约定在协议中。

　　最惠国待遇原则的适用在鼓励成员国间削减关税方面发挥了重要作用，最惠国待遇的措施具体可以适用于以下方面：第一，对进口或出口征收的任何费用；第二，与进口或出口有关的任何收费；第三，对进出口国际付款支付征收的任何费用及其方法；第四，所有与进出口有关的规则和手续；第五，所有影响内部销售、优惠、采购、运输、分销或使用产品的任何法律，法规和要求。关于以上内容，一旦 WTO 成员给予任何国家（WTO 成员或非 WTO 成员）的进口优势，就必须"立即无条件地"给予所有 WTO 成员进口同类产品的优势。

最惠国待遇原则在国际贸易的发展中发挥了重要的作用，它确保贸易各方可以平等地进入国际市场，无论发展中国家成员和最不发达国家成员，都能从国际市场经济中受益。如果没有最惠国待遇原则，进口国将对来自高效供应商的产品征收更高的关税或建立其他贸易壁垒，以保护本国产业。建立更高的壁垒会导致效率低下，因为高效企业将受到惩罚，生产将转移到另一个出口国的低效企业。最惠国待遇原则确保每个国家可以从高效的供应商进口货物。最惠国待遇原则通过要求全体成员同等待遇，促进简化与进出口有关的程序和要求，降低贸易规则的管理成本，同时最大限度地降低贸易谈判成本。

3. **最惠国待遇原则与国民待遇原则的区别**

最惠国待遇原则谋求确保 WTO 成员间的本国与进口国类似产品的无歧视对待。国民待遇原则适用于本国和进口产品的无差别对待。一般来说，国民待遇原则只适用于内部措施，而不是边界措施（如关税）。一旦产品进入国内市场，则适用国民待遇原则。

知识拓展二维码 6-6：最惠国待遇条款的适用

6.3.2 市场开放原则

作为一个独立于联合国的永久性国际组织，WTO 在成立之初，就期望通过达成互惠互利的多边协议，切实降低关税和其他贸易壁垒，在国际贸易关系中消除歧视待遇，推动国际贸易自由化。为了实现这一目标，各成员方在加入 WTO 时均承诺一定会作出应有的贡献。除了前述的非歧视原则以外，WTO 的又一重要原则就是市场开放原则。根据国际贸易中的大数据调查显示，开放市场可以有效扩大货物与服务的生产和贸易，保证充分就业和大幅度稳步提高实际收入和有效需求，扩大对世界资源的充分利用，保护和维护环境，并且促进各成员方发挥各自所长。降低贸易壁垒是开放市场、促进国际贸易发展的有效途径，而这些贸易壁垒主要包括关税及进口禁令或配额，以及其他一些可能限制甚至阻碍商品和服务贸易的市场准入措施。因此，市场开放原则具体又可以体现为关税保护原则与市场准入原则。

1. **关税保护原则**

基于各国为了保护其国内产业纷纷制定对自己有利的关税制度这一情况，WTO 规定了一系列关于关税保护的原则，主要包括降低关税、限制关税甚至免除关税等。

关税是最常见的商品贸易壁垒，进口关税给类似的本地商品带来价格优势，并为政府提供收入，政府有时会使用关税来保护国内产业免受进口竞争。尽管 GATT 和 WTO 并不禁止使用关税，但成员国已经承诺定期进行多边谈判，以期大幅度降低进出口关税和其他收费的总体水平。另外，如果成员能够在谈判结束后自由增加关税，关税削减的价值并不能保证提高和可预测的市场准入条件。因此，成员们还同意在降低关税水平上对其关税进行约束，并将这些关税约束纳入其 WTO 减让表中。

贸易各方已经认识到大幅度降低关税、限制关税对国际贸易的发展起到至关重要的作用，具体体现为以下几点。

第一，适当的关税政策可以提高市场准入和可预测性。随着发达国家和发展中国家关税壁垒的减少，市场准入机会的增加将使成员扩大出口量，增加税收，以及更好地进入他国市场来改善民生福利。此外，关税谈判不仅是关于减免关税的谈判，还涉及关税约束。关税约束通过设定产品可征税的上限使贸易具有可预测性。换句话说，贸易商知道他们必须为产品支付的进口关税不能高于该产品特许权减让表中记录的约束水平。

第二，恰当的关税政策可以增强贸易互惠。关税谈判应在互惠互利的基础上进行，互惠原则意味着针对关税降低额谈判应该对所有参与者都有利。

第三，惠及所有成员方。根据最惠国待遇条款，任何成员方授予某一国家的关税削减优惠政策必须扩展到所有 WTO 成员。在关税谈判方面，最惠国待遇规则有助于避免关税政策产生实质上的不平等。此外，对于发展中国家和谈判能力较弱的其他国家来说，最惠国待遇原则确保他们将从谈判产生的最佳关税待遇中受益。

根据 WTO 协定中规定的程序及规则，当贸易环境改变等情况下，关税优惠也可以通过重新谈判进行修改甚至撤销。重新谈判的目标应与具有特殊权利的成员达成补偿协议，以保持重新谈判之前达成的权利和义务的平衡，例如，补偿可能包括降低适用于有关成员感兴趣的其他产品的约束关税率。

2. 市场准入原则

贸易各方在保护国内产业的目的支配下，经常会存在通过各种手段限制外来商品和服务进入其市场的行为。这些措施表现为不同形式，如数量限制、贸易法规的选择性适用、海关手续冗杂、技术性贸易壁垒等。WTO 为了倡导各成员方降低关税、减少贸易壁垒、开放市场，逐步实现贸易自由化，规定了市场准入原则。

一般来说，WTO 成员在关税不超过限制水平，并且在非歧视原则的基础上，不能对从其他成员国进口或出口的货物实施数量限制（如禁令或配额）。禁止数量限制的主要原因包括：第一，进口配额的限制性比关税更为严格。进口关税不限制进口数量或价值，但进口配额对进口货物实行绝对限制。第二，进口配额同关税相比具有差异性。按照最惠国待遇原则，允许对从最有效的外国供应商进口的货物征收关税。但是，就配额而言，进口来源取决于进口许可证的分配，而不是最有效外国供应商。第三，进口配额的管理不够透明，成本更高。获益方取决于管理配额许可证，而且在许可证制度的存在下，管理和合规成本可能非常高。

在市场准入原则要求下，各成员方应当不断降低关税水平及非关税贸易壁垒，增加透明度，实现商品及服务没有障碍地进入对方市场的目标。

6.3.3 公平贸易原则

公平贸易原则也称为公平竞争原则，是指各缔约国贸易竞争应当在公平竞争的环境下进行，消除倾销、补贴等不公平的贸易竞争手段，维护良好的国际贸易环境。各成员方不应当采取不公平的手段进行竞争，扭曲国际贸易，而应着力于建设公开、公平、公正的世界贸易规则体系，共同营造更和谐的世界贸易环境。

通常情况下，WTO 被描述为一个"自由的交易"机构，但是这种描述并不完全准确。WTO 允许存在关税壁垒，以及在限定环境下的其他保护形式。更准确地说，WTO 是一系列规则的集合，致力于开放的、公平的、非畸形的贸易竞争环境。WTO 鼓励成员保持密切谈判，以降低它们之间的贸易壁垒，允许发展中国家逐步实现经济转型以适应国际贸易体制。由于与发达国家经济体相比，发展中国家经济体在许多方面都比较脆弱，任何形式的压力都会对其产生负面影响。WTO 通过这一原则，进一步鼓励国际贸易，确保所有成员都参与公平贸易，同时，经济上较弱的成员在实施 WTO 规则和条例方面不会处于不利地位。促进公平贸易原则确立了贸易中的公平与不公平，以及各国政府间的回应，尤其是征收额外进口税的计算方面，对不公平贸易带来的损失进行补偿。

WTO 体系下的多项多边协议中也规定了关于公平竞争的条款，体现了对于促进公平贸易原则的支持。

6.3.4 鼓励发展与促进改革原则

1. 鼓励发展

WTO 的宗旨是为各成员方之间的经济贸易发展提供良好的贸易环境，鼓励各成员方的发展及经济改革。对于发达国家来说，其经济改革水平与国际贸易水平呈正相关关系，国家经济水平越发达，该国参与的进出口贸易数量自然也就越多。但不容忽视的是，WTO 的成员中有 3/4 以上是非发达国家，因此只有重点鼓励发展中国家的经济改革才能进一步促进国际贸易发展。

国际贸易在促进发展中国家的经济增长、增加就业、减少贫困等方面都发挥着重要作用，WTO 协定继承了 GATT 早期协议，允许为发展中国家提供特殊援助和贸易优惠。另外，许多发展中国家和最不发达国家成员在从贸易自由化中受益方面面临特殊困难，发展中国家在实施 WTO 各项协定时需要灵活性。但是，关于对发展中国家给予特殊待遇这一政策在达成共识的过程中较为曲折。乌拉圭回合谈判结束后，发达国家仍然要求发展中国家承担和履行绝大部分义务与职责，好在漫长的谈判期为发展中国家和最不发达国家提供了缓冲期。在最后一轮谈判结束时通过的一项部长级决议表示，富裕国家应该加快兑现对最不发达国家出口商品的市场准入承诺，并寻求对它们提供更多的技术援助。近些年来，发达国家已经开始允许来自最不发达国家的几乎所有产品免关税和免配额进口。在此基础之上，WTO 及其成员依然不断学习，使 WTO 的相关协定、协议或条款更加完善，例如，近年来的多哈发展议题就发展中国家实施乌拉圭回合谈判协议所面临的困难表示关注。

WTO 成员们已经认识到需要作出积极的努力，以确保发展中国家，特别是最不发达国家的发展中国家能够在与其经济发展的需要相适应的国际贸易增长中获得份额。发展中成员的特别条款和计划适用于最不发达国家成员，但最不发达国家成员也受益于额外权利。

WTO 协定通过向发展中国家和最不发达国家提供特殊待遇（或其他灵活形式），承认它们的特殊情况。WTO 协定包含对发展中国家的特殊规定，包括较长时间履行其义务和增加贸易机会的措施。WTO 还组织数百项技术援助活动，帮助发展中成员更好地理解和执行 WTO 规则，帮助发展中成员进行能力建设，包括增强其供应方能力和扩大基础设施建设。

2. 更加自由贸易原则

自 GATT 于 1947 年至 1948 年创立以来，已经进行了 8 轮贸易谈判。根据多哈发展议程，第九轮谈判正在进行中。起初这些谈判集中于降低进口货物的关税，谈判的结果是到 20 世纪 90 年代中期，工业国家的工业品关税率稳步下降到不足 4%。但到了 20 世纪 80 年代，谈判已经扩大到涵盖非关税货物以及服务和知识产权等新的领域。开放市场是有益的，但它也需要调整。WTO 协定通过这种手段来促进发展，允许各国通过"逐步自由化"逐渐引入变革，施行多项更加自由的贸易原则。

3. 互惠原则

根据 WTO 和 GATT 各项规定，谈判应在"互惠互利的基础上"达成。也就是说，当一个成员授予另一个成员贸易优势，则该成员国也应被赋予同受惠国相当的贸易优势。谈判通常发生于一个有出口需求国家对另一个有进口需求的国家之间。尽管这种互惠原则来自谈判经验，并未写入 GATT 相关协议，但这一原则在互利互惠基础上促进谈判和市场准入自由化，无疑是成功的。对于成员国来说，谈判获得的收益大于单边自由化的收益。另外，当一个成员承诺开放其市场准入，互惠原则也将成为正式规则。一旦成员想撤销承诺，这一原则将成为重新谈判的基础。基于互惠原则，GATT 和 WTO 通常对两种情况的放弃承诺给予回应。

第一种情况是，当一个国家通过 GATT/WTO 合法程序提高进口关税至高于其在较早谈判期间承诺的向其他成员国提供的关税约束上限时，允许受到不利影响的贸易伙伴就另一个贸易领域的互惠市场准入变更进行谈判。在这种情况下，向受影响的出口商在另一个贸易领域中开放贸易自由化是允许的，互惠原则通过限制报复性市场关闭来实现贸易的再平衡。第二种情况是，一个国家不是以 GATT/WTO 合法程序取消开放市场准入承诺的时，受影响一方可以使用争端解决程序获得法律裁决，使其获得市场准入权利的再平衡。WTO 贸易争端解决程序下出现的判例法也将在一方违反 GATT/WTO 契约、受影响出口商需要得到赔偿时，使用互惠规则。第二种情况表明，互惠原则是处理争议问题的一个极其重要的原则。

当两个国家达成推动自由化的双边协议时，采用互惠原则这一做法，这种渐进式协议在最惠国原则下基于多边基础生效。因此，全球贸易自由化不会受到选择性保护主义措施的威胁。互惠原则旨在限制由于最惠国待遇规则而可能出现的搭便车的情况，以及更好地进入国外市场。但在互惠方面，允许成员接受来自其发展中贸易伙伴的不完全互惠。简而言之，该原则本质是降低进口关税和其他贸易壁垒，以换取其他国家的类似优惠。

6.3.5 透明度原则

1. 透明度原则的含义

WTO 的透明度原则（Transparency）是指各成员国在通过、修改、废除关于国际贸易的法律规范、行政规章以及其他相关政策之前应当及时公开，使其他缔约国能够及时获知相关信息。同时，各成员国或政府机构之间签署的贸易条约、各成员国司法机关在处理贸易纠纷案件中的案例、司法裁决、裁判依据时均应当及时公开以实现贸易各方的知情权。一国贸易政策和法规对他国政府，特别是贸易商来说是非常重要的，公平、开放的国际贸易其前提就应当包括让贸易伙伴知道自己的贸易规则，透明度原则也是 WTO 原则中较为重要的一项基本原则。

WTO 的透明度原则具体又可分为内部透明度（Internal Transparency）和外部透明度（External Transparency）。内部透明度是指各成员国的贸易政策，法律法规等应当向组织内部保持透明，外部透明度是指 WTO 的倡议、规划、政策等应当向公众保持透明。WTO 组织致力于在运作过程中坚持贯彻透明度原则，更有效、更迅速地传播信息，主要通过以下两种途径：第一，各成员国政府必须定期公布有关贸易的各项法律、法规、行政规章、司法判决，以及其他影响贸易的政策，使 WTO 及其成员及时熟悉；第二，WTO 的评审机制（TPRM）周期性地审议 WTO 各成员国的法律法规，保证所有成员的贸易往来基于统一的、公正的、合理的司法环境。

知识拓展二维码 6-7：贸易政策审议

2. 透明度原则的意义

透明度原则也是 WTO 的三大基本原则之一，在 GATT 第 10 条，GATS 第 3 条，TRIPS 第 63 条均有具体规定，被称为 WTO 发挥作用的基石，能够保障各成员方实现知情权，是各成员方维护自身权益的前提条件。透明度原则的目的是防止和消除 WTO 成员由于不公开法律、法规、规章或政策措施而引发歧视性待遇，从而给多边贸易体系的实施造成阻碍。WTO 通过定期公布成员国有关贸易的各项法律、法规、行政规章、司法判决，以及其他相关政策，监督成员国和政府机构执行 WTO 的各项协议，增强市场竞争的可预见性。同时，透明度原则也保障了各成员方制定的贸易政策与 WTO 的目标一致，各成员国享受到的利益和履行的义务在透明的司法环境具有公平性，避免了歧视性待遇，减少了贸易政策的不确定性。

课堂讨论 6-3：我国自加入 WTO 以来，切实履行承诺，大幅降低进口关税，减少进口成本，截至 2010 年，中国货物降税承诺全部履行完毕，关税总水平由 2001 年的 15.3%降至 9.8%。此外，我国还显著削减非关税壁垒，减少不必要的贸易限制，并全面放开外贸经营权。

问题：我国的上述措施体现了我国遵守 WTO 哪些基本原则？

本章相关知识拓展性阅读二维码

复习思考题

一、判断题

1. WTO 成员包括加入 WTO 的各国政府和单独关税区政府，中国香港、澳门和台湾是 WTO 的成员。（ ）
2. 承诺"入世"后所有中国企业都有权进行货物进出口，包括国家专营商品。（ ）
3. 《服务贸易总协定》适用于成员方的政府服务采购。（ ）
4. WTO 成员的外商投资法律中，合资企业所需原材料应优先从国内购买这一规定违反了与贸易有关的投资措施协议的要求。（ ）
5. 将企业获得外汇与其外汇流入联系起来进行限制，是成员方不得实施的与国民待遇和普遍取消数量限制原则不相符的与贸易有关的投资措施。（ ）

二、单项选择题

1. 根据 WTO 争端解决规则和程序的谅解协议的规定，当 WTO 成员方之间发生贸易纠纷时，可采取的解决方式中不包括下列哪一项？（ ）
   A．双边磋商
   B．成立专家组
   C．上诉机构的审查
   D．上诉机构的调解

2. 关于 WTO 争端解决机制的表述，下列哪一选项是不正确的？（ ）
   A．磋商是争端双方解决争议的必经程序
   B．上诉机构为 WTO 争端解决机制中的常设机构
   C．如败诉方不遵守争端解决机构的决，申诉方可自行采取中止减让或中止其他义务的措施
   D．申诉方在实施报复时，中止减让或中止其他义务的程度和范围应与其所受到损害相等

3. 甲、乙均为 WTO 成员。乙称甲关于音像制品的进口管制违反国民待遇原则，为此向 WTO 提出申诉，并经专家组和上诉机构审理。对此，下列哪一选项是正确的？（ ）
   A．甲、乙磋商阶段达成的谅解协议，可被用于后续争端解决审理
   B．专家组可对未在申请书中指明的诉求予以审查
   C．上诉机构可将案件发回专家组重审
   D．上诉案件由上诉机构 7 名成员中 3 人组成上诉庭审理

4. 甲乙两国均为 WTO 成员，甲国对乙国出口商向甲国出口轮胎征收高额反倾销税，使乙国轮胎出口企业损失严重。乙国政府为此向 WTO 提出申诉，经专家组和上诉机构审理胜诉，下列哪一选项是正确的？（ ）
   A．如甲国不履行 WTO 的裁决，乙国可申请强制执行
   B．如甲国不履行 WTO 的裁决，乙国只可在轮胎的范围内实施报复

C. 如甲国不履行 WTO 的裁决，乙国可向争端解决机构申请授权报复

D. 上诉机构只有在对该案的法律和事实问题进行全面审查后才能作出裁决

5. 甲乙二国均为 WTO 成员，乙国称甲国实施的保障措施违反非歧视原则，并将争端提交 WTO 争端解决机构。对此，下列哪一选项是正确的？（　　）

A. 对于乙国没有提出的主张，专家组仍可因其相关性而作出裁定

B. 甲乙二国在解决争端时必须经过商、仲裁和调解程序

C. 争端解决机构在通过争端解决报告上采用的是"反向一致"原则

D. 如甲国拒绝履行上诉机构的裁决，乙国可向争端解决机构上诉

三、多项选择题

1. 按照 WTO 争端解决制度的规定和实践，有关非违反性申诉与违反性申诉的下列表述哪些选项是正确的？（　　）

A. 非违反性申诉中，申诉方无须证明被申诉方违反了 WTO 协定的有关条款

B. 违反性申诉中，申诉方需要证明被诉方采取的措施造成申诉方利益的丧失或受损

C. 如申诉方的非违反性申诉成功，被诉方没有取消有关措施的义务，但需对申诉方作出补偿

D. 如申诉方的非违反性申诉成功，被诉方应撤销或废除被申诉的措施

2. 下列哪些表述反映了 WTO 争端解决机制的特点？（　　）

A. 其涉及的范围仅限于货物贸易争端

B. 该制度规定了严格的程序上的时间的限制

C. 建立了反对一致或否定性协商一致原则

D. 其涉及的范围不仅限于货物贸易，还包括服务贸易、与贸易有关的投资措施等争端

3. 甲、乙、丙三国均为 WTO 成员，甲国对进口的某类药品征收 8% 的国内税，而同类国产药品的国内税为 6%。针对甲国的规定，乙、丙两国向 WTO 提出申诉，经裁决甲国败诉，但其拒不执行。根据 WTO 的相关规则，下列哪些选项是正确的？（　　）

A. 甲国的行为违反了国民待遇原则

B. 乙、丙两国可向上诉机构申请强制执行

C. 乙、丙两国经授权可以对甲国采取中止减让的报复措施

D. 乙、丙两国的报复措施只限于在同种产品上使用

4. 关于 WTO 争端解决机构中的上诉机构，下列哪些选项是正确的？（　　）

A. 上诉机构为常设机构

B. 上诉机构审查被提起上诉的专家组报告中的法律问题

C. 上诉机构可以推翻专家组对有关事实的认定

D. 上诉机构作出的报告争端各方应无条件接受

5. 下列关于 WTO 争端解决机制的表述，哪些选项是错误的？（　　）

A. 磋商是必经程序

B. 任何争端方对上诉机构的裁决有异议的，均可上诉到争端解决机构

C. WTO 的上诉机构应对专家组报告涉及的事实及法律问题进行审理
D. 对被认为有错误的专家组的裁决，上诉机构可以发回重审

四、简答题

请简述 WTO 的争端解决程序。

五、案例分析题[①]

2009 年 4 月 20 日，美国钢铁工人联合会向美国国际贸易委员会提出申请，对中国产乘用车轮胎发起特殊保护调查，诉状中声称：从中国大量进口轮胎损害了当地轮胎工业的利益，若不对中国轮胎采取措施，到 2009 年年底还会有 3 000 名美国工人失去工作。2009 年 6 月 29 日，美国国际贸易委员会提出，建议对中国销美乘用车与轻型卡车轮胎连续 3 年分别加征 55%、45%和 35%的从价特别关税。2009 年 9 月 11 日，美国总统巴拉克·奥巴马决定对中国轮胎特保案实施限制关税为期 3 年，白宫发言人罗伯特·吉布斯说，对从中国进口轮胎实施的惩罚性关税税率第一年为 35%，第二年为 30%，第三年为 25%。

我国政府积极应对，2009 年 9 月 13 日毅然作出反击决定，对美国部分进口汽车产品和肉鸡产品启动反倾销和反补贴立案审查程序。

2009 年 9 月 14 日，WTO 组织正式就美国限制中国轮胎进口的特殊保障措施启动了 WTO 争端解决程序。2010 年 12 月 13 日，WTO 驳回中国提出的美国对其销美轮胎征收反倾销惩罚性关税的申诉，仲裁小组表示，美国在 2009 年 9 月对中国销美轮胎采取"过渡性质保护措施"征收惩罚性关税未违反 WTO 规定。我国表示不能认同，并继续进行申诉，2011 年 9 月 5 日，WTO 上诉机构最终驳回了中国的上诉。

结合本案例的内容，剖析其中蕴含的关于 WTO 争端解决的法律知识，并评析我国的应对行为。

[①] 案例来源：中国法院网。

第7章 区域贸易法律制度

学习目标

通过本章的学习,要求了解区域贸易协定法律制度的主要类型和发展状况,以及三大区域贸易集团,即亚洲及太平洋经济合作组织、欧洲联盟、北美自由贸易区的主要法律制度。

案例导入

中国与新西兰签署自由贸易协定[①]

2007年4月7日,在温家宝总理和新西兰总理海伦·克拉克见证下,商务部部长陈德铭与新西兰贸易部长菲尔·戈夫代表各自政府在北京人民大会堂签署了《中华人民共和国政府和新西兰政府自由贸易协定》(以下简称《协定》)。《协定》涵盖了货物贸易、服务贸易、投资等诸多领域,是我国与其他国家签署的第一个全面的自由贸易协定,也是我国与发达国家达成的第一个自由贸易协定。

新西兰创下4个"中国第一"

中国—新西兰自由贸易区谈判是2004年11月胡锦涛主席与新西兰克拉克总理共同宣布启动的。历经15轮磋商,最终在2008年完成。截至2008年4月,新西兰在经贸方面创下4个"中国第一":第一个完成中国入世双边谈判的国家,第一个承认中国完全市场经济地位的国家,第一个与中国展开自贸谈判的发达国家,第一个与中国建立自贸区的发达国家。

该《协定》将于2008年10月1日起生效。根据《协定》,在货物贸易方面,新西兰承诺,将在2016年1月1日前取消全部自华进口产品关税,其中63.6%的产品从《协定》生效时起即实现零关税;中方承诺,将在2019年1月

[①] 本案引自中华人民共和国商务部网站,《中华人民共和国政府和新西兰政府自由贸易协定》在京签署,2008年4月7日。

1日前取消97.2%自新西兰进口产品关税,其中24.3%的产品从《协定》生效时起即实现零关税。

减少贸易壁垒

克拉克在声明中表示,自贸协定减少了新西兰与中国的贸易壁垒,以两国目前的贸易量计算,取消新西兰对华关税将每年节省1.155亿纽元,预计新西兰对华出口将每年增长2.25亿~2.35亿纽元。

对中国企业来说,实行中新自贸协定后,对新西兰出口产品或者到新西兰投资,都将逐步享受更为优惠的关税或国民待遇,从而降低出口成本。

商务部新闻发言人发表谈话指出,《协定》的签署将进一步全面提升中新两国的合作关系,为双方经贸合作提供制度性保障,营造更加开放和稳定的商业运行环境,创造更多的贸易投资机会。

2007年中国新西兰货物双边贸易额约为37亿美元,同比增长26%。中国是新西兰第三大贸易伙伴国,是新西兰第四大出口市场和第二大进口来源地。中国出口新西兰的主要产品包括电子机器和设备、机械设备、服装、家具、玩具、钢铁产品等。新西兰出口中国的主要产品则包括乳制品、木材、纸浆及其他纸制品和羊毛等。根据本案事实提出如下问题。

(1)中新之间的《自由贸易协定》有哪些具体安排?
(2)中国与哪些国家签有自由贸易协定?
(3)中新《自由贸易协定》对双方经贸往来有什么好处?

7.1 区域贸易协定主要法律制度概述

区域贸易协定(Regional Trade Agreement)是一种具有法律效力、贸易自由化程度较高的区域经济合作形式,其核心是通过取消成员之间的贸易壁垒,创造更多的贸易机会,促进商品、服务、资本、技术和人员的自由流动,实现区内经济的共同发展。区域贸易协定的合法性来自GATT第24条的权利。第24条规定,GATT不妨碍关税联盟或自由贸易区为成立关税联盟或自由贸易区而订立的临时协议的安排。

7.1.1 区域贸易协定的类型

经济学上,按照组织性质与区域经济一体化的发展程度的高低,区域贸易协定可以划分为6种类型,见表7-1。

表 7-1　区域贸易协定的 6 种类型

类　型	概　念	特　点	典型例子
优惠贸易安排（Preferential Trade Arrangement，PTA）	在成员国之间通过签署优惠贸易协定或其他安排形式，对其全部贸易或部分贸易互相提供特别的关税优惠，对非成员之间的贸易则设置较高的贸易壁垒	最为松散的一种区域经济一体化组织形式；发展程度较低，现在许多区域贸易协定大多直接以自由贸易区为起点进行经济一体化	英国与加拿大、澳大利亚等国于 1932 年建立的英联邦特惠制
自由贸易区（Free Trade Area，FTA）	两个或两个以上的国家或行政上独立的地区经济体之间通过达成自由贸易协议，相互取消进口关税和非关税壁垒，但对非成员方仍保留独立的贸易保护措施	进步之处在于缔约方间取消关税等贸易壁垒，但对外无共同贸易政策；缺点是在执行各自的自由贸易政策时很难分清某种产品是来自成员方还是来自非成员方或第三国	欧洲自由贸易联盟；北美自由贸易区；中国（上海）自由贸易试验区
关税同盟（Customs Union，CU）	在自由贸易区的基础上，两个或两个以上成员方通过签署协议，彼此之间减免关税，并对非成员方实行统一的进口关税或其他贸易政策措施	它与自由贸易区不同之处在于成员方在相互取消进口关税的同时，设立共同对外关税，成员经济体之间的商品流动无须再附加原产地证明	俄白哈（俄罗斯、白俄罗斯、哈萨克斯坦）三国关税同盟
共同市场（Common Market）	成员国之间废除了商品贸易的关税和数量限制，并对非成员国商品进口征收共同关税，还规定生产要素（资本、劳动力等）可在成员国间自由流动	成员国间完全取消关税壁垒，并对非成员国统一关税，成员国之间资本、劳动力自由流动	南方共同市场；南美洲国家的区域贸易协定；加勒比共同体和共同市场
经济同盟（Economic Union）	成员国之间废除贸易壁垒，统一对外贸易政策，允许生产要素的自由流动，而且在协调的基础上，各成员国采取统一的经济政策	成员国之间在形成共同市场的基础上，进一步协调它们之间的财政政策、货币政策和汇率政策	东盟；南亚区域合作联盟；海湾合作委员会；西欧共同市场；亚洲太平洋经济合作组织
完全的经济一体化（Perfectly Economic Integration）	成员在实现了经济同盟的基础上，进一步实现经济制度、政治制度和法律制度等方面的协调，乃至形成统一的经济一体化组织形式	它是经济一体化的最后阶段，即经济一体化的最高级形式	—

5 种经济一体化形式存在一定的差异性，具体见表 7-2。

表 7-2　经济一体化形式的比较

特点\形式	减少彼此间的贸易壁垒	取消彼此间的贸易壁垒	共同的对外贸易壁垒	生产要素的自由流动	宏观经济政策的协调	由中心机构决定共同的货币、财政政策
自由贸易区	有	有	无	无	无	无
关税同盟	有	有	有	无	无	无
共同市场	有	有	有	有	无	无
经济联盟	有	有	有	有	有	无
完全经济一体化	有	有	有	有	有	有

1. 北北型合作：也有新问题

北北型区域经济合作即发达国家型合作，是世界上出现最早的区域经济合作形式。据WTO统计，截至2006年10月底，在WTO成员通报的214项区域贸易协定中，有22个是北北型的。其中比较著名的有欧洲经济联盟、美加自由贸易区、欧洲自由贸易联盟、澳新自由贸易区等。

国际上公认，北北型区域经济合作一般都比较成功，其中欧盟是最典型的例子。欧盟是截至目前世界上发展最快、一体化程度最高的区域经济一体化组织。按照一体化程度的高低，区域经济一体化具有以下6种形式：特惠贸易安排（成员国之间对全部或一些进口相互给予税收优惠）、自由贸易区（实行商品自由流动）、关税同盟（除商品自由流动外，还实行统一关税）、共同市场（除实行关税同盟的政策外，资本等生产要素也能自由流动）、经济联盟（在共同市场的基础上，成员国之间还实行一些共同的经济和社会政策）、完全经济一体化（以经济联盟为基础，建立超国家的组织来管理统一的经济）。目前，欧盟已经达到了经济联盟阶段，实行了统一的货币，建立了统一的中央银行，正在向完全经济一体化迈进。2005年，欧盟内成员国的相互贸易已经占欧盟各国对外贸易的66.8%。

北北型区域经济合作之所以能成功，主要原因有3个：第一，发达国家经济发达，国内市场需求大，具有较强的相互吸纳对方产品的能力；第二，发达国家产业现代化水平高，规模经济性强，相互之间可以通过产业内分工来分享更高的效率；第三，发达国家财力雄厚，可以设立充足的共同基金，给因市场开放受冲击的企业和农民以补偿。

2. 南南型合作：开花未结果

南南型区域经济合作就是发展中国家型合作，出现的时间比北北型稍晚，但数量众多。根据WTO的统计，向该组织通报的南南型区域贸易协定有109个，占总数的一半以上。比较著名的南南型区域经济合作组织有：拉丁美洲的中美洲共同市场、安第斯条约集团、加勒比共同体、拉丁美洲一体化联盟、南方共同市场；非洲的中非关税与经济同盟、西非经济共同体、西非国家经济共同体、大湖国家经济共同体、东南非洲共同市场、马格里布联盟；亚洲的阿拉伯共同市场、东南亚国家联盟、海湾合作委员会和经济合作组织等。

尽管发展中国家追求内部经济一体化的热情很高，南南型区域经济合作组织众多，但真正取得成功的几乎没有。根据世界银行《2006年世界发展指标》提供的数据，目前绝大部分南南型区域经济组织的内部贸易占各成员对外贸易的比重都不超过15%，一般都在10%以下，只有经济发展水平较高的东南亚国家联盟、南方共同市场和中美洲四国集团的这一比重超过了20%，其中东盟最高，为22%。也就是说，南南型区域经济组织对成员国贸易和经济的促进作用非常有限，大多数南南型组织内部贸易的比重在组织成立后上升幅度很小，有的甚至是下降的。

南南型区域经济合作之所以普遍不成功，其根本原因在于它不具备像北北型组织那样成功的条件。首先，大多数发展中国家的经济不发达，人均收入水平低，国内市场狭小，对其他成员的产品吸纳能力很低。其次，发展中国家经济结构单一且雷同，生产链条也短，无法形成紧密的产业分工。再次，发展中国家财政普遍困难，无力建立共同基金来补偿受市场开放冲击的企业和农民。同时，关税收入是发展中国家重要的财政收入来源，如果取消关税，政府财政收入将受到严重影响。因此，在南南型区域贸易协定中，大部分都没有得到真正的实施。

3. 南北型合作：未来新主流

南北型合作即发达国家与发展中国家之间的合作。按照传统的理论，发达国家主导的世界经济体系是发达国家剥削发展中国家的工具，发展中国家不可能与发达国家发展经济一体化。但自20世纪90年代以来，这种理论开始被打破，以1994年墨西哥加入北美自由贸易区为开端，越来越多的南北型区域经济一体化组织建立了起来。据WTO的统计，WTO成员向其通报的214个区域贸易协定中，有83个是南北型的。2004年5月1日，随着东欧10国的加入，欧盟也由北北型转变为南北型的区域经济一体化组织。

从目前情况看，南北型区域经济合作效果普遍良好。以北美自由贸易区为例，其区内贸易的比重由成立之初的45.8%上升到2004年的55.8%，增加整整10个百分点。北美自由贸易协定使成员国普遍受益，但国际上公认墨西哥是最大的受益者。东欧10国加入欧盟后，贸易和经济也普遍获得了较快发展。

当前区域经济合作发展的突出特点是跨区域的双边或区域贸易协定发展迅速，其中南北型、南南型贸易协定的数目不断增加。在WTO的154个成员中已有65个成员签署了或正在签署跨区域或跨洲的贸易协定。从未来趋势看，南北型区域经济合作将成为今后世界各国发展区域经济合作的主要形式。尤其是对于发展中国家来说，发达国家是其最主要的出口市场、资本和先进技术来源，参与南北型区域经济合作，对于发展中国家的贸易和经济发展具有至关重要的意义。

7.1.2 多边贸易体制与区域经济一体化的关系

GATT作为多边贸易体制的法律基础自建立以来，逐渐形成了一套调整国际经济和贸易关系的规则和程序，经过不断的完善与发展，建立了一个多边国际贸易体制。WTO生效后，多边贸易体制从过去的"临时适用"转变为一种长久的体制，从"事实上的法律人格者"转变为正式享有法律人格者,从最初的一项协定和二十多项关税减让表发展为由众多法律文件构成的复杂而庞大的法律体系。同时,WTO本身又是一个不断完善与发展的体系,WTO每两年举行一次部长级会议以对国际贸易中出现的新问题、新情况进行谈判,并对原有规则的一些缺陷与不足进行审议和必要的修改。

区域经济一体化始于20世纪50年代,以欧洲经济共同体的建立为标志,是指地理位置相临近、经济发展水平相当的两个或两个以上国家(地区),为取得区域内国家(地区)间的经济集聚效应和互补效应,实行统一的经济政策,实现商品、劳务和生产要素在区域内自由流动和重新配置而建立的跨国性区域经济组织。随着世界经济的发展,区域性贸易协定的数量日益增多。据WTO统计,截至2016年7月1日,向其通报并生效的区域贸易协定共有423个;其中,世界上最有影响力的三大区域贸易组织是欧洲共同体(欧盟),北美自由贸易区和亚洲及太平洋经济合作组织(APEC)。这三个区域性组织的范围还有扩大的趋势。此外,还有国家之间签署的大量多边贸易协定,形成了新世纪世界经济领域内引人注目的现象。

1. 区域经济一体化对多边贸易体制的积极影响

(1)为多边贸易体制提供补充和借鉴。

WTO多边体制推进自由化进程中涉及成员数目多,涉及敏感话题多,很难作出令各方利益都充分得到满足的安排。而区域贸易谈判在地缘政治、经济模式发展水平类似或相容的国家和地区之间进行,更容易协调各方利益,更容易达成协议,在一定程度上推进自由化。

1995年WTO《区域主义与世界贸易体制》研究报告指出:"在贯彻开放贸易原则中,区域一体化创举与多边一体化创举是互为补充而不是相互对立的。"区域经济一体化对自由贸易的探索,是对多边贸易体制的有效补充。

(2)合作行为推动了多边共识的顺利达成。

当今,区域经济一体化集团正逐渐纳入不同类型的国家和地区,例如北美自由贸易区、东扩的欧盟以及APEC,这极大地推动了不同类型、不同发展程度国家的合作,在一定范围内促成了多边贸易的发展。区域集团在追求本地区利益时,不可避免地需要与其他区域集团或国家进行对话与合作,从而有助于多边贸易体制向更深层次发展。将集团内各成员方的不同声音,相对集中到一个或几个声音中去,也有助于集中多边意见达成共识。

2. 区域经济一体化对多边贸易体制的消极影响

(1)区域经济一体化对最惠国待遇原则构成挑战。

随着区域贸易集团的壮大,WTO的最惠国待遇原则受到越来越多的侵袭。区域经济集团通过关税和非关税措施,对非成员进行贸易歧视,形成全球贸易的"堡垒"。区域贸易协定正日渐成为规避最惠国待遇义务的有效工具。WTO中的"授权条款"规定了发展中国家之间在签订区域协定时,可利用该规定给予区域内成员更优惠的待遇。因此区域协定参与国可以利用这个优惠规避对区域外国家的优惠义务。随着区域经济一体化的发展,已经有越来越多的成员方利用这一工具,使它早已超出例外的概念,变成了一种规则,削弱了多边体制。

(2) 区域经济一体化加大了多边谈判的难度。

一方面，由于大多数多边贸易体制成员国都是若干区域贸易协定的成员，因而在谈判中这些国家的自主性就受到了其所在区域贸易集团的限制，同时，区域贸易协定的交叉重叠也使得这些国家的身份也交叉重叠。这些都使得它们面临着复杂的利益取舍，一定程度上使其谈判立场趋于保守。另一方面，多边贸易体制中国家间的谈判正逐渐转向集团间的谈判。美国《商业日报》早在1990年9月就有文章认为，"贸易集团激战时代已经来临，贸易保护主义将由经济国家主权转向经济集团主权"。各集团在谈判中为了各区域内的共同利益，采用"一致对外"的原则，很容易形成相互对抗。此外，经济实力较强的集团往往主宰谈判进程，将自己的意志强加于其他参与方。这些对抗和控制往往使多边贸易谈判举步维艰。

(3) 区域协定造成了多边成员方注意力的转移。

庞大的多边贸易体制体系成员方众多、差异巨大、各方利益纵横交错，达成妥协非常困难。在多边贸易体制下达成的贸易自由化水平对发展中国家水平偏高，但对于发达国家又偏低。而区域贸易协定由于其参与方往往在意识形态、经济政治体制、文化上存在较大相容性，或者存在显著的共同利益，更容易达成一致并且收效显著。因此越来越多的国家开始放弃对多边贸易体制的努力，把注意力转向区域经济一体化协议，寻求组建对自己更为有利的区域经济集团。

7.2 亚洲及太平洋经济合作组织

7.2.1 亚洲及太平洋经济合作组织概述

亚洲太平洋经济合作组织，简称亚太经合组织（Asia-Pacific Economic Cooperation，APEC）是亚太地区最具影响的经济合作官方论坛。APEC诞生于全球冷战结束的年代。20世纪80年代末，随着冷战的结束，国际形势日趋缓和，经济全球化、贸易投资自由化和区域集团化的趋势渐成为潮流。同时，亚洲地区经济在世界经济中的比重也明显上升。该组织为推动区域贸易投资自由化，加强成员间经济技术合作等方面发挥了不可替代的作用。它是亚太区内各地区之间促进经济成长、合作、贸易、投资的论坛。

1991年《汉城宣言》正式确定了APEC的宗旨和目标为"相互依存，共同利益，坚持开放的多边贸易体制和减少区域贸易壁垒"。APEC会标是地球状，1991年开始采用。会标不仅代表APEC这一重要的地区经济合作组织，也代表着亚太地区的希望和期待。会标以地球的太平洋这一半代表APEC经济体，海洋和大陆的结构组合表示亚太人民期待着繁荣、健康和福利的生活，太平洋上醒目的"APEC"4个字母代表着和平和稳定，边缘阴影部分代表着亚太地区发展和增长富有活力的前景，如图7-1所示。

APEC现有21个成员，包括澳大利亚、美国、日本、加拿大、新西兰、韩国、印度尼西亚、菲律宾、马来西亚、泰国、新加坡、文莱、中国、中国香港、中国台北、墨西哥、巴布亚新几内亚、智利、秘鲁、俄罗斯、越南。

图 7-1　亚洲及太平洋经济合作组织图标

亚太经合组织经过多年的发展，形成了领导人非正式会议、部长级会议、高官会议及其下属委员会和工作组、秘书处等工作机制。APEC 的工作语言是英语。领导人非正式会议是亚太经合组织最高级别的会议。会议就有关经济问题发表见解，交换看法，会议形成的领导人宣言是指导亚太经合组织各项工作的重要纲领性文件。

知识拓展二维码 7-1：APEC 的主要发展历程

7.2.2　经济技术合作

APEC 的两大支柱是贸易与投资的自由化、便利化和经济技术合作。

经济与技术合作在 APEC 中之所以占据如此重要的地位，是因为其成员间的经济和技术发展水平差距巨大，区域性经济技术合作不仅有利于减少和消除贫困，缩小经济差距，也为贸易与投资自由化开辟了更为广阔的前景。特别是发展中国家，在开放了市场之后，必须不失时机地培育这个市场，否则无异于杀鸡取卵，缺乏商业远见。因此，发展中成员通过与发达成员的经济技术合作，在共同的政策和联合行动方面通过协商和交换观点分享人力资源与经验。经济技术合作主要包括以下领域：人力资源开发、工业科学与技术、中小企业、经济基础设施、能源、交通、电子通信和情报、旅游、贸易和投资数据、贸易促进、海洋资源保护、渔业、农业技术等，以下简述其中的 3 个方面。

1. 人力资源开发

人力资源是亚太地区最重要的财富。人力资源开发的集体行动计划主要包括：①执行 APEC 商业志愿者计划（Business Volunteer Program），便利本地区商业专家在商业和私人实体中的自愿派遣，以便交换和转让经营和技术技能；②对行政人员、经理和工程师、政府官员及其他工人进行培训以提高人员素质和数量供应；③通过有关 APEC 成员之间签订的双边协定，相互承认专业证书以便利区域内合格人员的流动。

2. 中小企业

在亚太地区，中小企业在经济增长中起着至关重要的作用。由于技术的飞速发展和消费者需求的多样性，充分开发中小企业潜力、充分发挥其积极性和适应性强的特点、调动其积极性，并在人力资源、情报信息、资金融通和进入市场方面提供帮助和政策指导是十分重要的，为此，APEC 集体行动计划包括：①进行工业前景研究，对区域内工业相互依存的状况进行全面的、分部门的研究，使得中小企业政策的制定者和中小企业能对经济环境有充分的认识和了解；②为 APEC 中小企业技术交流和培训中心制订活动计划，帮助其处理情报网络中心的工作，提供培训计划，并组织以中小企业为对象的活动；③为中小企业研究金融市场，建立风险资本研究会，促进中小企业进入风险资本市场。

3. 海洋资源保护

海洋环境对维持亚太地区经济增长的活力起着重要作用。渔业，水产养殖业及其他水制产品和旅游业均依赖于对海洋环境的保护，对此，APEC 集体活动计划包括：①对有关的政策、标准、证书、强制性规定等提出建议；②至 1998 年对沿海区域的管理、开发有效的通信，情报交换和计划机制提出指南；③至 1999 年对维护海洋资源的开发的结构性壁垒进行评估，并在 1999 年以前制订出行动计划和确定优先采取的行动。

7.2.3　APEC 的意义

亚太地区的突出特点是多样性。地区内各国经济发展不平衡，人口分布与贫富差距较大，文化差异明显，历史影响因素复杂，加上社会经济制度的不同，成员之间既有很强的互补性，又决定了各成员参与经济合作的目的和要求各不相同。APEC 的特点决定了其贸易和投资自由化进程只能以单边、自愿、渐进式为原则，而不搞集体的、强制性的、齐头并进式的开放措施。

从本质上看，APEC 是一个国际的论坛性质的机构，其基本文件是每年的部长会议和领导人非正式会议通过的宣言和行动计划以及领导人的承诺。从严格的法律意义上讲，这些文件和承诺只有道义上的责任，而无法律上的约束力。因此，APEC 和 WTO 不同，它不是一个通过谈判方式建立起具有契约性权利和义务的经济组织，其活动特点是自愿和非约束性。

APEC 和欧盟也不同，它不受一个超国家的地区体制的规章或强制力的约束。APEC 与北美自由贸易区也不同，它没有采用正式的协定方式对组织成员建立起有法律约束力的区域自由化模式。

总之，APEC 在实践中形成了自己别具一格的亚太特色，这就是非条约约束性的经济合作组织。强调成员以自愿为基础，以开放的地区主义为原则，以单边基础上的集体协商为行动准则，即非正式的、协商一致的亚太模式。尽管由于亚太组织成员的多样性以及美国和日本在组织内主导权上的争夺给该组织的发展带来了阴影，然而，正如 APEC 贸易和投资委员会主席巴特勒先生在马尼拉会议上所说："APEC 不仅有时间表和明确的目标，还有战略计划和一系列的个别和集体行动计划，而所有这些都是通过协商一致取得的。"

为了参与 APEC 的贸易与投资自由化与便利化进程，我国作出了巨大的努力。我国自 1994 年开始建立社会主义市场经济体制，全面执行了 1995 年我国领导人在大阪宣布的首次自由化措施。我国制订了中国实施 APEC 贸易和投资自由化与便利化的单边行动计划。1996 年，我国政府进一步承诺：第一，2000 年我国进口关税总水平由目前的 23%降到 15%左右，并在 2020 年前进一步削减关税；第二，逐步削减乃至消除与 TWO 协议相悖的非关税壁垒；第三，逐步开放服务贸易市场；第四，逐步在投资领域给外国投资者以国民待遇。

7.2.4 "一带一路"倡议与 APEC 的对接[①]

1. "一带一路"倡议与 APEC 的内在联系

APEC 目前共有亚太地区 21 个成员,而"一带一路"沿线共有 65 个国家和地区,横跨欧亚两个大洲,不仅覆盖了 10 个 APEC 经济体(包括中国、中国香港、俄罗斯和东盟 7 国),还将战略腹地继续向西延伸至中西亚、南亚,甚至中东欧地区,形成了面向欧亚、辐射全球的互联互通战略布局。如果考虑亚洲基础设施建设投资银行的 57 个创始成员国,那么,"一带一路"倡议惠及的 APEC 经济体还将包括澳大利亚、新西兰和韩国。

从经济体量上看,"一带一路"沿线国家和地区覆盖总人口约 45.5 亿,约占全球总人口的 62.0%;贸易总额超过 15.6 万亿美元,约占全球总贸易额的 31.6%。其中,与 APEC 重合的经济体人口总数约为 20.8 亿,约占"一带一路"全部沿线国家和地区人口的 45.6%、APEC 全部成员经济体人口的 73.5%;贸易总额超过 10.3 万亿美元,约占"一带一路"沿线国家和地区贸易总量的 65.8%、APEC 成员经济体的 45.1%。

2. "一带一路"倡议与 APEC 在目标和内涵上的一致性

从近期目标看,"一带一路"倡议与 APEC 加强基础设施建设、推进服务业发展的目标高度契合。根据国务院发布的"愿景与行动"文件,"一带一路"倡议将努力实现区域基础设施更加完善、安全高效的陆海空通道网络基本形成,互联互通达到新水平;投资贸易便利化水平进一步提升,高标准自由贸易区网络基本形成,经济联系更加紧密,政治互信更加深入;人文交流更加广泛深入,不同文明互鉴共荣,各国人民相知相交、和平友好。而 2014 年 APEC 领导人北京会议发布《亚太经合组织互联互通蓝图(2015—2025)》作为指导 APEC 区域合作未来发展和一体化建设的纲领性文件,倡议在硬件联通、软件联通、人员交往互联互通三大领域采取切实行动,构建全方位、多层次的复合型亚太互联互通网络。"一带一路"与 APEC 互联互通和基础设施建设对于整合区域内发展资源、实现区域互联互通的目的是一致的,将为区域共同发展注入新的活力。

从长远目标看,"一带一路"与 APEC 都是对于亚洲、亚太地区的区域构想,两者对于实现地区共同发展、深化区域一体化的长期宗旨是一致的。具体而言,"一带一路"倡议旨在促进沿线国家和地区共同发展、实现共同繁荣、合作共赢,与 APEC 通过"推动自由开放的贸易投资,深化区域经济一体化,加强经济技术合作,改善商业环境,以建立一个充满活力、和谐共赢的亚太大家庭"的长期宗旨相吻合。"一带一路"和 APEC 的对接和互补将进一步促进区域经济技术合作、加强发展中国家的能力建设,有助于实现两大倡议对于区域经济一体化、可持续发展的共同愿景。

3. "一带一路"倡议与"亚太自贸区"动议的关联性

随着亚太经济的快速发展、全球价值链的不断拓展和深化,传统的多边贸易体制越来越难以适应国际贸易的新发展;而 WTO 多哈回合谈判进展缓慢,从另一方面促使美国等

---

① 盛斌,果婷."一带一路"倡议与 APEC 区域经济合作[J]. 亚太经济,2017(2).

大国将对外政策重心转向双边协议和区域性战略,亚洲和太平洋地区涌现出越来越多的区域性一体化方案,例如,以东盟为中心的"0+X"战略构想和区域全面经济伙伴关系(RCEP)、跨太平洋经济伙伴关系(TPP)、中国在 2014 年北京的 APEC 峰会上提出的"亚太自由贸易区(FTAAP)"的倡议等。

从战略蓝图上看,"一带一路"倡议和 "亚太自贸区"构想都是中国区域一体化战略的一部分,前者勾勒了中国对外开放的基本格局,是目前中国最主要的对外经济战略和区域发展的首要战略;后者则体现了中国在新的国际政治格局下面对 TPP 和美国重返亚洲战略的遏制和围堵所采取的 "反制",为建设具有中国话语权的区域一体化框架提供了平台。从地缘政治的角度,"一带一路"和正在推进过程中的 RCEP、亚太自贸区都是中国在综合国力不断提升、世界经济重心向亚太地区转移的大背景下,突破美国的战略"封锁"、承担大国责任、努力提升自身对于国际经济政治事务话语权所作出的战略部署。RCEP 和亚太自贸区倡议"直面"美国的重返亚太战略,在亚太地区对美国曾经主导的 TPP 作出的正面回应;而"一带一路"倡议向西延伸、另辟蹊径,一方面通过基础设施建设加强区域经济贸易合作和文化交流、不涉及政治体制和意识形态之争,另一方面避免了一味在亚太地区和美国"硬碰硬"造成零和博弈,可以视为中国处理中美在全球范围内政治经济冲突和矛盾的新方式。APEC 框架下的"亚太自贸区"倡议和"一带一路"倡议构想在亚洲和亚太地区相互配合、互为助力,有利于中美两国建立相互尊重、互利共赢的新型大国关系,重塑国际经济政治新格局。

知识拓展二维码 7-2:
APEC 与"一带一路"对接的必要性

4. "后茂物"时代 APEC 合作与"一带一路"建设的领域相通①

自茂物目标②设立以来,贸易投资自由化、贸易投资便利化和经济技术合作构成了支撑 APEC 整体合作框架的三大支柱。此后,APEC 的合作领域逐渐拓展,三大传统合作领域的支柱地位有所弱化。同时,由于 APEC 自身的非约束论坛性质,亚太地区的贸易投资自由化和便利化进程在达到一定水平后陷入瓶颈,继续依靠各成员以自主自愿方式推进的难度较大。此外,经济技术合作也由于后期投入的不足,使得各成员的参与积极性显著下降。

在"后茂物"时代,在亚太区域经济一体化进程不断深化的趋势下,APEC 的贸易投资自由化和便利化合作将在很大程度上由大型自由贸易协定承接。为此,APEC 应根据形势的变化,充分挖掘成员之间的利益结合点,对其现有的合作框架进行有机调整,从而在为自身注入新的活力的同时,在亚太区域经济合作进程中发挥更加突出的引领作用。事实上,本着继承、发扬、开拓、创新、互利共赢的原则,"后茂物"时代的 APEC 合作可以构建多个新的支柱领域,并和"一带一路"建设形成直接或间接的互动发展。

---

① 刘晨阳,王晓燕."后茂物"时代的 APEC 进程与"一带一路"建设[J]. 亚太经济,2018(4).
② 茂物目标(Bogor Goals),指的是发达成员在 2010 年前、发展中成员在 2020 年前实现贸易和投资的自由化。这个概念是 1994 年在印度尼西亚爪哇名城——茂物(Bogor)召开的亚太经合组织峰会上提出的。因各成员国经济发展水平不一,意见分歧严重,茂物目标难以得到实现。

（1）促进可持续和包容性增长。

区域经济合作不管以何种路径和方式开展，其根本目标都是促进本地区经济的增长和民众福利水平的提高。因此，"后茂物"时代的 APEC 合作应结合全球经济形势变化的现实背景和亚太经济发展的客观需求，将可持续和包容性增长作为长期推进的支柱领域。事实上，"一带一路"倡议的核心目标也是共同打造开放、包容、均衡、普惠的区域经济合作架构，与 APEC 推进该领域的合作有着很强的一致性。从具体的合作内容来看，该领域可涵盖 APEC 传统的经济技术合作，并有所拓展。其中，可持续增长合作旨在引导各成员经济增长方式的转型升级和彼此间的宏观经济政策协调，涉及的具体合作议题包括环境保护、应对气候变化、能源安全、绿色和低碳增长、蓝色经济、能力建设等。包容性增长则有着以下两方面的内涵：一是基于亚太地区各成员的显著多样性，在互利共赢基础上采取各种方式促进 APEC 各成员的优势互补和共同发展；二是加强各成员自身经济的包容性发展，使不同性别、不同区域和不同群体的民众都能够从 APEC 合作中平等获益。该领域可涉及的具体合作议题包括支持中小微企业发展、增强企业社会责任、加强人力资源开发、完善劳动力市场、为妇女创造平等就业机会、加强社会保障、扶助弱势群体，以及支持偏远地区发展等。

（2）全方位互联互通合作。

在经济全球化和区域经济一体化持续深入发展的背景下，APEC 各成员之间的贸易与投资往来越来越密切，亚太地区的生产、销售网络形成了相互交织、高度依存的格局。同时，全球金融危机的爆发也暴露出各成员经济结构的深层次问题。如何在"后茂物"时代找到新的合作突破口，继续扩大区域合作范围，提升合作层次，缩小发展差距，已经成为各成员共同的利益诉求。涵盖硬件基础设施建设、机制衔接与融合，以及人员与社会交往的全方位互联互通合作无疑是一条有效的路径。2014 年 APEC 北京会议通过的《APEC 互联互通蓝图》充分体现了各成员所达成的共识，也预示着该领域的合作有着非常广阔的发展前景。

在硬件互联互通合作方面，APEC 应重点加强交通、能源、电信等领域的基础设施建设，并通过推进公私伙伴关系等措施，促进基础设施建设融资渠道的多元化。在机制互联互通合作方面，重点领域应包括贸易投资便利化、供应链连接、标准一致化和规制融合等。从人员交往互联互通层面来看，APEC 重点推进的领域应包括便利商务人员和专业技术人员跨境流动、跨境教育合作、旅游业和医疗服务业合作等。

（3）非传统安全合作。

在 APEC 的发展进程中，金融危机、恐怖主义、流行性传染病、地震、海啸、飓风等一系列非传统安全问题时有发生，不仅给亚太地区的民众带来巨大的冲击和生命财产损失，也给 APEC 成员之间的贸易投资活动带来了威胁。在这种情况下，APEC 框架下的非传统安全合作也经历了从无到有、涉及领域由少到多的渐进过程。由此可见，APEC 框架下的安全议题合作是在亚太地区不断遭受各种非传统安全威胁的冲击过程中，成员之间经过观念交锋与融合而形成的合作。该领域的合作超越了传统意义上的地区政治安全的范畴，具有低敏感度的特征，并未对 APEC 非约束性经济合作论坛组织的属性造成冲击。因此，在

"后茂物"时代，APEC 开展非传统安全合作的必要性依然会延续，而且对亚太区域经济一体化的深入发展具有重要的意义。在"一带一路"建设中，粮食安全、防灾减灾、卫生防疫等领域也比较容易凝聚各方的共识，有条件成为各方未来深化合作的新领域。

(4) 创新与改革。

当前，APEC 成员普遍认识到促进创新与改革将为亚太地区经济注入新的活力和驱动力，并且有助于发掘成员之间的利益结合点，强化成员之间的向心力，从而进一步拓展 APEC 合作的广度和深度。因此，在"后茂物"时代，APEC 应推动各成员在该领域形成更加广泛的共识，明确长期合作目标，并尽快制定完整的、具有可操作性的合作框架。同时，APEC 应鼓励各成员创新发展思路和手段，不断提高创新能力，用创新培育新兴产业，发掘增长动力，提升核心竞争力。需要指出的是，APEC 应遵循继承和开拓相结合的原则，一方面继续推进 APEC 已开展的相关领域的合作，以获得更多的实质性成果，另一方面应保持开放性，将一些新的合作领域逐步纳入其中。就具体领域而言，互联网和数字经济、物联网经济、结构与规制改革、城镇化等应成为 APEC 推动的重点。事实上，在"一带一路"合作中，互联网和数字经济、物联网经济等已经融入设施联通、贸易畅通和资金融通等多个合作领域，未来也有着广阔的发展空间。

7.3 欧洲联盟的经济贸易法律制度

7.3.1 欧洲共同体的产生及其法律地位

1. 欧洲共同体的产生

欧洲共同体旧称欧洲经济共同体，别名"共同市场"，是欧洲国家为促进欧洲经济联合而建立的经济组织。欧洲经济共同体是在第二次世界大战后建立的，其宗旨是促进法国和德国之间的持久和解，发展各成员国的经济，使之形成一个大的共同市场；它试图建立西欧国家的政治联盟，缓和它们彼此间发动战争的恐惧心理。自 20 世纪 50 年代起，欧洲共同体所奉行的自由贸易政策在促进西欧贸易和经济繁荣方面取得很大的成功。

欧洲经济共同体是根据《罗马条约》于 1957 年正式建立的，其宗旨是取消各成员国之间的贸易壁垒，建立一个单一的对非成员国的商业政策，最终协调成员国之间的运输系统、农业政策和一般经济政策，取消私人和政府所采取的限制自由竞争的措施，并保证成员国之间劳动力、资本和工商企业家的流动性。共同体最初的成员国有法国、比利时、卢森堡、荷兰、意大利和西德。英国（联合王国）、丹麦和爱尔兰于 1973 年加入，希腊于 1981 年加入，葡萄牙和西班牙于 1986 年加入，以前东德作为统一的德国的一部分于 1990 年被接纳加入。1995 年，奥地利、芬兰和瑞典参加了欧洲联盟，于是也加入了欧洲共同体。

1955 年，在西西里岛墨西拿会议上曾讨论过建立西欧共同市场的计划，最后于 1957 年 3 月签订条约，1958 年 1 月 1 日欧洲经济共同体开始运作。欧洲经济共同体有 4 个主要机构：委员会、部长理事会、法院和欧洲议会；后 2 个机构还要处理欧洲共同体其他 2 个分支部门——欧洲煤钢共同体和欧洲原子能共同体——的有关事务。

欧洲共同体成立于1967年7月1日，它是合并欧洲经济共同体、欧洲煤钢共同体和欧洲原子能共同体而组成的。以前这3个单独的组织各设自己的委员会（欧洲煤钢共同体的委员会称作"最高当局"）和自己的理事会。合并后设有单一的"欧洲共同体委员会"和单一的"欧洲共同体部长理事会"。其他行政、立法和司法机构也在欧洲共同体的名义下进行了合并。

2. 欧洲共同体的法律地位

欧洲共同体是国家之间通过协议建立起来的地区性国际组织，它具有一般国际组织的共同点，即具有独立的法律人格，具有独立承担民事权利义务的能力。欧共体及其各机构的成员、欧共体官员和其他工作人员、各机构中成员国委派的代表、各国派驻欧共体的使团等享有履行职务必需的特权与豁免。根据合并条约第28条及该条约中《特权与豁免协议议定书》的规定，欧共体的房屋建筑和档案不得侵犯；未经欧洲法院允许，不得对欧共体财产采取任何立法或行政的强制措施；欧共体的财产和收益享有税收豁免，包括直接税、间接税和销售税的豁免；欧共体的公用物品和出版物享有关税豁免，并不得对之实施任何进出口限制措施；欧共体公务通信享受各成员国给予外交使团的同等待遇，并不得对之进行检查。

与一般国际组织不同的是，欧共体的法律人格应区分为国内法意义上的法律人格与国际法意义上的法律人格。欧共体的国内法律人格表现为具有民事权利义务主体资格，参与民事诉讼，享有取得和处置动产、不动产的权利，同时它还具有类似于国家的对内主权，可以制定统一的政策和法律，进行行政管理，在一定范围内进行司法审判活动。欧共体的国际法律人格表现为可以以自己的名义承担国际权利和义务，在国际法律诉讼中享有作为当事人的资格，欧共体享有类似于国家的对外主权，可以以自己的名义缔结国际条约，建立外交关系和派驻外交代表。不论从政治上还是从法律上看，欧共体都超出了一般国际组织的性质，成为凌驾于成员国之上的政治实体。

7.3.2 欧洲一体化的高级形式——欧洲联盟

1. 欧洲联盟产生的背景

进入20世纪80年代，由于欧共体成员国的增加使成员之间利益关系复杂化，欧共体以全体意思一致通过决议的方式面临困难，欧洲一体化进程受到阻碍。后来发生的3次具有里程碑意义的制度创新和机构改革把欧洲统一大市场的建设推向新阶段，最后导致欧洲联盟成立以及新的欧洲一体化内容和目标的确立。第一次是1986年批准《单一欧洲法》[1]，第二次是1992年签订的《欧洲联盟条约》[2]，第三次是1997年签订的《阿姆斯特丹条约》[3]。

---

[1] 1986年2月17日，成员国签署了旨在成立欧盟的《单一欧洲法》，得到各成员国批准，重点是机构改革和确立欧洲经济联盟计划。

[2] 1991年12月，欧洲共同体马斯特里赫特首脑会议通过《欧洲联盟条约》，通称《马斯特里赫特条约》（简称《马约》）。1993年11月1日，《马约》正式生效，欧盟正式诞生。

[3] 1997年10月2日上午，欧盟15个成员国的外交部长在荷兰首都阿姆斯特丹的王宫正式签署了《阿姆斯特丹条约》，是对欧盟已有条约（主要是《欧洲联盟条约》与《罗马条约》）的一项修正案，主要是通过改写、添加或删节现有条约条款及附件如议定书、声明、宣言等，对之进行修订和增补。

1993年11月1日，伴随着《欧洲联盟条约》的正式生效，欧洲联盟宣告成立。

2. 欧洲联盟的机构设置

（1）欧盟理事会和部长理事会。

欧洲联盟理事会原称部长理事会，是欧盟的决策机构，拥有欧盟的绝大部分立法权。由于《欧洲联盟条约》赋予了部长理事会以欧洲联盟范围内的政府间合作的职责，因此部长理事会自1993年11月8日起改称作欧洲联盟理事会。欧洲联盟理事会分为总务理事会和专门理事会，前者由各国外长参加，后者由各国其他部长参加。欧洲理事会即欧共体成员国首脑会议，为欧共体内部建设和对外关系制定大政方针。1974年12月欧共体首脑会议决定，自1975年起使首脑会议制度化，并正式称为欧洲理事会。1987年7月生效的《欧洲单一文件》中规定，欧洲理事会由各成员国国家元首或政府首脑，以及欧洲共同体委员会主席组成，每年至少举行两次会议。《欧洲联盟条约》则明确规定了欧洲理事会在欧洲联盟中的中心地位。理事会主席由各成员国轮流担任，任期半年，顺序基本按该国文字书写的国名字母排列。

2009年11月19日，欧盟27国领导人在布鲁塞尔召开特别峰会，选举出比利时首相赫尔曼·范龙佩为首位欧洲理事会常任主席，英国欧盟贸易委员凯瑟琳·阿什顿为欧盟外交和安全政策高级代表。欧洲理事会常任主席与欧盟外交与安全政策高级代表是按照2009年11月3日通过的《里斯本条约》设立的。根据职务特点及内容，这两个职务还被形象地称为"欧盟总统"和"欧盟外长"。

（2）欧盟委员会。

欧盟委员会（European Commission），简称欧委会，设在比利时布鲁斯尔，是欧盟政治体系的执行机构和立法机构。作为立法机构，欧委会的职能包括参与理事会法律文件起草，提出立法议案和政策议案交理事会决定，理事会非经一致同意不能修改委员会提交的法律草案；制定法规实施细则，使欧盟法律具体化。作为执行者，欧委会执行欧盟条约规定和部长理事会分派的任务，就农业、贸易、竞争等问题可直接作出决定，并掌握其遵守欧盟基金；它监督成员国遵守欧盟条约和各项立法，确保其遵守实施，对任何违反义务者有权调整，作出结论；它制定预算案，在对外关系方面代表欧盟。

在对外关系方面，欧委会负责全面实施欧盟对外贸易法，有权对来自第三国的货物、服务采取贸易限制措施；根据多边国际协议解决与第三国之间贸易争议；欧委会代表也负责和参与第三国的贸易谈判。

（3）欧洲议会。

欧洲议会的前身是1952年成立的欧洲煤钢共同体议会，1962年改称"欧洲议会"，它是欧盟三大机构（欧盟理事会、欧盟委员会、欧洲议会）之一，为欧盟的立法、监督和咨询机构，总部设在法国斯特拉斯堡。它的职能包括行使质询权，监督委员会和理事会工作，通过对委员不信任案；与理事会协商共同决定预算；通过与理事会协商程序和共同决定程序行使一定立法权，理事会批准法案前应与欧洲议会协商通过，否则可被判为无效；议会可审查委员会提案。欧洲议会有410名议员，按名额比例在成员国中普选产生，任期5年，议会不按国家而按政治派别组成议员团，议会每月举行一次会议。

(4) 欧洲法院。

欧洲法院是欧盟的最高法院，于1952年在卢森堡设立，它掌理一般案件的上诉审查，以及特殊案件的一审。作为欧盟法院的一部分，其负有解释欧盟法律和确保其在各欧盟会员国间能被平等适用的任务。欧洲法院的法庭语言可以是欧洲联盟成员国的任何一种官方语言以及爱尔兰语，法官及当事人的陈述被同步翻译，法庭的内部工作语言是法语。欧洲法院由各成员国协商一致任命的15名法官和9名检察官组成，任期6年，可以连任，每3年轮换一半。法院院长在法官中推选，任期3年。

为了减轻欧洲法院的负担，1986年依据《单一欧洲文件》建立了一个初审法院。从此，个人或企业直接上诉时都由初审法院解决。欧洲法院只是复审法院，欧盟委员会以及成员国的上诉依然由欧洲法院负责。欧洲法院的初审法院作为欧洲法院的内设审判机构仅就部分案件行使管辖权——负责初审由自然人或法人直接提起的诉讼，以及欧共体机构与其雇员之间的争议。当事人如果对于初审法院的决定不服，依法可以上诉至欧洲法院。但上诉的理由严格限定在3个方面，即初审法院欠缺管辖权、违反程序规则或错误适用欧盟法。欧洲法院对上诉有权进行资格审查，可以驳回上诉。欧洲法院的上诉程序是公开的，对一审判决可以支持、推翻或改判，也可以发回重审。作为欧洲联盟的最高司法机关，欧洲法院所作出的判决具有法律效力，根据《马斯特里赫特条约》规定，欧洲法院对违反条约义务，不执行法院裁决及判决的当事国政府及个人有处罚的权力。

7.3.3 欧洲联盟的法律制度

1. 欧洲联盟条约

欧洲联盟条约分7编共14条，内容是对原来的3个共同体条约作出全面修改，增加了关于共同的外交与安全政策条款和关于司法内务合作条款，并阐述了分阶段实现欧洲经济及货币联盟的目标。

(1) 经济及货币联盟。

条约规定分三阶段实现经济及货币联盟计划。第一阶段指在1993年年底以前，实现资本流动自由。第二阶段自1994年1月1日起成立欧洲货币组织，作为未来欧洲中央银行的前身，监督成员国经济及货币政策，控制欧洲货币制度运作。第三阶段为最迟从1999年1月1日起成立独立于成员国的欧洲中央银行，发行单一欧洲货币，在联盟内流通。

1998年5月2日，欧洲议会通过决议，批准了奥地利、比利时、芬兰、法国、德国、意大利、爱尔兰、荷兰、卢森堡、葡萄牙和西班牙等11国为欧洲经货联盟创始国成员，总人口已达3亿的这11国在1999年1月1日正式启用欧元作为单一货币，与成员国本币同时流通。2002年上半年，欧元代替这11个国家货币流通。

(2) 在司法与内政事务方面密切合作。

欧洲联盟成立后，各成员国很快对《欧洲联盟条约》以及三个共同体条约进行了又一次修改，欧盟条约确立的目标和为实现目标应采取的措施更清晰和具体。1996年，欧盟理事会在都灵召开会议，确立了旨在修改欧盟条约的议题，组建了工作机构，1997年10月2日，欧盟成员国正式签署了旨在修改《欧洲联盟条约》和3个共同体条约的《阿姆斯特丹条约》。主要内容包括人员自由流动与安全，保护公民利益，协调一致的对外政策和调整欧盟机构。其中，调整欧盟机构意味着引入共同决策制度，使欧洲议会成为真正的合作立法机构，与部长理事会共同行使立法权；扩大欧盟决策中以限定多数票通过事项的范围，提高决策效率；扩大欧盟委员会权力，使之成为欧盟更有效率的提议者、管理者和维护者。

（3）共同的安全与外交政策。

该项规定要求：在欧盟最重要的领域内采取的"共同行动"仍需全体成员一致通过，但也采用特定多数投票（实施共同行动）的原则。欧洲联盟的武装机构——西欧联盟"将执行欧洲联盟在防务方面作出的议定"。条约最终规定制定共同防务政策。

（4）确定欧洲联盟公民身份。

联盟侨民无论居住在欧共体的哪个成员国，在欧洲选举和市政选举中都有选举权和被选举权。承认任何公民有在欧洲议会请愿的权利。

（5）扩大欧盟管辖权。

进一步实现在信息交换、环境、公共卫生、文化、货币政策、消费者保护、工业发展与合作等领域的法律协调。

2. 欧盟法

欧盟法指以建立欧盟、规制欧盟各国的国际条约为核心而建立起来的，包括欧盟自己为实施条约而制定的各项条例、指令、决定和判例以及欧盟各国的相关国内法，旨在调整欧盟各国对内和对外关系的国际法和国内法规范的总称，是一个将国际条约的内容逐渐发展成为国内法规范的法律体系。以立法模式为划分标准，欧盟法律体系包括了以下3个层面。

首先，欧盟法体系包括成立欧盟及其前身欧共体的国际条约以及后续修改的一系列条约，主要有比利时、联邦德国、意大利、卢森堡、荷兰、法国分别于1951年、1957年、1965年签署的《建立欧洲煤钢共同体条约》（《巴黎条约》）、两个建立欧洲经济共同体和欧洲原子能共同体的罗马条约以及《合并条约》（《布鲁塞尔条约》）；1987年7月1日生效的《单一欧洲文件》；于1993年1月1日生效的旨在渐次消除国境关卡管制的《申根协定》；1991年12月在马斯特里赫特欧盟峰会通过的《欧洲联盟条约》（《马斯特里赫特条约》）；欧盟成员国于1997年和2000年签署的旨在继续对《欧洲联盟条约》进行改革的《阿姆斯特丹条约》和《尼斯条约》；为取代未能批准生效的《欧洲宪法条约》，欧盟27国领导人于2007年12月签署并于2009年12月1日生效的《里斯本条约》等。在欧盟法这个层面上，欧盟成立所依据的国际条约以及对其修改的条约的性质是国际法。它由作为欧盟及其前身欧洲共同体成员的各缔约国制定，由各缔约国按条约规定的程序批准生效。与具有普遍约束力的国内法不同，它只对缔约国产生特定法律约束力，产生所缔结条约约定事项的国家责任，具有国际法的所有特性。

其次，欧盟法包括欧洲议会、部长理事会等欧盟主要机构根据基本条约，以解释条约和执行条约的方式制定的，具有国内法属性的条例、指令、决定等法规及欧盟法院的判例。条例（Regulation）是欧盟最重要的法律形式，由欧盟部长理事会和欧盟委员会颁布，具有普遍适用性、全面约束力和直接实用性。普遍适用性是指条例适用于欧盟境内所有的人，对各成员国有普遍约束；直接适用性是指条例颁布后不需要成员国采取立法、行政措施将其变为国内法而直接对共同体机构、国家和企业、个人产生约束力。指令（Direction）是由欧盟部长理事会和欧盟委员会根据《欧共体条约》授权制定的文件，它没有全面约束力，仅适用于接受指令的成员国。决定（Decisions）是由欧盟部长理事会和欧盟委员会作出的法律文件，决定针对特定成员国、企业、个人发布，对特定的适用对象有全面约束力和直接适用性。接受决定者应完全执行决定规范义务，无须经国内法措施辅助而直接适用。欧盟法院的判例也是欧盟法的重要来源。在司法实践中，欧盟法院审理了大量的案件，其中一些判决提出了一系列对整个联盟具有指导意义的原则和规则，成为各个成员国行动的准则。

最后，欧盟法包括各成员国的国内法。这类法律既包括成员国的公法，如外贸管制法、刑法、诉讼法、警察法，也包括各成员国国内的私法，如民法、商法。各国制定的法律是国内法，这部分法律的性质是没有争议的，但它们也要受欧盟法的第二个层面规则的制约。本来欧盟各国的国内法都是独立的，但成员国在加入欧盟条约时作出自我约束的承诺，让渡本国的立法权，承诺本国国内法的效力低于欧盟制定的条例、指令，不得与之冲突。因而欧盟各国的国内法尤其是国内公法的制定、修改、废止要受到条例、指令的制约；同时，由于私法的适用都要受到公法的制约，欧盟各国的私法也要受欧盟制定的条例、指令的制约。这也是将欧盟各国的国内法归入欧盟法的原因所在。但各国文化、风俗存在差异，私法尤其有关婚姻、家庭方面的法律规范大体上还会保留原来的面貌。

3. 贸易壁垒条例

欧盟作为一个关税同盟，实行统一的对外贸易政策和商业政策。欧盟调整对外贸易关系的规则应由两部分构成：一是欧盟内部的自主立法，二是欧盟参加的多边国际协议，主要是WTO多边贸易协议。而《贸易壁垒条例》（Trade Barriers Regulation，TBR）是欧盟自主立法中的一部专门处理欧盟对外贸易关系的重要法律。

TBR的前身是欧共体于1984年颁布的《新商业政策文件》（NCPI），该文件对应美国贸易法301条款，于1984年以理事会条例2681/84号颁布，主要内容是授权共同体内私人在出口产品遭受第三国阻碍时，可以针对第三国不正当的贸易做法向共同体申诉，共同体可以据此采取与第三国协商等争议解决行动。TBR于GATT乌拉圭回合谈判结束时颁布，它适应了WTO成立后，欧盟与美国竞争的全球市场准入战略，即致力于进攻性地开启第三国市场，扫除贸易阻碍，而不是消极地保护共同体内部市场，这一战略的重点与美国301条款异曲同工。但是TBR又在以下几个方面明显不同于301条款：第一，TBR是建立WTO协议和WTO争议解决机制基础上的，服从WTO一体化的争议解决，根据TBR提出的申诉应属于WTO争议解决范围，TBR不允许单方面采取针对第三国的不公平贸易做法的法律行动；第二，TBR实施的目的是让贸易伙伴调整其不公平贸易做法，实现欧盟根据贸易协定（主要是 WTO 协定）应享有的权利，而不是强迫贸易伙伴作出新的贸易减让；第三，除非国际争议解决所允许，TBR 不允许单方面采取针对第三国的贸易报复措施；第四，TBR 强调欧盟机构之间、欧盟与工商企业之间收集信息方面的联系与合作，邀请企业提供来自第三国贸易阻碍的信息以及提出申诉。

4. 欧盟的经济一体化措施[①]

（1）关税及国内税措施。

货物贸易自由是 EC 条约[②]要实现的四大自由之一，就是要取消缔约国之间货物进出口关税，建立针对第三国的共同关税和商业政策，创建一个关税同盟。EC 条约第 23 条规定，共同体以关税同盟为基础，关税同盟延伸至货物的所有交易，包括在成员国之间废除进口税、出口税以及具有同等效果的任何捐税，并在同第三国的关系中采取共同的关税税则。据此，共同体采取了一系列关税和国内税措施。

第一，在成员国之间的货物贸易中逐步削减直到取消所有进出口关税，并保证不再增加新的关税。对于欧共体 6 个创始成员国而言，这一目标自共同体成立时起实施，到 1968 年 6 月 30 日经过 10 年过渡期已经实现。以后每有成员加入，这个关税同盟就得到一次扩充和更新。到 1977 年 7 月 1 日，形成了包括丹麦、爱尔兰和英国在内的关税同盟，在 1986 年、1993 年、1995 年，分别形成包括希腊、葡萄牙、西班牙、奥地利、芬兰和瑞典在内的关税同盟。

第二，取消与进出口关税有同等作用的任何捐税。这类捐税的主要特点是，它们在货物已经进口通关后征收，它们仅对进口产品的价格产生影响而不对国内类似的产品价格有影响。由于这种捐税通常与政府提供的服务收费有关，如在签发进口许可证时的收费、对出口艺术品的征税、动植物卫生检疫的收费、对已进口货物征收的加工费和市场费、统计税、货物通关前对货物征收的仓储费，等等。

第三，建立共同的关税税则，对原产于共同体以外的其他国家产品进口实行统一的欧共体关税税则。共同体海关法典（The Community Customs Code）包括海关税则，海关估价和原产地规则。

第四，要求缔约国非歧视地适用国内税。EC 条约第 90 条规定，任何成员国对其他成员国产品直接或间接征收的任何国内税不得高于对本国同类产品直接或间接征收的国内税；任何成员国不得对其他成员国产品征收含有间接保护本国其他产品性质的国内税。

（2）非关税措施。

共同体与 WTO 货物贸易规则都不允许成员国对货物进出口实行数量限制，不论采取配额、许可证还是其他形式。EC 条约第 30～36 条规定了取消数量限制的一般规则。第 30 条规定，各成员国间对进口的数量限制和具有同等效果的一切措施应予禁止。第 33 条规定了在 1970 年以前 12 年过渡期逐步取消数量限制的计划。第 31 条和第 32 条是"稳定条款"，

[①] 王传丽. 国际贸易法（第五版）[M]. 北京：法律出版社，2012.
[②]《建立欧洲共同体条约》简称 EC 条约，也称《欧共体条约》，是法国、联邦德国、意大利、荷兰、比利时和卢森堡等 6 国于 1957 年 3 月 15 日签订的。

要求成员国避免采取相对于条约生效时的任何新的数量限制或有同等效果的措施。

与 GATT 第 20 条一般例外相似，EC 条约第 36 条规定：第 30~34 条的各项规定不应妨碍由于公共道德、公共秩序和安全、保护人类生命健康、保护动植物、保护具有艺术、历史或考古价值的国家文物，或保护工商业财产权（指知识产权）方面的理由，对进口货物或过境货物采取的禁止或限制。但此项禁止或限制不应构成武断的歧视或变相限制成员国之间贸易。

（3）人员、服务的自由流动。

EC 条约第三编是关于人员、服务的自由流动。其第 48 条规定，最迟在过渡期届满时，劳动者的自由流动应在共同体范围得到保证。劳动者的自由流动意味着废止各成员劳动者之间关于就业、薪酬和其他劳动条件方面基于国籍理由的任何歧视。欧共体关于人员自由流动的规定适用于两类人员：一类是工人，即有薪金的受雇佣劳动者；另一类是自雇职业者（self-employer）或非"工薪收入者"，主要是指工商企业主、医师、工程师、建筑师、教师、律师等自由职业者与其他各类雇主。按第 48 条第 4 款规定，关于劳动者就业的规定不适用于国家行政机关的就业，即这方面各成员国可以维护原有的限制。人员自由流动的目的在于建立共同体内部统一的劳动力市场，实现劳动力资源的合理利用和分配，增强共同体的凝聚力，增强各成员国国民的福利。根据共同体这方面的法律，为保证欧共体人员自由流动，成员国公民享有 3 项基本权利：一是移民权利，包括出入境、短期或长期居住权；二是市场进入权，即进入成员国就业市场谋职和受雇的权利；三是附属权利，主要是社会保障、领取退休金以及工人家庭成员相应的权利。

知识拓展二维码 7-3：
欧洲法院案例

7.4 北美自由贸易协定

7.4.1 北美自由贸易协定概述

1. 北美自由贸易协定产生背景

从 20 世纪 80 年代初起，欧洲经济一体化的进程加快，日本对美、加市场也采取了咄咄逼人的进攻策略，美、加两国在国际的经济地位和竞争优势相对减弱，这使双方都意识到进一步加强双边经济贸易关系的必要性。1980 年，里根在竞选美国总统时就提出一个包括美国、加拿大、墨西哥及加勒比海诸国在内的"北美共同市场"的设想。加拿大也于 1983 年提出了关于建立美加自由贸易区的设想。1985 年，美、加两国开始进行有关签署双边自由贸易协定的谈判。1988 年 6 月 2 日，美加自由贸易协定正式签署，1989 年 1 月 1 日，该协定正式生效。北美自由贸易协议是在 1989 年美加自由贸易协定基础上的衍生。

北美自由贸易协议于 1994 年 1 月 1 日正式生效。并同时宣告北美自由贸易区（North America Free Trade Area，NAFTA）正式成立。北美自由贸易区拥有 3.6 亿人口，国民生产总值约 6.45 万亿美元，年贸易总额 1.37 万亿美元，其经济实力和市场规模都超过欧洲联盟，成为当时世界上最大的区域经济一体化组织。与欧盟性质不同，北美自由贸易协议不是凌驾于国家政府和国家法律上的一项协议。

2. 北美自由贸易协定的特点

北美自由贸易区是典型的南北双方为共同发展与繁荣而组建的区域经济一体化组织，南北合作和大国主导是其最显著的特征。

（1）南北合作。

北美自由贸易区既有经济实力强大的发达国家（如美国），也有经济发展水平较低的发展中国家，区内成员国的综合国力和市场成熟程度差距很大，经济上的互补性较强。各成员国在发挥各自比较优势的同时，通过自由的贸易和投资，推动区内产业结构的调整，促进区内发展中国家的经济发展，从而减少与发达国家的差距。

（2）大国主导。

北美自由贸易区是以美国为主导的自由贸易区，美国的经济运行在区域内占据主导和支配地位。由于美国在世界上经济发展水平最高，综合实力最强；加拿大虽是发达国家，但其国民生产总值仅为美国的 7.9%（1996 年数据），经济实力远不如美国；墨西哥是发展中国家，对美国经济的依赖性很强，因此，北美自由贸易区的运行方向与进程在很大程度上体现了美国的意愿。

（3）减免关税的不同步性。

由于墨西哥与美国、加拿大的经济发展水平差距较大，而且在经济体制、经济结构和国家竞争力等方面存在较大的差别，因此，自《美加自由贸易协定》生效以来，美国对墨西哥的产品进口关税平均下降 84%，而墨西哥对美国的产品进口关税只下降 43%；墨西哥在肉类、奶制品、玉米等竞争力较弱的产品方面，有较长的过渡期。同时，一些缺乏竞争力的产业部门有 10～15 年的缓冲期。

（4）战略的过渡性。

美国积极倡导建立的北美自由贸易区，实际上只是美国战略构想的一个前奏，其最终目的是为了在整个美洲建立自由贸易区。美国试图通过北美自由贸易区来主导整个美洲，一来为美国提供巨大的潜在市场，促进其经济的持续增长；二来为美国扩大其在亚太地区的势力，与欧洲争夺世界的主导权。1990 年 6 月 27 日，美国总统布什在国会提出了开创"美洲事业倡议"，随后，美国于 1994 年 9 月正式提出"美洲自由贸易区"计划，同年 12 月，在美国迈阿密举行了由北美、南美和加勒比海所有国家（古巴除外）共 34 个国家参加的"美洲首脑会议"，会议决定于 2005 年建成美洲自由贸易区。

7.4.2 NAFTA 关于货物贸易的规定

1. 关税措施

知识拓展二维码 7-4：特朗普重新威胁退出《北美自由贸易协定》

NAFTA 第 302 条规定："除非另有规定，缔约国对于北美自由贸易区原产地货物不得增加现有关税，不得征收新的关税，每一缔约国应根据附录

302.2 减让表的规定逐步取消关税。"该条款及其附录关于逐步取消关税的规定是 NAFTA 货物贸易自由化的基石。据此，缔约国将在 NAFTA 生效后 15 年的过渡期内，在三国间的贸易中逐步取消所有原产于三国货物的进出口关税。在过渡期内，美加两国根据已经并入 NAFTA 的 FTA 附录 401.1 的安排，自 FTA 生效起 10 年内（到 1998 年为止）取消两国货物贸易全部关税。美国与墨西哥、加拿大与墨西哥之间则分别依据 NAFTA 附录 302.2 减让表的规定，立即或对于某些种类的货物在 NAFTA 生效起 15 年内（到 2008 年为止），分阶段取消彼此之间货物贸易的全部关税。

NAFTA 实施后，美国将停止给予墨西哥普惠制待遇，如果自墨西哥进口到美国的货物不能满足 NAFTA 原产地要求，美国将适用正常的最惠国税率。加拿大没有取消给予墨西哥的普惠制待遇，从墨西哥进口到加拿大的货物如不能满足 NAFTA 原产地要求享受其优惠，仍可能享有普惠制的优惠。

2. 国民待遇

NAFTA 第 301 条第 2 款规定："国民待遇原则意味着州和省应给予进口货物不低于它们给予任何本地类似的直接竞争产品或替代产品的优惠待遇。"这意味着如果加拿大某一省份给予本地产品的待遇优于别的省，那么它也应给予从美国或墨西哥进口的产品同样优惠待遇。但是，如果某一省对来自本国另一省的货物实行歧视，甚至是合法的歧视，它对来自另一缔约国的货物则不得歧视。

NAFTA 的三国都保留的某些权利，排除了某些货物贸易，使之不受 NAFTA 第 301 条国民待遇条款的约束。例如，三国都保留了控制木材出口的权利，以满足本国木材加工业的需要。

3. 非关税措施

NAFTA 没有包含独立的反倾销、反补贴规则，这方面事项依据国内法和 GATT 纪律处理。第 1902 条规定，缔约国保留对于来自其他缔约国进口货物适用本国反倾销、反补贴法的权利；保留改变或修改本国反倾销反补贴法的权利，但是这种修改不得与 GATT 有关规则及本协定的目标相抵触。为此，NAFTA 建立了反倾销、反补贴事项的审查和争议解决程序。

4. 原产地规则

为了防止非缔约国的货物"免费搭车"，享受北美自由贸易区关税优惠的好处，特别是美国担心日本等贸易对手会把墨西哥作为"出口站台"，以在那里投资建厂的方式，对美出口产品，NAFTA 规定了严格的原产地，海关以此确定某一进口货物是否属于北美自由贸易区货物，然后再确定是哪个缔约国生产的货物，在此基础上决定应适用的关税。NAFTA 实施后，三国出口商对于进出缔约国的货物依据 NAFTA 标志规则打上原产地标志，供海关查验。

根据 NAFTA 原产地规则，以下货物属于北美自由贸易区的货物，或属于原产于缔约国的货物：①完全自北美自由贸易区获得或生产的货物，包括在缔约国境内开采的矿产、收获的蔬菜等农产品、出生和饲养的动物、捕获或猎获的物产；由缔约国的船舶捕捞加工的鱼类、贝类及其他海洋生物；有合法开采权的缔约国在其水域外的海底大陆架开采的物质、可回收利用的废旧物资；由缔约国政府、公民从外层空间取得的物质。②货物原产于缔约国境内，本身包含一定量的非缔约国原料或部件，并且符合 NAFTA 规定的北美原产地要求。③货物完全由符合 NAFTA 原产地规则的原料或部件制成，即这些原料或零部件本身是非缔约国的或含有非缔约国成分，但是经过加工有了实质性改变或其含量符合原产地规则的要求。④货物在一个或几个缔约国境内制成，其中一种或更多的原料或部件属于非缔约国产品，未经加工或作必要改变，但是货物整体满足 NAFTA 原产地要求。

7.4.3　NAFTA 关于服务贸易的措施

NAFTA 确立了逐步取消缔约国之间服务贸易障碍的目标，缔约国应保证最低限度的服务业市场准入，给予其他缔约国的服务非歧视待遇。从最后达成的服务贸易规则以及缔约国作出的承诺看，NAFTA 服务贸易自由化安排超过了 GATS 以及美加双边协议所达到的水平，这在服务贸易规则的约束范围、部门服务业开放等方面尤为明显。比较而言，墨西哥在服务业市场准入上动作更大，让步更多，将给美国带来巨大利益。NAFTA 服务贸易规则分为三部分：第一部分由过境服务贸易、电信和金融服务三章组成，是规则的实质部分；第二部分是服务业投资及商业人员暂时入境；第三部分是有关陆上运输服务、职业服务，具体保留和例外。

NAFTA 强调服务贸易是过境提供服务，包括：①一项服务的生产、分配、交易、出售和提供；②一项服务的购买、使用和支付；③与一项服务提供相联系的输送系统和分销系统的进入和使用；④另一缔约国服务者在缔约国境内的商业存在以及作为提供服务条件的担保和其他形式的金融保障的提供。过境服务提供是指一项服务的提供自一缔约国境内进入另一缔约国境内，由缔约国境内的个人或另一缔约国国民提供服务给予另一缔约国国民。

NAFTA 过境服务贸易规则不适用于金融贸易、航空运输服务，不适用于由另一缔约国的投资者在缔约国境内投资开办的分支机构或附属机构所提供的服务，不适用于政府采购或由缔约国政府、国有企业实施的补贴和特许。与投资者的概念相同，服务贸易规则中提供服务的企业是在缔约国境内依法成立的公司、法人及其附属机构，并在缔约国境内从事商业活动，不要求特殊国籍的国民控制。

在市场准入方面，NAFTA 采取了反向举例的方式，要求缔约国把与服务贸易规则中国民待遇、最惠国待遇、本地商业存在要求不符的国内措施、限制开放的服务业部门列入附件 1 至附件 7，未列入的范围受协议服务贸易规则约束，如有不符，应在协定实施后改正，而且协定实施后新产生的服务项目将自动受协定的管辖，这说明 NAFTA 服务贸易市场开放程度更高。

本章相关知识拓展性阅读二维码

复习思考题

一、判断题

1. APEC 的集体行动计划比较有效的主要在关税领域。（   ）
2. 欧共体的经济一体化措施包括人员、服务的自由流动。（   ）
3. 由于美国担心日本等贸易对手会把墨西哥作为出口站台，北美自由贸易协定规定了严格的原产地规则。（   ）
4. 双边自由贸易再度盛行是大势所趋，与 WTO 多边贸易谈判的发展无关。（   ）
5. 服务贸易属于 APEC 成员的单边行动计划。（   ）

二、单项选择题

1. 亚太经合组织目前最重要的组织活动是（   ）。
   A. 每年召开一次成员国代表会议 B. 每年召开一次部长级会议
   C. 每年召开一次总理事会 D. 每年召开一次领导人非正式会议
2. 欧盟负责对外国倾销进行立案调查，决定采取反倾销措施的机构有（   ）。
   A. 欧盟委员会 B. 欧盟咨询委员会
   C. 欧盟理事会 D. 欧洲法院
3. 目前世界上影响最大的地区贸易集团是（   ）。
   A. 欧洲联盟 B. 东南亚联盟
   C. 北美自由贸易区 D. 亚太经合组织
4. 欧盟的经济一体化措施不包括（   ）。
   A. 关税及国内税措施 B. 统一的货币政策
   C. 非关税措施 D. 人员的自由流动
5. 根据 NAFTA 原产地规则，以下货物不属于北美自由贸易区的货物是（   ）。
   A. 完全自北美自由贸易区获得或生产的货物
   B. 货物原产于缔约国境内，本身包含一定量的非缔约国原料或部件，并且符合 NAFTA 规定的北美原产地要求
   C. 货物在一个或几个缔约国境内制成，其中一个或更多的原料或部件属于非缔约国产品，未经加工活作必要改变，但是货物整体满足 NAFTA 原产地要求
   D. 原料或零部件本身是非缔约国的或含有非缔约国成分，但是经过加工没发生实质性改变

三、多项选择题

1. 欧洲共同体是由（   ）合并而成的。
   A．欧洲经济共同体委员会 B．欧洲煤钢联营高级管理局

C．欧洲原子能联营委员会　　　　　　D．欧洲煤钢共同体

2. 下列关于 APEC，正确的是（　　）。

A．APEC 诞生于"二战"结束的年代

B．领导人非正式会议是亚太经合组织最高级别的会议

C．APEC 是一个国际的论坛性质的机构

D．APEC 的工作语种是英语和法语

3. 欧盟法包括以下哪些部分？（　　）

A．欧洲议会、部长理事会等欧盟主要机构根据基本条约

B．成立欧盟及其前身欧共体的国际条约以及后续修改的一系列条约

C．各成员国的国内法

D．《阿姆斯特丹条约》

4. 区域经济一体化对多边贸易体制的积极影响包括（　　）。

A．为多边贸易体制提供补充和借鉴

B．对最惠国待遇原则构成挑战

C．加大了多边谈判的难度

D．推动了多边共识的顺利达成

5. NAFTA 过境服务贸易不适用于（　　）。

A．金融贸易、航空运输服务

B．由另一缔约国的投资者在缔约国境内投资开办的分支机构或附属机构所提供的服务

C．政府采购或由缔约国政府、国有企业实施的补贴和特许

D．服务业投资及商业人员暂时入境

四、简答题

1. APEC 的法律地位是什么？它在贸易自由化方面采取了哪些措施？
2. 欧盟法的表现形式是什么？欧盟法在促进地区贸易自由化方面发挥了什么作用？
3. 北美自由贸易协定的特点是什么？
4. 如何理解多边贸易体制与地区贸易集团的关系？

五、案例分析题

1993 年 7 月 1 日生效的欧盟"香蕉共同市场政策"对来自外部不同国家的香蕉进口实行不同的政策。根据《洛美协定》的规定，欧盟对参加该协定的非加太国家（非洲—加勒比—太平洋地区的发展中国家）实行单方面的贸易优惠。按照这一规定，欧盟对来自非加太国家的香蕉进口采取非常优惠的政策，既给予单列的、稳定的配额，而且实行免税。但是，对来自其他国家的香蕉进口采取歧视性的政策，给予这些国家的香蕉进口配额既少且没有保证，并征收一定的关税。这明显损害了非加太国家之外的其他香蕉出口国特别是中南美洲香蕉出口国的利益。因此，1995 年 9 月 28 日，危地马拉、洪都拉斯和墨西哥联合把欧盟告到了 WTO。由于中南美洲国家的许多香蕉种植园均由美国公司投资，美国也同时成为第四个申诉方。后来，厄瓜多尔和巴拿马也相继加入了申诉方的行列。

1996年5月8日，负责解决该争端的专家小组成立。经过调查，1997年5月22日，专家小组认定欧盟的香蕉进口政策违背了WTO的最惠国待遇原则和其他有关规则。欧盟不服裁定，到上诉机构上诉。9月9日，上诉机构作出报告，基本维持专家小组的裁定。9月25日，WTO争端解决机构通过了专家小组和上诉机构的报告，要求欧盟改变其香蕉进口政策，以符合WTO协定。1998年1月14日，欧盟制定了香蕉进口政策修正案，但申诉方不满意，要求WTO争端解决机构再次审议欧盟新的香蕉进口政策，并要求实行报复。WTO争端解决机构分别于1999年4月19日和2000年5月18日，授权提出申请的美国和厄瓜多尔对欧盟实行报复。7月27日，欧盟声明执行争端解决机构的裁定，并继续与有关各方协商合作，直到问题得到圆满解决。

结合本章所学，分析欧盟"香蕉共同市场政策"的制定依据。

第8章 国际服务贸易

学习目标

通过本章的学习,要求了解国际服务贸易的概念和分类,掌握《服务贸易总协定》的基本框架、适用范围和主要内容,重点掌握《海峡两岸服务贸易协议》的主要内容和双方的承诺。

案例导入

2004 美墨电信服务案[①]

1997年之前,墨西哥的国内长途和国际电信服务一直为Telmex公司所垄断;1997年之后,墨西哥政府授权多个电信运营商提供国际电信服务,但根据墨西哥国内法,在国际电信市场上对外呼叫业务最多的运营商有权利与境外运营商谈判线路对接条件,而Telmex公司作为墨西哥对外呼叫业务最多的运营商,自然就享有了该项谈判权利,事实上就拥有了排除外部竞争者的权利,从而引发了希望大举进入墨西哥市场的美国电信业巨头的不满。

2000年8月17日,美国以墨西哥的基础电信规则和增值电信规则违背了墨西哥在GATS中的承诺为由,向墨西哥提出磋商请求,之后,美墨双方进行了两次磋商,但未能达成共识。2002年4月17日,根据DSU(《关于争端解决规则与程序谅解》)第6款,成立了专家组,因双方未能在规定期限内就专家组的组成达成一致,2002年8月26日,WTO总干事最终任命了以Ernst-Ulrich Petersman为首的三人专家组。另有澳大利亚、巴西、加拿大、欧共体、古巴、日本、印度、危地马拉、洪都拉斯和尼加拉瓜等十国提交了他们的书面意见。专家组分别于2003年11月21日和2004年4月2日提交了中期报告和最终报告,2004年6月1日,经过再次磋商,墨西哥放弃了上诉,正式接受了专家组的最终报告,并最终就此电信服务争端与美国达成协议。

[①] 屠新泉,彭程,孙威. 服务贸易争端第一案——美墨电信服务争端案[J]. 世界贸易组织动态与研究,2005(12).

> 协议中，墨西哥同意废除本国法律中引起争议的条款，并同意在 2005 年引进用于转售的国际电信服务；美国同意墨西哥继续对国际简式电信服务进行严格限制以组织非授权的电信传输。
> 问题：(1) 本案争议的焦点是国际服务贸易中的哪类业务？
> (2) 墨西哥是否采取了适当的措施来制止主要供应商的反竞争行为？
> (3) 如何评价美国在本案中的意图？

8.1 国际服务贸易概述

国际服务贸易是指国际间服务的输入和输出的一种贸易方式。贸易一方向另一方提供服务并获得收入的过程称为服务出口或服务输出，购买他人服务的一方称为服务进口或服务输入。国际贸易狭义的概念是指传统的为国际货物贸易服务的运输、保险、金融以及旅游等无形贸易。而广义的概念还包括现代发展起来的、除与货物贸易有关的服务以外的新的贸易活动，如承包劳务、卫星传送和传播等。

服务贸易大致可分为 15 类：①国际运输；②国际旅游；③跨国银行、国际融资公司及其他金融服务；④国际保险和再保险；⑤国际信息处理、传递、计算机及数据业务；⑥国际资讯业务；⑦建筑和工程承包等劳务输出；⑧国际电信业务；⑨广告、设计、会计管理等服务项目；⑩国际租赁；⑪维修、保养、技术指导等售后服务；⑫国际视听服务；⑬教育、卫生、文化艺术的国际交流服务；⑭商业批发和零售服务；⑮一个新兴的服务产业：寻找篮球运动员。

案例分析 8-1：中外合作办学

2010 年新学期伊始，小张作为一名本科新生，到上海交通大学交大密歇根联合学院报到，开始他的四年大学生涯。据教育部资料公布，上海交通大学交大密歇根联合学院系上海交通大学与美国密歇根大学联合举办的中外合作办学机构，性质属于非法人机构，有法定代表人，办学层次包括本科和研究生教育，招生起止时间为 2001—2011 年，每年 1 期。

问题：美国密歇根大学与上海交通大学在中国境内举办中外合作办学机构的法律依据是什么？

8.2 《服务贸易总协定》

8.2.1 《服务贸易总协定》的基本框架

1986 年 9 月发起乌拉圭回合谈判的埃斯特角部长宣言，将服务贸易纳入乌拉圭回合谈判程序，作为与货物谈判不同的谈判议题。经过 3 个阶段的艰苦谈判，从服务贸易的定义、范围，到服务贸易多边框架原则与规则的提出，最后到提交具体承诺，《服务贸易总协定》（GATS）终于在 1993 年 12 月 15 日作为整个一揽子的谈判结果获得草签，并于 1994 年 4 月 15 日获得正式签署，于 1995 年 1 月 1 日生效。

GATS 是与关贸总协定平行的独立的多边贸易协定，调整四种类型的国际服务贸易。其全部内容可分为三部分：①框架协议，它规定了国际服务贸易一般概念、原则和规则、成员国基本权利和义务，是 GATS 的主体和实质部分；②各成员提交的服务贸易国家具体承诺表，具有法律上的约束力；③框架协议的 8 个附件，规定了某些重要服务部门的多边自由化规则，它们是 GATS 不可分割组成部分。《服务贸易总协定》已被列入 WTO 所管辖的框架协议的附件 1，要求 WTO 成员一体接受。

GATS 框架协议由 6 个部分 39 条组成，规定适用于影响服务贸易所有措施的一般概念、原则和规则。框架协议所规定的义务分为两类：一类是一般性义务，适用于各成员所有服务贸易部门及国际服务贸易做法，不论其是否属于各成员在国家具体承诺表中列出的范围；另一类是具体承诺的义务，主要是国民待遇和市场准入，这类义务性规定仅适用于各成员在国家具体承诺中列出的项目和领域，并在所列明的条件范围内适用，对于未列明的服务贸易部门和服务贸易做法不适用，这是 GATS 的一个重要特点。

8.2.2 《服务贸易总协定》的适用范围

根据 GATS 给出的定义，"服务"包括任何部门的任何服务，但在行使政府职权时提供的服务除外。"服务提供"包括服务的生产、分销、营销、销售和交付。"商业存在"指任何类型的商业或专业机构，包括为提供服务在成员境内组建、收购或维持法人，或者设立或维持分支机构或代表处。而 GATS 中的"措施"，指成员的任何措施，不论采取法律、法规、规章、程序、决定、行政行为的形式或任何其他形式。"成员措施"包括成员的中央、地区或地方政府和主管机关采取的措施，以及由中央、地区或地方政府和主观机关授权行使权力的非政府机构采取的措施。GATS 的纪律超越了所有政府一级，包括行政所授权力的非政府机构。"成员影响服务贸易的措施"包括下列几方面的内容：服务的购买、支付和支付；与服务提供有关的、成员要求向公众普遍提供的服务的准入和使用；一成员的人为提供服务在另一成员的存在（包括商业存在）。

GATS 第 1 条按照提供服务时服务提供者和消费者所在的领土界线，提出了其适用的 4 种服务贸易类型：跨境提供、境外消费、商业存在、自然人流动，详见表 8-1。

表 8-1 GATS 适用的 4 种服务贸易类型

类 型	概 念	具体范围
跨境提供	从一成员方境内向另一成员方境内提供服务，其中的"跨境"是指"服务"过境，通过电信、邮电、计算机联网等实现，而人员和物资在现代科技环境下，一般无须过境	国际金融中的电子清算与支付、国际电信服务、信息咨询服务、卫星影视服务

续表

类型	概念	具体范围
境外消费	服务者在本国境内向来自其他国家的服务消费者提供服务，消费者移动到服务提供者国家接受服务（消费者的流动）	境外旅游、治病、学习语言
商业存在	一成员方的服务提供者通过在另一成员方境内的商业实体提供服务。它主要涉及市场准入和直接投资，即允许一成员方的服务提供商在另一成员方境内投资设立机构并提供服务	外国公司到中国来开酒店、建零售商店、开办律师事务所
自然人流动	一成员服务提供者通过在任何其他成员领土内的自然人流动提供服务，即服务提供者以自然人入境方式在服务接受者所在地国家或第三国向服务接受者提供服务	旅游、医疗、顾问

通过上述 4 种方式界定服务贸易，是 GATS 的一大特点。凡是通过其中任何一种方式提供服务的，都构成 GATS 意义上的服务贸易，均属于《服务贸易总协定》的调整范围。

8.2.3 外国服务与外国服务提供者

实施 GTAS 同样需要确定一项服务的来源地，这与货物贸易的原产地问题同等重要。GTAS 中"另一成员的服务"包括两种情况：第一种，指从该成员境内提供的或在该成员境内提供的服务；对于海运服务这一特定服务来说，指根据该成员法律注册的船只提供的服务，或者该成员的人通过船舶经营、全部或部分使用船舶提供的服务。第二种，在通过商业存在或自然人存在提供服务的情况下，指该成员的服务提供者提供的服务。

1. 服务来源的界定

跨境提供是指从一成员领土向任何其他成员领土提供服务，并不涉及服务提供者和服务消费者的移动问题，主要是服务发生了跨境的转移，与货物贸易的"原产于"类似，但 GATS 并未详细规定服务来源于何处的标准，实践中如何判断有赖于各国的实践。境外消费是指在一成员领土内向任何其他成员的服务消费者提供服务，服务消费者发生了跨国移动。此模式下服务原产地即服务消费地，各国通常没有太多管制，也比较容易认定。GATS 对于海运服务规定比较特殊，指由一艘根据该另一成员的法律进行注册的船只提供的服务，或由经营和/或使用全部或部分船只提供服务的该另一成员的人提供的服务。

2. 服务提供者来源的界定

就商业存在和自然人流动两种模式而言，"另一成员的服务"是指该另一成员的服务提供者提供的服务，根据 GATS 规定，服务提供者是指提供一服务的任何人，主要是指自然人和法人，但不限于此。如该服务不是由法人直接提供，而是通过如分支机构或代表处等其他形式的商业存在提供，则该服务提供者（该法人）仍应通过该商业存在被给予在本协定项下规定给予服务提供者的待遇。此类待遇应扩大到提供该服务的存在方式，但不需扩大至该服务提供者位于提供服务的领土以外的任何其他部分。也就是说，商业存在不管以何种形式出现均可享受 GATS 项下的待遇。

8.2.4 《服务贸易总协定》中的一般义务

一般义务（general obligation）主要包括最惠国待遇、透明度、提供服务所需资格的相互承认、关于垄断和专营服务提供者及其他限制竞争的商业惯例的规则，实现贸易自由所应采取的措施（包括确保发展中国家更多参与的措施）等。一般义务直接并自动适用于 WTO 的所有成员及所有服务项目。

1. 最惠国待遇

知识拓展二维码 8-1："欧共体香蕉案"关于服务提供者来源的认定

对于 GATS 所包括的任何措施，各成员应立即和无条件地给予任何其他成员的服务和服务提供者不低于其给予任何其他国家同类服务和服务提供者的待遇。

GATS 的最惠国待遇原则，与 GATT 的最惠国待遇原则是一致的。在服务贸易方面，某一成员给予任何国家（不限于 WTO 成员）任何优惠，其他成员都有权利无条件地立即享有。下表总结了 GATS 与 GATT 在适用对象和适用范围的不同。GATS 所规定的最惠国待遇义务范围更广、更严格，详见表 8-2。

表 8-2 GATS 与 GATT 的最惠国待遇原则比较

	GATS	GATT
适用对象	服务和服务提供者	货物
适用范围	各成员应立即无条件地给予任何其他成员的服务和服务提供者以惠国待遇原则	缔约国之间对于进出口货物及有关的关税规费征收方法、规章制度、销售和运输等方面，一律适用无条件最惠国待遇原则。但关税同盟、自由贸易区以及对发展中国家的优惠安排都作为最惠国待遇的例外

但二者的适用对象不同，GATS 的最惠国待遇原则既适用于服务，也适用于服务提供者，而 GATT 的最惠国待遇原则仅适用于货物。在具体的适用范围上，GATS 的最惠国待遇原则在适用上没有任何限制，它适用于 GATS 所包括的任何措施，适用于任何其他成员的服务和服务提供者，而 GATT 的最惠国待遇义务仅适用于明确列出的 4 种情形，且适用于原产自或出口至其他成员的货物。从这一角度看，GATS 的最惠国待遇义务，比 GATT 的最惠国义务范围更广、更严格。

GATS 规定了两种最惠国待遇的豁免。一种是该协定生效时的一次性豁免。在谈判时，成员列出最惠国待遇服务例外清单。在该协定生效时，成员可以豁免列入最惠国待遇附件项下的最惠国待遇义务。上述例外只能给予一次，不得在名单上增加新的内容，这类例外

5 年审查一次。原则上这类豁免不应超过 10 年。另一种是其他情况下的一般豁免，根据 WTO 协定第 9 条豁免最惠国待遇义务，即在例外的情况下，部长会议可以决定豁免某成员承担的义务，这种决定应经 3/4 的成员批准。对给予的豁免，每年审议一次，审查是否仍存在豁免的必要性以及下一次审查的时间。部长会议在年度审议的基础上可以决定延长、修改或终止该豁免。此外，GATS 为发展中国家履行最惠国待遇义务提供了一定期限的过渡期。

最惠国待遇义务的规定不妨碍毗邻国家优惠。GATS 的规定不得解释为阻止任何成员相邻国家授予或给予优惠，以便利毗连边境地区的当地生产和消费的服务的交换。此外，GATS 义务的一般例外、安全例外，对最惠国待遇义务都适用。最惠国待遇义务不适用于调整政府服务采购的法律、法规等。

2. 透明度

服务贸易比货物贸易受到更强的国内管理，这也是保护国内服务免于外国竞争或给予外国竞争歧视待遇的手段。为公平竞争、贸易自由之目的，GATS 为一般义务提出了透明度要求：除紧急情况外，每一成员应迅速公布有关影响 GATS 运作的所有普遍适用的措施，最迟应在此类措施生效时公布。作为有关服务贸易国际协定一方的成员，应公布该协定。如公布不可行，应通过其他方式供成员获得这些信息。各成员应向 WTO 通知 GATS 所覆盖的影响服务贸易的所有法律、法规和行政管理措施的具体信息，包括任何修改。对任何其他成员就普遍适用的任何措施或国际协定所提出的具体信息的所有要求，各成员应给予迅速答复。各成员还应设立咨询点，向其他成员提供有关信息。但对于公开将妨碍法律实施、违背公众利益或损害特定公私企业合法利益的机密资料，不要求公开。

3. 相互承认标准

一般情况下，提供服务的公司和个人需要取得允许其从事业务的证书、许可或其他授权。此类资格要求往往限制了外国服务提供者。为解决这一冲突或障碍，GATS 引进了资格等的相互承认制度。

为使服务提供者获得授权、许可、证明标准或准则得以全部或部分实施，成员可承认在特定国家已经获得的教育或经历、已满足的要求以及给予的许可或证明。这种通过协调或其他办法实现的承认，可基于有关国家签订的协议或安排，也可自动给予。承认方式不得成为国家间歧视的手段或对服务贸易的变相限制。只要合适，承认应基于多边同意的标准。在适当的情况下，各成员应与有关政府间组织或非政府组织合作，以制定和采用承认的共同国际标准和准则，以及有关服务行业和职业的实务的共同国际标准。

4. 垄断和专营服务提供者及其他限制竞争的商业惯例

各成员应确保其境内的任何垄断服务提供者，在相关市场提供垄断服务时，其方式不得违反最惠国义务及作出的具体承诺。

一成员的垄断服务提供者，不论是直接还是通过关联公司，在垄断权范围之外且该成员已作出具体承诺的服务提供方面参与竞争，该成员应确保该提供者在其境内不滥用其垄断地位，不以与具体承诺项下的义务不符的方式行事。

如果成员在形式上或事实上授权或设立少数几个服务提供者，且实质上阻止这些服务者在境内的相互竞争，上述规定也就适用于此类专营服务提供者。

对于抑制竞争、限制服务贸易的服务提供者的商业惯例，在其他成员的要求下，相关成员应进行磋商，以期取消这样的商业惯例，并提供可获得的有关资料。

5. 一般义务的例外

尽管有最惠国待遇义务的存在，GATS 允许成员采取贸易管制措施，这就是该协定的一般义务的例外。该例外需满足两项要求。一项要求是该类措施在国家间不应构成武断的或不公正的歧视，或构成对服务贸易的变相限制。另一项要求是该类措施必须用于下述目的：①为保护公共道德或维护公共秩序所必需；②为保护人类、动物或植物的生命或健康所必需；③为确保遵守与该协定的规定不相抵触的与下述问题相关的法律和法规所必需：防止欺诈和欺骗做法，或处理服务合同违约事项，保护与个人资料处理和散播有关的个人隐私，保护个人记录和账户秘密、安全问题；④为保证对其他成员的服务或服务提供者平等和有效课征或收取直接税的差别待遇；⑤源于该成员受其约束的避免双重征税协议，或任何其他国际协议或安排中的避免双重征税规定的差别待遇。

除一般例外之外，该协定的一般义务还存在安全例外。该协定不要求任何成员提供其认为公开后会违背其基本安全利益的任何资料，不阻止任何成员为保护其基本安全利益而有必要采取的行动，不阻止任何成员为履行联合国宪章下维护国际和平与安全义务而采取的行动。

知识拓展二维码 8-2：《服务贸易总协定》附件

8.2.5 《服务贸易总协定》中的具体承诺

WTO 成员在特定服务部门、特定服务领域承担特定义务，是由该成员在谈判时作出的具体承诺决定的。具体承诺在 GATS 中以及在服务贸易自由化的进程中起着非常重要的作用。它包括市场准入和国民待遇两大类。GATS 中的一般义务是以具体承诺为基础的，如果没有具体承诺，一般义务也无实际意义。其原因在于，与货物贸易不同，服务贸易受到较大的国内管制，成员没有开放服务贸易市场的义务，是否开放服务贸易市场由成员决定。在服务贸易市场没有开放的情况下，其他义务也失去应有的作用。具体承诺也是逐步实现 GATS 服务贸易自由化目标的必经步骤和具体措施。

1. 市场准入

市场准入也称市场开放。根据 GATS 第 16 条，对于通过前述 4 种服务贸易提供方式的市场准入，每个成员给予其他任何成员的服务和服务提供者的待遇，不得低于其承诺表中所同意和明确规定的条款、限制和条件。市场准入不包括政府采购。就构成具体承诺的市场准入和国民待遇的关系来说，市场准入是国民待遇的基础和前提。如果某一措施既与市场准入不符，也与国民待遇义务不符，则该措施应列入市场准入栏目。在这种情况下，对市场准入的限制也构成了对国民待遇义务的限制，规定了国民待遇的条件或资格。

在作出具体承诺的部门，除非在承诺减让表中明确规定，成员不得在其部分地区或全境维持或采取下述措施：①限制服务提供者的数量，不论通过数量配额、垄断和专营服务提供者的限制，还是通过经济需求标准要求的限制；②以数量配额或经济需求标准要求的方式，限制服务交易或资产总值；③以配额或经济需求标准要求的方式，限制服务业务总数或以指定数量单位表示的服务产出总量，但不包括成员限制服务提供投入的措施；④以数量配额或经济需求标准需求的方式，限制特定服务部门可雇用自然人总数或服务提供者可雇用自然人总数，这些自然人为提供特定服务所必需并之直接相关；⑤限制或要求服务提供者通过特定类型的法律实体或合营企业提供服务的措施；⑥通过限制外国股权最高百分比，或限制单个或总体外国投资总额，限制外国资本的参与。

对外国服务和服务提供者提供市场准入，实质上是允许外国服务提供者进行服务的国际投资。这一点在商业存在这种服务方式上体现得最为明显，也可以通过对上述6种措施的禁止体现出来。GATS在"市场准入减让表"部分特别指出，如成员对通过跨境提供方式提供服务作出市场准入承诺，且如果资本的跨境流动是该服务本身所必需的部分，则该成员由此已经承诺允许此种资本跨境流动。如果成员就通过商业存在方式提供服务作出市场准入承诺，则成员由此已经承诺允许有关资本转移进入其境内。

2. 国民待遇

市场放开、外国服务和服务提供者进入后，必然产生外国服务及服务提供者与本国同类服务及服务提供者的待遇关系问题。这一问题由国民待遇义务来解决。但国民待遇义务性质上属于具体承诺，因而，成员不存在普遍的义务授予外国服务及服务提供者的待遇不低于授予本国种类服务及服务提供者的待遇。如前所述，国民待遇与市场准入存在密切的关系。在货物贸易中，即使不存在进口货物，也可能违反国民待遇义务，因为无进口货物很可能正是对外国产品歧视的结果。但在服务贸易中，国民待遇义务是以市场准入为前提的。

与货物贸易和知识产权中的国民待遇不同，GATS的国民待遇仅适用于一国作出具体承诺的部门或方面，仅限于列入承诺减让表的部门，并且要遵照其中所列的条件和资格。没有作出承诺的部门，不适用国民待遇。即使在作出承诺的部门中，也允许按所列条件对国民待遇进行限制。

根据GATS第17条，成员在所有影响服务提供的措施方面，给予任何其他成员的服务和服务提供者的待遇不得低于其给予本国同类服务和服务提供者的待遇。但该规定并不要求给予任何其他成员的服务和服务提供者的待遇，在形式上与给予本国同类服务和服务提供者的待遇相同。无论形式是否相同都可满足国民待遇的要求。国民待遇义务是以竞争条件为判断标准的。如果相同形式或不同形式改变了竞争条件，从而使该成员的服务或服务提供者与任何其他成员的同类服务或服务提供者相比处于有利地位，则提供给其他成员的同类服务或服务提供者的这种形式相同或不同的待遇应被视为较低的待遇，即歧视性待遇。

与最惠国待遇义务相同，国民待遇义务以同类服务或服务提供者为条件。由于服务的多样性和无形性，同类性的确定比货物贸易困难。

案例分析 8-2：加拿大的广播电视政策与服务贸易中的市场准入和国民待遇争议

加拿大《广播法》规定了加拿大的广播电视政策，其目标是保障和加强加拿大文化、政治、社会和经济结构。根据该法，加拿大广播电视电讯委员会负责实施。根据该委员会的政策，如果经许可的加拿大广播电视服务机构面临着被授权的非加拿大服务机构的竞争，经过加拿大服务机构的请求，委员会可以停止非加拿大服务机构的服务。1994年，当委员会许可一家新的加拿大专门频道"新乡村网线"开播后，立即停止了美国一家音乐有限服务频道（乡村音乐电视）的播放。同年，委员会作出一项颇具歧视性的规定，即美国向加拿大消费者提供接播到家庭的卫星广播服务，美国服务提供者必须履行长时间的特许批准程序，而加拿大本国的类似服务提供者却不需履行此种程序。在此情况下，加拿大广播电视委员会的决定构成了对美国数字图像传检技术、用于过境交换的卫星利用以及相关投资的障碍。

问题：（1）本案中涉及的服务属于哪一种类型？
（2）加拿大《广播法》的规定以及加拿大广播电视委员会的措施是否违反 GATS 的规定？

知识拓展二维码8-3：中国与"一带一路"沿线国家服务贸易潜力与合作路径

8.3 《海峡两岸服务贸易协议》

8.3.1 《海峡两岸服务贸易协议》概述

《海峡两岸服务贸易协议》是 ECFA（两岸经济合作框架协议）后续协商所签协议之一，一式四份，双方各执两份。文本长达 48 页，正文分为 4 章、24 条，有 2 个附件，分别为《服务贸易具体承诺表》和《关于服务提供者的具体规定》。两岸两会领导人第九次会谈于 2013 年 6 月 21 日在上海举行，双方由海协会会长陈德铭与海基会董事长林中森签署《海峡两岸服务贸易协议》。

协议规定了两岸服务贸易的基本原则、双方的权利义务，未来合作发展方向及相关工作机制等内容。协议明确了两岸服务市场开放清单，在早期收获基础上更大范围地降低市场准入门槛，为两岸服务业合作提供更多优惠和便利的市场开放措施。大陆对台开放共 80 条，台湾对大陆开放共 64 条，双方市场开放涉及商业、通信、建筑、分销、环境、健康和社会、旅游、娱乐文化和体育、运输、金融等行业。

双方同意由两岸经济合作委员会服务贸易工作小组负责处理本协议及与服务贸易相关事宜，服务贸易工作小组可视需要设立工作机制，处理本协议及与服务贸易相关的特定事项。

知识拓展二维码8-4：《海峡两岸服务贸易协议》的主要内容

8.3.2 《海峡两岸服务贸易协定》的解读

在这一次签署的服务贸易协议中，大陆承诺对台湾开放 80 项服务产业，而台湾对大陆开放 64 项产业，两岸彼此都互相给予相当程度的市场开放。

1. 大陆对台湾的承诺

大陆对台单向开放的项目约有 19 项，分别为会计、审计和簿记服务，在线数据处理与交易处理，建筑设计服务，工程服务，集中工程服务，物业服务，会议服务，为台资建筑企业在其提供服务过程中所拥有和所使用的配有操作人员的建筑和拆除机器的租赁服务，自然和风景保护，其他环境保护，商标代理，符合条件的台湾银行可申请设立村镇银行，台湾银行在福建设立的分行可申请设立异地支行，允许台资金融机构在福建、上海和深圳各设一家全照合资券商，允许台资金融机构以人民币合格境外机构投资者方式投资大陆资本市场，允许台资金融机构在大陆设立合资基金管理公司，允许台资金融机构在大陆若干改革试验区内各新设一家全照合资券商，允许台资金融机构设立合资证券投资咨询公司，允许台资金融机构设立合资期货公司。

大陆放宽市场准入条件的承诺体现在以下 4 个方面。第一，大陆方面放宽对台湾服务提供者的资质要求（如在机构资质上，台湾服务提供者在大陆设立的建筑业企业申报资质应按大陆有关规定办理，凡取得建筑业企业资质的，可依规定在大陆参加工程投标；台湾服务提供者在大陆设置合资、合作医疗机构以及除独资疗养院外其他独资医疗机构的，其设置标准和要求按照大陆单位或个人设置医疗机构办理）。第二，合并承认台湾业者在台业绩。第三，降低资本额门槛。第四，减少或取消台湾人员在大陆停留的最短期限。上述多项承诺均降低了大陆市场对台湾厂商的进入门槛。

2. 台湾对大陆的承诺

台湾向大陆资本开放的 64 个项目中，有 27 个早已列入 ECFA 早收清单[①]中，已经对大陆开放 2～5 年了，如餐饮、观光旅馆、中药材批发、小汽车租赁、图书批发零售等，这几年并未对台湾经济有明显的负面影响。

新开放的项目有 37 个，大多是非敏感性、一般性的服务行业，并且多数是准许侨外投资的项目，如美容美发、洗衣、养老机构等，这些行业企业规模多属中小型，均具有"在地非贸易"的特性，其服务提供者往往以其门店附近的地理范围为主要的市场，台湾这些行业的竞争性很强且产值极低，这会降低外来潜在竞争对手进入市场的可能性。因而，大陆资本对台湾固有的市场冲击很小。从大陆资本的角度来说，这些项目对大陆资本是否有吸引力，陆资赴台投资的意愿强不强，均尚待评估。

台湾对大陆单向开放的项目大约有 20 项，分别为未附操作员的租赁服务业（航空器、自用小客车、其他机器与设备）、广告、管理顾问服务、与科学技术有关的顾问服务、设备

[①] 早收清单，即早期收获清单，是指双方认为在协定签署后，可以率先降税的部分产品和彼此开放的部分服务业的领域。原则上，签订自由贸易协定时双方列出开放对他们有利的关税项目，指出"双方提早降关税"的项目的清单。由于项目对双方（或单方）有利，相对于其他项目对提早了一些，所以有了"早期收获"（Early Harvest）的名称。

维修服务、包装服务、邮寄名单编辑服务、快递服务陆地运送部分、经销、无操作员医疗设备的出租或租赁业、公路客运的转运站、车站、调度站、公路桥梁及隧道管理、停车场服务、空中缆车运输、洗衣及染色、美发、美容、线上游戏业。

总体而言，双方双向开放程度最高的行业当属批发零售和住宿餐饮业。批发零售（除部分产品外）和住宿餐饮业（除一般旅馆外）几乎全面双向开放，大陆和台湾服务提供者可以以各种形式（合资、合作和独资）到对方市场设立商业据点。大陆对台湾开放尺度较大的是金融业、电子商务（在线数据处理与事务处理）、建筑业和健康与社会服务。台湾对大陆开放尺度较大的是批发零售业、其他服务（洗衣及染色、美发、美容等）、运输服务。就 4 种服务提供方式的开放程度而言，《海峡两岸服务贸易协定》开放的大部分是"商业存在"的提供方式，"跨境交付"的开放较少。但《协议》对"跨境交付"和"境外消费"的限制最少，对"商业存在"大多以限制持股比例的形式加以限制，台方则对"自然人流动"的限制最严格。针对"自然人流动"的服务贸易方式，台湾当局为避免大陆劳动力对台湾就业市场的冲击以及出于其他政治方面的考虑，严格限制大陆赴台人员的数量、身份条件、服务行为和停留时间；而大陆基本按 WTO 承诺执行，个别行业在 WTO 承诺的基础上给予一些额外的便利，例如，雇主在大陆无"商业存在"的台湾合同服务提供者在大陆停留期间每次可申请不超过两年多次有效来往大陆的签注，如有需要还可申请延期。

8.3.3 《海峡两岸服务贸易协定》给予台湾企业与居民的优惠待遇[①]

《海峡两岸服务贸易协议》延续了 20 余年来的不对称开放和"同等优先"对台让利优惠思路。将该协议附件一《服务贸易具体承诺表》中大陆方面承诺与《中国加入世界贸易组织议定书》（以下简称"入世议定书"）及其附件 9《服务贸易具体承诺减让表》和 2011 年版《外商投资产业指导目录》对比，可以看出，这项协议给予台湾企业与居民的待遇大面积优于对 WTO 其他成员的待遇，也优于 2011 年版《外商投资产业指导目录》规定的外资待遇。其对台优惠主要表现在以下方面。

1. 扩大市场准入

例如，与入世议定书相比，《海峡两岸服务贸易协定》在电信服务领域对台资开放了互联网接入服务、呼叫中心、离岸呼叫中心等 3 项业务，允许台湾服务提供者在大陆设立合资企业，提供互联网接入服务业务、呼叫中心业务，无地域限制，台资股权比例不超过 50%；新增福州市作为试点城市，允许台湾服务提供者设立独资或合资企业，经营离岸呼叫中心业务，台资股权比例不设限制。

又如，金融业在《外商投资产业指导目录》中几乎全部属于限制行业，《海峡两岸服务贸易协定》则对台湾金融机构和金融产品大幅度放宽市场准入，例如，大陆的商业银行从事代客境外理财业务时，可以投资符合条件的台湾金融产品；符合条件的台湾的银行可以按照现行规定申请在大陆发起设立村镇银行；台湾的银行在福建省设立的分行可以参照大陆关于申请设立支行的规定提出在福建省设立异地（不同于分行所在城市）支行的申请；

[①] 梅新育.《海峡两岸服务贸易协议》及其风波解析[J]. 浙江经济，2014（8）.

若台湾的银行在大陆设立的法人银行已在福建省设立分行，则该分行可以参照大陆关于申请设立支行的规定提出在福建省设立异地（不同于分行所在城市）支行的申请；等等。

《海峡两岸服务贸易协定》对台湾企业扩大市场准入的另一种形式是准许没有大陆正式业务执照的台湾服务提供者在大陆临时开展业务。例如，《海峡两岸服务贸易协定》规定，台湾会计师事务所在大陆临时开展审计业务时申请的《临时执行审计业务许可证》有效期为2年；适当简化对台湾会计师事务所在大陆临时执业的申报材料要求。

在市场准入方面，大陆开放的领域比台湾当局承诺开放的领域明显要多。会计、审计和簿记服务、建筑设计、互联网接入、呼叫中心等许多大陆对台资开放的领域，台湾当局均未承诺对陆资开放。

2. 提高台资持股比例上限

在软件实施服务领域，入世议定书规定外资进入大陆市场仅限于合资企业形式；《海峡两岸服务贸易协定》则允许台湾服务提供者在大陆设立独资、合资企业，提供软件实施服务。

房地产业在《外商投资产业指导目录》中属于限制行业，在以收费或合同为基础的房地产服务领域，入世议定书规定外资进入大陆市场仅限于合资企业形式，《海峡两岸服务贸易协定》则允许台湾服务提供者在大陆设立独资物业服务企业。

视听服务中的音像分销服务，包括"娱乐软件及录像分销服务""录音制品分销服务"两个领域，入世议定书只准外资企业以与中资合作企业形式从事除电影外的音像制品的分销，《海峡两岸服务贸易协定》则允许台湾服务提供者在大陆设立合资、合作或独资企业，从事音像制品的分销服务。

在环境服务领域，入世议定书只准外资企业以合资企业形式进入大陆市场，《海峡两岸服务贸易协定》则允许台湾服务提供者在大陆设立合资、合作或独资企业，提供环保服务。

在"海洋运输服务"项下"货物装卸服务（CPC741）"的"集装箱堆场服务"领域，入世议定书规定外资企业进入仅限于合资企业形式，《海峡两岸服务贸易协定》则允许台湾服务提供者在福建省设立独资企业，经营港口装卸、堆场业务；台湾服务提供者投资建设港埠设施并经营港口装卸、堆场和仓储业务，其资本额和设立分公司的条件比照大陆企业实行。

入世议定书规定外资在大陆设立合资公司从事国内证券投资基金管理业务，外资持股比例上限为49%；《海峡两岸服务贸易协定》则允许符合条件的台资金融机构按照大陆有关规定在大陆设立合资基金管理公司，台资持股比例可达50%以上。

入世议定书规定外资证券公司在大陆市场设立合资公司持股比例不超过1/3，《海峡两岸服务贸易协定》则允许符合设立外资参股证券公司条件的台资金融机构按照大陆有关规定在上海市、福建省、深圳市各设立1家两岸合资的全牌照证券公司，台资合并持股比例最高可达51%，且大陆股东不限于证券公司等。

在对方企业持股比例方面，台湾当局给予陆资的待遇普遍低于大陆给予台资的待遇。如在"建筑和相关的工程服务"（台湾称"营造及相关工程服务业"）领域，中国入世议定书准许外资以合资企业形式进入，外资可以控股；《海峡两岸服务贸易协定》允许台资在大陆设立独资企业；台湾当局则承诺允许大陆服务提供者在台湾以合资形式设立商业据点，提供营造及相关工程服务。大陆服务提供者总持股比例不超过12%，不具控制力。

又如，大陆承诺允许台湾服务提供者在福建省设立独资企业，经营港口装卸、堆场业务；台湾当局承诺允许大陆服务提供者在台湾以合资形式设立商业据点，提供海运辅助性服务，大陆服务提供者总持股比例须低于50%。

3. 放宽台资企业资质认定标准

《海峡两岸服务贸易协定》规定，在建筑设计服务、工程服务、集中工程服务领域，规定台湾服务提供者在大陆设立建设工程设计企业，对于个人业绩，其在台湾和大陆的业绩可共同作为评定依据，但在台湾完成的业绩规模标准应符合大陆建设项目规模划分标准。

在软件实施服务领域，《海峡两岸服务贸易协定》允许在台湾注册的企业法人按照大陆有关规定参加大陆计算机信息系统集成企业资质认定。申请大陆计算机信息系统集成企业资质，按照下列条件进行评定：①不考核职称要求，但应考核相关学历及从业经历；②系统集成的业绩包括在大陆和台湾从事的项目；③应在大陆设立相应的分支机构。其他评定条件按照大陆有关规定执行。

台湾服务提供者在大陆设立的独资物业服务企业，在申请企业资质时，可以将在台湾和大陆承接的物业建筑面积共同作为评定依据，但在大陆承接的面积不得低于50%，在台湾承接的面积不得用于其在大陆设立的多家企业申请资质时重复计算。

在环境服务领域，台湾服务提供者在台湾和大陆从事环境污染治理设施运营的实践时间，可共同作为评定其在大陆申请企业环境污染治理设施运营资质的依据。

在金融业，为台资证券公司申请大陆合格境外机构投资者（QFII）资格进一步提供便利，允许台资证券公司申请QFII资格时，按照集团管理的证券资产规模计算。

4. 便利台湾居民人员流动和在大陆从业

《海峡两岸服务贸易协定》允许台湾服务提供者在大陆设立的建设工程设计企业聘用台湾注册建筑师、注册工程师，并将其作为本企业申请建设工程设计资质的主要专业技术人员，在资质审查时不考核其专业技术职称条件，只考核其学历、从事工程设计实践年限、在台湾的注册资格、工程设计业绩及信誉。而且，台湾服务提供者在大陆设立的建设工程设计企业中，出任主要技术人员且持有台湾方面身份证明文件的自然人，不受每人每年在大陆累计居住时间应当不少于6个月的限制。

中国入世议定书中要求，外国服务提供者应为在其本国从事建筑/工程/城市规划服务的注册建筑师/工程师或企业。《海峡两岸服务贸易协定》允许符合相关规定的持有台湾方面身份证明文件的自然人参加大陆监理工程师资格考试，成绩合格者，发给资格证书；允许取得大陆监理工程师资格的台湾专业人士在福建省注册执业，不受在台湾注册执业与否的限制。

对于在大陆无商业存在的台湾的公司/合伙人/企业从大陆获取了服务合同，为履行这些合同而进入大陆提供临时性服务的持有台湾方面身份证明文件的自然人，且其在外期间报酬由雇主支付的情况，《海峡两岸服务贸易协定》规定，此类合同服务提供者只要具备与所提供服务相关的学历和技术（职业）资格，在大陆停留期间每次可申请不超过两年多次有效来往大陆签注；如有需要可申请延期。在大陆停留期间不得从事与合同无关的服务活动。而按照入世议定书规定，外国企业的外国雇员在这种情况下入境期限为 90 天。

5. 优惠台湾中小企业与个体户

摄影服务在《外商投资产业指导目录》中属于限制外资行业，但台湾摄影业属于优势产业，《海峡两岸服务贸易协定》允许台湾服务提供者在大陆设立合资、合作或独资企业，提供摄影服务，实际上为台湾中小摄影机构与独立摄影师创造了条件。

本章相关知识拓展性阅读二维码

复习思考题

一、判断题

1. 《服务贸易总协定》中的服务特指有形的服务。（ ）
2. 《服务贸易总协定》是与关贸总协定平行的、独立的多边贸易协定。（ ）
3. 《服务贸易总协定》的最惠国待遇原则不允许成员国采取任何方面的例外措施。（ ）
4. 《海峡两岸服务贸易协议》制定的思路是不对称开放和"同等优先"对台让利优惠。（ ）
5. 服务的跨境提供必须是根据消费者的国籍来确定的。（ ）

二、单项选择题

1. 下列哪项属于 GATS 中的一般义务？（   ）
   A. 最惠国待遇　　　B. 具体承诺　　　C. 市场准入　　　D. 国民待遇
2. GATS 适用于（   ）。
   A. 各成员行使政府职能而提供的服务
   B. 各成员不在商业基础上提供的服务
   C. 各成员以规范政府机构为目的而购买的服务
   D. 各成员影响服务贸易的措施
3. 远程教育属于哪种服务类型？（   ）
   A. 跨境提供　　　B. 境外消费　　　C. 商业存在　　　D. 自然人存在
4. GATS 的具体承诺生效（   ）年后，才有可能修改或撤销该意向。
   A. 1　　　　　　B. 2　　　　　　C. 3　　　　　　D. 4
5. 《海峡两岸服务贸易协定》给予台湾企业与居民的优惠待遇不包括（   ）。
   A. 放宽台资企业资质认定标准　　　B. 便利台湾居民人员在大陆从业
   C. 优惠台湾中小企业　　　　　　　D. 允许台湾法官在大陆担任法官

三、多项选择题

1. GATS 中服务贸易是指通过下列哪些方式提供的服务？（　　）
   A. 跨境提供　　　　B. 境外消费　　　　C. 商业存在　　　　D. 自然人存在
2. GATS 的最惠国待遇原则对下列哪些是适用的？（　　）
   A. 一般例外　　　　B. 安全例外　　　　C. 政府采购　　　　D. 市场准入
3. 以下哪些属于商业存在？（　　）
   A. 国际货物运输服务　　　　　　　　　B. 境外学习语言
   C. 本国境内的外资医院　　　　　　　　D. 本国境内的外资语言学校
4. 下列哪几项属于《海峡两岸服务贸易协定》中大陆对台湾开放的内容？（　　）
   A. 娱乐文体　　　　B. 建筑　　　　　　C. 观光旅游　　　　D. 金融
5. 《海峡两岸服务贸易协议》中台湾对大陆单向开放的项目有（　　）。
   A. 广告　　　　　　　　　　　　　　　B. 管理顾问服务
   C. 与科学技术有关的顾问服务　　　　　D. 设备维修服务

四、简答题

1. 发达国家和发展国家关于服务贸易总协定的谈判立场有何不同？
2. 如何理解服务贸易与货物贸易的关系？
3. GATT 与 GATS 的一般原则有哪些不同？
4. 如何理解服务贸易中的国民待遇？

五、案例分析题

从 20 世纪 90 年代中期开始，安提瓜中央政府斥巨资构筑网上赌博系统和手机赌博系统，在银行间建立赌资支付和转移体系，培养娴熟的服务人员，从全世界吸引赌客。在安提瓜的网上赌博系统中，每种赌博所需要的工具都一应俱全。不管你身在何处，如果有赌意，只需要连接互联网或者打开手机，登录这个系统，就可以即时参与，赢钱后网上支付系统会自动把现金汇入你的个人账户，给你带来很强的参与感和赢钱后的快感（当然也有输钱后资金被转走的沮丧）。

世界上最大的赌博市场在美国。据美国赌博影响研究委员会（NGISC）官方报告披露，1998 年，有 68%的美国人至少赌博一次，有 86%的美国人在一生中至少赌博一次；1999 年，政府认可的合法赌资一共有 6 300 亿美元。这些数字还不包括政府不认可的"非法"赌资和体育赛事赌资。

安提瓜方便快捷的赌博体系和美国人好赌的个性，让美国人成了安提瓜赌博业的常客。90 年代后期，美国人不分男女老幼，经常在茶余饭后和其他休闲时间登录这个赌博系统，弹指之间大量赌资源源不断地外流。美国政府开始对此事警觉，认为这个赌博系统不仅吸引了许多青少年学生，影响他们的学习，而且引发了许多赌资纠纷，造成聚众斗殴等恶性案件。随后，美国联邦政府先后修改或通过了《有线传输法》《旅游法》《非法商业赌博法》，有 8 个州也先后通过法令，禁止以安提瓜的方式进行赌博活动。

一个叫 Jay Cohen 的人改变了局面。他是一个美国人，在安提瓜成立了一个"世界体育交流中心"，通过互联网和手机进行商务赌博活动，主要吸引美国赌客，收入不菲。2001年，美国地方法院以违反《有线传输法》判处他有期徒刑 21 个月。他不服并提出上诉，美国第二巡回法院予以驳回。Jay Cohen 被激怒了，决定与美国政府搏一搏，出狱后到安提瓜找到了同行，赞助安提瓜政府起诉美国。

2003 年 3 月 21 日，安提瓜正式在 WTO 起诉美国，称美国在《服务贸易总协定》的承诺表中已经承诺开放此类赌博业，而政府法令在实际上却违背这个承诺；这些法令也违反了《服务贸易总协定》第 2 条关于最惠国待遇、第 6 条关于国内规则、第 8 条关于垄断和专属服务提供者、第 11 条关于支付和转账、第 16 条关于市场准入和第 17 条关于国民待遇的规定。

起诉之后第一个必经阶段是双方磋商。当时美国代表的态度非常傲慢，根本没有把安提瓜放在眼里，断然拒绝了安提瓜的磋商请求。2003 年 7 月，专家组成立，欧盟、加拿大、日本、墨西哥和中国台湾以第三方身份参诉。

诉讼过程中，美国的态度发生变化，开始主动与安提瓜接触，试图协商解决。2004 年 6～11 月，双方曾先后 3 次要求专家组中止审理，之后又 3 次延续。

2004 年 11 月 10 日，专家组一审裁决，认定美国的《服务贸易承诺表》中包括双方争诉的赌博业务；美国联邦法令和 8 个出台法令州中 4 个州的法令（路易斯安那州、马萨诸塞州、南达科他州和犹他州）违反《服务贸易总协定》，没有给予安提瓜赌博业相应的市场准入待遇；美国也没有证明这些法令是为了保护公共道德所必需。专家组也认定美国其他 4 个州的法令没有违反《服务贸易总协定》；安提瓜没有证明美国违反《服务贸易总协定》关于国内规则的规定；并对安提瓜的其他诉求不予审理。双方均不服上诉。

2005 年 4 月 7 日，上诉机构维持了专家组的大部分结论，但认为专家组不应该对美国 8 个州的法令进行裁决；同时认为美国已经证明这些法令是为了保护公共道德所必需，驳回了专家组的此项裁决。但最后，上诉机构要求美国履行服务贸易承诺，对安提瓜开放争诉的赌博业市场。

结合本章所学，从"道德例外"的角度分析本案。

第9章　国际技术贸易与知识产权

学习目标

通过本章的学习，要求了解国际技术贸易的概念、与国际货物贸易的区别，掌握国际贸易中的知识产权保护、WIPO 组织下的知识产权保护体系，重点掌握《TRIPS 协议》中关于知识产权保护的范围、种类、期限以及解决争端的方式等。

案例导入

2016 年 5 月，我国华为技术有限公司在深圳中级人民法院和美国加州北区法院对三星（中国）电子公司提起知识产权侵权之诉，华为公司诉称韩国三星公司侵犯了自己关于4G标准必要专利、智能手机功能方面的专利技术。而三星公司辩称自己没有实施华为指控其专利侵权的行为。这些技术既是4G手机必须使用的技术，也是智能手机用户体验的点睛之处，价值巨大，对于手机销量起到不容忽视的作用，苹果公司等行业内巨头也都与我国华为公司就这些技术的专利许可使用问题进行磋商。华为公司的内部数据显示，2015年华为在新技术、新产品研发方面的投入高达596亿元，世界知识产权组织（WIPO）公布的数据也显示，2015 年华为技术有限公司在国际PCT专利申请中占据了3 898项专利技术，截至2015年年底，华为公司获得专利技术授权50 377件，其中就包括了此案件中的诉讼内容：智能手机的LTE通信、智能操作系统、用户舒适界面等专利。

本案在 2018 年 1 月 11 日上午迎来了一审判决，以三星一审败诉而暂时告终。深圳市中级人民法院知识产权庭一审判决认定，三星未经许可实施涉案专利，侵犯华为的专利权，判令三星立即停止侵害华为涉案专利权的行为，

> 包括但不限于制造、销售、许诺销售、进口产品等行为。[①]根据本案事实提出问题如下：
> （1）本案审判结果将对三星公司造成什么样的影响？
> （2）华为技术有限公司为何如此重视专利研发？对于获得授权后的专利，华为公司享有哪些权利？

9.1 国际技术贸易

9.1.1 国际技术贸易概述

纵观世界各国的进出口贸易发展过程，我们不难发现国际技术贸易是国际商品贸易发展到一定阶段后产生的。随着全球范围内科学、文化、技术的大发展，知识经济的浪潮已经席卷世界。20世纪80年代以来，原先占据世界贸易主流的初级产品贸易逐年下降，而服务贸易、技术贸易，尤其是关于信息技术方面的贸易都有所增加。当国际技术贸易占国际贸易的比重越来越大时，反之又会促进国际商品贸易、服务贸易的再次发展，所以，无论是WTO成员还是其他贸易主体，均认识到技术贸易及相关法律制度和规则的重要性。

1. 国际技术贸易的概念

国际技术贸易（International Technology Trade）又称有偿国际技术转让，是指在不同国家（地区）的自然人、法人或非法人组织之间按照国际贸易一般程序进行的以技术为内容的贸易往来。国际技术贸易成为一个集知识性贸易、物化技术贸易、技术性服务为一体的贸易形式，在这种较为特殊的国际贸易中，向对方转让或许可技术的一方当事人称为技术提供方（Licensor），而接受技术的一方当事人则为技术接受方（Licensee）。

国际技术贸易大致经历了国际技术转移、国际技术转让和国际技术贸易3个阶段。国际技术转移（technology transfer/shift）是指科学技术在国家间、地区间、行业间及科学技术自身系统内输出与输入的过程，具体包括科学知识、技术成果、科学信息及科技能力的转让、移植、引进、交流和推广普及。技术转移不强调技术移动的当事人，技术可通过商业贸易形式，也可通过自然扩散、无意识的或非人为的方式进行转移。国际技术转让（technology transfer）是指人们根据不同地区或国家的生产力水平、经济基础、劳动力素质等因素，人为地、有意识地将技术在不同地区间或国家间进行引进或让予的行为。技术转让强调的是人为机制，一般可分为无偿的、有偿的技术转让。我们本章中研究的技术贸易主要指后者。

[①] 案例来源：中国知识产权研究网。

2. 国际技术贸易的发展

国际技术贸易的雏形，最早可以追溯到丝绸之路、郑和下西洋、哥伦布发现新大陆等，由于当时的生产力落后状况及社会意识形态的限制，国际技术贸易并未形成规模，仅限于一种无意识的传播，也不以盈利为目的，传播周期很长，随意性较大，不能称之为真正的国际技术贸易。国际技术贸易是指跨越国境的有偿技术转让，"跨越国境"是技术贸易"国际性"的标准。

现代意义上的国际技术贸易，萌芽于18世纪的欧洲，工业革命过程中产生了一系列的技术发明，专利、商标的概念及重要性随之被人们接受并重视，技术转让逐渐演化为有偿，这就是技术贸易的雏形。随后，为了鼓励发明、创造，发达的工业国家纷纷完善自己的专利制度以保护专利权，同时积极加入知识产权国际条约。"二战"后，航空航天、计算机软件、生物科技、能源等一系列高科技产业蓬勃发展，国际间技术转让贸易也因此大量增加，成为国际贸易的重要组成部分。发达国家利用其先进知识、科学技术创造了大量财富，始终居于国际技术贸易的主导地位，其他国家也纷纷效仿，国际技术贸易的大发展成为一种必然趋势。

3. 当代国际技术贸易的特征

（1）技术是特殊的商品。

国际技术贸易与传统的国际商品贸易相比，呈现出无形性、知识性、信息性等特征。技术是国际贸易中一种特殊的商品，技术与技术知识都是无形的，可以分为与工业产权相关的国际技术贸易及与非工业产权相关的国际技术贸易。前者的主要对象是受法律保护的著作权、专利权、商标权、计算机软件相关权利等的转让与许可；后者的主要对象是专有技术的转让与许可。国际技术贸易既包括对上述权利本身的转让，也包括对使用这些权利的许可，即许可贸易，同时还包括提供相关的必要的技术服务、技术咨询等。

（2）国际技术贸易发展迅猛。

较之传统的国际商品贸易，国际技术贸易的发展更为迅猛，自20世纪90年代至今，国际贸易技术的发展环境有了明显的改善，技术贸易的内容也可谓日新月异，发明、专利、新技术、信息技术、网络技术飞速发展，越来越多的国家（地区）对国际技术贸易政策放宽，技术竞争在国际贸易中非常激烈。据联合国有关资料统计，国际技术贸易的产值平均每5年就翻一番，其发展速度远远高于国际商品贸易。

（3）表现形式多样化。

国际贸易的表现形式主要有3类：第一类为纯粹的技术贸易；第二类为通过商品贸易，以商品为载体的技术获得；第三类为通过投资的方式获得。纯粹的技术贸易包括专利、商标、专有技术等，贸易方式主要为技术的转让、技术的许可、提供技术服务与协助等。国际技术贸易的主要方式包括许可贸易、技术服务、技术咨询、国际合作开发、国际合作生产、直接投资、特许经营、国际工程承包等，我们本章中主要研究的就是纯粹的技术贸易。

（4）主要通过国际知识产权许可协议进行。

国际技术贸易主要通过国际知识产权许可协议进行，国际知识产权许可协议又称国际许可证协议,指知识产权出让方将其知识产权的使用权在一定条件下跨越国境让渡给知识产权受让方,由受让方支付使用费的合同。此种合同中禁止出现可能限制技术进步、限制竞争、限制经营和可能造成垄断的条款,国际许可证协议依许可权利的大小不同,可以分为独占许可、排他许可(又称独家许可)和普通许可。

9.1.2 国际技术贸易的法律保护

作为全球范围内传播技术的一种最为直接、有效的手段,国际技术贸易的重要性不言而喻,它大大推动了国际间的经济合作,极大地提升了各国经济水平、就业水平,改善发展中国家的国际环境,甚至推动其对于技术创新的追求。

在技术转让的过程中,技术信息的非对称性极易导致技术贸易的提供方与接受方之间产生纠纷,技术提供方大多有所保留,而技术接受方则希望获得更多信息、技术内涵,双方均为自身发展考虑,稍有不慎泄露了一部分商业秘密都会导致权利人受损,因此就需要严格的法律规范对国际技术贸易的整个过程进行规制。国际技术贸易法是调整跨国技术转让关系的法律规范的总和。目前,尚未形成关于国际技术贸易的国际法律制度,有关国际技术贸易行为主要是通过国内法律制度及国际商业惯例来调整。

在国内法方面,我国调整技术进出口的法律主要包括:《中华人民共和国技术进出口管理条例》《对外贸易法》,有关技术进出口的管理规定,以及《专利法》《商标法》《著作权法》《反不正当竞争法》《合同法》《民法通则》《反垄断法》等法律中的相关规定。

课堂讨论 9-1:国际技术贸易与传统的国际贸易间的联系与区别是什么?

9.2 与贸易有关的知识产权

在知识经济的时代下,技术贸易迅猛发展,当货物贸易、服务贸易中涉及的知识产权问题越来越多时,签订知识产权国际条约以及成立世界知识产权组织都是解决纠纷的有效途径。

9.2.1 国际贸易与知识产权

1. 知识产权的概念

对于知识产权的概念界定,各个国家、地区、在各历史时期都不同,世界知识产权组织(WIPO)对此也没有进行明确的规定,WTO 的《TRIPS 协议》中也没有进行界定,但是根据协议中的管辖范围及目前学界的普通说法,我们一般认为知识产权是指自然人、法人、非法人组织在作为知识产权权利主体时,对其在科学技术、文化艺术等领域产生的智力成果所享有的权利,主要表现为财产权,也可以表现为人身权,如著作权。

WIPO 规定的知识产权保护范围包括:作品相关权利,表演者的演出、录音、广播相关权利,发明、外观设计相关权利,商标权利等。《TRIPS 协议》中知识产权的范围在包括版权及相关权利、商标权、地理标志及相关权利、专利权、外观设计相关权利、集成电路布图设计权等。而学界一般认为国际贸易中的知识产权主要包括版权及邻接权、商标权、专利权、工业产品外观设计、集成电路布图设计等。

2. 知识产权的特征

（1）知识产权具有无形性。

与传统的有形的财产权相比，知识产权是一种智慧成果，是无形的。知识产权可以同时为多个权利主体所使用，也决定了知识产权必须经过相关的认定，需要具有该权力的部门在统一标准下进行认定后，将知识产权的相关权利赋予某个权利人。

（2）知识产权具有专有性。

知识产权具有双重性，可以表现为人身权利如著作权，但大多表现为财产权，能够带来极大财富。因此，知识产权是现代社会中非常重要的一种私权，因此，对于知识产权的权利人必须赋予其专有性，专有性决定了知识产权一般具有独占性、排他性，以保障权利人基于其智力成果而取得的财产权利。

（3）知识产权具有时效性、地域性。

知识产权的效力问题分为时间效力与空间效力，时间效力即时效性，空间效力即地域性。无论是我国的《知识产权法》中，还是 WIPO 的相关国际条约中或 WTO 的《TRIPS 协议》中，知识产权的保护期限均由法律规定进行了一定的限制。例如，著作权的保护期限一般为终生及死亡后的 50 年，专利权中的发明的保护期限为 20 年，外观设计为 10 年等，这些规定都是为了鼓励人们不断发明、不断创新，推动全球范围内的科技创新、文化进步。另外，知识产权具有一定的地域限制，在一个国家（地区）内享有该国家（地区）认可的知识产权，则仅在该国家（地区）范围之内受知识产权法的保护。随着地球村概念的实现，全球范围内经济贸易往来的大发展，知识产权法也不再是单纯的国内法，其国际性越来越明显。若要在他国也受到知识产权法的保护，则需要在他国申请或签订包含互相保护相关规定的国际条约。

3. 国际贸易中的知识产权

随着全球范围内科学、文化、技术的大发展，知识经济的浪潮已经席卷世界，原先占据世界贸易主流的初级产品贸易比重逐年下降，与知识产权相关的贸易比重大幅增加，具体表现为国际货物贸易中的知识产权含量提高、服务贸易中的知识产权含量大幅提高、知识产权贸易迅猛发展。当技术产业、知识经济占国际贸易中相当比重时，国际贸易中的各方均希望其知识产权在世界范围内也能得到保护，知识产权法的国际化趋势成为必然。1967 年 7 月 14 日，在瑞典的斯德哥尔摩签署了《成立世界知识产权组织公约》（简称 WIPO 公约），成立了 WIPO 组织，该组织发挥了很大作用，尤其在 WTO 成立之前。

9.2.2　WIPO 体系下的知识产权保护

1. 世界知识产权组织

WIPO 成立于 1967 年 7 月 14 日，是联合国的一个专门机构，总部设在日内瓦，是当时唯一在知识产权的保护方面比较有影响力的国际组织。其设立基础为《建立世界知识产权组织公约》(*The Convention Establishing the World Intellectual Property Organization*),简称《WIPO 公约》,公约中规定了 WIPO 的宗旨、目标、保护范围、组织机构、成员方权利义务等内容。

(1) WIPO 的宗旨及职责。

WIPO 的宗旨是通过国家间的合作及国际组织的影响,促进世界范围内知识产权的保护,保护各缔约方在国际贸易过程中的经济利益及各成员方之间的行政合作。为了实现这一宗旨,《WIPO 公约》中将 WIPO 的具体职责规定为:第一,在继续执行原有的巴黎联盟等专门联盟的任务的基础上,进一步推进世界范围内知识产权保护的发展及相关立法工作;第二,鼓励缔结旨在促进保护知识产权的国际协定,对于在知识产权方面请求法律及技术援助的国家给予帮助;第三,进行有关保护知识产权的研究,并公布研究所得成果;第四,提供有助于知识产权国际保护的服务及其他。

(2) WIPO 的保护范围。

国际贸易中知识产权的保护范围也是随着时代不断发展变化的,根据《WIPO公约》,WIPO 保护的知识产权范围包括:文学艺术和科学作品,表演艺术家、录音和广播的演出,在人类一切活动领域内的发明,科学发现,外型设计,商标、服务商标、厂商名称和标记,制止不正当竞争以及在工业、科学、文学或艺术领域内其他一切来自知识活动的权利。

(3) WIPO 的成员资格及组织机构。

除巴黎联盟、与该联盟有关的各专门联盟与协定、伯尔尼联盟等原有的联盟成员国可以成为本组织的成员国外,不属于任何一个联盟成员国的国家,通过以下途径也成为本组织的成员国:联合国成员国、与联合国有关系的任何专门机构的成员国、国际原子能机构的成员国或国际法院规约的当事国,或应大会邀请成为本公约当事国。我国也于 1980 年 6 月 3 日正式加入 WIPO,截至 2018 年 3 月,加入 WIPO 的成员已有 191 个国家(地区)。

(4) WIPO 的组织机构。

WIPO 总部设在日内瓦,由各成员代表组成的"大会"为最高权力机构,其职责包括:第一,根据提名任命总干事;第二,审议并批准总干事关于本组织的报告,并给予相关指示;第三,审议并批准协调委员会的报告与活动;第四,通过各联盟共同的三年开支预算;第五,批准总干事提出的行政管理措施;第六,通过本组织的财务条例;第七,参照联合国的惯例,决定秘书处的工作语言;第八,邀请其他国家参加本公约;第九,决定本组织的会议观察员人选;第十,其他。

另外,WIPO 还设立了成员国会议、协调委员会及国际局等组织机构。成员国会议由本公约成员国组成,负责讨论并通过知识产权方面关注度较高的事项,还可以对本公约提出修订建议等。协调委员会的组成人员除了需为本公约当事国以外,还需为巴黎联盟执行委员会委员或伯尔尼联盟执行委员会委员或兼任两执行委员会委员。协调委员会的职权包括:第一,就两个或两个以上联盟共同有关的,或者一个或一个以上联盟与本组织共同有关的一切有关行政、财务和其他事项,特别是各联盟共同开支的预算,向各联盟的机构、本组织成员国大会、成员国会议和总干事提出意见;第二,拟订本组织大会的议程草案;

第三，拟订本组织成员国会议的议程草案以及计划和预算草案；第四，以联盟三年共同开支预算和成员国会议三年预算以及法律—技术援助三年计划为基础，制定相应的年度预算和计划；第五，在总干事任期即将届满，或总干事职位出缺时，提名一个候选人由大会任命；如大会未任命所提名的人，协调委员会应另提一名候选人；这一程序应反复进行直到最后提名的人被大会任命为止；第六，如果总干事的职位在两届大会之间出缺，任命一个代理总干事，在新任总干事就任前代职；第七，其他。

2. 《巴黎公约》

（1）《巴黎公约》的产生。

《保护工业产权巴黎公约》（*Paris Convention on the Protection of Industrial Property*）是国际知识产权保护中关于工业产权保护的重要公约，其产生要追溯到19世纪末。1873年在维也纳举办的国际发明展览会上，展览会的举办方力邀世界各国携发明创造参会，但由于当时国际范围内不存在保护工业产权的国际条约，因此，大家出于保护各自技术、发明不被抄袭的考虑，参会热情并不高。后来，一些国家在维也纳开会并专门讨论了这一问题，但是当时并未解决。1878年，各国在巴黎就这一主题进行第二次会晤，会议分析了订立保护工业产权的国际条约的必要性，并讨论了订立相关国际公约应当遵循的原则，本次会议为《巴黎公约》的最终成立打下了一定基础。

1883年，法国、意大利、西班牙、葡萄牙等11国在巴黎再次召开会议，此次会议上最终通过了《巴黎公约》的草案，1884年7月14日正式生效，并于1900年在布鲁塞尔修订，1911年在华盛顿修订，1925年在海牙修订，1934年在伦敦修订，1958年在里斯本修订，1967年在斯德哥尔摩修订，并于1979年修正。《巴黎公约》对一切国家开放，截至2004年12月底，缔约方已经达到168个国家。我国于1984年12月19日向WIPO递交加入《巴黎公约》的申请书，并于1985年3月19日正式成为该公约的成员国。

（2）《巴黎公约》的基本原则与内容。

第一，国民待遇原则。《巴黎公约》规定，在保护工业产权方面，每一缔约国必须把它给予本国国民的同样的保护给予其他缔约国的国民。非缔约国的国民，如果在某缔约国内有住所或真实和有效的工商业营业所，亦有权享受本公约规定的国民待遇。

第二，优先权原则。申请人在首次向缔约国中的一国提出正规申请的基础上，可以在一定期限（专利和实用新型是12个月；工业品外观设计和商标是6个月）内，向其他任何缔约国申请保护。在后申请的日期将视为与首次申请的日期相同。

第三，《巴黎公约》规定了几项所有缔约国均须遵守的共同规则，涉及商标、专利等主要内容。

（3）《巴黎公约》的保护范围。

作为世界上第一个保护工业产权的国际条约，《巴黎公约》可以说是国际贸易中知识产权保护体系中的支柱之一，其保护范围包括专利、商标、驰名商标、集体商标、工业品外观设计、厂商名称、产地标记、禁止不正当竞争等。

3.《伯尔尼公约》

（1）《伯尔尼公约》的产生。

《保护文学和艺术作品伯尔尼公约》（*Berne Convention for the Protection of Literary and Artistic Works*）是保护著作权的国际条约，于1886年9月9日在瑞士伯尔尼制定，简称为《伯尔尼公约》。其最早的成员国包括英国、法国、德国、意大利、瑞士、比利时、西班牙、利比里亚、海地和突尼斯等10国，是世界上第一部国际版权公约。我国是在1992年10月15日加入该公约正式成为成员国的，截至2017年8月3日，该公约的缔约方达到174个国家（地区）。

（2）《伯尔尼公约》的原则与内容。

《伯尔尼公约》除规定了国民待遇原则外，对于文学艺术作品的保护还具有自动性和独立性。自动性是指无须办理任何手续，即可自动获得保护，独立性是指本公约对于作品的保护不取决于作品在起源国是否被保护。另外，公约中还规定了对于作品以下相关权利的保护，包括作品的翻译权、对作品进行改编和编排的权利、关于戏剧、戏剧音乐、音乐等作品的公开表演权、文学作品的公开朗诵权、对这类作品的演出进行公开传播的权利、广播权、复制权、以作品为基础制成音像作品的权利，以及复制、发行、公开表演或向公众传播该音像作品的权利等。

知识拓展二维码9-1：《伯尔尼公约》与法国作家雨果

4.《马德里协定》与《马德里议定书》

1891年4月14日签订的《商标国际注册马德里协定》（*Madrid Agreement Concerning the International Registration of Marks*）是保护国际商标权利的国际条约，后又经过多次修订，并于1979年修正；1989年签订的《商标国际注册马德里协定有关议定书》旨在让马德里体系更加灵活，并与尚无法加入本协定的某些国家或政府间组织的国内法更加协调。

《马德里协定》与《马德里议定书》一并组成了马德里体系，对于注册商标的国际保护发挥了巨大的作用。

国际贸易各方政府在充分认识到知识产权能够带来巨大的财富之后，除了签订《巴黎公约》以保护工业产权，《伯尔尼公约》以保护文学作品及艺术作品，《商标国际注册马德里协定》以保护商标权利外，还先后缔结了《海牙协定》（1925年）以保护工艺品外观设计，以及《世界版权公约》（1952年）、《保护植物新品种公约》（1961年）、《专利合作公约》（1970年）等国际条约，初步构建了一个国际贸易中的知识产权法律体系。

9.2.3　《TRIPS协议》对知识产权国际保护的完善

1.《TRIPS协议》的产生

（1）《TRIPS协议》产生的原因。

随着国际技术贸易的发展，原有的知识产权国际公约基于其固有缺陷，已经不能适应世界贸易大发展的需求。WIPO 体系之下的原有公约，仅仅是各缔约方对于一种应然状态的约定，但是，在国际贸易利益的驱使之下必然产生纠纷，产生纠纷或争端后主要依靠谈判解决，谈判不成则可诉至国际法院，当一方诉至国际法院时，另一方成员国还可以申请保留，因此原公约实际上是缺少解决争端的有效机制的。同时，由于原有的知识产权公约的缔结时间较早，其参与方也较少，而尚未参与其中的那些最不发达国家（地区）才是最需要技术帮扶的，他们更需要一个良好的技术基础。

另外，以美国为首的部分国家诉称，由于国际贸易中假货泛滥并得不到有效解决，其经济损失多达每年数亿元。发达国家已经认识到，知识产权的保护是关乎一国未来经济增长的重要问题，国际贸易中假冒产品及仿制产品已经大大影响了其经济收益，必须大力推进在 WTO 中建立知识产权专门组织。而其他各缔约方也希望通过新的多边协议更加行之有效地解决与贸易有关的知识产权争端，从而缓解世界技术贸易的紧张局面，最终实现共赢。

最后，原有的知识产权国际公约管辖范围也远不能涵盖后来世界贸易发展所涉及的领域，如新兴的计算机、生物科技等领域，这些因素均促使乌拉圭回合中讨论并诞生了新的知识产权协定。

（2）乌拉圭回合谈判。

早在东京回合的谈判中，美国等发达国家就抗议知识产权侵权使他们遭受的经济损失，并提议把知识产权保护作为与会议题之一，但真正进行讨论、产生新的知识产权协定是从乌拉圭回合谈判开始的。在乌拉圭回合的谈判中，有 124 个国家（地区）政府参会，这给《TRIPS 协议》的产生打下了一定的基础。在乌拉圭回合的谈判中，发达国家与发展中国家间就知识产权的保护等问题仍然存在一定的分歧，以美国为代表的发达国家主张关于知识产权多边协议的建议刻不容缓；印度、埃及等发展中国家认为世界范围内已经有了世界知识产权组织 WIPO，不必再进行重复工作。最终，知识产权问题仍然被纳入了乌拉圭回合谈判的议事日程，而发达国家与发展中国家的最大分歧就是是否将知识产权问题纳入即将建立的多边争端解决机制。在发达国家的坚持与发展中国家的抵制之下，于 1989 年 4 月在日内瓦召开的会议中达成最终合意，开始就具体条款进行实质内容的讨论，直至 1991 年 12 月才产生了知识产权的最终文本，最后在 WTO 协定中作为附录部分一并通过并于 1995 年 1 月 1 日生效，其全称为《与贸易有关的知识产权协议》（《TRIPS 协议》）。

（3）《TRIPS 协议》的目标。

在发达国家的推动之下，国际贸易参与方中的发展中国家也逐渐认可了建议一个涵盖原则、规则和纪律的知识产权多边协定来处理国际贸易中出现的侵权问题的必要性，国际贸易各个参与方共同拟定的《TRIPS 协议》的目标包括：第一，减少国际间贸易发展的障碍，对各成员方国家（地区）的知识产权及其可能带来的财产利益进行充分保护，对最不发达国家成员实施特殊保护，为其创立一定的技术基础；第二，《TRIPS 协议》中除了对于知识产权实体部分进行规定外，还要保证程序合法性，保证实施知识产权的措施和程序本身不会妨碍合法的国际技术贸易；第三，继承并发展 GATT 1994 的基本原则，平衡原有知识产权国际公约与《TRIPS 协议》的适用，对 WIPO 产生支持作用，促进技术革新及技转让和传播，有助于技术知识的创造者和使用者的相互利益，并有助于社会和经济福利及权利与义务的平衡。

2.《TRIPS 协议》的原则

《TRIPS 协议》总共包含 7 个部分，第一部分即为总则和基本原则，可见协议中原则的重要性，这些原则具体包括国民待遇原则、最惠国待遇原则、权利用尽原则、公共利益平衡原则以及透明度原则等。

（1）国民待遇原则。

平等既是全人类追求的目标之一，也是法律希望实现的目的之一，国民待遇原则（National Treatment Principle）就是平等理念在知识产权法中的体现，原有的许多保护知识产权的国际公约中也都不约而同地提到了这一原则。《TRIPS 协议》也承袭了这一原则，根据其第 3 条第 1 款的规定，在知识产权的效力、取得、范围、维持和实施等知识产权事项保护方面，在遵守《巴黎公约》《伯尔尼公约》《罗马公约》等相关公约中各自规定的前提之下，每一成员方给予其他成员方的待遇不得低于给予本国国民的待遇。不同于原有的国际知识产权公约约束力较弱的特点，这一原则具有一定强制性：就表演者、录音制品制作者和广播组织而言，这一义务仅适用于本协定规定的权利；任何适用《伯尔尼公约》《罗马公约》的成员，都有向 TRIPS 理事会作出说明的义务。这些规定有利于实现国际贸易中真正的平等。《TRIPS 协议》的第五条为国民待遇原则规定了例外：国民待遇原则不适用于在 WIPO 主持下订立的有关取得或维持知识产权的多边协定中规定的程序。除了这一实体上的例外规定以外，国民待遇条款中也规定了程序上的例外，本条第 2 款规定："各成员可利用第 1 款下允许的在司法和行政程序方面的例外，包括在一成员管辖范围指定送达地址或委派代理人，但是这些例外应为保证遵守与本协定规定不相抵触的法律和法规所必需，且这种做法的实施不会对贸易构成变相限制。"这一例外规定也是由各国传统的法律制度承袭下来的，也是国际贸易惯例中早已被承认的。

（2）最惠国待遇原则。

《TRIPS 协议》首次引入了最惠国待遇的理念，并将其作为一个原则。最惠国待遇原则是指除了该条款中穷尽列举的 4 项例外情况之外，在任何情形下，对于知识产权保护，任何一个《TRIPS 协议》的成员方对其他任何国家、国民所给予的利益、优惠、特权或豁免等优惠政策，均应当无条件地给予所有其他成员方。4 项例外情况为：第一，按照贸易方之间已经订立的其他关于司法协助或法律实施的国际公约及其派生的协议实施优惠政策，此类公约不限于与知识产权有关；第二，依照《伯尔尼公约》《罗马公约》的规定允许所给予的待遇不是国民待遇的情形；第三，关于本协定项下未作规定的有关表演者、录音制品制作者以及广播组织的权利；第四，自 WTO 协定生效之前已生效的有关知识产权保护的国际协定所派生，只要此类协定向 TRIPS 理事会作出通知，并对其他成员的国民不构成任意的或不合理的歧视。

最惠国待遇原则是对世界知识产权组织（WIPO）关于知识产权相关保护的补充与完善，也是平等理念的另一大体现。《TRIPS 协议》中的第五条为最惠国待遇原则规定了例外：最惠国待遇的原则不适用于在 WIPO 主持下订立的有关取得或维持知识产权的多边协定中规定的程序。

（3）权利用尽原则。

权利用尽原则又称为首次销售原则，是指当附着着知识产权的产品首次投入市场后，知识产权权利人的权利就丧失了。关于权利用尽原则的存在是否合理，在各国的法律制度中规定不尽相同并且争议颇多。例如，德国《版权法》中规定，只要以合法手段将某一作品的复制并投入市场，那么就无权再管辖该批次复制本的发行、销售、收益等；而法国、比利时等其他国家的《版权法》则完全不同于前述规定，认为权利人有权干预该作品直至销售、使用的最终环节。《TRIPS 协议》中则是这样规定的：就本协定项下的争端解决而言，在遵守第 3 条和第 4 条规定的前提下，本协定的任何规定不得用于处理知识产权的权利用尽问题。

（4）公共利益平衡原则。

《TRIPS 协议》中第 8 条的小标题就是"原则"，我们可以将该原则概括为公共利益平衡原则（The Public Interest Principle），这一原则是指各缔约方在制定、修改相关法律规范时，应当考虑公共利益，考虑对社会经济和技术发展是否有促进作用，新的法律规范要与《TRIPS 协议》的原则相一致，不能违背其要求，不能滥用知识产权所赋予的权利。例如，为了世界范围内的人类发展，人类或动物的诊断、治疗和外科手术方法以及动植物的生产方法是不得被授予专利的。此类知识产权无疑能够带来巨大的财富，但是权利人应当平衡自己获得财产利益的欲望与社会公共利益之间的关系，不能仅仅追求实现财产权利，还应当承担相应的社会责任。再如，《TRIPS 协议》中对于发展中国家、最不发达国家的政策倾斜，这些规定都是公共利益平衡原则的具体体现。

（5）透明度原则。

《TRIPS 协议》规定了一系列关于提高透明度的条款，我们将其概括为透明度原则（Transparency Principle）。根据这一原则，各成员方有使用自己国家（地区）语言、文字的权利，有权以本国语言表述《TRIPS 协议》的效力、保护范围、获得方式等法律规范，有权以本国语言公布适用《TRIPS 协议》进行的司法终局裁决和行政裁定文书。一成员方与另一成员方之间实施的有关《TRIPS 协议》的其他协定也应当予以公布，透明度原则要求实现各成员方的知情权。为了实现透明度的原则，每一成员方有义务就另一成员的书面请求提供所需的相关必要信息，一成员如有理由认为属知识产权领域的一特定司法裁决、行政裁定或双边协定影响其在本协定项下的权利，也可书面请求为其提供或向其告知此类具体司法裁决、行政裁定或双边协定的足够细节。透明度原则也存在例外，根据《TRIPS 协议》的规定，在实现透明度原则之同时，应当注意对商业秘密等机密信息的保护，如果被要求披露的内容涉及未公开的信息，披露后会损害权利人的利益、损害公共利益或者妨碍法律的执行，则该成员方可以不公布该信息。

9.2.4 《TRIPS 协议》的主要内容

《TRIPS 协议》是 WTO 法律体系三大支柱之一，其主要内容分为 7 个部分，全文共 73

条，第一部分为本协议的总则和基本原则，第二部分为关于知识产权效力、范围和使用的标准，第三部分主要为关于知识产权实施的相关法律问题包括一般义务、民事、行政、刑事程序等，第四部分为知识产权权利的获得、维持及相关当事人之间的程序性规定，第五部分为争端解决机制及其预防，第六部分为过渡安排，第七部分为机构安排。根据《TRIPS协议》中第二部分的规定，协议所保护的知识产权内容包括版权与邻接权、商标权、地理标志权、工业产品外观设计权、专利权、集成电路布图设计权、未披露过的信息权利等，是目前现有的知识产权国际公约中保护范围最为广泛的。

1. 版权与邻接权

（1）版权保护。

首先，《TRIPS协议》中关于版权的保护是以《伯尔尼公约》为基础的，协议中明确规定了各成员方必须遵守《伯尔尼公约》中的相关规定，具体包括翻译权、表演权、复制权、广播权等8项权利，既包括财产性权利的保护，也包括人身权利的保护。《TRIPS协议》对于版权的保护更为完整，保护范围扩大至表达，但是不保护思想。

第二，为了适应科学技术的发展，《TRIPS协议》的保护范围扩大到了计算机程序及数据汇编资料，无论是源代码还是目标代码都应当作为《伯尔尼公约》中的文字作品加以保护。数据汇编或其他资料，无论是机器可读还是其他形式，只要由于对其内容的选取或编排而构成智力创作，即应作为智力创作加以保护。《TRIPS协议》是第一个全面保护计算机相关内容版权的国际条约，但是随着计算机信息技术的进一步发展，各缔约方发现《TRIPS协议》的规定仍然存在不足之处，如关于计算机软件植入电子设备之后的知识产权保护。

第三，《TRIPS协议》还规定了适用于计算机程序和电影作品的出租权，计算机程序和电影作品的作者及其合法继承人享有准许或禁止向公众商业性出租其有版权作品的原件或复制品的权利，但当此种出租已导致对电影作品的广泛复制，减损该成员授予作者及其合法继承人的专有复制权时，可以不承担这一义务。通过这一法律规范可以看出，出租权的权利主体仅为计算机程序和电影作品的作者及其合法继承人，并且对于出租的对象也具有一定的品质要求。

（2）邻接权。

除了版权以外，《TRIPS协议》中的第一部分还提及了邻接权，邻接权又称为版权有关权，根据协议第14条的规定，未经表演者授权，表演者有权利防止其未曾固定的表演和复制该录制品以及以无线广播方式播出和向大众传播其现场表演。录音制品制作者应享有准许或禁止直接或间接复制其录音制品的权利。广播组织权利人有权禁止他人未经授权而录制、复制录制品、以无线广播方式转播以及将其电视广播向公众传播。

本条第6款规定了邻接权的例外，即任何成员可以在《罗马公约》允许的范围内，规定对于邻接权的保留，而且《伯尔尼公约》中关于邻接权的内容也仍然适用。

（3）保护期限。

关于版权的保护期限，根据《TRIPS协议》第12条的规定，除摄影作品或实用艺术作品外，作品的保护期限不得少于50年，或如果该作品在创作后50年内未经授权出版，则为自作品完成的日历年年底起计算的 50 年；表演者和录音制品制作者的保护期限，自表演完成或录音制品被固定的年底起算 50 年；广播的保护期限自播出日的年底计算，不得少于 20 年。

2. 商标

（1）商标的概念及权利取得。

根据《TRIPS 协议》中第二节的规定，其保护的商标是指能够将自然人、法人或非法人组织的商品或服务与他人的商品或服务区分开来的，能够被视觉所感知的标记或标记组合，例如文字、图形、字母、数字、三维标志、颜色组合、声音等，以及上述要素的组合。关于商标权的取得，各国规定不一，一部分国家如美国采取的为"使用在先"原则，另一部分国家采取的是"注册在先"原则，《TRIPS 协议》采取的是"注册在先"原则，以注册时间而非使用该商标的时间为标准。

（2）商标权。

此外《TRIPS 协议》还规定了注册商标的所有权人享有的专有权、许可权、转让权，首次注册的续展期及最长保护期限，以及关于商标使用的相关要求等内容。根据《TRIPS 协议》的规定，注册商标的所有权人有权阻止他人未经同意在国际贸易中使用与其已经注册商标相同或类似、足以导致混淆的商标在同类的货物或服务上。行使专有权不得损害任何现有的优先权，也不得影响各成员以使用为基础提供权利的可能性。商标所有权人有权许可他人使用该商标，但是与专利权不同的是，商标不存在强制许可的情形。

（3）保护期限。

商标的首次注册及每次续展的期限均不得少于 7 年。商标的注册应可以无限续展。如果需要维持商标的注册，则必须继续使用该商标。如果要注销已注册的商标，则需连续 3 年不使用才能申请注销。但是若存在商标所有权人根据对商标使用存在障碍的情况，如政府要求等，则说明理由后则可不受 3 年时间要求的限制。

（4）驰名商标。

驰名商标的概念早在 1925 年《巴黎公约》中被提出，也可以翻译为"知名商标"，指的是被有关商品的生产者、销售者、使用者中的大部分所知晓的商标。但是驰名商标在各国的认定标准并未达成一致，《巴黎公约》将认定驰名商标的权利赋予商标注册一方或使用一方的国家主管机关，而《TRIPS 协议》中虽然对《巴黎公约》有所完善，但这个问题并未改进。我国关于驰名商标的标准为：在中国被公众广泛地知晓并享有较高声誉的商标。驰名商标的影响范围较广，享有声誉较高，这些都决定了其法律保护力度必须更大。《TRIPS 协议》对于《巴黎公约》中的相关规定进行了一定程度上的补充，主要体现在以下几点：第一，《TRIPS 协议》第 16 条第 2 款规定，在确定某个商标是否为驰名商标时，各成员方应考虑该商标在公众中的知名度；第二，第 3 款规定，对注册的驰名商标应"跨类保护"，优于普通商标的"同类保护"，对未注册的驰名商标也要进行一定保护；第三，规定了驰名商标也可用于服务。关于驰名商标的这些特别保护规定，保护程度高于《巴黎公约》，促使各成员方国家都相应地提高了商标的保护水平。

3. 地理标识

（1）地理标志。

地理标识又可称为"原产地"，根据《TRIPS 协议》第 22 条的规定，被知识产权法所保护的"地理标识"是指识别一货物来源于一成员领土或该领土内一地区或地方的标识，该货物的特定质量、声誉或其他特性主要归因于其地理来源。根据《TRIPS 协议》中的相关规定，我们可将关于地理标志的保护归纳为：各成员方应该采取相应的法律手段，以防止公共误解某一货物来源于其真实原产地之外的一地理区域，同时防止其他不正当竞争行为。若某一商标所包含的或构成该商标的地理标识中所标明的来源地信息、符号并非货物真正的来源地，而是虚假地向公众表明该货物来源于另一领土的地理标识，且足以导致公众对该产品的原产地产生误解的，则该商标注册或宣布注册应为无效。

（2）关于葡萄酒和烈酒的地理标志。

除了对于普通地理标志的保护外，《TRIPS 协议》还特别提出了关于葡萄酒和烈酒的附加保护，比普通地理标志的保护程度更高。根据协议中第 23 条的规定，每一成员方均应采取相应的法律手段以防止可以表明葡萄酒、烈酒原产地的地理标识用于其他非产自该地的葡萄酒、烈酒商品上，若某一葡萄酒、烈酒商标包含非其产地的地理标识并损害该地理标志权利人经济利益，则对不属于这一来源的此类葡萄酒或烈酒，应当拒绝该商标注册或宣布注册无效。

4. 工业品外观设计权

《TRIPS 协议》要求各成员方对具有新颖性、独创性的工业品外观设计进行保护，关于新颖性及创造性的认定则可以通过是否显著区别于已知的设计或已知设计组合为判断标准。工业设计的权利人有权阻止他人未经权利人授权而生产、销售、进口该工业设计的复制品。各成员方有权对工业设计的保护进行例外规定，但是不得抵触其正常利用，也不得损害所有权人的合法利益，在进行例外规定时，需兼顾第三方合法权益。工业设计的保护期限为最低 10 年。

《TRIPS 协议》第 25 条第 2 款还对纺织品的设计进行了保护，每一成员应保证为获得对纺织品设计的保护而规定的要求，特别是任何有关费用、审查或公布的要求，不得无理损害寻求和获得此种保护的机会。

5. 专利

（1）专利权的取得。

根据《TRIPS 协议》的相关规定，关于授予专利的要求是比较宽松的，可以授予任何技术领域的发明，无论是产品还是方法，只要具有新颖性、创作性、实用性即可，不得因发明地点、技术领域、是否为进口产品而有所歧视。但是，获得专利的发明不得有损社会公共秩序、有悖于道德，不得对人类、动植物的生命、健康以及环境造成严重损害，同时为了追求整个世界的发展，人类或动物的诊断、治疗和外科手术方法以及动植物的生产方法也不得被授予专利。

(2) 专利权。

根据《TRIPS 协议》的规定，专利权人有权阻止他人未经同意制造、使用、销售该专利产品，有权阻止他人未经同意使用、出售该专利方法，有权转让或以继承方式转移其专利并订立许可合同。各成员方可以对基于专利享有的权利作出一定的例外规定，但是不得抵触专利的正常利用，也不得损害专利所有权人的合法权益，在进行例外规定时需考虑第三方的合法权益。专利权的保护期限为最低 20 年，要撤销或者宣布某一专利无效时，需要进行司法审查。

(3) 强制许可。

《TRIPS 协议》还规定了专利权的强制许可使用，强制许可是指按照合理的商业条款与知识产权权利人进行磋商但是一段时间内未获得成功，由于某些特殊情况，经过司法审查或主管部门审查，政府及经政府授权的第三人可以无须经过权利人的允许就对某一专利进行使用。根据《TRIPS 协议》第 31 条的规定，这些特殊情况包括：全国处于紧急状态或其他极端紧急的情况；出于公共利益需要，而非商业性使用的情况；需要注意的是，强制许可的授权应当一事一议；授权后的使用应当是出于公共利益需要，而非专有性使用；强制许可的使用不可再进行转让，也需要尽快告知权利人，并支付适当的报酬。

6. 集成电路布图设计

集成电路的布图设计又称为拓扑图，是集成电路研制过程中的重要环节，也是知识产权中一项较新的内容。《TRIPS 协议》中关于对集成电路布图设计的保护是以继承《IPIC 条约》①内容为基础，要求各成员方继续对独创性和新颖性的集成电路布图设计提供知识产权保护，不允许第三方未经授权，为了商业目的进口、销售布图设计、含有布图设计的集成电路以及含有此种集成电路的物品。保护期限内若有人违反前述规定，则需要考察侵权人的主观方面。若侵权人在获得该集成电路或包含该集成电路的物品时，不知道或无合理根据证明其知道物品中包含此种非法复制的布图设计，则不视为非法，可以自行协商向权利人支付合理费用，反之则需要承担法律责任。

各成员方对于集成电路布图设计提供的保护期限应当在 10 年以上，有的成员方将注册作为保护条件之一，那么保护期限则为自提交注册申请之日起或自世界任何地方首次进行商业利用之日起计算 10 年；有的成员方不要求注册也对集成电路布图设计进行保护，那么，10 年以上保护期限的起算点则为世界任何地方首次对该集成电路布图设计进行商业利用之日。

7. 未披露过的信息权利

对于未披露信息的保护实则主要指的是商业秘密的保护，关于商业秘密究竟能不能作为一种财产性权利在知识产权法中被保护，法学界一直观点不一，通过《TRIPS 协议》的规定，我们认为 WTO 对商业秘密的专有性等权利是认可的。享有商业秘密的权利人有权将商业秘密作为国际技术贸易中的标的进行交易，也应当被保护。《TRIPS 协议》规定，在

---

① 即《关于集成电路的知识产权条约》，于 1989 年 5 月 26 日在华盛顿通过。

坚持《巴黎公约》中关于反不正当竞争的法律规定的前提下，各成员方应当对未披露信息进行保护。而此处的未披露的信息需要满足以下两个条件：第一，该信息属于秘密，尚未公布且不易获得；第二，该信息具有一定的商业价值，由合法享有信息的权利人采取合理的步骤保持其秘密性。满足这两个条件的商业秘密则应当享有未披露信息的相关权利。

课堂讨论 9-2：2000 年，我国深圳唯冠科技有限公司在我国注册了 iPad 商标，其旗下的唯冠（台北）公司在多个国家与地区分别注册了 iPad 商标，当时美国苹果公司并未推出 iPad 平板电脑。2009 年 12 月 23 日，唯冠（台北）公司的代表签署了相关协议，将其在多国享有的 iPad 商标相关权益转让给英国 IP 申请发展有限公司。后美国苹果公司又从英国 IP 公司手中买走了该商标权，苹果公司认为该商标权中包含了 iPad 在中国大陆地区的商标权利，但唯冠（深圳）认为其和唯冠（台北）是不同的主体，后者无权处置前者持有的商标，因此 iPad 商标在内地的相关权利并没有包含在前述转让协议中。2010 年 4 月，苹果公司在深圳中级人民法院起诉唯冠（深圳），要求确认自己才是 iPad 商标专用权人。2011 年 12 月，法院作出一审判决，苹果公司败诉。这是苹果公司在我国的第一次败诉，虽然这一纠纷后来经协商已经解决，但是苹果公司又支付了唯冠（深圳）公司 6 000 万美元以获得 iPad 在中国内地的商标使用权。

问题：试分析国际技术贸易中知识产权法律规范的重要性。

9.2.5 《TRIPS 协议》的特点

1. 保护性增强

较之原有的国际公约，《TRIPS 协议》的保护性有所增强。第一，在肯定了原有公约大部分内容的基础之上，《TRIPS 协议》的保护范围更广了，包括以前没有保护或保护力度较弱的计算机软件、集成电路设计、商业秘密等，几乎涵盖了知识产权的各个领域，共 7 大类。第二，保护力度也有所提高，在保护范围、保护期限、救济手段等方面，都远远超过了原有的国际公约，如要求所有成员必须承担义务，达到最低保护水平等。第三，该协议还具有一定的强制性，《TRIPS 协议》改变了以往许多国际条约的争端解决办法，它明确规定，未经其他成员同意，不得对本协定的任何规定提出保留。

2. 强化了各方权利义务

签订《TRIPS 协议》的过程较为曲折，在前期多次谈判的过程中，各方权利义务相对来说比较明确，如发达国家为了促成《TRIPS 协议》的顺利生效而承诺承担的诸多义务，以及《TRIPS 协议》中赋予发展中国家成员和最不发达国家成员的诸多较为特殊的权利，如发达国家成员应鼓励其领土内的企业和组织，促进和鼓励向最不发达国家成员转让技术、提供人员培训，以使这些成员创立良好和可行的技术基础；应发展中国家成员和最不发达国家成员的请求，提供有利于发展中国家成员和最不发达国家成员的资金合作。再如，根据《TRIPS 协议》第 66 条的规定，鉴于最不发达国家成员的特殊需要和要求，其经济、财政和管理的局限性，以及其为创立可行的技术基础所需的灵活性，不得要求此类成员在按第 65 条第 1 款定义的适用日期起 10 年内适用本协定的规定，但第 3 条、第 4 条和第 5 条除外。TRIPS 理事会应最不发达国家成员提出的有根据的请求，应延长该期限。

3. 明确了争端解决机制及监督机构

为了弥补国际知识产权组织及原有的众多知识产权国际条约中关于争端解决机制方面的诸多不足，《TRIPS 协议》中的争端解决办法包括斡旋、磋商、调解、上诉等，并设置了知识产权理事会，该理事会按照《TRIPS 协议》中的章程工作，监督《TRIPS 协议》的运用，敦促各成员遵守《TRIPS 协议》规定的义务。理事会应履行各成员所指定的其他职责，特别是在争端解决程序方面提供各成员要求的任何帮助。这些规定也都使得《TRIPS 协议》中设立的争端解决机制操作性更强。

9.2.6 《TRIPS 协议》的具体实施规则

1. 一般义务

《TRIPS 协议》中第 41 条规定了关于知识产权实施程序的相应原则，也是各成员方在知识产权执法的过程中应当遵守的一般义务，具体包括以下内容。

第一，保证各成员方的国内立法中关于本协定的内容与本协定相一致，对违反本协定的行为，适用国内法也要进行追究，防止侵权，促进国际贸易的顺利进行。

第二，实施程序应当公平、公正，程序尽量便捷、杜绝不合理限制及无故拖延，并且只收取必要费用。

第三，在解决知识产权相关争端时，应当以事实为依据，尽量采取书面裁决的形式说明理由。

保留司法机关对最终行政裁定进行审查、监督的权利，刑事案件中的无罪判决除外。

2. 民事和行政程序及救济

（1）民事及行政程序中的一般规则。

无论是在民事程序中还是行政程序中，都应当遵守一般义务，遵循公平和公正的原则，赋予各知识产权权利人启动法律程序的权利，被告一方也有及时获得详尽的书面通知的权利。在民事及行政程序中，并不强制本人必须出庭，可以委托代理人。

（2）民事及行政程序中的举证责任。

举证责任的一般原则仍然为"谁主张，谁举证"，如果一方已经提交证据并且足以证明其权利请求，则司法机关为了案件的侦办以及公平起见，有权命令对方提供证据，当当事人一方举证不利时，则要承担举证不利的责任。

3. 临时禁令及损害赔偿

（1）临时禁令。

《TRIPS 协议》第 44 条规定了司法机关有权使用临时禁令，当一方当事人将他人诉至司法机关或者司法机关发现存在侵权行为时，有权利责令侵权一方停止侵权贸易行为，特别是有权在结关后立即阻止涉及知识产权侵权行为的进口货物进入其管辖范围内的商业渠道。

(2) 损害赔偿问题。

《TRIPS 协议》第 45 条详细规定了侵权的损害赔偿问题，侵权行为给权利人造成的损害赔偿由主观上为故意或过失的侵权行为人承担，赔偿范围以权利人所受经济损失为限；若侵权人的侵权行为的确不是出于故意，也没有充分证据证明行为人应当知道其从事侵权活动，司法机关也可以责令其退还利润或支付法定的赔偿，甚至同时进行。

为有效制止侵权，司法机关有权在不违背宪法的前提下，责令将已被发现侵权的货物清除出商业渠道，或者下令将其销毁，并且不必给予任何补偿，以避免对权利持有人造成任何损害。司法机关的这一权利同时还适用于制造侵权货物的材料和工具，将侵权人再犯的风险降到最低。

对于非法加贴假冒商标进入国际贸易渠道的商品，仅去除其假冒商标并不足以允许其继续销售，而应当采取适当的惩处措施，以避免其再犯。知识产权权利人的利益受损，有权获知侵权行为人的相关信息，司法机关有权责令侵权人将生产和分销侵权货物或服务过程中涉及的第三方的身份及其分销渠道告知权利持有人，除非这一点与侵权的严重程度不相称。

4. 对被告的赔偿

如应一当事方的请求而采取措施且该当事方滥用实施程序，则司法机关有权责令该当事方向受到错误禁止或限制的当事方就因此种滥用而受到的损害提供足够的补偿。司法机关还有权责令该申请当事方支付辩方费用，其中可包括适当的律师费。

就实施任何有关知识产权保护的法律而言，只有在适用该法律规范的过程中采取或拟采取的行动是出于善意的情况下，各成员方才可免除公共机构和官员采取适当救济措施的责任。

5. 临时措施

(1) 临时措施的适用。

除上述临时禁令以外，《TRIPS 协议》中还规定了司法机关有权采取临时措施。临时措施是指为了防止任何侵犯知识产权的行为造成的影响再扩大，防止存在侵权的货物进入其管辖范围内的商业渠道，同时也是为了保存关于被指控侵权的有关证据，特别是为了防止可能对权利持有人造成不可补救的损害时，或者存在证据被销毁的显而易见的风险时，司法机关有权不作预先通知而采取相应的临时性措施。

司法机关有权责令申请人举证，以证明该申请人的确为知识产权权利人，其依法享有的知识产权正在受到侵犯行为的损害或存在风险，同时申请人有义务提供保证金或相当的担保，以防止权力滥用对被告造成的无端损失。

执行临时措施的主管部门可要求申请人提供确认有关货物的其他必要信息。

(2) 临时措施的撤销及补偿。

若一定合理期限内临时措施仍未解决问题，则为了保障被告人的权利，应当应其请求，作出撤销或终止该临时措施的决定。该合理期限的长短由责令采取该措施的司法机关确定，如未作出此种确定，则统一规定为不超过 20 个工作日，如遇假期顺延，最长也不得超过

31个自然日。如临时措施被撤销或由于申请人的任何作为或不作为而失效，或如果随后认为不存在知识产权侵权或侵权威胁，则应被告请求，司法机关有权责令申请人就这些措施造成的任何损害向被告提供适当补偿。

6. 边境措施

当权利持有人有正当理由怀疑正在进口的货物存在假冒商标、盗版货物、专利侵权、工业设计侵权或者其他知识产权侵权行为时，有权向行政或司法主管机关提出书面申请，要求海关中止放行此类货物进入自由流通渠道。海关中止放行既可以适用于进口货物侵权问题，也可以适用于出口货物侵权问题，各成员方可自行制定关于出口过程中的海关中止放行程序。

权利人需要提出申请，权利人除了有正当理由外，还需要给主管机关提供充分的证据，使之有理由相信权利人受进口国法律规范所保护的知识产权存在被侵犯的情形或风险，主管部门应当在一定合理期限内决定是否受理权利人的申请，并给出相应回复。主管机关有权要求申请人提供保证金或其他方式的担保，以保护被告权益。

当主管部门作出中止放行的决定后，应迅速通知进口商和申请人。中止放行的时限一般为10个工作日，如遇特殊情况可再延长10个工作日。在不泄露商业秘密的情况下，海关对被扣押货物应当进行仔细的查验，获得准确的信息以证实知识产权权利人的请求，主管机关还有权给予进口商同等的机会对此类货物进行检查。如对案件的是非曲直作出肯定判断，则各成员可授权主管机关将发货人、进口商和收货人的姓名和地址及所涉货物的数量告知权利持有人。如存在错误扣押，则由申请人对进口商及货物所有权人进行适当的赔偿。

在不损害权利持有人可采取的其他诉讼权并在遵守被告寻求司法机关进行审查权利的前提下，主管机关有权依照第46条所列原则责令销毁或处理侵权货物。对于假冒商标货物，主管机关不得允许侵权货物在未作改变的状态下再出口或对其适用不同的海关程序，但例外情况下除外。

7. 刑事程序

当争端较为严重，成员中某一方的侵权行为已经超出违反知识产权相关法律规范的界限，甚至触犯了刑法，如蓄意假冒商标或盗版等行为并具有一定规模，这就已经上升到犯罪的高度，则应当进行刑事程序及相应处罚。针对此类国际贸易中的刑事案件，可使用的刑罚方式包括自由刑、罚金、扣押、没收和销毁侵权货物等，应做到罪责刑相适应，并足以起到威慑作用。

9.2.7 《TRIPS协议》的争端解决机制

争端解决机制是指通过一定方式和途径来解决当事人在国际技术贸易中产生的知识产权纠纷，进而协调和平衡当事人之间的权利义务关系。国际技术贸易中的知识产权争端的

本章相关知识拓展性阅读二维码

解决通常涉及3个方面的内容：一是国际贸易争议的解决方式；二是国际贸易争议解决适用的法律；三是国际贸易争议解决的承认与执行。

复习思考题

一、判断题

1. 根据《马德里协议》，国际注册的有效期为10年，并可以以10年为期进行续展。（　　）
2. 《伯尔尼公约》是我国第一部保护文学艺术作品的国际公约，公约中仅对作品版权进行保护，而未提及翻译、改编等作品的权利保护。（　　）

二、单项选择题

1. 关于《伯尔尼公约》中的相关规定，以下说法错误的是（　　）。
   A．"文学艺术作品"一词包括科学和文学艺术领域内的一切作品，不论其表现方式或形式如何
   B．文字或艺术作品的汇集本，如百科全书和选集，由于对其内容的选择和整理而成为智力创作品，应得到与此类作品同等的保护
   C．日常新闻或纯属报刊消息性质的社会新闻也受到本公约的保护
   D．《伯尔尼公约》给予作品的保护期限为作者终生及其死后50年

2. 以下关于国际知识产权组织（WIPO）的说法中错误的是（　　）。
   A．根据《WIPO公约》，WIPO不仅保护人类一切活动领域内的发明，也保护科学发现
   B．WIPO保护知识产权的原则包括国民待遇原则、最惠国待遇原则等
   C．WIPO中设立了成员国会议，由公约的成员国组成，不论它们是否是任一联盟的成员国
   D．成员国会议中的每个成员国都享有一票表决权

3. 甲国人迈克在甲国出版著作《希望之路》后25天内，又在乙国出版了该作品，乙国是《保护文学和艺术作品伯尔尼公约》缔约国，甲国不是。依该公约，下列哪一选项是正确的？（　　）
   A．因《希望之路》首先在非缔约国出版，不能在缔约国享受国民待遇
   B．迈克在甲国出版《希望之路》后25天内在乙国出版，仍然具有缔约国的作品国籍
   C．乙国依国内待遇为该作品提供的保护须亚迈克履行相应的手续
   D．乙国对该作品的保护有赖于其在甲国是否受保护

4. 中国甲公司与德国乙公司签订了一项新技术许可协议，规定在约定期间内，甲公司在亚太区独占使用乙公司的该项新技术。依相关规则，下列哪一选项是正确的？（　　）
   A．在约定期间内，乙公司在亚太区不能再使用该项新技术
   B．乙公司在全球均不能再使用该项新技术

C．乙公司不能再将该项新技术允许另一家公司在德国使用

D．乙公司在德国也不能再使用该项新技术

5．甲国人克里在甲国出版的小说流传到乙国后出现了他人利用其作品的情形，克里认为侵犯了其版权，并诉诸乙国法院。尽管甲乙两国均为《伯尔尼公约》的缔约国，但依甲国法，此种利用作品不构成侵权，另外，甲国法要求作品要履行一定的手续才能获得保护。根据相关规则，下列哪一选项是正确的？（　　）

A．克里须履行甲国要求的手续才能在乙国得到版权保护

B．乙国法院可不受理该案，因作品来源国的法律不认为该行为是侵权

C．如该小说在甲国因宗教原因被封杀，乙国仍可予以保护

D．根据国民待遇原则，乙国只能给予该作品与甲国相同水平的版权保护

三、多项选择题

1．下列属于国际技术贸易客体的有（　　）。
A．商标权 B．专利权
C．商业秘密专有权 D．著作权

2．根据《TRIPS》的规定，任何标记或标记的组合要成为商标应当具备的条件包括（　　）。
A．区别于其他商品或服务 B．视觉上可以感知
C．具有显著性 D．通过使用而获得的显著性

3．香槟是法国地名，中国某企业为了推广其葡萄酒产品，拟为该产品注册"香槟"商标。依《与贸易有关的知识产权协议》，下列说法错误的有（　　）。

A．只要该企业有关"香槟"的商标注册申请在先，商标就可以为其注册

B．如该注册足以使公众对该产品的来源误认，则应拒绝注册

C．如该企业是在利用香槟这一地理标志进行暗示，则应拒绝注册

D．如允许来自法国香槟的酒产品注册"香槟"的商标，而不允许中国企业注册该商标，则违反了国民待遇原则

4．2011年4月6日，张某在广交会上展示了其新发明的产品，4月15日，张某在中国就其产品申请发明专利（后获得批准）。6月8日，张某在向《巴黎公约》成员国甲国申请专利时，得知甲国公民已在6月6日向甲国就同样产品申请专利。下列哪一说法是正确的？（　　）

A．如张某提出优先权申请并加以证明，其在甲国的申请日至少可以提前至2011年4月15日

B．2011年4月6日这一时间点对张某在甲国以及《巴黎公约》其他成员国申请专利没有任何影响

C．张某在中国申请专利已获得批准，甲国也应当批准他的专利申请

D．甲国不得要求张某必须委派甲国本地代理人代为申请专利

四、简答题

1. 请简述世界知识产权组织（WIPO）的宗旨与职责。
2. 根据《TRIPS 协议》，请回答：不受专利权保护的情形有哪些？

五、案例分析题①

天线宝宝的卡通形象在世界各地深受小朋友们的喜爱，周边产品也一直销量居高，但是在这背后，却隐藏着诸多知识产权相关纠纷。早在 1996 年，英国广播公司（BBC）和拉格道尔（Ragdoll）制作公司签约，联合制作了系列幼儿节目《天线宝宝》，节目的初版发行时，双方只签订了 3 年的合同并约定"收视率不高就解约"。不料节目播出后，4 个憨态可掬的天线宝宝一夜蹿红，火遍全球，包括我国中央电视台在内的世界多个国家（地区）竞相引入。节目中，4 个颜色各异的天线宝宝看似是简单的形象，实则分别代表了黄种人、黑人、侏儒症患者甚至同性恋者等需要关怀的弱势群体。这一幼儿节目中蕴含了制作人倡导社会多元化，引导小朋友们从小就要培养包容性胸怀的苦心。

但是，我国的某些不法商家瞄准了《商标法》中的灰色地带，抢先注册了多个文字和图形商标，早在 1999 年 7 月 23 日，拉格道尔公司就申请注册了 25 类天线宝宝商标。在其他公司申请了其他类别的商标申请成功注册后，拉格道尔公司又于 2015 年开始相继申请商标，但许多类别都已经被抢注成功。版权所有者戴斯发现，"天线宝宝"的图形或文字或图文结合在我国共被注册在多达 102 类产品上。对这些恶意抢注的商标，拉格道尔公司向商标评委提出争议申请，指责其"损害公司对天线宝宝（TELETUBBIES）这一知名服务的特有名称、知名电视节目名称、知名卡通形象名称享有的合法权益"，要求撤销"天线宝宝"等中文商标的注册，但未得到妥善处置，后来又进行了诉讼，也最终败诉。

结合此案例，分析其中蕴含的法律原理，并评价我国《商标法》中的相关规定。

---

① 案例来源：中国法院网。

第 10 章　对外贸易保护措施及相关法律制度

> **学习目标**
>
> 通过本章的学习，要求了解一国政府管理贸易的法律制度与各国对外贸易政策的关系；掌握对外贸易保护的关税措施和非关税措施两大分类，各种措施和制度的含义、类型及构成要件；重点掌握进出口许可证管理制度、进出口配额管理制度、反倾销、反补贴和保障措施的有关国际规则与中国的相应立法。

> **案例导入**
>
> A 国出口商在向 B 国出口高粱时被指：由于 A 国政府向高粱生产行业发放高额专项补贴，导致其价格持续下降至低于正常贸易中的价格水平，进入 B 国市场的高粱数量大幅增长，对 B 国国内产业同类产品价格造成削减和抑制，国内产业同类产品有关经济指标呈恶化趋势。因此，B 国决定采取保障措施，对高粱限制进口数量，实行配额制和提高关税，并同时对 A 国出口的高粱开展反倾销与反补贴调查。6 个月后，B 国颁布了新的进口高粱质量标准，对高粱的农药残留量、水分等指标均有所提高。在 B 国下一年度的进口配额产品目录里，高粱的进口配额数量明显降低，对超出配额数量限制的大豆，将征收高额关税。
>
> 问题：（1）本案涉及几种对外贸易的保护方式？它们分别属于关税措施还是非关税措施？
> （2）构成倾销的标准是什么？反倾销的措施有哪些？
> （3）构成补贴的标准是什么？反补贴的措施有哪些？
> （4）实施保障措施应满足哪些条件？
> （5）本案中，B 国采取的各种贸易保护措施是否合法？为什么？

10.1 对外贸易保护措施

10.1.1 关税措施

1. 关税概述

（1）关税的概念。

关税（Customs Duty/Tariff Duty）是指进出口商经过一国关境的时候，由政府设置的海关对进出口商所征收的一种特定税。关税措施是对外贸易管理措施中最古老、使用最为普遍、效果最为直接的调控工具。一国政府对进出口货物征收关税是其行使国家主权的体现。

（2）关税的特征。

关税与其他国内税相比较，既有税收的一般共性，即强制性、无偿性和固定性，又有其特殊的性质，具体包括如下3个方面。

① 关税是间接税而不是直接税。通常按照纳税人的税负转嫁与归宿的标准，可以把税收分为直接税和间接税。直接税由纳税人依法纳税并直接承担，税负不能转嫁给他人。间接税由纳税人纳税后可通过契约关系或交易过程将税负的部分或者全部转嫁给他人。关税属于间接税，即进出口贸易商缴纳税款后，将其作为成本的一部分加在货物价格上，在货物出售给买方时收回这笔垫款。

② 关税的征纳税主体和纳税客体特殊。

关税的征税人是海关，纳税人是进出口商，纳税客体是进出口的货物和物品。而一般国内税的征税人是国内税务部门，纳税人是国内生产者、经营者和自然人，纳税客体比较广泛，包括货物、服务，法人和自然人的经营收入等。

③ 关税是一国对外贸易政策的重要手段。

关税具有涉外性，关税措施体现了一国对外贸易的政策。关税税率的高低，影响着一国经济和对外贸易的发展。因此，一方面可以把关税作为对外经济斗争的武器；另一方面可以把关税作为争取友好贸易往来，改善或密切关系的手段。

（3）关税的作用。

① 关税的积极作用表现为3个方面。一是关税可以保护国内市场和国内工农业。二是关税是国家财政收入来源的一部分。目前，关税在发达国家财政收入中所占的比重较低，发展中国家的比重略高。我国 2010 年关税收入在全国公共财政收入中的占比约为 2.43%。[①]三是关税是政府宏观调控经济的重要手段，可以有效调节进出口流量。在出口方面，通过低税、免税和退税来鼓励商品出口；在进口方面，通过税率的高低、减免来调解和控制商品的进口。

知识拓展二维码10-1：
中美贸易战中的关税措施

---

① 该数据系依据 2010 年中华人民共和国财政部公布的 2010 年全国公共财政收入基本情况计算得来。数据显示，2010 年全国公共财政收入共计 83 101.51 亿元，关税收入为 2 027.83 亿元。

② 关税的消极作用主要有两方面。一是关税征收会扩大消费者的开支，加重消费者负担。二是关税的过度保护会形成贸易壁垒，阻碍国际贸易的发展。

(4) 关税的种类。

根据不同的分类标准，关税的主要分类见表10-1。

表10-1 关税的分类

分类标准	分　　类
征税的目的	财政关税和保护关税
征收的自主性	自主关税和协定关税
征收的对象或商品流向	进口关税、出口关税和过境关税
差别待遇	普通税、最惠国税、普惠税、特惠税
差别待遇和特定的实施情况	一般进口税、差价税和进口附加税

(5) 关税的征收方法。

关税的征收方法又称征收标准，一般来说主要有5种方法，见表10-2。

表10-2 关税的征收方法

征收方法名称	具体操作方法
从价征税	海关以进口商品的价格为标准计征关税，其税率表现为货物价格的一定百分率
从量征税	海关以征税货物的数量、重量、容量、面积、体积或长度等为标准，以每一单位应纳税金额作为税率进行征税
混合征税	对于同一种商品同时制定从价和从量两种税率，对某种进口商品，采用从量税和从价税同时征收的方法
选择征税	对一种进口商品同时规定有从价税和从量税两种税收，在征收时选择其中一种税额较高的征收
滑准税	对进口税则中的同一种商品按其市场价格标准分别制定不同价格的税率而征收

2．关税制度措施

(1) 海关税则及商品分类。

海关税则又称关税税则，是指一国对进出口商品计征关税的规章和对进出口的应税与免税商品加以系统分类的一览表。世界各国均制定了各自国内适用的海关税则，内容包括海关征收关税的规章条例及说明、海关的关税税率表。关税税率表的主要内容有：税则号列、商品分类目录和税率三部分。海关税则是海关征收关税的法律依据，是关税政策的具体体现。

① 税则号列。海关税则中会为计征关税的商品编码以便于查询和适用，该商品编码号列称为税则号列（简称税号），为征税需要，每项税号后列出了该商品的税率。

② 商品分类目录。在国际贸易中，各国对于不同种类的进出口产品分别适用不同税率，由于各国对商品种类划分的不同可能带来贸易障碍，1983年6月，海关合作理事会（现名世界海关组织）主持制定了一部供海关、统计、进出口管理及与国际贸易有关各方共同使

用的商品分类编码体系——《商品名称及编码协调制度》(*The Harmonized Commodity Description and Coding System*),简称"协调制度",又称"HS"。HS 于 1988 年 1 月 1 日正式实施,每 4 年修订 1 次。世界上已有 150 多个国家使用 HS,全球贸易总量 90%以上的货物都是以 HS 分类的。

从分类来看,它基本上是按社会生产的分工(或称生产部类)分类的,它将属于同一生产部类的产品归在同一类里,如农业在第一、二类;化学工业在第六类;纺织工业在第十一类;冶金工业在第十五类;机电制造业在第十六类等。从章部来看,基本上按商品的属性或用途来分类。

(2) 海关估价。

海关估价是指进口海关对进口货物的货价进行估算,并以此价格作为计算应付关税的基础。海关估价确定的价格是该货物的完税价格,或称"海关价格"。虽然每批进出口货物都有其各自的申报价格,但它不是海关征税的依据,而只是海关计征关税的基础。海关估价是一个国家(地区)防止进出口商低报、伪报商品价格,借以偷逃关税的一种主要手段。①

由于国际上大多数国家采用从价税课征关税,海关估价确定完税价格的方法就成了关税高低的决定性因素之一。随着经济全球化,国际贸易的经营对象、成交条件越来越复杂,众多跨国公司的各种价格,如调拨价、倾销价、代销价、软硬件价格等,令海关估价更加困难。在这种情况下,为避免海关估价被当作一种关税壁垒,确保进口商应纳关税不高于进口方关税减让表中确定的正常关税水平,建立货物估价规则至关重要。②

与海关估价相关的国际条约是 GATT 第 7 条和乌拉圭回合达成的《关于实施 1994 年关税与贸易总协定第 7 条的协定》(以下简称《海关估价协定》)。《海关估价协定》包括 4 个部分,共 31 条,其中有大量注释和一个议定书。它规定了主要以商品的成交价格为海关完税价格的新估价制度,其目的在于为签字国的海关提供一个公正、统一、中性的货物估价制度,使海关估价不成为国际贸易发展的障碍。

(3) 原产地规则。

原产地规则,也称"货物原产国规则",指一国根据国家法令或国际协定确定的原则制定并实施的,以确定生产或制造货物的原产国或地区的具体规定。为了实施关税的优惠或差别待遇、数量限制或与贸易有关的其他措施,海关必须根据原产地规则的标准来确定进口货物的原产国,给以相应的海关待遇。货物的原产地被形象地称为商品的"经济国籍",原产地规则在国际贸易中具有重要作用。

原产地规则主要包括三部分内容:原产地标准、直接运输规则和原产地证书。

① 原产地标准。原产地标准指确认货物生产于何地的标准,主要有两项基本标准。一是完全在一国生产的标准。这项标准适用于完全在受惠国生产的产品,而含有外国原材料、零部件的货物,不适用这一标准。二是实质性改变标准,它是指进口原料或部件在受惠国经过实质性改变而成为另一种不同性质的商品,受惠国才能作为该商品的原产国。这一标

---

① 李勋. 海关估价制度研究[J]. 哈尔滨工业大学学报(社会科学版),2005(6).
② 黄东黎. 国际贸易法[M]. 北京:法律出版社,2003:386.

准适用于由两个或两个以上国家参与了生产或加工的货物。

② 直接运输规则。直接运输规则是指受惠国要将出口货物直接运至进口货物的给惠国，才能将该受惠国作为货物的原产地。制定这项规定的目的主要是为了避免在运输途中可能进行的再加工或换包。一般情况下，不通过他国关境直接将货物运至进口国的，才符合直接运输规定。如果由于地理或运输等原因确实不能直接运输的，允许货物运输时经过他国领土，但必须使货物在他国关境内时始终处于海关的监管下，未投入当地市场销售或再加工。

③ 原产地证书。原产地证书是由给惠国认可的签发机构签发的证明货物原产地的书面文件。进出口商向给惠国海关提供原产地证书，便于海关对原产地的监管，有利于加速货物验放。

按照国际上通行的做法，进出境物品、临时进出口货物、过境货物、通运和转运货物以及国家间有协定无须提供原产地证明的进口货物，不须提供原产地证书。普惠制中的给惠国对原产地证书的要求一般都比较严格，除有规定的格式外，内容要求包括发货人、收货人、运输工具、货物名称、件数、包装、重量等。

在实行差别关税的国家，进口货物的原产地是决定其是否享受一定的关税优惠待遇的重要依据之一。然而在现实中，原产地规则被当作保护本国产品、决定特惠待遇以及辅助其他贸易管理手段的工具。例如，政府采购中应用此规则将外国产品排除在外，某些政府补贴的授予中运用此规则以确定补贴对象，自由贸易区及发展中国家普惠制体系中应用此规则作为决定特惠待遇的工具等。

为遏制原产地规则的滥用，经各有关方面的共同努力，终于在乌拉圭回合结束的1993年度，通过了《原产地规则协议》。该协议是GATT多边贸易体制内第一个关于原产地规则的国际协议。对简化、协调、统一国际间的原产地规则起到积极的推动作用。1995年成立的WTO在其货物贸易理事会中专门下设了原产地规则委员会，旨在加强原产地规则的国际协调和趋同。

案例分析10-1：1994年至1997年，欧盟对原产于日本的电视录像设备系统征收反倾销税。1998年，菲利普广播电视系统公司向欧盟委员会提出申诉：日本厂商将模具、流水线配件及其他零部件向欧盟出口，而后在欧盟区内组装，以规避反倾销税的缴纳。从申诉提供的表面证据显示，输入欧盟区内装配TCS系统的零部件占商品总价值的60%以上，且该输入欧盟区内组装的零配件的增值不超过生产成本的25%。

问题：（1）欧盟对原产于日本的电视录像设备系统征收反倾销税的做法属于哪种对外贸易的保护措施？

（2）根据原产地标准，大部分零部件在日本生产、在欧盟组装的TCS系统，其原产地应该是哪里？为什么？

3. 中国的关税制度

（1）中国关税制度改革的进程。

我国由于长期受到计划经济的影响，使得进口关税平均水平大大高于世界平均水平，严重阻碍了我国对外贸易的发展。为此，自改革开放以来，我国不断调整关税制度，并在申请恢复关贸总协定缔约国地位的进程中，逐步提出关税体制改革的具体措施。同时根据实际需要，分别多次修订《中华人民共和国进出口关税条例》和《中华人民共和国海关进出口税则》，以配合履行加入 WTO 承诺的关税减让义务，履行中国与有关国家或地区签订的关税协定。

我国自 2002 年起逐年调低进口关税，至 2010 年，在降低鲜草莓等 6 个税目商品进口关税后，我国加入 WTO 承诺的关税减让义务全部履行完毕，[①]中国的关税总水平在发展中国家中是最低的。[②]

(2) 中国的关税制度。

① 海关税则方面。我国于 1991 年 6 月正式成为《商品名称及协调编码制度》的缔约国，并自 1992 年 1 月 1 日起正式实施了以 HS 为基础编制的新的《中华人民共和国海关进出口税则》和《海关统计商品目录》，以便为海关的关税征收提供法律保证。自 HS 目录实施以来，我国多次根据世界海关组织关于《协调制度》目录的修订情况，结合我国生产和贸易实际，对我国税则税目进行相应转换，并根据国内需要对部分税则税目进行调整。经转换和调整后，《中华人民共和国进出口税则》（2017 年版）税目总数为 8 547 个。[③]

② 海关估价方面。为确定进出口货物的完税价格，中国海关总署分别于 1991 年和 1992 年颁布《中华人民共和国海关关于进口货物实行海关估价的规定》和《中华人民共和国海关审定进出口货物完税价格办法》，内容包括实行海关估价征税的范围、进口货物的估价准则和完税价格的构成因素、进口货物的估价方法、买卖双方有特殊经济关系的认定和海关审查权等。目前，我国进口货物的海关估价一般以 CIF 价格作为基础，便于对进口价格进行比较、审查，但也使发自较远国家的货物成本较高。[④]

③ 原产地规则方面。我国有出口货物和进口货物原产地规则两套制度，分别体现在 1986 年公布实施的《中华人民共和国海关关于进口货物原产地规定的暂行规定》中和 1992 年国务院和外经贸部分别制定颁布的《中华人民共和国出口货物原产地规则》及其实施细则中。目前来看，我国在原产地规则的实施方面还没有达到 WTO 的要求，规则缺乏透明度，原产地标准规定过于简单，且存在不统一的情况。

④ 关税减免方面。关税减免是海关免除关税纳税义务人的关税给付义务的行政行为。依据《中华人民共和国海关法》的规定，我国的关税减免分为法定减免、特定减免和临时减免三大类。

[①] 耿雁冰，陈梦吉. 2010 年中国完成 WTO 减税承诺，关税总水平降至 9.8%. 新浪网转载 21 世纪经济新闻. http://finance.sina.com.cn/roll/20091216/02037108393.shtml.

[②] 陆纯. 中国关税总水平在发展中国家最低. 腾讯网转载北京青年报新闻. http://finance.qq.com/a/20100602/002378.html.

[③] 海关总署公告 2016 年第 89 号（关于 2017 年关税调整方案的公告）. 中华人民共和国海关总署网站. http://www.customs.gov.cn/publish/portal0/tab49564/info835599.htm.

[④] 徐复. 中国对外贸易[M]. 北京：清华大学出版社，2008：264.

一是法定减免，是指根据《海关法》和《海关进出口税则》减免关税的商品的规定进行减免，不需经特别批准。二是特定减免，是指根据国家制定的减免税办法和海关总署、财政部根据专门法规进行的减免。减免范围包括：经济特区等特定地区，外商投资企业等特定企业，有特定用途的进出口货物，只能用作公益事业的捐赠物资等。对于特定减免税进口的货物，只能用于特定地区、特定企业或特定用途，未经海关核准并补缴关税，不得移作他用。三是临时减免。这是基于特定情况或个别企业单位的临时困难，需要对其进口应税货物予以特别关照的关税减免。它具有一定的特殊性、临时性和集中性。

知识拓展二维码10-2：美国贸易制裁常用的法律条款

课堂讨论10-1： 2018年4月1日，中国国务院关税税则委员会发布《对原产于美国的部分进口商品中止关税减让义务的通知》，决定对原产于美国的水果及制品等120项进口商品中止关税减让义务，在现行适用关税税率基础上加征关税，加征关税税率为15%。

中方认为，美方对进口钢铁和铝产品进行232调查①，滥用WTO"安全例外"条款，实质上构成保障措施，而且其措施仅针对少数国家，严重违反了作为多边贸易体制基石的非歧视原则，严重侵犯中方利益。在上述通知发布前，中方根据《保障措施协定》在世贸组织向美方提出贸易补偿磋商请求，美方拒绝答复。

根据以上材料，请思考并回答下列问题。

（1）对于中国中止对美国履行WTO规则体系下的关税减让义务的做法，你认为是合法的吗？为什么？

（2）美国的232条款、301条款等是否违反WTO规则？

10.1.2 非关税措施

1. 非关税措施概念及作用

（1）非关税措施的概念。

非关税措施（Non-tariff）是指除关税措施以外的其他一切直接或间接限制外国商品进口的各种措施。主要有限制性和鼓励性两类。限制性非关税措施主要有非关税壁垒和出口管制两类；鼓励性非关税措施主要包括出口鼓励措施和经济特区措施。

（2）非关税措施的作用及特征。

非关税措施具有双重功效，一方面能维护国际贸易秩序的合理性，另一方面又实际形成了对国际贸易的限制作用。②20世纪70年代以来，各国非关税措施的使用频率远远超过

---

① 美国232调查，是指美国商务部根据1962年《贸易扩展法》第232条，对特定产品进口是否威胁美国国家安全进行的立案调查。该232条款授权美国商务部负责对特定进口商品进行全面调查，以确定该进口商品对美国国家安全生产的影响。调查报告完成并提交美国总统后，如果报告确定该商品的进口威胁美国国家安全，美国总统有90天时间来决定是否根据232条款的授权采取措施。

② 当非关税措施用于限制贸易的目的时，通常称其为"非关税壁垒"。

了关税措施,究其原因,可归结为如下两个方面。

① 关税措施限制进口和保护国内市场的作用下降。一是关税措施不太灵活,税率的制定必须通过立法程序,确定之后必须严格执行;二是高额关税不但不能阻止进口,反而容易招致别国报复;三是《关税与贸易总协定》签订后,通过多轮关税减让谈判,关税税率大幅度降低,使关税的保护作用大大削弱。

② 非关税措施具有诸多优势。与关税措施相比,非关税措施的特征有以下4点。一是灵活性和针对性。非关税措施主要依靠行政措施和命令实施,不受法律程序约束,手续灵活简便,行动迅速,进口国可根据不同的国家作出调整,因而具有较强的灵活性和针对性。二是隐蔽性和歧视性。非关税措施具有一定的隐蔽性、欺骗性,常常以技术、卫生、安全等正当名义出现,令人难以辨识和反击。发达国家往往凭借其科技优势和经济总量优势,制定出繁多、苛刻的技术标准和评定程序等市场准入要求,如"提高标准""增加检验检疫项目""技术法规变化"等,严格阻止了外国,特别是技术落后的发展中国家的产品出口。三是直接性和有效性。许多非关税措施可以排除价格机制的作用,直接阻止进口,同时不受汇率变化的影响,使其直接效果更为明显。四是缺乏监管手段。世界各国对非关税措施没有十分有效的国际监督和控制措施。尽管 WTO 协议针对各成员经常使用的十几种非关税措施进行了规范性的限制,但仍允许各成员采取一些合理措施保护本国市场,还规定了许多例外条款,为非关税措施的运用打上了合法烙印。

知识拓展二维码10-3:
非关税壁垒的发展趋势

2. 非关税的具体措施

非关税措施根据其性质不同,可以分为直接非关税措施和间接非关税措施。前者是指一国政府直接对进口商品的数量和金额加以限制,包括进口许可证、进口配额、外汇管制等;后者是指通过对进口商品制定各种严格的条件来间接地限制商品的进口,包括:进口押金制、最低限价制、海关估价制、原产地规则、苛刻的技术和卫生标准、政府采购政策等。

(1) 进出口许可证措施。

进出口许可证(Import and Export Licensing)是一国政府从数量上限制外国商品进口和本国商品出口的贸易管理措施,在规定范围内的商品只有取得进口许可证或出口许可证,方可进口或出口。

通过实行进出口许可证制度,可以发挥以下作用:一是有效地贯彻一国对外经济贸易政策,对平衡国际收支起重要的调节作用;二是保护和促进本国的生产发展;三是维持本国进出口秩序,减少同外国贸易的矛盾和国际贸易往来中不必要的损失,稳定国内市场的供求关系;四是借以进行进出口统计;五是为各国的外交政策服务。

为了便于进出口许可证制度的实施,大部分国家都对进出口商品采取分类管理的办法,由政府有关部门公布商品分类清单并根据需要随时进行调整。有些国家,主要是一些发达国家，在商品分类的基础上还进行国家地区的分类管理，实行差别对待。①

多数国家的进出口许可证通常载明下列内容：进出口商品名称、进出口商品的数量或重量、进出口商品的价值、供货国别或地区、商品输入地点、许可证的有效期等。②通常由一国政府公布必须申领进出口许可证的商品目录表，凡表中所列商品若需进出口，必须向有关部门提出申请，取得批准后发给进出口许可证，然后再凭此证办理报关手续。许可证上注明有效期，有效期满则许可证作废。

① 进出口许可证的分类。根据不同的标准，进出口许可证的分类见表10-3。

表10-3 进出口许可证的分类

分类标准	具体分类
按进出口许可证与进出口配额之间的关系划分	一是定额进出口许可证：由国家有关机构事先规定有关商品的进出口配额，然后在配额的限度内，根据进出口商的申请，对每种进出口商品发给进出口商一定数量的进出口许可证； 二是无定额进出口许可证：发证机关只在个别考虑的基础上发放许可证，没有公开的标准
按照许可的审核标准划分	一是公开一般许可证：进出口商提出申请后，有关机构即予以批准，并签发许可证，且无数量限制，又被称为"自动许可证"； 二是特别许可证：进出口商提出申请后，必须经有关机构逐级审批方可发放的许可证，又被称为"非自动许可证"

② 我国关于进出口许可证的法律制度。加入WTO之后，我国按照入世承诺和《进口许可证程序协议》的规定对有关进口许可证的法律制度进行修改，形成了符合WTO规则要求的、系统的进口管理体制。

《中华人民共和国对外贸易法》（2004年修订并实施，以下简称《对外贸易法》）第三章规定了货物进出口和技术进出口的内容。基于监测进出口情况的需要，国务院对外贸易主管部门可以对部分自由进出口的货物实行进出口自动许可并公布其目录，实行配额、许可证管理的货物、技术，应当按照国务院规定经国务院对外贸易主管部门或者经其会同国务院其他有关部门许可，方可进口或者出口。

此外，国务院根据《对外贸易法》的规定制定了《中华人民共和国货物进出口管理条例》（以下简称《货物进出口管理条例》）和《技术进出口管理条例》，商务部制定了《货物自动进口许可管理办法》和《货物进口许可证管理办法》，共同构成了我国进出口许可证制度的法律规范体系。

（2）进出口配额制措施。

进出口配额制又称进出口限额制（Import and Export Quotas），是指一国政府在一定时期内，对某些进出口商品的数量或金额设定最高限额的制度。限额内的商品可以进出口，

---

① 穆静轩．进出口许可证制度．中国百科网．http://www.chinabaike.com．
② 王传丽．国际贸易法（第三版）[M]．北京：法律出版社，2005：219．

超过限额的不准进出口或征收较高的关税或罚款。对进口设定的限额称为进口配额，对出口设定的限额称为出口配额。

进出口配额有多种形式，其主要分类见表 10-4。

表 10-4 进出口配额的形式分类

基本分类	二级分类	三级分类
进口配额	绝对配额：一国政府在一定时期内，对某些商品的进口数量或金额规定一个最高限额，达到这一限额后便不准进口	全球绝对配额：对来自全球的商品一律适用绝对配额
		国别绝对配额：在总配额内按国别或地区分别规定不等的配额，各出口国不能超配额出口
	关税配额：进口国对进口商品在一定时期内的总的数额或金额不加限制，而是规定一个数量界限，在规定的数量界限以内的进口商品给予减免税的优惠，超过数量界限部分则征收高额关税或予以罚款，这个数量界限即为关税配额	全球性关税配额：对从世界各国进口的商品规定一个数量界限，不超过这一界限进口则减免关税，超过界限则征收高额关税或罚款
		国别性关税配额：针对某些国家或某个国家规定不同的进口数量界限，各出口国在界限内出口则可以减免关税，如超过界限出口则征收高额关税或罚款
出口配额	主动配额：出口国根据国际市场容量和某种情况而对某些商品的出口规定的限额	—
	被动配额：出口国家或地区在进口国的要求和压力下，在一定时期内"自动"限制本国的某些商品对该进口国的出口数额，超过规定的数额则禁止对该进口国出口	—

《对外贸易法》第 19 条规定："国家对限制进口或者出口的货物，实行配额、许可证等方式管理；对限制进口或出口的技术，实行许可证管理。实行配额、许可证管理的货物、技术，应当按照国务院规定经国务院对外贸易主管部门或者经其会同国务院其他有关部门许可，方可进口或出口。国家对部分进口货物可以实行关税配额管理。"

《货物进出口管理条例》进一步规定：实行关税配额管理的进口货物目录，由国务院外经贸主管部门会同国务院有关经济管理部门制定、调整并公布。属于关税配额内进口的货物，按照配额内税率缴纳关税；属于关税配额外进口的货物，按照配额外税率缴纳关税。①

案例分析 10-2：1999 年 11 月 15 日，中、美达成的《中国加入 WTO 的双边协议》中，有关农产品的安排是中国承诺取消所有农产

知识拓展二维码10-4：
一般数量限制原则

---

① 参见《中华人民共和国货物进出口管理条例》第 25 条、第 26 条。

品方面的数量限制。对于那些特别敏感的商品，如大米、小麦、玉米和豆油等，中国采取了对配额量以下的进口征收最低关税（1%～3%），配额量以上的部分征收较高的关税的做法。

问题：（1）中国对特别敏感的农产品采取的制度是哪种对外贸易的管理措施制度？
（2）配额制度有哪些种类型？本案中中国的做法属于哪种？

（3）外汇管理措施。

外汇管理制度（Foreign Exchange control）是指一国政府指定或授权某一政府部门制定法规，对本国境内的本国及外国的机关、企业、团体和个人的外汇收付、买卖、借贷、转移以及本国货币的汇价和外汇市场等所实施的管理制度。

各国实行外汇管理的根本目的是避免国际收支危机和货币信用危机，维持国际收支平衡。但同时也有限制外国商品进口的作用。

（4）进出口商品检验措施。

进出口商品检验（Import and Export Commodity Inspection）是指从事进出口商品检验的机构，依照有关规定对进出口商品的质量、数量、包装、价格、融资条件等进行分析和测定并出具检验证书。

在检验商品的范围上，大多数国家只对部分进出口商品实施强制性检验，而且规定了强制性的检验标准，对检验不合格或违法者不予结关放行或不准销售。特别是对涉及安全、卫生、劳动保护、环境保护等社会公益方面的进出口商品，其检验标准更为严格，检验程序更为繁琐、处罚更为严厉。

但是，当这些以保护消费者利益、生态环境和国家安全的名义而采用的技术标准、卫生和动植物检疫、商品检验措施等超出真正需要和合理范围的时候，就成为限制外国商品进口、实行贸易保护的重要手段。这些措施又被称为"技术性贸易壁垒"。近年来，许多国际贸易争端都与技术性贸易壁垒有关。

针对商品出口前与进口前的检验措施中可能出现的非关税壁垒，WTO 达成了《装运前检验协定》和《技术性贸易壁垒协定》，以推动各国采用国际标准，增加透明度、防止歧视，减少贸易障碍起到了一定的积极作用。

知识拓展二维码10-5：技术性贸易壁垒的判断标准

案例分析 10-3：我国温州拥有打火机生产企业（户）约 500 家，年产打火机 8.5 亿只，出口量约占总产量的 80%，约占世界打火机市场份额近 70%。

因温州打火机的外贸出厂价基本上是 1 欧元左右，在欧盟市场极具竞争力，市场份额曾一度高达 80%。欧盟在著名的 BIC 公司、东海公司等打火机制造商的压力下，启动有关程序拟定涉及国际贸易的 CR[①]法规。其核心内容即规定进口价格在 2 欧元以下的打火机，必须加装一个 5 周岁以下儿童难以开启的装置即安全锁，否则不准进入欧盟市场。

---

① CR 是 Child Resistant Safety Mechanism for Lighter 的英文缩写，是加装防止儿童开启装置并提高打火机安全性能规定的简称。

该法规于 2002 年 4 月 30 日获得通过,并在 2004 年强制执行。CR 法规的出台,意味着温州生产的价格在 2 欧元以下、装有燃料的玩具型打火机将被禁止在欧盟上市。

问题:欧盟的 CR 法规对温州打火机生产企业的出口带来的不利影响属于哪种非关税壁垒?

(5)政府采购措施。

政府采购是指政府或其代理人作为消费者为自身消费,而不是为商业转售目的所进行的采购行为。该制度一般规定,政府机构在采购时,应当优先购买本国产品,从而限制外国商品进口。

为规范各国的政府采购,乌拉圭回合谈判达成了《政府采购协议》,强化了政府采购国际竞争的公平性和非歧视规则,并将政府采购国际竞争扩大到中央政府和地方政府。

(6)进口最低限价措施。

进口最低限价措施是一国政府对某种进口商品规定的最低价格,凡进口商品价格低于规定的最低价格时则征收进口附加税或禁止进口,以消除进口商品在进口国市场上的价格优势。当进口国感到实行进口限价也不足以解决问题时,往往颁布法令禁止某些商品的进口。

(7)进口押金制度。

进口押金制度,也称进口存款制度,该制度要求进口商进口商品时,必须按照进口金额的一定比例并在规定的时间内,预先向指定的银行无息存放一笔现金。这种押金在有的国家可高达进口货值的 50%。且必须在银行无息冻结 6 个月,它势必增加进口商的资金负担,从而起到了限制进口的作用。

(8)进出口的国家垄断。

进出口的国家垄断是指国家在对外贸易中,对某些或全部商品的进出口规定由国家直接经营,或把商品的进出口权仅授予一些垄断组织。一些发达国家实行国家垄断的进出口商品主要有 3 类:烟和酒,农产品,武器。

(9)进出口的限制和禁止。

国家可以基于国家主权,因政治、经济、社会管理等方面的需要,限制或禁止部分商品的进口或出口。

《对外贸易法》第 16 条以列举的方式规定了我国的进出口的限制或禁止:①为维护国家安全、社会公共利益或者公共道德,需要限制或者禁止进口或者出口的;②为保护人的健康或者安全,保护动物、植物的生命或者健康,保护环境,需要限制或者禁止进口或出口的;③为实施与黄金或者白银进出口有关的措施,需要限制或者禁止进口或出口的;④国内供应短缺或者为有效保护可能用竭的自然资源,需要限制或者禁止出口的;⑤输往国家或者地区的市场容量有限,需要限制出口的;⑥出口经营秩序出现严重混乱,需要限制出口的;⑦为建立或者加快建立国内特定产业,需要限制进口的;⑧对任何形式的农业、牧业、渔业产品有必要限制进口的;⑨为保障国家国际金融地位和国际收支平衡,需要限制进口的;⑩依照法律、行政法规的规定,其他需要限制或者禁止进口或出口的;⑪根据我国缔结或者参加的国际条约、协定的规定,其他需要限制或者禁止进口或出口的。

此外，非关税措施还包括反倾销措施、补贴与反补贴措施、保障措施，通常这3种措施被归类为国际贸易的法律救济措施，也是各国国内贸易立法中最重要的内容，与各贸易企业关联密切。对此，本书将在本章后三节详细论述。

10.2 反倾销措施

10.2.1 反倾销法律制度

1. 倾销的概念及特征

（1）倾销的概念。

倾销（Dump）是指商品以低于正常价值的价格进入另一国的商业中。《关于实施1994年关税及贸易总协定第6条的协定》（*Agreement on the Implementation of Article VI of the General Agreement on Tariffs and Trade 1994*，以下简称《反倾销协定》）第2.1条对倾销定义的表述为："就本协定而言，如一产品自一国出口至另一国的出口价格低于在正常贸易过程中出口国供消费的相似产品的可比价格，即以低于正常价值的价格进入另一国的市场，则该产品被视为倾销"。①出口价格和正常价值之差即为倾销幅度。当满足条件时，被倾销方可以征收等同于倾销幅度的反倾销税。

（2）倾销的特征。

① 倾销是一种人为的低价销售措施。它是由出口商根据不同的市场，以低于有关商品在出口国的市场价格对同一商品进行差价销售。

② 倾销的动机和目的多种多样，有的是为了销售过剩产品，有的是为了争夺国外市场和扩大出口。

③ 倾销是一种不公平竞争行为。例如，在政府奖励出口的政策下，生产者为获得政府出口补贴，往往以低廉价格销售产品。同时，生产者将产品以倾销的价格在国外市场销售，从而获得在另一国市场的竞争优势并消灭竞争对手，再提高价格以获取垄断高额利润。

④ 倾销的结果往往给进口方的经济或生产者的利益造成损害，特别是掠夺性倾销会扰乱进口方的市场经济秩序，给进口方经济带来毁灭性打击。

知识拓展二维码10-6：不公平竞争行为的例外——属于正常贸易行为的倾销行为

2.《反倾销协定》所制裁的倾销行为的构成要件

GATT第6.1条规定："缔约方产品以低于其正常价值的办法进入另一缔约方的商业，并且因此对某一缔约方领土内工业造成实质损害或实质威胁，或对某一缔约方领土内工业的新建造成实质性阻碍，这种倾销应该受到谴责"。可见，GATT认为，反倾销法律规范制

---

① GATT第6条将倾销定义为"一国产品低于正常价值进入另一国商业中"。

裁的并不仅仅是倾销行为本身，而是需要满足 3 个条件：①确定存在倾销的事实；②确定对国内产业造成了实质损害或实质损害的威胁或对建立国内相关产业造成实质阻碍；③确定倾销和损害之间存在因果关系。[①]

（1）倾销事实的确定。

要确定倾销事实的存在，就要确定产品出口价格低于正常价值。这就需要从 3 个方面考证：出口价格的确定、正常价值的确定以及两者的比较。

① 出口价格的确定。出口价格是指在正常贸易情况下，货物自一国出口到另一国时的价格。《反倾销协定》规定了 3 种确定出口价格的方法[②]。一是出售给出口商的实际价格。二是进口产品首次转售给独立买方的价格，即"首次独立转售价格"。但这种价格只适用于没有出口价格或因出口商与进口商或第三者之间存在某种关联关系或补偿安排，反倾销主管机关认为"出口价格不可靠"的情况。即在非正常贸易下，出口价格应在首次转售给独立购买者的价格基础上推定。三是"合理基础"价格，也可称为"推定价格"。这种价格仅适用于没有转售给独立购买者或转售时产品状况与进口时不同的状况，此时的出口价格由有关当局在合理的基础上推定确定。但如何确定"合理基础"，协定未作进一步规定。

上述 3 种方法依次采用，只有在前一种方式不能确定出口价格时，才能采用后一种方式。我国法律对进口产品的出口价格也区别不同情况予以不同的确定方法：a.进口产品有实际支付或者应当支付的价格的，以该价格为出口价格；b.进口产品没有出口价格或者其价格不可靠的，以根据该进口产品首次转售给独立购买人的价格推定的价格为出口价格；但是，该进口产品未转售给独立购买人或未按进口时的状态转售的，可以以外经贸部根据合理基础推定的价格为出口价格。

② 正常价值的确定。《反倾销协定》规定了正常价值基于价格的 4 种确定方法，即与出口国国内市场价格对比法、与第三国出口价格对比法、结构价格法、替代价格法，在不同情况下分别适用。其中，前 3 种为在"正常贸易条件下"使用，最后一种则适用于"非正常贸易条件下"。

与出口国国内市场价格对比法是正常贸易条件下确定正常价值的最基本方法，即首先应考虑"正常贸易过程中，在出口国中供国内消费的同类产品的可比价格"。通常理解为出口产品在出口国国内市场上销售的价格，又称为国内市场价格或当地价格。

与第三国出口价格对比法和结构价格法应用的条件是：假如出口国国内市场正常贸易过程中不存在该同类产品的销售，或由于出口国国内市场的特殊市场情况或销售量较低以致无法进行正常比对时[③]，即不存在出口国国内市场价格的情况。

---

① 国内许多学者认为，"损害存在"是倾销行为的构成要件之一，无损害则不构成倾销。对此本书编者采取不同观点，认为只要满足"产品的出口价格低于正常价值"这一条件，就已经构成了倾销行为；而"损害存在"仅仅是反倾销救济程序和措施采用的条件之一。也就是说，如果仅仅是价格低于正常价值，却没有损害或因果关系存在，仍然可以认定倾销行为的存在，只是不能对其采取救济措施。

②《关于实施 1994 年关税及贸易总协定第 6 条的协定》第 2.3 条。

③ 出口国国内市场中供消费的同类产品的销售如占被调查的产品销往进口成员销售的 5%及以上，则此类销售通常应被视为确定正常价值的足够数量，但是，如有证据表明较低比例的国内销售仍属进行适当比较的足够数量，则可接受该较低比例。

结构价格法即根据该产品在原产国的生产成本加合理的管理、销售和一般费用及利润的价格，来确定出口产品应有的正常价值，并据此与出口价格进行对比，也称推定价格法。确定结构价格时，管理、销售和一般成本以及利润的数据必须依据被调查出口商或生产商在正常贸易过程中生产和销售相似产品的实际数据。①

在实践中，当正常价值不能选用国内市场价格时，许多反倾销调查主管机关倾向于使用结构价格，而较少采用第三国价格，因为第三国价格也有可能是倾销价格。

以上 3 种方法是确定市场经济国家出口产品正常价值的一般方法，仅适用于被指控倾销产品原产于"市场经济国家"的情形。

替代价格法是应用于非正常贸易条件下正常价值的确定方法。对于低于成本的销售、交易双方之间存在某种关联关系或有补偿的销售以及"非市场经济国家"的出口产品，部分国家可能认为其不再适用国内市场价格，因此通过国内立法进行特殊规定其应采用 3 种替代价格：一是替代国价格。即选择一个经济发展水平与该非市场经济国家类似的市场国家为"替代国"或"类比国"，以该替代国同类产品国内价格或第三国价格作为确定该非市场经济国家产品的正常价格的依据。这是最为经常使用的一种方法。

二是构成价格。即首先确定产品在该国的生产成本、费用利率，然后选择一个经济发展水平与该国类似的市场经济国家生产同类产品的成本、费用和利润作为计算基础，计算出产品在该市场经济国家的实际价格构成，并以此作为该产品的正常价格。

三是相似产品在进口国的销售价格。在无法采用上述两种办法时，进口国将使用相似产品在进口国的销售价格来确定来自非市场经济国家产品的正常价格。

知识拓展二维码 10-7：替代价格法与非市场经济国家的不公平待遇

综上，关于正常价值的 3 种确定方法，其适用的顺序如图 10-1 所示。

最基本方法
出口国国内市场价格

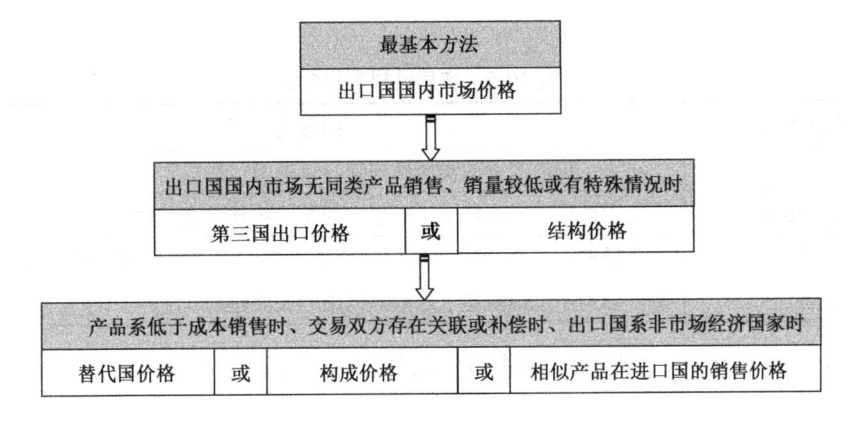

出口国国内市场无同类产品销售、销量较低或有特殊情况时		
第三国出口价格	或	结构价格

产品系低于成本销售时、交易双方存在关联或补偿时、出口国系非市场经济国家时				
替代国价格	或	构成价格	或	相似产品在进口国的销售价格

图 10-1　正常价值的确定方法

---

① 《关于实施 1994 年关税及贸易总协定第 6 条的协定》第 2.2.2 条。

③ 出口价格与正常价值的比较。

《反倾销协定》规定，对出口价格和正常价值应进行公平比较。此比较应在相同贸易水平上进行，适当考虑影响价格可比性的差异。当产品出口价格低于正常价值时就存在倾销。两者之间的差额就是倾销幅度。[①] 即

$$倾销幅度 = \frac{正常价值 - 出口价格}{出口价格} \times 100\%$$

如果倾销幅度较小（小于出口价格的2%），可以忽略不计。

(2) 损害的确定。

根据《反倾销协定》的规定，征收反倾销税的基本条件除了存在确定的倾销之外，另一个基本条件是对某一成员国内已建立的生产同类产品的某项产业造成实质性损害或存在实质性损害的威胁，或对国内相关产业的新建产生严重阻碍。为此，需要明确以下几个问题：①同类产品；②国内产业；③实质性损害与累计评估；④倾销与损害的因果关系。以下分别予以说明。

① 同类产品，即指与倾销进口产品相同的产品；没有相同产品的，以与倾销进口产品的特性最相似的产品为同类产品。在确定进行价格比较的两种产品是否为同类产品时，通常考虑外观特征、用途、技术特点、性质、相互竞争性和产品的可交换性是否相同或相似等因素。

② 国内产业，也称为进口国产业，是指国内生产同类产品的全体生产者，或这些产品的合计总量占全部国内生产同类产品重大比例的部分生产者。但是，国内生产者与出口经营者或进口经营者有关联的，或者其本身为倾销进口产品的进口经营者的，可以排除在国内产业之外。在特殊情形下，国内一个区域市场中的生产者，在该市场中销售其全部或者几乎全部的同类产品，并且该市场中同类产品的需求主要不是由国内其他地方的生产者供给的，可以视为一个单独产业。

③ 实质性损害。此处的实质性损害是一个较为复杂的复合性概念，包括3种情况，见表10-5。

表10-5 实质性损害的含义

损害的种类	损害的表现
实质性损害	对某一国内产业的实质性损害，该损害已经发生
实质性损害威胁	实质性损害尚未发生，但事实的发展将导致这种损害的发生
对某一产业的建立产生实质性阻碍	倾销产品虽然没有对进口方同类产业造成实质性损害或实质性损害的威胁，但是严重地阻碍了进口方同类产业的建立

为确定进口产品是否给国内产业造成实质性损害，主要考虑5个因素，见表10-6。

[①] 参见《中华人民共和国反倾销条例》第6条。

表 10-6 确定进口产品给国内产业造成损害应考虑的因素

考虑的因素	具体表现
倾销产品的进口数量	倾销产品的进口量或进口国国内消费量的绝对或相对数量是否都存在明显的增加
对进口国同类产品价格的影响	与进口国同类产品的价格相比，倾销产品是否存在大幅度的削价，考察倾销产品是否严重抑制了价格或严重阻碍了本应发生的价格大幅度上升
对进口国同类产品的生产者或产业的影响	应对影响产业状况的所有相关经济因素加以分析，包括但不限于在销售量、利润、产量、市场份额、生产力、投资收益或设备利用率实际和潜在的下降；影响国内价格的因素；倾销幅度的大小；对资金流动、存货、就业、工资、增长率、筹措资金及投资能力等方面实际或潜在的副作用等，其中，这些因素中的一个或几个都不能必然地起决定性作用
累计评估	进口国当局在确定进口产品对国内产业造成损害时，可以将同时来自几个不同国家的进口产品数量作为一个整体，考察其对国内产业的影响，以防止在单个进行评估时不会得出损害结论，从而使小量进口逃避反倾销税的可能性，进而达到强化损害存在的目的
不能归咎于倾销产品的其他因素	非倾销产品进口的数量和价格；国内需求的减少；消费模式的改变；限制性贸易做法；外国生产者和国内生产者之间的竞争；技术的发展；出口实绩以及国内产业的生产能力

（3）因果关系的确定。

在考察倾销与损害的因果关系时，应当证明倾销是造成损害的最重要的原因。但需要注意的是，倾销进口产品不必是造成国内产业损害的唯一原因，倾销进口产品本身也不必然造成国内产业损害。如果倾销进口造成的损害和其他损害因素在一起共同对国内产业产生损害，则满足因果关系的要求。[①]

10.2.2 反倾销措施实施

为保证反倾销措施的正确实施，《反倾销协定》对反倾销程序作了详细规定。主要步骤为：反倾销调查发起——进口国当局立案审查和公告——进行反倾销调查——初步裁定——最终裁定。对于每个步骤具体分析如下。

1．反倾销调查发起

反倾销调查发起有两种方式。一是声称受到损害的国内产业或其代表提出书面申请，主管机关应申请发起调查。二是主管机关主动发起调查。其中，第一种方式需要满足以下条件。

（1）申请人资格。

按照《反倾销协定》的规定，在一般情况下，反倾销调查是依据进口国生产同类产品的国内产业的代表（包括雇员或雇员代表）提出申请开始的。为此，进口国当局应依据国

---

① 韩立余．世界贸易组织法[M]．北京：中国人民大学出版社，2005：174.

内同类产品的生产商对此申请表示支持或反对的程度来判断申请人是否拥有足以代表生产同类产品的国内产业（或国内同类产品生产商协会），其标准是：①支持申请的国内同类产品生产商的产量至少占国内同类产品总产量的 25%；②表示支持的国内同类产品生产商的总产量超过国内产业中参与对申请进行表态的（支持或反对）的那部分生产总产量的 50%。[①]

（2）申请的内容。

申请的内容包括：①具有代表性的国内生产商声称存在倾销的事实；②该倾销行为对国内产业相同产品造成的损害；③倾销产品与声称的损害之间存在因果关系；④申请人的身份以及申请人对国内相同产品生产价值和数量的综述；⑤该产品在原产地国或出口国国内市场上出售时的价格资料、出口价格资料；⑥所声称倾销进口产品数量发展变化的资料，进口产品对国内市场相同产品价格影响以及对国内有关产业造成后续冲击程度的资料，表明有关影响国内产业状况的有关因素和指数。

2. 进口国当局立案审查和公告

进口国当局收到申请人的书面申请后，对申请书及所附的书面材料和证据进行审查，审查倾销部分是否构成，损害部分的成立与否，以及倾销幅度是否足以构成立案标准。然后决定立案调查或者不立案，并通知申请人、已知的出口经营者和进口经营者等利害关系方。

一经决定发起调查，调查当局应予以公告，并将发起调查的决定通知申请人、已知的出口经营者和进口经营者、出口国（地区）政府以及其他有利害关系的组织、个人。

3. 进行反倾销调查

反倾销立案后，调查程序就开始启动。该调查应从以下几个方面着手，见表 10-7。

表 10-7 反倾销调查的基本做法

调查着手的方面	具体做法
证据	①知所有利害关系方； ②提供资料：书面申请材料提供给有关的出口商和出口国当局，并经要求提供给其他利益方
辩护与协商	调查表送达后，当事人可以至少 30 日的时间内作出回答
现场调查 分别审查与限定审查	在与有关厂商达成协议，并得到该成员国同意的情况下，可以采用问卷、抽样、听证会、现场核查等方式进行调查； 原则上应对与被调查产品有关的每个出口商或生产商分别裁定其倾销幅度 当上述方法适用困难时，进口方的反倾销机构可以采取抽样的方法审查合理数量的企业及其产品，或根据涉案成员方出口数量的百分比确定合理的调查范围

[①]《中华人民共和国反倾销条例》第 17 条的规定与《反倾销协定》的规定相统一。

4. 初步裁定

进口当局经过充分调查后，应根据调查结果分别作出初步裁定，并予以公告。

如果初裁为肯定性结论，即倾销成立并由此对国内产业造成损害的，可以采取临时反倾销措施，反倾销调查继续进行；如果初裁为否定性结论，即不存在倾销和损害的，反倾销调查即告终止。

初步裁定倾销成立，并由此对国内产业造成损害的，可以采取下列临时反倾销措施：按照规定程序征收反倾销税；要求提供保证金或其他形式的担保。这些都应当与初裁的倾销幅度相适应。

初裁之后，应利害关系方的申请，还可能会开展听证会，实际上，整个反倾销过程中，都可以提出听证的申请。对应诉方来说，听证会具有重要作用，因为它可以在主管当局面前陈述事实和理由，抗辩申诉人的指控。对申请方来说也一样，可以把握这次机会，陈述自己的观点及证据，争取在最终裁决中获得比较有利的结果。

5. 最终裁定

初步裁定倾销和损害成立的，应当对倾销及倾销幅度、损害及损害类型及程度作进一步调查，最后作出最终裁定，并予以公告。

如果终裁不存在倾销和损害，则终止反倾销调查；如果存在，则按规定程序征收反倾销税。终裁确定的反倾销税低于临时反倾销税的，多征的部分应当予以退还；如果高于临时反倾销税，少征的部分不再补征。这就是通常所说的"多退少不补"。决定不征收反倾销税的，征收的临时反倾销税、收取的保证金或者其他形式担保予以退还。

6. 其他相关程序

（1）行政复审。

征收反倾销税和价格承诺的期限为 5 年，在这 5 年的时间里，进口方当局可以自行或者应利害关系方的请求对征收反倾销税的决定进行复审，对征收反倾销税的决定进行修改、取消或者保留。行政复审一般应在 12 个月内结束。

（2）司法审议。

如果对最终裁决和行政复审的结果存在异议，利害关系各方均可要求通过司法、仲裁或行政法庭或通过诉讼程序迅速进行审议。

（3）反倾销争端解决。

如果任何成员采取的反倾销措施影响了其他成员的利益，可以通过 WTO 反倾销的磋商和争端解决途径寻求解决。

7. 反倾销程序的期限

反倾销程序的期限通常为 12 个月，自立案调查决定公告之日起至最终裁定公告之日止，特殊情况下可以延长至 18 个月。如果在此期间，有申请人撤回申请、初裁不存在倾销或损害、终裁不存在倾销或损害，以及倾销幅度或倾销产品的进口量可以忽略不计的，可终止反倾销调查，并予以公布。①

具体反倾销程序，如图 10-2 所示。

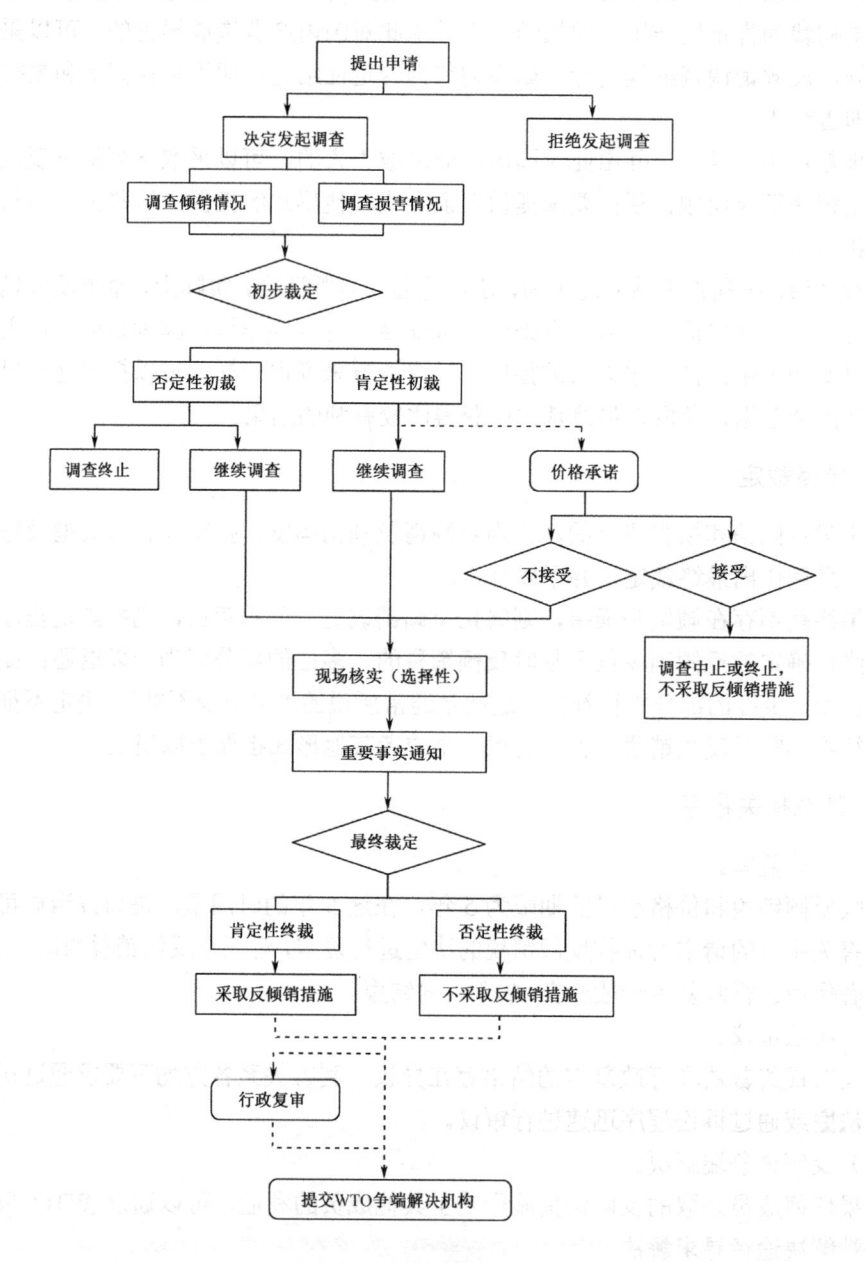

```
                            提出申请
                               │
                    ┌──────────┴──────────┐
                决定发起调查            拒绝发起调查
                    │
            ┌───────┴───────┐
        调查倾销情况      调查损害情况
            └───────┬───────┘
                 初步裁定
            ┌───────┴────────────────────┐
        否定性初裁                    肯定性初裁
        ┌───┴───┐             ┌──────────┼───────────┐
    调查终止  继续调查      继续调查                价格承诺
                                │                ┌────┴────┐
                                │              不接受     接受
                                │                │         │
                                │                │    调查中止或终止，
                                │                │    不采取反倾销措施
                         现场核实（选择性）
                                │
                         重要事实通知
                                │
                            最终裁定
                    ┌───────────┴───────────┐
                肯定性终裁               否定性终裁
                    │                        │
              采取反倾销措施           不采取反倾销措施
                    │
                行政复审
                    │
           提交WTO争端解决机构
```

图 10-2 反倾销调查流程

---

① 《中华人民共和国反倾销条例》第 27 条规定：有下列情形之一的，反倾销调查应当终止，并由外经贸部予以公告：（一）申请人撤销申请的；（二）没有足够证据证明存在倾销、损害或者二者之间有因果关系的；（三）倾销幅度低于 2% 的；（四）倾销进口产品实际或者潜在的进口量或者损害属于可忽略不计的；（五）外经贸部和国家经贸委共同认为不适宜继续进行反倾销调查的。来自一个或者部分国家（地区）的被调查产品有前款第（二）（三）（四）项所列情形之一的，针对所涉产品的反倾销调查应当终止。

10.2.3 反倾销救济措施

根据 GATT 第 6 条和《反倾销协定》，反倾销的救济措施有 3 种：临时措施；价格承诺；反倾销税。临时措施是价格承诺是出口方所采取的、避免进口国对自己进行反倾销调查而采取的"自救"方式。对进口国来说，出口方的价格承诺也减小了其销售行为对本国国内产业市场的冲击和伤害，进而达到反倾销的目的。反倾销税则是终裁决定确定倾销成立后采取的最终反倾销措施，其实质就是对被确认为存在倾销的商品征收高额的惩罚性关税，提高该商品的成本，使其与国内相关产业的成本相近，进而维护国内市场的稳定。

这 3 种措施通常在不同的时间段内采用，具体的方法也不尽相同，但效力方面并不冲突，追求的目标相同，都属于反倾销的救济措施。

1．临时措施

临时措施是进口国所采取的、在反倾销调查初裁确定倾销存在时所采取的救济措施，包括进口成员对进口产品采取征收临时性反倾销税、保证金或保函担保等形式。虽然此时倾销是否确实存在还需要经过终裁作出最终判定，但进口国可以采用临时税、保证金等临时救济措施来避免倾销行为给进口国带来更大的损害。需要注意的是，无论何种形式，临时措施的金额都不能超过预计的倾销幅度。

（1）采取临时措施的条件。

根据《反倾销协定》的规定，临时措施只在下列情况下实施：①发起反倾销调查的通知已经公告且给予利益关系方提供资料和发表意见的适当机会；②已作出倾销和造成损害的肯定性初裁；③有关当局裁定临时措施对于防止在调查期间发生损害非常必要。

（2）临时措施的形式。

临时措施的形式主要有两种：①征收临时税的形式；②保证金方式：通过现金存款或债券保证的形式，其金额相当于临时估计的反倾销税，但不得高于临时估计的倾销幅度。在适当情况下，也可以采用预征估算的反倾销税的临时措施，但是预征估算的反倾销税需要与其他临时措施受同样条件的约束。

（3）临时措施的时限。

临时措施应限制在尽可能短的时间内，一般不应超过 4 个月，起始日不得早于发起反倾销调查之日后 60 日；或者按占该贸易份额很大的出口商的要求，该期限可限制在不超过 6 个月的时间内。但如果当局在调查中在审查是否征税额低于倾销幅度足以抵消损害时，上述期限可分别为 6 个月和 9 个月。

2．价格承诺

价格承诺是指出口商可以在调查期间向调查机构作出自愿修订其价格或停止以倾销价格向有关地区出口的承诺，使当局满意地确信倾销造成的损害影响已经消除。

（1）价格承诺的时间和程度限制。

只有在已经作出倾销和损害的初步裁定之后，有关当局才能寻求或者接受出口商的价格承诺。出口商承诺提高的价格不应超过需要消除的倾销幅度。当这种提价可以消除对国内产业的损害时,提价幅度应小于倾销幅度。

(2) 价格承诺的结果。

进口方反倾销当局接受价格承诺,则反倾销调查程序可以暂时中止或终止,而不采取临时反倾销措施或征收反倾销税;也可以基于出口商的意愿或调查机构的决定,继续完成关于倾销损害的调查。如果最终作出了否定性裁决,则价格承诺自动失效;如果裁决是肯定性的,则承诺继续有效。

进口方调查机构不接受价格承诺的,应当向有关出口商说明理由。

进口国当局可以提出价格承诺的建议,但不得强迫出口商作出该承诺。出口商不接受建议或不作出承诺,不应因此影响调查结果。

(3) 价格承诺的执行。

在达成价格承诺协议后,出口商要定期提供执行该协议的资料,如果违反,则进口方反倾销当局可以立即恢复调查,并采取临时反倾销措施,甚至可以对采取临时反倾销措施之日前 90 日内进入进口方消费市场的倾销产品追溯征收反倾销税(但这种追溯不得适用于违反价格承诺之前的进口)。

3. 反倾销税

当存在倾销、损害及因果关系三要素时,可以征收反倾销税。但是,是否征收、是按倾销幅度的全部还是部分征税,均由进口国当局决定。具体来说,其征收的相关制度见表 10-8。

表 10-8 反倾销税征收的相关规定

征收的条件	终裁决定确定倾销成立,并由此对国内产业造成损害的
征收的对象	倾销进口产品的进口经营者
税额的确定	①不应超过终裁已经确定的倾销幅度; ②根据不同出口经营者的倾销幅度分别确定其反倾销税税额; ③对新的出口商也应分别确定税率(新的出口商是指在反倾销调查期间,没有出口被指控倾销的产品,但在反倾销税命令生效期间开始向进口国出口相同或同类产品的出口商)
反倾销税的追溯效力	①一般不得实施追溯征收; ②例外:可对采取临时措施前 90 日内进入消费领域的产品征收最终反倾销税的情形:a.有造成损害的历史,或进口商知道或理应知道出口商在进行倾销并且该倾销会造成损害的;b.损害是由倾销产品在相对较短时期内的大量进口造成的,并且可能严重破坏即将实施的最终反倾销税的补救效果的
反倾销税的退还	①最终裁决确定不征收反倾销税的,或者最终裁决未确定追溯征收反倾销税的,已征收的临时反倾销税、已收取的保证金应当予以退还,保函或者其他形式的担保应当予以解除; ②在临时反倾销税(初裁)与最终反倾销税(终裁)结果不一致时,按照"高退低不补"的原则处理

续表

反倾销税的期限	①反倾销税的征收期限和价格承诺的履行期限不超过5年； ②经复审确定终止征收反倾销税有可能导致倾销和损害的继续或者再度发生的，反倾销税的征收期限可以适当延长
行政复审	①复审原因：为确定是否有必要继续实施已经产生法律效力的反倾销措施；如果认为继续实施此类措施不再合理，应立即终止； ②复审程序：进口方的反倾销主管机关可经任何一利益关系方的请求或自行进行复审； ③复审期限：应自发起之日起12个月内结束，在复审期间，征税可继续进行
司法审查	①审查条件：利害关系人不服进口方反倾销主管机关的反倾销决定，要求重新裁定。包括对终裁决定不服的，对是否征收反倾销税的决定以及追溯征收、退税、对新出口经营者征税的决定不服的，或者对复审决定不服等情形； ②审查形式：利害关系人向司法审查机关提起行政诉讼

10.3 补贴与反补贴措施

10.3.1 补贴与反补贴

1. 补贴与反补贴概述

(1) 补贴的概念。

在国际贸易中，一般意义上的补贴很难准确定义，因为补贴包含的内容非常广泛。而且，并非所有补贴都会给正常国际贸易带来负面影响。因此，通常我们所讨论的补贴，是反映在国际贸易中、可能被认为是一种不公平竞争手段的情况下的补贴的含义。

依据 WTO 规则，补贴（Subsidies）可以定义为：补贴是指一成员方政府或任何公共机构向本国的生产者或者出口经营者提供的财政捐助以及对价格或收入的支持，以直接或间接增加从其领土输出某种产品或减少向其领土内输入某种产品，或者对其他成员方利益形成损害的政府性措施。①

也就是说，补贴就是一国政府或任何公共机构向某些企业提供的资金或财政上优惠措施，包括现金补贴或其他政策优惠待遇，使其产品在国际市场上比未享受补贴的同类产品处于有利的竞争地位。

(2) 反补贴的含义。

反补贴是指一国政府或国际社会为了保护本国经济健康发展，维护公平竞争的秩序，或者为了国际贸易的自由发展，针对补贴行为而实施与执行反补贴法规的行为与过程。具

---

① 《补贴与反补贴措施协议》第1条。对于补贴的概念，我国的《中华人民共和国反补贴条例》的第3条予以详细规定，补贴是指出口国（地区）政府或者其任何公共机构提供的并为接受者带来利益的财政资助以及任何形式的收入或价格支持。

体表现为针对补贴行为采取必要的限制性措施,包括临时措施、承诺征收反补贴税等。

其中,反补贴措施针对的只是那些可能给国际贸易带来负面影响的补贴,即应抵消的补贴。但是并非所有扭曲正常贸易的补贴,都可以通过采用反补贴措施加以控制,只能通过其他手段如采取对等补贴或通过 WTO 寻求解决办法。

反补贴是一种得到普遍认可的限制进口和维护贸易公平的手段,但另一方面也是某些国家进行贸易保护的常用手段。1994 年,乌拉圭回合达成了《补贴与反补贴措施协定》(*Agreement on Subsidies and Countervailing Measures*,以下简称《SCM 协定》)。它是 WTO 管辖的一项多边贸易协议,是对 GATT 第 6 条、第 16 条规定的具体化,它由 11 个部分 32 条和 7 个附件构成。其主要条款包括:总则、禁止性补贴、可诉的补贴、不可诉的补贴、反补贴措施、机构、通知和监督、发展中国家成员、过渡性安排、争端解决和最后条款等。

2. 补贴的特征

补贴的特征主要有 4 个方面:①补贴是一种政府行为。此处的政府行为是广义概念,不仅包括国家及地方性质政府的补贴行为,而且还包括政府干预下的私人机构的补贴行为;②补贴是一种财政行为,即政府公共账户存在开支;③补贴必须授予被补贴方某种利益。一般认为这种利益是受补贴方从某项政府补贴计划中取得了某些它在市场中不能取得的价值;④补贴应具有专向性,专向性补贴是指政府有选择或有差别地向某些企业提供的补贴。

其中,专向性是补贴最为重要的特征。《SCM 协定》第 1.2 条明确规定,反补贴措施针对的补贴必须具有专向性,即补贴是给予特定的企业或产业的。对此可以这样理解:《SCM 协定》制约的是在一国经济中扭曲资源分配的补贴。由于非专向性补贴不会造成这种扭曲,因此无须对其进行约束。协定列出了 4 种类型的专向性:企业专向性、产业专向性、地区专向性和禁止的补贴。

3.《SCM 协定》对补贴的分类

考虑到 WTO 成员经济的多样性以及补贴形式的复杂性,《SCM 协定》将补贴分为禁止使用的补贴,可申诉的补贴以及不可申诉的补贴,它们一般分别被称为红色补贴、黄色补贴和绿色补贴。具体分类见表 10-9。

知识拓展二维码10-8:确定补贴专向性应考虑的因素

表 10-9 补贴的分类

基本分类	具体表现	基本补救方法
禁止使用的补贴	①出口补贴:仅向出口行为使用、以出口实绩作为给予补贴的唯一条件或其中一个条件的补贴; ②进口替代补贴:政府给予以国产产品替代进口产品的国内使用者或替代产品的生产者的补贴	①采取协定第五部分的反补贴措施;②采用协定第二部分第 4 条给予的救济方法

续表

基本分类	具体表现	基本补救方法
可申诉的补贴	①损害其他成员的国内产业; ②约束关税减让产生的利益受损; ③严重损害其他成员的利益,包括严重损害和严重损害的威胁	对于给成员利益带来不利影响的补贴,受损害的成员可以向 WTO 申诉
不可申诉的补贴	①不属于专向性的补贴,即不针对特定企业、特定产业或特定地区的补贴; ②即使具有专向性也不可申述的补贴,即政府针对科研、落后地区和环保方面的补贴等	其他成员方通常不得采取反补贴救济措施

案例分析 10-4：大型民航客机 LCA 体现了国家的科技和经济实力,美国和欧盟都对本国的波音和空客公司提供了大量的财力物力支持。随着美国波音公司在激烈竞争中的落后,美国总统布什在 2004 年 8 月 13 日呼吁"空客公司在过去 30 年间持续接受了欧洲政府补贴,这是不公平的做法",并指示贸易代表佐利克立即同欧盟开展磋商。

2004 年 10 月间,美国与欧盟双方都指控对方违反了 SCM 协定,并进行争端解决正式磋商。美国指控欧盟和其 4 个成员国（法国、德国、西班牙、英国）在 40 多年里,对大型民用客机 LCA——空中客车 AIRBUS 系列产品的研发、制造、销售提供了 300 多种不同的补贴,违反了 SCM 协定下的义务。

经专家组调查发现：LA/MSF 措施下,空客公司归还了超过资助的 40% 的资金,并未获得利益。空客公司对政府建设的基础设施也支付租金,也没有获取额外的利益。但 LA/MSF 措施为空客公司将飞机试飞的大部分风险从制造商转移到政府提供的基金,这些都不是基于商业的考虑,空客公司的每个 LCA 机型的试飞、开发和销售都依靠 LA/MSF 补贴。

经审查证据后裁定,存在"替代了波音飞机从欧洲和特定第三国的进口或出口到欧洲市场""显著的价格抑制、市场销售损失"等现象,但没有导致波音飞机"显著的价格削减"的效果。[①]

问题：（1）什么是补贴？补贴的特征有哪些？本案中欧盟的做法是否构成了补贴行为？
（2）补贴有哪些类型？
（3）补贴的根本特征是什么？你认为欧盟的措施是否构成 SCM 协定项下的专向性补贴？
（4）本案中,欧盟的做法是否损害了美国的国内产业？

---

① 葛壮志,张芝迁. WTO 空客补贴案的法律问题研究. 中国贸易救济信息网. http://www.cacs.gov.cn/cacs/falv/falvshow.aspx?str1=4&articleId=84458. 2011-05-05.

10.3.2 反补贴救济措施

1. 采取反补贴救济措施的基本方法

《SCM 协议》规定对禁止使用的补贴和可申诉的补贴,反补贴的救济措施可采用双轨制。

(1) 国际途径,即通过 WTO 争端解决机制获得救济。《SCM 协议》规定了磋商、提交争端解决机构并由之审查争议、常设专家小组审议、上诉、采取反措施、仲裁等。

(2) 国内途径,即通过国内反补贴法律程序获得救济,它是指进口方当局可应生产同类产品的相关工业代表的申请或进口当局自行立案,对受补贴的进口产品进行反补贴调查,并以价格承诺或征收反补贴税的形式抵消产品所享受的补贴。但《SCM 协议》规定,一成员的相关产业只有在确实因另一成员的补贴措施而受到损害的情况下,才可以启用反补贴程序。在其他情况下,唯一的补救方式是通过争端解决程序。

一成员可同时启动上述两种程序,但最终只能获得其中一种途径的救济。

2. 反补贴国际救济途径的程序

(1) 针对禁止使用的补贴。

当某一成员方有理由相信另一成员方实施或维持禁止性补贴,即可提出磋商要求,另一成员方应尽快进入磋商,双方应在 30 日内达成协议。如果双方未达成协议,任何一方均可以诉诸 DSB(争端解决机构),要求成立专家组,专家组应自成立和授权之日后的 90 日内提出最终报告并向所有成员方散发,如果争端解决机构的建议未在特定时间期限内被采纳,DSB 将授权申诉方采取相应的报复措施。

(2) 针对可申诉的补贴。

如果一成员方认为另一成员方的可申诉补贴造成对其工业的损害或利益的丧失或严重侵害时,可以要求与另一成员方进行磋商。双方应在 60 日内达成解决方法。如果未有解决办法,任何一方可诉诸 DSB,要求成立专家组。专家组应自成立后的 120 日内向所有成员提交报告。当报告被通过之日后的 6 个月内实施补贴的成员方既未消除不利后果和撤回补贴,而且也未达成任何补偿协定,则 DSB 应授权申诉方采取与不利后果的程度与性质相当的反补贴措施。

(3) 针对不可申诉的补贴。

不可申诉的补贴并非完全不可救济,如果某一成员方有理由认为该补贴对自己境内的产业带来了严重不利影响,如造成难以补救的损害,该成员方可以请求与采取补贴的成员方磋商。如果双方在 60 日内磋商未果,请求方可将问题提交补贴与反补贴措施委员会。补贴与反补贴措施委员会应在 120 日内作出裁决。如果委员会认为该补贴的措施与《SCM 协议》规定的标准不符,就可能被视为可诉的补贴。如果委员会认为该补贴确实属于不可诉补贴,但同时也确认因补贴带来的严重不利影响,可建议补贴方修改补贴计划或采取措施消除有害影响。倘若 6 个月内委员会的建议未得到执行,委员会可以授权申诉方采取与不利后果的程度与性质相当的报复措施。

课堂讨论 10-2: 基础设施互联互通是"一带一路"建设的优先领域。2018 年 7 月,福建省政府开展了6项支持性新政，为从事境外投资和对外承包工程的企业提供贷款贴息、前期费用补助、物资运出运保费补助、外派劳务培训补助、保险费用补助和承包工程业绩奖励。

请思考，上述这些补助是否属于WTO所禁止的补贴行为？为什么？

3．反补贴国内救济途径的程序

由于反补贴的救济程序与反倾销的程序大致相同，故本节仅就其基本步骤简要介绍，详细内容及要求请参见本书"10.2.2 反倾销措施实施"部分内容。

（1）调查的发起。

对任何被指控的补贴的存在、程度和影响的调查，应根据国内产业或其代表的书面申请来进行。申请书在补贴的存在及数量、损害和受补贴的进口产品与损害的因果关系方面应有充足的证据。

在我国，反补贴调查的调查和确定机关是国家经济贸易委员会，但是涉及农产品的反补贴国内产业损害调查，由国家经贸委会同农业部进行。

（2）取证。

进口成员方在征得当事成员方和企业的同意后，可以前往出口成员方领土或出口企业所在地进行调查和收集证据。

（3）磋商。

在立案前或者立案后，包括在调查过程中，任何一方都应给予对方合理的机会进行磋商，以便澄清事实和达成各方均能接受的解决办法。

（4）补贴额度的计算。

调查当局计算接受补贴企业的所得利益的方法应在有关法律、法规中作出规定，并在每一特定案件的适用上具有透明度且加以充分说明。

（5）损害的确定。

实质性损害威胁的认定必须基于事实，调查当局应从企业的产品价格、产量、市场份额、产品库存等方面来判断企业的受损害程度。

（6）反补贴措施

受补贴商品进口造成的损害被认定后，受损害方可申请采取反补贴措施。

4．反补贴措施的类型

（1）临时措施。

临时措施可采取征收临时反补贴税的形式，以金额等于临时计算的补贴金额的现金保证金或保函担保。临时措施不得早于发起调查之日起60日实施，且其实施应限制在尽可能短的时间内，不超过4个月。

临时措施只能在3种情况下使用：①补贴调查已发起并作出通知，而且有关利益方都已得到充分的机会来提供资料和陈述；②就补贴的存在作出了初步肯定的确认，而且受补贴的进口产品对国内工业造成了损害；③为防止受补贴的进口产品在调查期间继续造成损害，有关当局裁定临时措施是必要的。

(2)出口国政府自愿承诺。

出口方成员政府或企业为了避免采取临时措施或征收反补贴税,自愿作出承诺即同意取消或限制补贴,或同意提高出口产品的价格[1],以取消损害后果。如进口方对出口方的承诺满意,则调查程序可以中止或终止,而不采取临时措施或征收反补贴税。

对于出口国的价格承诺,《中华人民共和国反补贴条例》规定,根据调查结果,作出补贴或者损害的否定裁定的,承诺自动失效;作出补贴或损害的肯定裁定的,承诺继续有效。对违反承诺的,对外贸易经济合作部经商国家经济贸易委员会后,依照本条例的规定,可以立即决定恢复反补贴调查;根据可获得的最佳信息,可以决定采取临时反补贴措施,并可以对实施临时反补贴措施前90日内进口的产品追溯征收反补贴税,但违反承诺前进口的产品除外。

(3)征收反补贴税。

① 反补贴税的征收条件。《SCM协议》明确规定,一成员方征收反补贴税必须满足以下3个条件:存在补贴进口产品;存在实质性损害或实质性损害威胁;存在两者之间的因果关系。[2]

我国对此的规定是:在为完成磋商的努力没有取得效果的情况下,终裁决定确定补贴成立,并由此对国内产业造成损害的,可以征收反补贴税。

② 反补贴税的征收对象。反补贴税应当面向补贴进口产品的进口经营者进行征收。

③ 反补贴税税额的确定。反补贴税税额由3种因素确定:反补贴税额不应超过终裁已经确定的补贴幅度;应根据不同出口经营者的补贴幅度,分别确定其反补贴税税额;对新的出口商也应分别确定税率。

④ 反补贴税的追溯效力。反补贴税一般不得实施追溯征收。但有以下例外。

第一,在临时反补贴措施实施期间的追溯力。当终裁决定确定存在实质损害,并在此前已经采取临时反补贴措施的,反补贴税可以对已经实施临时反补贴措施的期间追溯征收。当终裁决定确定存在实质损害威胁,在先前不采取临时反补贴措施将会导致后来作出实质损害裁定的情况下已经采取临时反补贴措施的,反补贴税可以对已经实施临时反补贴措施的期间追溯征收。

第二,在实施临时反补贴措施之日前90日内的追溯力。下列3种情形并存的,必要时可以对实施临时反补贴措施之日前90日内进口的产品追溯征收反补贴税:补贴进口产品在较短的时间内大量增加;此种增加对国内产业造成难以补救的损害;此种产品得益于补贴。

此外,征收反补贴税还会涉及反补贴税的退还、期限、行政复审与司法审查等方面的内容,与征收反倾销税的相关内容基本一致,在此不再赘述。

案例分析10-5:假设2016—2017年,Z国进口肉鸡总量猛增47%,其中A国在其进口来源国中稳居第一,且所占比例不断增加。随着时间推移,A国廉价肉鸡对Z国本土产业

---

[1]《SCM协定》第18.1条。
[2]《SCM协定》第19.1条。

的冲击越来越明显,到 2017 年上半年,在 Z 国进口肉鸡中,A 国肉鸡所占比例高达 89.24%,Z 国自 A 国进口的该类产品占 Z 国市场份额达 10.96%。而 A 国肉鸡等家禽产品之所以能够低价倾销,直接原因在于家禽养殖成本低,其根本原因则是 A 国政府对农业的高额补贴。据统计,2017 年,A 国各级政府针对家禽家畜的饲料类谷物补贴一般占到总补贴的 35%。

问题:(1)针对 A 国肉鸡出口至 Z 国的情况介绍,分析 Z 国是否可采取贸易救济手段来保护国内相关产业?如果可以,可采取哪些贸易救济手段?

(2)若想要对 A 国采取反倾销和反补贴措施,Z 国需要通过证据证明哪些基本要素?

(3)Z 国如要对 A 国肉鸡出口发起反倾销和反补贴调查,应当遵循怎样的程序?

(4)请简述本案可以采取的反倾销措施和反补贴措施的具体类型。

10.4 保障措施

10.4.1 保障措施概述

1. 保障措施的概念

保障措施是指进口商品数量增加,对进口国生产同类产品或直接竞争产品的国内产业造成严重损害或严重损害威胁,进口国采取的进口限制措施。

1995 年 WTO 成立之前,GATT 第 19 条是保障措施条款的主要依据,但该条规定条文很短,内容简单,比较模糊,导致解释上的困难和适用上的不确定。因此,受进口增加影响的缔约方宁愿选择采用与主要供应国谈判达成临时双边协定,如"自愿出口限制""有序销售安排"等"灰色区域措施"来解决问题,导致这些"灰色区域措施"泛滥。后来乌拉圭回合谈判对有关保障措施的条款进行了谈判,最终形成了《保障措施协定》(*Agreement on Safeguards*),并成为货物多边贸易协定的一部分,允许 WTO 成员在某些特定紧急情况下为保障本国经济利益而暂停履行 WTO 义务,即一成员方当确认一种产品正以一种对国内生产同类或直接竞争产品的产业造成严重损害或严重损害威胁的绝对或相对于国内生产的增加量,并在这样的条件下输入其国境时,可对该产品适用保障措施[①]。该协定取消并禁止使用"灰色区域措施",建立了一个具有可操作性的保障措施机制。但由于该协定与 GATT 第 19 条界定的保障措施的实施条件有所不同,在实践中造成了一定的争议。

2. 保障措施实施的具体原则

按照 WTO 保障措施协议的有关规定,保障措施的实施必须遵循以下具体原则。

(1)应当在非歧视原则基础上加以实施。

保障措施与反倾销、反补贴措施最大的区别就在于其实施的对象和原则不同。保障措施是以进口限制的方式在没有任何不公正贸易指控的情况下采取的,针对的是公平贸易条件下的进口产品,即实施保障措施不关心造成损害的行为是否构成不公平竞争,而只强调

---

① 参见《保障措施协定》第 2.1 条。

国内产业是否由于进口产品增加所引起的竞争而受到严重损害或损害威胁。而反倾销和反补贴措施针对的是不公平的贸易行为。也因此,《保障措施协定》第 2.2 条明确规定:"保障措施对进口产品的适用应不分来源"。

(2) 应当在合理的限度内。

《保障措施协定》规定,各成员方实施保障措施的程度仅限于为了防止或补救国内相关生产商遭受的严重损害和对国内相关产业进行调整所必需的时间和限度之内,而不得超出必要的时间和限度。同时协定要求成员方在保障措施的形式上应当选择为实现补救目标最合适和恰当的措施。

(3) 对受到影响的出口成员方给予适当的贸易补偿。

如若一进口成员方采取保障措施紧急限制进口,必然会在不同程度上影响到其他出口成员方及其出口商的合法权益,打破成员方之间通过关税减让业已达成的利益平衡。这对于没有任何过错的出口成员方来讲显然是不公平的。因此,《保障措施协定》规定,保障措施的实施方应当尽其努力对那些因其措施的实施而受到影响的出口成员方给予适当的贸易补偿,以维持成员方之间业已达成的关税减让义务的平衡和利益的平衡。如果实施方拒绝进行适当的贸易补偿,经 WTO 货物贸易理事会的同意和授权,受影响成员方有权采取报复措施。

3. 采取保障措施的必要条件

根据 WTO《保障措施协定》的规定,采取保障措施的条件可概括为以下 3 项。

(1) 进口产品数量的增加。

该条件为"某一产品输入至某成员境内的绝对或相对数量大为增加"[①]。这里的增加仅指进口数量上的增加,而非要求进口价值或金额的增长。包括两种情况:绝对增加和相对增加。[②]

绝对增加是指特定产品在某一段时期内进口的数量与前期相比,在数值上的单纯增加。如前一年度的进口数量为 2 000 件,后一年度的进口数量增加到了 3 000 件。

相对增加是指在某一段时期内特定产品的进口数量相对于进口方内部生产数量的相对增加,通常的反应是市场份额的变化。如前一年度某成员国进口某产品的数量是 2 000 件,同期该成员国国内该产品的销量为 5 000 件;而后一年度进口产品数量仍为 2 000 件,但同期国内产品的销量却下降至 4 000 件,进口产品的销量占有的市场份额明显提高。这种情况即属于相对增长。在相对增长的情况下,进口数量不一定发生变化。

在适用本条件时应当注意一个关键点,即进口数量的增加没有针对性。也就是说,这种进口数量的增加并非特指某一出口国出口至该国产品的数量增加,而是针对进口国某一时期全部的进口数量来计算是否增加。

---

① 《保障措施协定》第 2.1 条。
② 参见《中华人民共和国保障措施条例》第 7 条:进口产品数量增加,是指进口产品数量的绝对增加或者与国内生产相比的相对增加。

案例分析 10-6：A 国常年从 B、C、D 三国进口某种产品，每年从每个国家的进口数量大约为 1 000 件，总计进口数量为 3 000 件左右。

问题：（1）假若在 2010 年从 B 国的进口数量突然增加至 2 000 件，而从 C、D 两国的进口数量不变，则 2010 年的进口数量达到了 4 000 件，是否属于进口数量增加？

（2）假若在 2010 年从 B 国的进口数量突然增加至 2 000 件，而从 C、D 两国的进口数量下降，2010 年的进口总数量仍维持在 3 000 件左右，是否属于进口数量增加？

（2）对生产同类或直接竞争产品的国内产业造成了严重损害或严重损害威胁。

《保障措施协定》对"国内产业"的界定为：某一成员领域内作为一个整体生产同类产品或直接竞争产品的生产商，或者其集体产量占国内同类产品或者直接竞争产品全部总产量的主要部分的部分生产商。[①]这一定义比反倾销和反补贴中的相关定义更为广泛。

"严重损害"应理解为是对某一国内产业造成的重大整体损害。

"严重损害威胁"应理解为严重损害迫在眉睫。同时，确定这种威胁应当基于事实而非基于断言、推测或极小的可能性。

进口成员的调查机构在评估国内某一产业是否存在严重损害或严重损害威胁时，必须评估与该产业状况相关的客观和具有量化性质的所有相关因素，特别是在绝对和相对条件下有关产品进口增长的比率和数量、增加的进口产品在国内市场中所占的份额、销售水平的各种变化、生产、生产率、能耗、利润、亏损和就业。[②]

（3）增加的进口与严重损害或严重损害威胁之间存在因果关系。

《保障措施协定》规定，除非在客观证据的基础上，某项调查表明在有关进口产品的增加与严重损害或严重损害威胁之间存在因果关系。同时要求不得将进口产品增加以外的因素归因于进口增加。

4. 特别保障措施

特别保障措施是 WTO 成员利用特定产品过渡性保障机制，针对来自特定成员的进口产品采取的措施。即在 WTO 体制下，在特定的过渡期内，进口国政府为防止来源于特定成员国的进口产品对本国相关产业造成损害而实施的限制性保障措施。

最早的特别保障措施适用于日本，此后，在波兰、匈牙利、罗马尼亚等东欧社会主义国家加入 GATT 时，也适用特别保障措施条款。针对中国的特别保障措施主要包含在《中华人民共和国加入议定书》第 16 条和《中国加入工作组报告书》第 242 段和第 245~250 段中。其实施条件有 3 个：①产品原产于中国；②进口数量增加（包括绝对增加和相对增加）或所依据的条件改变；③对生产同类产品或直接竞争产品的国内生产者造成威胁或造

---

① 《保障措施协定》第 4.1（c）条。
② 参见《中华人民共和国保障措施条例》第 8 条：在确定进口产品数量增加对国内产业造成的损害时，应当审查下列相关因素：①进口产品的绝对和相对增长率与增长量；②增加的进口产品在国内市场中所占的份额；③进口产品对国内产业的影响，包括对国内产业在产量、销售水平、市场份额、生产率、设备利用率、利润与亏损、就业等方面的影响；④造成国内产业损害的其他因素。对严重损害威胁的确定，应当依据事实，不能仅依据指控、推测或者极小的可能性。

成市场扰乱或重大贸易转移。

特别保障措施仅针对来自某一成员国的产品适用，具有强烈的选择性和针对性，同时其适用条件较为模糊和随意，旨在限制某一成员国采取报复措施的权利，因此对于被适用的成员国经常构成不公平交易条件。特别保障措施的适用期限往往具有过渡性，如针对我国的特保措施为中国"入世"12年后终止，即2013年12月11日以后，针对我国的特别保障措施将不再适用。

10.4.2 保障措施实施

1. 实施保障措施的程序

WTO《保障措施协定》对实施保障措施的程序仅做了原则性规定，从各国国内立法上看，保障措施的调查程序与反倾销、反补贴措施的程序大体相同。故本节仅就保障措施的调查和通知的内容进行简要介绍。

（1）调查。

调查程序的提起应由法定资格的人，即由全部产量或其产量占国内同类产品生产总量主要比重的国内企业提出，或由成员方政府提起。该申请应以书面形式提出。申请书的内容应主要说明进口产品急剧增加所造成的国内的严重损害或严重损害威胁。有关当局受理该申请、审查并决定立案后，展开调查。我国的主管机构是商务部。

该调查应当符合GATT关于透明度的要求，包括合理地公开通知所有利害关系的当事方，并公开听证或采用使进口商、出口商和其他利害关系当事方能够呈交证据及表明其观点的适当方法，包括提供对当事方的诉求予以答辩并陈述其主张的机会。同时应特别陈述保障措施的适用是否出于公益的考虑。主管当局应公布报告，阐明其调查发现和就全部有关事实和法律问题所得出的合理结论。

实施保障措施前，必须通过调查证明实施的前提条件都得以满足。

在整个调查过程中，都应当给予其他有利害关系的成员充分的磋商机会。在调查中获得的机密性质的资料，未经提供方同意时，主管当局不得予以披露。

（2）通知。

成员应当立即就下列事项通知WTO保障委员会：①就有关对其造成的严重损害或严重损害威胁及其原因发起调查；②对进口产品的增加而造成的严重损害或严重损害威胁作出裁决；③作出决定采取延长某项保障措施。

成员在采取临时保障措施之前，应通知保障委员会。采取此一措施之后应立即进行协商。

成员应及时向保障委员会通知其有关保障措施的法律、法规和行政程序以及上述法律、法规或行政程序的任何修订。

2. 保障措施实施的救济方式和手段

保障措施实施的救济方式有两种：临时保障措施和保障措施，具体规定及对比见表10-10。

表 10-10　保障措施实施的救济方式和手段

对比项目	临时保障措施	保障措施
实施条件	①初步裁定进口增加已经或正在造成严重损害或正在威胁造成严重损害；②拖延或延迟将导致难以弥补的损害	①只针对进口产品，而不论其来源；②限于防止、补救严重损害并便利调整国内产业所必要的范围内
实施的时间限制	不能超过200日	①一般不得超过 4 年；延长后最长不得超过 8 年（包括临时保障措施）；②适用期限预计超过 1 年的保障措施，进口方应在适用期限内按固定时间间隔逐渐放宽该措施；如果实施期限超过 3 年，进口方须进行中期审议，并根据审查结果撤销或加快放宽该措施。延长期内的保障措施，不得比最初适用的措施严格，且应继续放宽；③对同一进口产品再次适用保障措施，应遵守以下规定：一般情况下，两次保障措施之间应有一段不适用的间隔期，间隔期应不短于第一次保障措施的实施期限，同时至少间隔 2 年。如果保障措施适用期小于或等于 180 日，且在该措施实施之日前 5 年内，未对同种产品采取两次以上保障措施，则自该措施实施之日起 1 年后，可针对同种进口产品再次适用保障措施，实施期限至多为 180 日①
实施的手段	增加关税	①增加关税；②采取进口数量限制（包括纯粹的数量限制和关税配额限制）
发展中成员方的特殊待遇	—	①对某一产品实施保障措施时，如果该产品有一部分系从发展中国家成员进口，那么当来自某一发展中国家成员的产品占总进口量的份额不超过 3%，并且这些不超过 3%份额的发展中国家成员加起来所占份额不超过该产品总进口量的 9%时，就不得对该发展中国家成员实施保障措施；②一个发展中国家成员有权在规定的最长期限（8 年）外，将某一保障措施的适用期延展 2 年

---

① 同时可参见《中华人民共和国保障措施条例》第 26～30 条的规定。

3. 补偿与报复

由于保障措施针对的是公平贸易条件下的产品进口，其实施必然影响到出口方的正当利益。因此，有关成员方可就保障措施对贸易产生的不利影响，协商贸易补偿的适当方式。补偿的形式一般为减少受措施影响的出口成员国所感兴趣的商品的关税。如在 30 日内未能达成补偿协议，则受影响的出口方可在货物贸易理事会收到出口方有关中止义务的书面通知 30 日后，进口方实施保障措施后 90 日内，经货物贸易理事会批准，对进口方对等地中止 GATT1994 项下实质相等的减让或其他义务，即实施对等报复。

但如果保障措施是由于进口绝对增长而采取的，且该措施符合《保障措施协议》规定，则出口方自保障措施实施之日 3 年内不得进行对等报复。

案例分析 10-7：2002 年 3 月 5 日，美国总统发布命令，宣布对钢铁产品采取保障措施，并宣称是为了给美国钢铁产业及其工人一个机会，使之调整适应外国钢铁的大量进入。总统决定对钢铁进口产品中的 9 种实施关税配额，时间为 3 年零 1 天，每年税率递减。这些措施有效期为 2002 年 3 月 20 日至 2006 年。

美国将钢铁行业的困难归咎于进口增加，并且对进口采取限制措施，在国际上引起了强烈的反响。钢铁生产国纷纷指责美国的贸易保护做法，欧盟、日本、韩国等国家与美国进行了《保障措施协议》项下的磋商。

2002 年 3 月 14 日，中国政府向 WTO 提出就美 201 钢铁保障措施案与美国进行磋商，指出：美国钢铁产业当前面临的问题不能归咎于外来原因，而是其内在产业结构不合理而造成的。中国向美国出口相关钢铁产品占美国进口同类产品比例很小，根本未对美国钢铁业造成严重损害，美方应充分注意这一具体情况，妥善解决该问题。此外，3 月 22 日，我国代表团还对美方提出了贸易补偿要求。但美方未对中方提出的关于补偿、排除等要求给予明确答复。按照 WTO 相关程序规定，我国驻 WTO 代表团于 5 月 17 日（日内瓦时间）向 WTO 货物贸易理事会递交了中国对美部分产品中止减让产品清单，清单中包括自美进口的部分废纸、豆油和电动压缩机。中国将在 WTO 争端解决机构最终裁决美国 201 钢铁保障措施违反 WTO 有关协议后，对来自美国的上述产品加征 24% 的附加关税，加征后的关税额为 9 400 万美元。

此外，中国自 5 月 21 日起，对部分钢铁进口产品进行保障措施调查，并从 5 月 24 日起的 180 日内，对 9 种钢铁进口产品实施关税配额。配额内进口的产品仍实行进口关税税率，配额外进口产品加征 7%~26% 的特别关税。11 月 19 日，外经贸部发布公告：自 11 月 20 日起，对 5 类进口钢铁产品实施最终保障措施，配额内进口的产品仍实行进口关税税率，配额外进口产品加征 10.3%~23.2% 的特别关税。最终保障措施的实施期限为 2002 年 5 月 24 日至 2005 年 5 月 23 日，在实施期间将逐步放宽最终保障措施。①

问题：（1）如果不考虑美国采取保障措施的正当性，其"帮助钢铁工人、钢铁产业进行调整"的理由是否属于采取保障措施的正当理由？

---

① 杨国华．美国钢铁保障措施案程序和法律问题概述（一）．2004-11-12．中国民商法律网．http://www.civillaw.com.cn/article/default.asp?id=19057．访问时间：2011-11-20．

（2）中国从5月24日起的180日内，对9种钢铁进口产品实施关税配额这一行为属于哪种保障措施？

（3）中国及钢铁出口国是否可就保障措施对贸易产生的不利影响，协商贸易补偿的适当方式？

（4）保障措施的实施期限有什么限制？美国和中国采取的保障措施的期限是否合法？

（5）中国对美部分产品中止减让、加征关税的做法是否是符合WTO规定的报复行为？

本章相关知识拓展性阅读二维码

复习思考题

一、判断题

1．保障措施应当在非歧视原则基础上加以实施。　　　　　（　　）
2．政府针对科研、落后地区和环保方面的补贴属于可申述的补贴。（　　）
3．征收反倾销税和价格承诺的期限为12个月。　　　　　（　　）
4．倾销是一种公平的竞争行为，各国仅仅是为了保护国内产业的发展而限制倾销。　　　　　　　　　　　　　　　　　（　　）
5．技术性贸易壁垒的实质是提高产品的技术要求，利用技术性的规定和要求来增加进口难度，最终达到限制进口的目的。　　　　　　（　　）

二、单项选择题

1．下列哪一项措施不是我国有关反倾销法律规定的反倾销措施？（　　）
A．临时反倾销措施　　　　B．价格承诺
C．反倾销税　　　　　　　D．进口配额

2．根据《中华人民共和国反补贴条例》，下列有关补贴认定的说法中正确的是（　　）。
A．补贴不必具有专向性　　B．补贴必须由政府提供
C．接收者必须获得利益　　D．必须采取支付货币的形式

3．甲乙丙三国企业均向中国出口某化工产品，2010年中国生产同类化工产品的企业认为进口的这一化工产品价格过低，向商务部提出了反倾销调查申请。根据相关规则，下列哪一选项是正确的？（　　）
A．反倾销税税额不应超过终裁决定确定的倾销幅度
B．反倾销税的纳税人为倾销进口产品的甲乙丙三国企业
C．商务部可要求甲乙丙三国企业作出价格承诺，否则不能进口
D．倾销进口产品来自两个以上国家，即可就倾销进口产品对国内产业造成的影响进行累积评估

4．根据《中华人民共和国保障措施条例》，下列哪一说法是不正确的？（　　）
A．保障措施中"国内产业受到损害"，是指某种进口产品数量增加，并对生产同类产

品或直接竞争产品的国内产业造成严重损害或严重损害威胁

　　B．进口产品数量增加指进口数量的绝对增加或与国内生产相比的相对增加

　　C．终裁决定确定不采取保障措施的，已征收的临时关税应当予以退还

　　D．保障措施只应针对终裁决定作出后进口的产品实施

5．依据我国《对外贸易法》的规定，国家对限制进口或出口的货物，实行下列哪种管理？（　　）

　　A．配额、许可证管理　　　　　　B．关税提高

　　C．外汇管理　　　　　　　　　　D．进出口严格检验

三、多项选择题

1．根据《中华人民共和国反补贴条例》，下列哪些选项属于补贴？（　　）

　　A．出口国政府出资兴建通向口岸的高速公路

　　B．出口国政府给予企业的免税优惠

　　C．出口国政府为出口企业提供的贷款

　　D．出口国政府通过向筹资机构付款，转而向企业提供资金

2．进口到中国的某种化工材料数量激增，其中来自甲国的该种化工材料数量最多，导致中国同类材料的生产企业遭受实质损害。根据我国相关法律规定，下列哪些选项是不正确的？（　　）

　　A．中国有关部门启动保障措施调查，应以国内有关生产者申请为条件

　　B．中国有关部门可仅对已经进口的甲国材料采取保障措施

　　C．如甲国企业同意进行价格承诺，则可避免被中国采取保障措施

　　D．如采取保障措施，措施针对的材料范围应当与调查范围相一致

3．根据我国《对外贸易法》的规定，国家可以限制或禁止进出口的情形是（　　）。

　　A．为维护国家安全、社会公共利益或者公共道德，需要限制或者禁止进口或出口的

　　B．为保障国家国际金融地位和国际收支平衡，需要限制进口的

　　C．为建立或者加快建立国内特定产业，需要限制进口的

　　D．出口经营秩序出现严重混乱，需要限制出口的

4．部分中国企业向商务部提出反倾销调查申请，要求对原产于某国的某化工原材料进口产品进行相关调查。经查，商务部终局裁定确定倾销成立，决定征收反倾销税。根据我国相关法律规定，下列说法不正确的是（　　）。

　　A．构成倾销的前提是进口产品对我国化工原材料产业造成了实质损害，或者产生实质损害威胁

　　B．对不同出口经营者应该征收同一标准的反倾销税税额

　　C．征收反倾销税，由国务院关税税则委员会作出决定，商务部予以执行

　　D．与反倾销调查有关的对外磋商、通知和争端事宜由外交部负责

5．关于进出口许可证，下列说法正确的是（　　）。

　　A．在进出口许可证规定范围内的商品只有取得许可证，方可进口或出口

B．许可证一经取得即可终身使用
C．进出口许可证制度是限制贸易自由化的不正当措施
D．进口许可证制度可以为国家贸易统计和国际收支平衡等目的而合理使用

四、简答题

1．简述 WTO 反倾销规则中规定的征收反倾销税的条件。
2．简述《补贴与反补贴措施协议》规定的不可诉补贴。
3．简述进出口配额制度的含义及种类。
4．试述关税措施与非关税措施的区别。
5．试述采取保障措施应当具备的前提条件和保障措施的形式。

五、案例分析题

2018年3月26日，我国商务部发布了《关于对原产于美国、欧盟、韩国、日本和泰国的进口苯酚进行反倾销立案调查的公告》，其主要内容总结如下（与商务部公告原文有较大删减和变动）。

中华人民共和国商务部于2018年2月2日收到中国石油天然气股份有限公司吉林石化分公司、长春化工（江苏）有限公司等5家公司代表国内苯酚产业正式提交的反倾销调查申请，请求对原产于美国、欧盟、韩国、日本和泰国进口苯酚进行反倾销调查。

根据申请人提供的证据和商务部的初步审查，申请人和支持申请企业苯酚的产量在2014年、2015年、2016年和2017年1~9月均占同期中国同类产品总产量的50%以上。

申请书主张，原产于美国、欧盟、韩国、日本和泰国的苯酚以低于正常价值的价格向中国出口销售。申请人以上述国家国内市场苯酚的销售价格作为确定正常价值的基础，以中国海关统计的对中国出口价格作为确定出口价格的基础，主张申请调查产品存在较大幅度的倾销。同时主张，申请调查产品进入中国市场数量大幅增长，价格大幅下降，对国内产业同类产品价格造成压低，导致国内产业市场份额减少，销售价格、税前利润总体呈大幅下降趋势，投资收益率下降。

商务部决定自2018年3月26日起对原产于美国、欧盟、韩国、日本和泰国的进口苯酚进行反倾销立案调查。具体公告信息包括以下几个方面。

1. 本次调查确定的倾销调查期为2016年10月1日至2017年9月30日，产业损害调查期为2014年1月1日至2017年9月30日。
2. 调查范围：原产于美国、欧盟、韩国、日本和泰国的进口苯酚。
3. 任何利害关系方可于本公告发布之日起20天内，向商务部贸易救济调查局登记参加本次反倾销调查。
4. 利害关系方可在相关网站下载或到商务部贸易救济公开信息查阅室查找、阅览、抄录并复印本案申请人提交的申请书的非保密文本。调查过程中，利害关系方可通过相关网站查阅案件公开信息，或到商务部贸易救济公开信息查阅室查找、阅览、抄录并复印案件公开信息。
5. 利害关系方对本次调查的产品范围及申请人资格、被调查国家（地区）及其他相关

问题如需发表评论，可于本公告发布之日起 20 天内将书面意见提交至商务部贸易救济调查局。

6. 商务部可以采用问卷、抽样、听证会、现场核查等方式向有关利害关系方了解情况，进行调查。所有公司应在规定时间内提交完整、准确的答卷。

7. 利害关系方向商务部提交的信息如需保密的，可向商务部提出对相关信息进行保密处理的请求并说明理由。

8. 利害关系方应当如实反映情况，提供有关资料。利害关系方不如实反映情况、提供有关资料的，或者没有在合理时间内提供必要信息的，或者以其他方式严重妨碍调查的，商务部可以根据已经获得的事实和可获得的最佳信息作出裁定。

9. 本次调查自 2018 年 3 月 26 日起开始，通常应在 2019 年 3 月 26 日前结束调查，特殊情况下可延长至 2019 年 9 月 26 日。①

问题：（1）通常发起反倾销调查的方式有哪些？
（2）反倾销调查应从哪些方面着手进行？
（3）本案中的利害关系方可以包括哪些主体？
（4）利害关系方如果未对信息保密提出申请，则相关信息是否属于保密范围之内？
（5）本案中我国若决定采取反倾销措施，应当满足哪些实体条件？
（6）如果希望对原产于美国、欧盟、韩国、日本和泰国的苯酚征收临时反倾销税，其必须的条件是什么？
（7）如果本案的出口方希望中止倾销调查，可以采取什么方法？
（8）如果最终确定倾销存在，可采取什么反倾销措施？
（9）反倾销税的纳税人是谁？
（10）本案中商务部公告的反倾销调查期限是否符合法律的规定？

---

① 该案例内容系根据网络资料整理，有删减。中华人民共和国商务部公告 2018 年第 33 号．关于对原产于美国、欧盟、韩国、日本和泰国的进口苯酚进行反倾销立案调查的公告．中华人民共和国商务部网站．http://www.mofcom.gov.cn/article/b/c/201803/20180302723458.shtml．2018-03-26。

第三篇

国际贸易争议解决法律制度

第11章 国际贸易争议解决

学习目标

通过本章的学习,要求了解国际贸易争议解决方式,掌握国际贸易仲裁与诉讼的区别、国际贸易仲裁的程序,重点掌握网上商事仲裁制度、国际贸易仲裁和外国法院判决在我国承认与执行的条件。

案例导入

泰州浩普投资有限公司(以下简称浩普公司)与Wicor签订《合资合同》,双方在合同中约定,出现纠纷即以仲裁的方式解决。2011年5月20日,浩普公司向法院提起与Wicor中外合资经营企业合同纠纷一案,Wicor以双方之间存在仲裁条款为由提出管辖权异议,泰州中院拟认定该仲裁条款无效并依照有关规定依法上报。2012年3月30日,根据最高人民法院(2012)民四他字第6号复函,泰州中院依法作出(2011)泰中商外初字第0012号民事裁定,认定该仲裁条款并未约定仲裁机构,且依据仲裁规则不能确定仲裁机构,当事人事后并未达成补充协议,所以涉案仲裁条款无效,驳回了Wicor的管辖权异议。2012年8月17日,Wicor不服泰州中院的上述裁定,提出上诉,江苏省高级人民法院(以下简称江苏高院)于2012年12月11日作出(2012)苏商外辖终字第0012号民事裁定,认定涉案仲裁条款无效,因级别管辖,本案由江苏高院审理。仲裁协议被认定为无效后,泰州中院将协议无效的认定情况通过邮寄的方式告知了国际商会仲裁院秘书处亚洲代表处。然国际商会仲裁院于2011年11月4日接受了Wicor提出的仲裁申请,在浩普公司明确表示仲裁条款无效的情形下,于2012年1月12日依据当时有效的《国际商会仲裁规则》第14条第1款确定仲裁地为香港。2012年11月2日作出了中间裁决,认定仲裁协议有效,并进而于2014年7月18日作出终局裁决、11月27日作出终局补充裁决,裁决浩普公司承担一系列责任(包括与合资公司之间的责任）。Wicor 以浩普公司不履行仲裁裁决为由，向泰州中院提出请求承认仲裁裁决并强制执行。①根据本案事实提出问题如下。

（1）本案仲裁结果是按照内国仲裁即适用《内地—香港安排》进行审查还是适用《纽约公约》进行审查？

（2）浩普公司放弃选择仲裁地，国际商会仲裁院是否可以指定仲裁地在香港？

（3）根据《纽约公约》和《最高人民法院关于执行我国加入的〈承认及执行外国仲裁裁决公约〉的通知》，分析泰州中院是否承认并执行国际商会仲裁院的裁决？

11.1 国际贸易争议解决概述

国际贸易争议的解决是指通过一定方式和途径来解决当事人之间的国际贸易纠纷，进而协调和平衡当事人之间的权利义务关系。国际贸易争议的解决通常会涉及三方面内容：一是国际贸易争议的解决方式；二是国际贸易争议解决适用的法律；三是国际贸易争议解决的承认与执行。

11.1.1 国际贸易争议解决方式

国际贸易争议的解决方式主要包括协商、调解、仲裁和诉讼等。其中，协商是当事人以自行商量的方式来解决争议，而调解、仲裁和诉讼属于在第三方参与下解决问题的方式。从解决争议的手段来看，协商和调解属于非裁判性的解决方式，而仲裁和诉讼属于裁判性的解决方式。国际贸易争议解决方式的选择直接决定国际贸易合同执行效果，为此，当事人必须了解各种方式的利弊，以便作出对自己有利的选择。

1. 协商

协商是争议当事人在争议发生后，在不受第三人干预与限制的情况下，以平等协商的方式来解决争议。一旦达成协议，当事人所达成的协商内容便构成新的合同或对原合同的修改补充，即协商内容产生法律效力，当事人需履行，否则视为违约。其主要优势和不足见表 11-1。

---

① 本案引自最高人民法院关于不予执行国际商会仲裁院第 18295/CYK 号仲裁裁决一案请示的复函，（2016）最高法民他第 8 号，2016 年 3 月 22 日。

表 11-1　国际贸易协商之优势与不足

协商的优势	协商的不足
程序：无法定程序，双方自愿即可	能力：需要协商双方经济能力与社会影响力相匹配
形式：口头与书面均可	形式：口头协商，如果有一方不遵守协定，则举证困难
费用：无诉讼费和仲裁费	后果：协商内容的后果不具有绝对的终局性，如果一方不履行则需要重新协商或以其他方式来解决争议

2．调解

调解是在当事人以外的中立第三方主持下，根据法律和合同规定，参考国际惯例，促使争议双方在互谅互让的基础上达成共识的一种解决争议的办法。由于这种方式能够使陷入争议僵局的当事人在第三方协调下，以一种成本低效率高的方式解决矛盾，为此，多数当事人比较倾向于以这种方式来解决争议，故开创了多种类型的调解，主要有 5 种类型，见表 11-2。

表 11-2　国际贸易调解类型

调解类型	调解人	法律后果
民间调解	仲裁机构、法院或国家指定负责调解的机构以外的中立第三方	达成调解协议便具有法律约束力
专门机构调解①	专门的调解机构，例如，商会或贸易委员会等机构主持	达成调解协议便具有法律约束力
联合调解②	争议双方所在国的调解中心	达成调解协议便具有法律约束力
仲裁机构调解	仲裁机构的仲裁员	仲裁机构调解只有当事人签收后发生法律效力
法院调解	法院的法官	法院调解只有当事人签收后发生法律效力

调解与协商方式相比，由第三方作为调解人，多方达成共识的成功率较大，有利于维护各方当事人的合法权益，程序简单灵活，并且费用较低。为此，一些国际组织、商会以及一些国家还通过了调解规则。例如，1980 年联合国国际贸易法委员会通过了《联合国国际贸易法委员会调解规则》；1988 年国际商会发布了《调解与仲裁规则》；2002 年联合国国际贸易法委员会还通过了《国际商事调解示范法》。我们国家还建立了中国国际贸易促进委

---

① 国际商会《调解和仲裁规则》第 1 条规定，一切国际性商业争议均得提交由国际商会任命的一名独任调解员进行调解。我国的专门调解机构主要有中国国际贸易促进委员会/中国国际商会调解中心及其各分会的调解中心。调解不影响当事人其他程序的选择。

② 联合调解是我国国际贸易促进委员会与美国仲裁协会于 1977 年共同开创的解决国际商事争议的新方式。联合调解又称共同调解，是指由中外争议当事人中的一方向另一方发出书面通知，邀请其按照两个调解中心的联合调解规则调解解决争议，如另一方当事人接受了调解邀请，调解程序开始，当事人可以协商选定两个调解中心秘书处中的任何一个作为案件的行政管理机构，如未选定，由被申请人所在国家的秘书处进行管理。参见：姚毅．试论解决涉外经济贸易争议的联合调解制度[J]．中国法学，1990（1）．

员会/中国国际商会调解中心，并与其他国家建立了国际联合调解。

知识拓展二维码 11-1：中国国际贸易促进委员会/中国国际商会调解中心介绍

知识拓展二维码 11-2：仲裁调解申请书

知识拓展二维码 11-3：中国国际贸易促进委员会/中国国际商会调解中心调解费用表

3. 国际贸易仲裁

（1）国际贸易仲裁概念及特点。

国际贸易仲裁是指国际贸易活动中的各方当事人自愿将其贸易中所产生的争议提交仲裁机构进行裁决的方式。

课堂讨论 11-1：如何理解国际贸易仲裁中的"国际性"？

从国际贸易仲裁的概念，我们可以看出，国际贸易仲裁具有 5 个方面的特点。

一是国际贸易仲裁以当事人自愿为前提。没有仲裁协议，任何仲裁机构都无权受理案件。

二是国际贸易仲裁具有专业性和公正性。一般常设仲裁机构的仲裁员基本上是有关方面的专家，因此能够保证仲裁裁决的公正性。

三是国际贸易仲裁具有终局性和可强制执行性。国际贸易仲裁机构所作出的仲裁裁决对各方当事人具有法律约束力，各方当事人必须执行，如果有一方拒不执行，另一方当事人有权利根据《承认和执行外国仲裁裁决公约》的规定，要求成员方有管辖权的法院承认和予以强制执行。

四是国际贸易仲裁具有简单灵活性。相对于诉讼而言，有利于较快地解决国际贸易争议。

五是国际贸易仲裁具有保密性。通常情况下不公开审理。

值得注意的是，国际贸易仲裁与前述仲裁调解两者是独立程序，也就是说，当事人可以选择仲裁调解，也可以直接进行国际贸易仲裁，亦可以在国际贸易仲裁过程中要求仲裁调解。

课堂讨论 11-2：调解失败后进入仲裁程序：调解人是否可以担任仲裁人？

（2）调整国际贸易仲裁的相关立法。

世界上大多数国家都制定了仲裁方面的法律，对于国际贸易仲裁的调整，有的国家将其置于民事诉讼法体例之中，如德国、日本；有的国家将其纳入仲裁法中进行规范，如瑞典、英国、美国、法国等。我国属于后一种，在 1994 年 8 月 31 日通过的《中华人民共和国仲裁法》的第七章"涉外仲裁的特别规定"中对涉外仲裁的管辖、仲裁委员会组成、涉外仲裁的程序等作出细化规定。

为了统一国际贸易仲裁在各国的差异化规定，国际组织制定了若干有关国际贸易仲裁方面的国际公约，具体见表 11-3。

表 11-3　国际商事仲裁公约示例

国际公约名称	制定主体	制定时间和地点	突出贡献
《仲裁条款议定书》	国际联盟	1923年，日内瓦	该议定书通过之前，许多国家法律规定只能将已经发生的纠纷经当事人的约定提交仲裁，而不能事先约定将未来的纠纷提交仲裁①
《关于执行外国仲裁裁决的公约》	国际联盟	1927年，日内瓦	弥补1923年《仲裁条款议定书》的不足
《承认和执行外国仲裁裁决的公约》又称《纽约公约》	联合国	1958年，纽约	为执行外国仲裁裁决提供了保证和便利，在世界范围内被广泛接受和实施
《国际商事仲裁示范法》	联合国	1985年12月	为各个国家的仲裁立法提供样板，促进国际仲裁法律制度的统一

国际贸易仲裁除了上述国际公约之外，还有一些地区性国际公约，对地区商事仲裁的发展具有推动作用。例如，1961年4月联合国欧洲经济委员会在日内瓦签署的《关于国际商事仲裁的欧洲公约》，最终因参加国不多，很少使用。再如，1975年1月美洲国家会议在巴拿马城制定的《美洲国家之间关于国际商事仲裁公约》。

4. 国际贸易诉讼

（1）国际贸易诉讼的概念。

国际贸易诉讼是国际民事诉讼的一种方式，是指国际贸易争议当事人将其争议提交某一国家的法院予以审理并作出判决的争议解决办法。这种方式是解决国际贸易争议的最终及最有效的方式。

（2）国际贸易诉讼与国际贸易仲裁的区别。

国际贸易诉讼与国际贸易仲裁都是解决双方当事人经济纠纷的手段，都具有保护当事人合法权益和促进国际经济贸易发展的作用，已生效的仲裁裁决和法院判决具有相同的法律效力，当事人必须全面履行。除了上述相同点之外，两者还存在5个方面的主要区别，见表11-4。

表 11-4　国际贸易诉讼与国际贸易仲裁区别

区别	国际贸易诉讼	国际贸易仲裁
案件管辖的依据	强制管辖	双方当事人的自愿与授权
案件审理组成人员	由法院依法指定法官或组成合议庭	双方当事人有权各自指定一名仲裁员，共同指定或同意一名首席仲裁员

---

① 1923年《日内瓦仲裁条款议定书》第1条，将无论是已有的还是将要发生的纠纷提交仲裁的协议都是有效的。缔约国法院有义务命其受理的争议的当事人将双方已同意仲裁的争议提交仲裁。

续表

区别	国际贸易诉讼	国际贸易仲裁
案件审理方式	公开审理	不公开审理
审理结果	两审终审	一审终局，不能上诉
受理案件机构性质	国家机器一部分，具有强制性	民间性质的社会团体
执行程序	按照案件受理国与申请执行所在国签订的司法协助条约或互惠原则执行	如果是1958年联合国《承认及执行外国仲裁裁决公约》成员国，则按公约执行。如果不是，则根据司法协助条约或互惠原则执行

11.1.2 国际贸易争议所适用的法律

国际贸易争议所适用的法律是指国际贸易当事人在争议发生后，按照双方当事人合同规定或法律规定，适用国际公约、国际惯例或哪个国家地区的法律来解决争议以及由哪个法院所管辖的法律问题。从国际贸易争议所适用的法律的描述性概念，我们可以看出，国际贸易争议所适用的法律主要涉及两方面法律，即实体法和程序法。

1. 实体法的适用

知识拓展二维码11-4：ADR（解决争议的替代方式）

（1）实体法的概念。

实体法是规定具体权利义务内容或者法律保护的具体情况的法律。如民法、合同法、公司法等。当国际贸易涉及争议在不同国家存在不同法律规定时，适用哪一国的法律作为调整争议的适用法，直接影响争议解决的结果，对于当事人的权益至关重要，为此，国际上和各个国家根据国际贸易纠纷解决的需求，发布国际公约、国际惯例或其他国家（地区）的法律，为国际贸易定纷止争提供相应的法律依据。

（2）实体法适用规则。

实体法适用规则主要体现在3个方面。

① 一般情况下，遵从当事人的意思自治。当事人在合同中对实体法有明确规定的，按合同规定执行，但是这个意思自治不是绝对的，如果当事人选择适用我国法律以外的法律或者国际公约作为处理争议案件的实体法时，应当符合以下4项要求。

一是不得违反我国法令的基本原则和社会公共利益；二是与争议案件具有一定的联系；三是须经双方当事人协商一致，并采用书面形式；四是本国法律有强制性规定的，直接适用强制性规定。例如，我国在2010年发布的《中华人民共和国涉外民事关系法律适用法》（以下简称《涉外民事关系法律适用法》）第4条规定，中华人民共和国法律对涉外民事关系有强制性规定的，直接适用该强制性规定。

② 合同没有相应实体法适用的规定，由仲裁员或法官决定。绝大多数国家对当事人在国际贸易争议所适用的实体法缺乏选择时，由仲裁机构或法院依据冲突规则确定适用的实体法，或者按照最密切联系的原则选择所适用的法律。如我国《中华人民共和国合同法》

第 126 条第 1 款规定，涉外合同的当事人可以选择处理合同争议所适用的法律，法律另有规定的除外。涉外合同的当事人没有选择的，适用与合同有最密切联系的国家的法律，如买方或卖方所在地、合同履行地、合同签订地、诉讼标的物所在地等国家（地区）的法律。

③ 适用国际条约与国际惯例原则。对于仲裁的实体法适用，一般而言，如果发生争议的双方当事人所在国参加了某一共同的国际公约或国际条约，或者双方当事人所在国之间签订了双边条约或协定，除非双方当事人之间就争议案件所适用的实体法作出约定，否则，应当直接适用该国际条约或公约。

2．程序法的适用

（1）程序法概念。

程序法是为了实现实体权利义务而制定的关于程序方面的法律，其是正确实施实体法的保障。国际贸易争议解决需要在程序法的安排下进行有序的诉讼或仲裁，国内法的程序法主要有民事诉讼法、刑事诉讼法、行政诉讼法等三大诉讼法，除了这三大诉讼法之外，还存在国际上的程序规则，如《承认和执行外国仲裁裁决公约》等。

（2）程序法适用原则。

程序法适用的原则主要体现在以下两个方面。①对于仲裁程序，多数国家采取属地法原则的基础上尊重当事人意思自治。例如《中国国际经济贸易仲裁委员会仲裁规则》规定，凡当事人同意将争议提交仲裁委员会仲裁的，均视为同意按照本仲裁规则进行仲裁。但当事人另有约定且仲裁委员会同意的，从其约定。②法院诉讼的程序法适用，一般都依据审判法院所在地的程序法，即程序法适用法院地法。

11.2 国际贸易仲裁

国际贸易仲裁属于国际商事仲裁的范畴，是指利用仲裁的方式来解决国际贸易争议的一种手段。国际贸易仲裁制度来源于英国，其目的是解决英国与欧洲各国商人之间发生的纠纷。由于仲裁本身具有诉讼不可比拟的优势，因此得到了各国从事国际贸易的商人的青睐，国际贸易仲裁便成为国际贸易争议普遍采用的方法。

11.2.1 我国国际贸易仲裁法律（规则）

仲裁主要是通过个案权利义务的平衡来化解纠纷，通过与纠纷当事人进行专业、有效的沟通，实现当事人的预期目的，并且与法院等执行机构进行有效协调、联动，保障裁决的执行效力，因而仲裁具有独立、专业、灵活、便捷、经济、高效等优势，基于此，近年来我国各界不断修订相关法律和规则来健全和完善国际贸易仲裁制度。我国主要仲裁法律和规则见表 11-5。

表 11-5 我国近 5 年国际贸易仲裁法律（规则）

制定机构	法律（规则）名称	通过或修订时间	施行时间
中国国际贸易促进委员会（中国国际商会）	中国国际经济贸易委员会网上仲裁规则	2014 年 11 月 4 日	2015 年 1 月 1 日
中国国际贸易促进委员会（中国国际商会）	中国国际经济贸易委员会仲裁规则	2014 年 11 月 4 日	2015 年 1 月 1 日
中国国际经济贸易仲裁委员	中国国际经济贸易仲裁委员会金融争议仲裁规则	2014 年 11 月 4 日	2015 年 1 月 1 日
全国人民代表大会常务委员会	中华人民共和国仲裁法	2017 年 9 月 1	2018 年 1 月 1 日
中国国际贸易促进委员会（中国国际商会）	中国国际经济贸易仲裁委员会国际投资争端仲裁规则	2017 年 9 月 12 日	2017 年 10 月 1 日
最高人民法院审判委员会	最高人民法院关于仲裁司法审查案件报核问题的有关规定	2017 年 12 月 29 日	2018 年 1 月 1 日

随着我国一带一路、自由贸易区和自由贸易港等国际贸易活动的不断拓展，国际贸易争议对法律的需求也不断增强，基于此，我国在近几年不断修订相应法律和规则，并出台国际贸易投资等专项规则，为相关国际贸易活动提供法律保障，进而促进国际贸易经济的发展。

11.2.2 国际贸易仲裁机构

1. 国际贸易仲裁机构的分类

国际贸易仲裁机构根据组织形式可分为临时仲裁机构和常设仲裁机构。

（1）临时仲裁机构。

① 临时仲裁机构的概念。临时仲裁机构又称特别仲裁，是指遵循当事人仲裁协议，在争议发生后双方当事人推荐仲裁员临时组成的，负责审理当事人的争议，审理终结后便解散的仲裁机构。临时仲裁庭属于临时性组织。此种方式没有被我国《仲裁法》所选择。

② 临时仲裁机构的特征。与常设仲裁机构相比较，临时仲裁机构缺乏固定组织、规则和地点，没有相应的行政配备等，但是临时仲裁机构有其特有的优势：一是当事人在仲裁员选任、程序决定与适用等方面有很大的自由权；二是费用较低廉，没有管理服务费；三是其审案效率较高，程序简便，免除期间限制；四是能够进一步促进当事人之间进一步合作共事。

由于临时仲裁机构具有这些优势，即使在当今常设仲裁机构遍及全球的情况下，临时仲裁机构仍然占有极为重要的地位。1961 年在日内瓦签订的《关于国际商事仲裁的欧洲公约》的第 4 条对此进行了规定，允许当事人选择临时仲裁机构审理争议，双方当事人可自由指定仲裁员或确定仲裁方式、决定仲裁地点、规定仲裁员必须遵循的程序。联合国国际贸易法委员会于 1976 年颁布的《联合国国际贸易法委员会仲裁规则》就是供各国当事人在选择临时仲裁时适用的。一般而言，在国家作为当事人一方时，由于它们不愿受常设仲裁机构的约束，往往倾向于选择临时仲裁机构来处理有关纠纷。

但是临时仲裁机构也不足之处，那就是争议双方当事人不可能在其仲裁协议中对仲裁涉及的全部问题作出约定。

（2）常设仲裁机构。

① 常设仲裁机构的概念。常设仲裁机构是指依据国际公约或一国国内立法所设立的，有固定名称、地址、仲裁程序规则、仲裁员名单以及组织机构的具有健全管理制度的永久性仲裁机构。

② 常设仲裁机构的特征。常设仲裁机构的突出优势在于：一是拥有固定的仲裁员；二是具备较为完善的仲裁规则；三是存在固定组织及组织章程；四是具有专门管理服务人员，如秘书长、秘书处工作人员等从事大量的仲裁行政性工作；五是易于得到有关国家法院的承认与执行。

一般而言，在国际经济贸易和商事领域内发生的争议，都倾向于提交常设仲裁机构仲裁。

2. 国际常设贸易仲裁机构

到目前为止，共有1 000多个国家和地区设有常设国际贸易仲裁机构，一般可分为国际性、区域性、国别性国际贸易仲裁机构。

国际性常设仲裁机构主要有国际商会仲裁院和解决投资争端国际中心等。区域性常设仲裁机构主要有美洲国家商事仲裁委员会和亚洲及远东经济委员会商事仲裁中心。国别性常设仲裁机构主要有瑞典斯德哥尔摩商会仲裁院、伦敦国际仲裁院、美国仲裁协会、瑞士苏黎世商会仲裁院、日本商事仲裁协会等。主要的国际常设贸易仲裁机构设立时间、主要适用规则及主要仲裁事项见表11-6。

表11-6 主要国际常设贸易仲裁机构

中文名称	英文名称	成立时间地点	主要适用规则	主要仲裁事项
国际商会仲裁院	ICC — Arbitration Court of International Chamber of Commerce	1923年，法国巴黎	《国际商会仲裁规则》	因契约关系而发生的任何争议
解决投资争端国际中心	ICSID — International Center for Settlement of Investment Disputes	1966年，美国华盛顿	《解决国家与他国国民间投资争议公约》	国际投资合同、合作合同、合作开发自然资源以及建筑工程承包合同
瑞典斯德哥尔摩商会仲裁院	AISCC — Arbitration Institute of the Stockholm Chamber of Commerce	1997年，瑞典斯德哥尔摩	《瑞典斯德哥尔摩商会仲裁院仲裁规则》	主要受理工商和航运方面的争议
伦敦国际仲裁院	LCIA — London Court of International Arbitration	1892年，英国伦敦	《伦敦国际仲裁规则》	它可以受理任何性质的国际争议，但以海事仲裁为主

续表

中文名称	英文名称	成立时间地点	主要适用规则	主要仲裁事项
美国仲裁协会	AAA — American Arbitration Association	1926年，美国纽约	《商事仲裁规则》	不仅包括商事争议，也包括家庭、消费者、劳动雇佣和团体等方面的争议
瑞士苏黎世商会仲裁院	ZCC — The Court of Arbitration of the Zurich Chamber of Commerce	1910年，瑞士的苏黎世	《瑞士联邦苏黎世商会调解与仲裁规则》	除受理瑞士境内的商业和工业企业之间的争议案件，也受理涉外经济贸易争议案件
日本商事仲裁协会	JCAA — Japan Commercial Arbitration Association	1950年，日本东京	《商事仲裁规则》	除了仲裁工作外，还从事对仲裁人员培训等工作

除了上述机构外，新加坡国际仲裁中心、世界知识产权组织仲裁中心等也是国际上较有影响的常设仲裁机构。

3. 我国内地常设仲裁机构

在我国内地，只要是依法设立的仲裁机构就可以受理国际贸易纠纷，但最有影响力的仍然是两个传统的涉外仲裁机构，即中国国际经济贸易仲裁委员会和中国海事仲裁委员会。

（1）中国国际经济贸易仲裁委员会。

中国国际经济贸易仲裁委员会（China International Economic and Trade Arbitration Commission，CIETAC）是中国国际贸易促进委员会下属的一个民间性全国常设仲裁机构，总部设在北京，并在深圳和上海设有华南国际经济贸易仲裁委员会和上海国际经济贸易仲裁委员会。

知识拓展二维码11-5：
国际商会国际仲裁院

目前，中国国际经济贸易仲裁委员会使用的规则为2015年1月1日施行的《中国国际经济贸易仲裁委员会仲裁规则》（以下简称《仲裁规则》），根据此《仲裁规则》第3条规定，仲裁委员会根据当事人的约定受理契约性或非契约性的经济贸易等争议案件，具体案件包括：①国际的或涉外的争议案件；②涉及香港特别行政区、澳门特别行政区或台湾地区的争议案件；③国内争议案件。

（2）中国海事仲裁委员会。

中国海事仲裁委员会（China Maritime Arbitration Commission，CMAC）于1959年1月22日设立于中国国际贸易促进委员会内专门受理国内外海事争议的常设仲裁机构，总部设在北京，在上海、天津、重庆、深圳、香港、福建设有分会，并在国内主要港口城市设立了办事处，为了满足当事人行业仲裁需要，海事仲裁委员会下设渔业争议解决中心、海事调解中心和物流争议解决中心。仲裁主要依据2015年1月1日施行的《中国海事仲裁委员会仲裁规则》。

11.2.3 国际贸易仲裁协议

1. 国际贸易仲裁协议的概念及特点

（1）国际贸易仲裁协议的概念。

国际贸易仲裁协议是指双方当事人通过在合同中订立仲裁条款、签订独立仲裁协议或采用其他方式达成，将其在国际贸易活动中已经发生或可能发生的一切或某些争议提交仲裁的协议。国际贸易仲裁协议是涉外争议得以仲裁方式解决的法定前提。

国际贸易仲裁协议通常分为两种类型：一是在合同中订立仲裁条款；二是订立单独的仲裁协议。原则上，国际贸易仲裁协议为书面形式，但值得注意的是，随着互联网的发展，各国法律对电子协议形式也予认可，如我国《最高人民法院关于适用〈中华人民共和国仲裁法〉若干问题的解释》第1条对仲裁法的"其他书面形式"进行了解释，即以合同书、信件和数据电文（包括电报、电传、传真、电子数据交换和电子邮件）等形式达成的请求仲裁的协议。

知识拓展二维码11-6：
香港国际仲裁中心

（2）国际贸易仲裁协议的特点。

国际贸易仲裁协议是当事人意思一致的结果，其具有合同条款所具备的一般属性的同时，又存在不同于一般合同条款的特殊性，主要表现在以下两个方面。

① 可协商性。仲裁协议所涉内容及仲裁协议订立的时间都具有协商性，当事人可以在争议发生前，将可能发生的争议一致同意提交仲裁机构裁决。当然，当事人也可以在争议发生后，协商将已经发生的争议提交仲裁机构裁决。

② 独立性。仲裁协议可以以合同中的条款方式存在，也可以单独存在，但无论以何种方式存在，其具有相对独立性，不会因为合同无效而无效，也就是说，合同的变更、解除、终止、无效或失效以及存在与否，均不影响仲裁协议的效力。双方当事人或一方当事人仍可以根据仲裁协议的约定，将争议提交约定的仲裁机构。

2. 仲裁协议的法律效力

仲裁协议一经当事人约定，便成为仲裁的基础，同时其对仲裁当事人、仲裁机构以及仲裁裁决的执行都有一定的影响。具体法律效力如下。

（1）对当事人的效力。

仲裁协议赋予当事人依据仲裁协议向仲裁机构提请仲裁的权利。同时仲裁协议限制了当事人采取诉讼手段来解决纠纷，一旦仲裁协议生效后，当事人只能向协议中指定的仲裁机构提起仲裁。在这方面，我国在2017年修订的《民事诉讼法》的第271条规定："涉外经济贸易、运输和海事中发生的纠纷，当事人在合同中订有仲裁条款或者事后达成书面仲裁协议，提交中华人民共和国涉外仲裁机构或者其他仲裁机构仲裁的，当事人不得向人民法院起诉。"

(2) 对仲裁机构的效力。

当事人通过仲裁协议，赋予特定的仲裁机构或仲裁机构对特定的争议有管辖权。被赋权的仲裁机构有权主持并决定仲裁程序的进行，而且仲裁机构只能在当事人仲裁协议约定的范围内作出裁决，超过这一范围作出的裁决不具有法律效力。正如英国著名仲裁法专家所言："仲裁庭的权力或者能力来自当事人之间的协议，事实上，除此之外不能来自其他来源。"[1]

(3) 对法院的效力。

仲裁协议对法院的效力主要体现在两方面：①排除法院对争议的管辖权，只要当事人订立了仲裁协议，他们就不能将仲裁协议中的争议向法院提起诉讼；②法院强制执行仲裁裁决的依据。当事人在仲裁协议中一般都会规定双方承认仲裁裁决的效力，承诺主动履行仲裁裁决。对于一方当事人不履行仲裁裁决的，另一方当事人可以向有关法院申请强制执行。通常情况下，申请强制执行时，除了提交裁决书外，还需要提供仲裁协议的正本或经正式证明的副本。

3. 仲裁协议有效性的认定

仲裁协议是否有效不仅涉及案件的管辖权，也会涉及仲裁裁决是否具有终局性，是否对当事人具有约束力等问题，因此，当事人往往会对仲裁协议的有效性发生质疑，仲裁协议有效性的认定也就成为国际贸易仲裁中的重要问题之一。

(1) 有效的仲裁协议判断因素。

有效的仲裁协议应具备如下3个要素。

① 主体适格。仲裁协议应当是合格的当事人签订，即当事人必须具有完全民事行为能力，并且与争议有法律上的利害关系。

② 意思表示真实。一方不得采取欺诈或胁迫等手段，迫使对方违背真实意思订立仲裁协议，即对于提交仲裁这一选择，双方意思必须是一致且真实的。

③ 协议内容应当具体、明确，并且合法。首先，仲裁事项明确具体，不能约定不明或不完整；其次，仲裁协议的内容必须符合有关国家法律要求，不能与有关国家法律的强制性规定相抵触；最后，争议的事项必须是有关国家法律允许提交仲裁的事项。例如，依照我国现行《仲裁法》第3条规定，婚姻、收养、监护、扶养、继承纠纷和依法应当由行政机关处理的行政争议是不能仲裁的。

(2) 仲裁协议效力认定时间及机构。

① 仲裁协议效力认定的时间。当事人对仲裁协议效力有争议的，应当在仲裁庭首次开庭前提出。《最高人民法院关于适用〈中华人民共和国仲裁法〉若干问题的解释》第14条对"首次开庭"进行了解释，即指答辩期满后人民法院组织的第一次开庭审理，不包括审前程序中的各项活动。

② 仲裁协议效力认定的机构。仲裁协议效力认定的机构有两个，一个是当事人在仲裁

---

[1] Alan Redfern, Martin Hunter. Law and Practice of International Commercial Arbitration, Fourth Edition[M]. Sweeta and Maxwell, 2004:248.

协议约定的仲裁机构，另一个是人民法院。按照我国《最高人民法院关于适用〈中华人民共和国仲裁法〉若干问题的解释》第 12 条规定，申请确认涉外仲裁协议效力的案件，由仲裁协议约定的仲裁机构所在地、仲裁协议签订地、申请人或被申请人住所地的中级人民法院管辖。

如果当事人在仲裁庭首次开庭前没有对仲裁协议的效力提出异议，而后向人民法院申请确认仲裁协议无效的，人民法院不予受理。

对于仲裁协议效力的认定，可能出现法院与仲裁机构管辖竞合的情况，按照最高人民法院的司法解释，如果仲裁机构先于法院就仲裁协议效力作出决定，仲裁机构则取得对此问题的终局决定权，也就是说，当事人向人民法院申请确认仲裁机构已作出效力认定的仲裁协议的效力，人民法院不予受理。

③ 仲裁协议效力认定所依据的法律。确定仲裁协议的效力需要依据一定的实体法，一般情况下，国际贸易仲裁协议的当事人会约定法律，如果当事人没有作出选择，则按照最密切联系的原则确定。我国《最高人民法院关于适用〈中华人民共和国仲裁法〉若干问题的解释》对此规定，如果当事人没有约定的，通常查看当事人是否约定仲裁地，如果当事人约定仲裁地，则适用仲裁地法律，如果没有约定适用法律也没有约定仲裁地或仲裁地约定不明的，则适用法院地法律。

（3）认定仲裁协议无效的情形。

① 当事人不适格。无民事行为能力人或限制民事行为能力人订立的仲裁协议。

② 当事人主观意思不真实。一方采取胁迫手段迫使对方订立的仲裁协议无效。

③ 协议内容违法或者约定不明。仲裁协议约定的仲裁事项违反法律强制性规定。如就继承问题要求仲裁，仲裁协议约定的仲裁事项超出法律规定的仲裁范围，仲裁协议肯定无效，仲裁协议对仲裁事项或仲裁机构没有约定或者约定不明确的，当事人又没有达成补充协议的，仲裁协议无效。

然而，在此需要特殊强调的是，仲裁协议约定的仲裁机构名称不准确，但是，能够确定具体仲裁机构的，应当认定选定了仲裁机构。但是，对于仲裁与诉讼两者只能择其一，或裁或诉，同时选择只能使仲裁约定无效。

（4）仲裁协议对第三人效力的认定。

① 当事人变更时仲裁协议对继受者的效力。在仲裁程序进行中，当事人由于特殊事由，例如，作为自然人一方的当事人死亡、作为法人的一方当事人合并、分立都会导致仲裁当事人变更，仲裁协议对其权利义务的继受者仍然有效，除非当事人另有约定。

② 合同转让时仲裁协议对受让人的效力。带有仲裁协议的国际贸易合同订立后，当事人很可能将合同所涉的债权债务转让，各国对合同债权债务转让的受让人的立法态度是：债权债务全部或部分转让的，仲裁协议对受让人有效，但当事人另有约定、在受让债权债务时受让人明确反对或者不知有单独仲裁协议的除外。

11.2.4　国际贸易仲裁程序

国际贸易仲裁程序是指争议当事人和仲裁机构在争议进行仲裁审理过程中所必须遵循

的程序。仲裁程序由当事人提出仲裁申请而启动，涉及仲裁案件的受理、答辩、仲裁庭的组成、开庭审理及仲裁裁决等环节，本书以我国现行《仲裁法》《中国国际经济贸易仲裁委员会仲裁规则》及《最高人民法院关于适用〈中华人民共和国仲裁法〉若干问题的解释》为参照依据，对国际贸易仲裁程序加以图示并介绍分析，如图11-1所示。

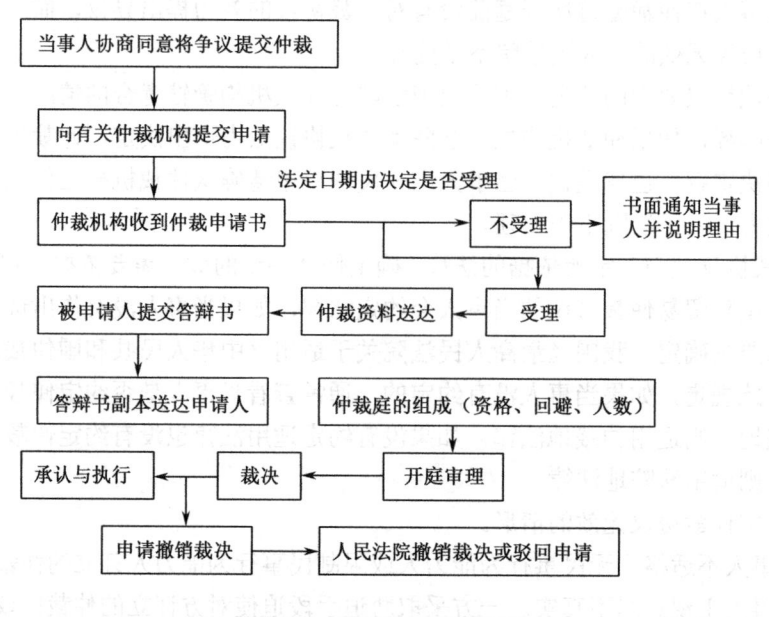

图 11-1　国际贸易仲裁程序

1. 仲裁申请、受理及答辩

（1）仲裁申请。

仲裁申请是指仲裁协议中约定的争议发生后，如果双方选择的是常设仲裁机构，则当事人将有关争议提交他们约定的仲裁机构，如果双方约定设立临时仲裁机构来审理有关争议，则当事人须将仲裁申请书直接送交另一方当事人，因为双方当事人须在仲裁员选出后才能组成受理争议的临时仲裁机构。

申请书的内容通常包括：①申请人与被申请人的名称、住所及联系方式等信息；②仲裁请求和所根据的事实、理由；③证据和证据来源、证人姓名和住所。

（2）仲裁的受理。

仲裁机构在收到仲裁申请后，应进行初步审查，以决定是否立案受理，通常情况下，仲裁机构需审查的事项如图11-2所示。

（3）答辩。

仲裁庭决定受理申请后，应在仲裁规则规定的期限内将仲裁规则和仲裁员名册送达申请人，并将仲裁申请书副本和仲裁规则、仲裁员名册送达被申请人。被申请人收到仲裁申请书副本后，应在规定的期限内提交答辩书，被申请人未提交答辩书的，不影响仲裁程序的进行。

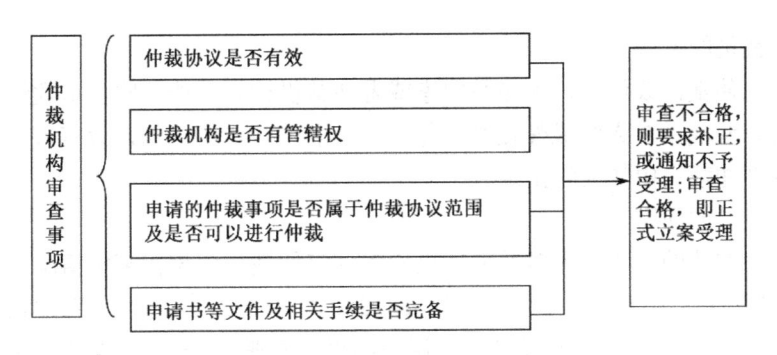

```
                ┌─ 仲裁协议是否有效 ──────────┐
仲裁             │                            │     审查不合格,
机构             ├─ 仲裁机构是否有管辖权 ──────┤     则要求补正,
审              │                            │     或通知不予
查             ─┤  申请的仲裁事项是否属于仲裁  ├──→ 受理;审查
事              │  协议范围及是否可以进行仲裁  │     合格,即正
项              │                            │     式立案受理
                └─ 申请书等文件及相关手续是否完备 ┘
```

图 11-2 仲裁机构审查事项

2．仲裁庭组成

各国仲裁法和仲裁机构的仲裁规则对仲裁庭的组成均有明确规定，具体所涉事项有：仲裁员的资格、仲裁员的任命、仲裁员的人数、仲裁员的回避等事项。

（1）仲裁员的资格。

一般情况下，仲裁员由自然人担任，但有的国家也允许法人担任，基本上，各国对仲裁员资格普遍具有以下要求：①具有民事行为能力和民事权利能力；②具有公正、独立和无私的道德品质；③具有一定的专业资格和能力。

我国对仲裁员的要求，除了上面的概括性规定外，将中国籍仲裁员与外籍仲裁员的资格进行了细化规定，具体见表 11-7。

表 11-7 中国籍与外籍仲裁员资格条件

仲裁员类别	仲裁员条件
中国籍仲裁员	热爱仲裁事业，公道正派、品行高尚，坚持独立公正办案原则
	从事仲裁工作满 8 年，或者从事律师工作满 8 年，或者曾任审判员满 8 年
	从事法律研究、教学工作并具有高级职称，或者具有法律知识、从事经济贸易等专业工作并具有高级职称或者具有同等专业水平
	拥护仲裁委员会章程，愿意遵守仲裁委员会仲裁规则、仲裁员守则以及仲裁委员会其他有关规定
	掌握一门外语并可以作为工作语言，少数知名人士可适当放宽
	能够保证仲裁办案时间
	仲裁委员会规定的其他条件
外籍仲裁员	热爱仲裁事业，公道正派、品行高尚，坚持独立公正办案原则
	具有法律、经济贸易、科学技术或海商海事等专业知识和实际工作经验
	拥护仲裁委员会章程，愿意遵守仲裁委员会仲裁规则、仲裁员守则以及仲裁委员会其他有关规定
	掌握一定的中文知识，少数知名人士可适当放宽
	仲裁委员会规定的其他条件
备注：在港澳台人士中聘任仲裁员，参照外籍仲裁员条件	

(2) 仲裁员的人数。

为了避免仲裁决议僵局，大多数国家或者仲裁机构要求仲裁庭由单数组成，一般多为一人独任或者仲裁员 3 人组成仲裁庭，并且由 3 名仲裁员组成的，设有首席仲裁员，通常情况下，首席仲裁员由仲裁院指定。

(3) 仲裁员的回避。

为了保持仲裁的公正，大多数仲裁机构都规定仲裁员应该在某种情况下回避，一般各国要求，只要当事人有合理理由怀疑仲裁员的公正性和独立性，就可以对仲裁员提出异议，要求回避，当然，仲裁员也可以依法定情况主动提出回避。仲裁员回避的情况主要有 4 种：①是本案当事人或者当事人、代理人的近亲属的；②与本案有利害关系的；③与本案当事人、代理人有其他关系，可能影响公正裁决的；④私自会见当事人、代理人或接受当事人、代理人的请客送礼的。

对于仲裁员回避所需要注意的程序事项，以我国《中国国际经济贸易仲裁委员会仲裁规则》为例，仲裁员回避需要注意 7 个方面的事项。

① 当事人收到仲裁员的声明书及/或书面披露后，如果以披露的事实或情况为理由要求该仲裁员回避，则应于收到仲裁员的书面披露后 10 天内书面提出。逾期没有申请回避的，不得以仲裁员曾经披露的事项为由申请该仲裁员回避；

② 当事人对被选定或被指定的仲裁员的公正性和独立性产生具有正当理由的怀疑时，可以书面提出要求该仲裁员回避的请求，但应说明提出回避请求所依据的具体事实和理由，并举证。

③ 对仲裁员的回避请求应在收到组庭通知后 15 天内以书面形式提出；在此之后得知要求回避事由的，可以在得知回避事由后 15 天内提出，但应不晚于最后一次开庭终结。

④ 当事人的回避请求应当立即转交另一方当事人、被请求回避的仲裁员及仲裁庭其他成员。

⑤ 如果一方当事人请求仲裁员回避，另一方当事人同意回避请求，或被请求回避的仲裁员主动提出不再担任该仲裁案件的仲裁员，则该仲裁员不再担任仲裁员审理本案。上述情形并不表示当事人提出回避的理由成立。

⑥ 除上述第⑤规定的情形外，仲裁员是否回避，由仲裁委员会主任作出终局决定并可以不说明理由。

⑦ 在仲裁委员会主任就仲裁员是否回避作出决定前，被请求回避的仲裁员应继续履行职责。

(4) 仲裁员的更换。

仲裁员在法律上或事实上不能履行职责，或者没有按照要求或在规定的期限内履行应尽职责时，仲裁委员会主任有权决定将其更换，该仲裁员也可以主动申请不再担任仲裁员，是否更换仲裁员，由仲裁委员会主任作出终局决定并可以不说明理由。

在仲裁员因回避或更换不能履行职责时，应按照原选定或指定仲裁员的方式在仲裁委员会仲裁院规定的期限内选定或指定替代的仲裁员。当事人未选定或指定替代仲裁员的，由仲裁委员会主任指定替代的仲裁员。

重新选定或指定仲裁员后，由仲裁庭决定是否重新审理及重新审理的范围。

3. 国际贸易仲裁审理

（1）审理方式。

仲裁庭的审理方式有两种：一种是开庭审理，另一种是书面审理。在当事人没有特别约定的情况下，采取开庭方式审理，但如果双方当事人申请或征得双方当事人同意，也可以书面审理，即不开庭审理，根据双方提供的书面文件进行审理并作出裁决。然而这两种方式通常不公开进行，除非当事人双方同意公开审理，但是，涉及国家秘密的除外。

（2）审理过程中当事人缺席的法律效果。

在审理过程中，当事人缺席者，可能产生如下法律效果：①申请人无正当理由开庭时不到庭的，或在开庭审理时未经仲裁庭许可中途退庭的，可以视为撤回仲裁申请；被申请人提出反请求的，不影响仲裁庭就反请求进行审理，并作出裁决。②被申请人无正当理由开庭时不到庭的，或在开庭审理时未经仲裁庭许可中途退庭的，仲裁庭可以进行缺席审理并作出裁决；被申请人提出反请求的，可以视为撤回反请求。

4. 国际贸易仲裁裁决

仲裁裁决应当按照多数仲裁员的意见作出，少数仲裁员的不同意见可以记入笔录，仲裁庭不能形成多数意见时，裁决应当按照首席仲裁员的意见作出。裁决书自作出之日起发生法律效力，当事人应当履行裁决。如果一方当事人不履行的，另一方当事人可以依照民事诉讼法的有关规定向人民法院申请执行，受申请的人民法院应当执行。

5. 法院对国际贸易仲裁裁决的监督

绝大多数国家规定一次性仲裁，仲裁裁决作出后就发生法律效力，同时规定仲裁排斥司法管辖。例如我国《仲裁法》第11条规定，仲裁实行一裁终局制度，裁决作出后，当事人就同一纠纷再申请仲裁或者向人民法院起诉的，仲裁委员会或人民法院不予受理。虽然法院不参加仲裁审理，但是法院负责仲裁裁决的执行，因此，许多国家的仲裁法律都赋予法院一定的监督权，只不过监督的程序有所不同而已。

仅以我国为例，我国法院对我国涉外仲裁机构作出的仲裁裁决的监督范围仅限于仲裁程序方面的审查，不包括证据等实体方面的审查。一般被申请人提出证据证明仲裁裁决有以下几种情形之一的，人民法院组成合议庭审查核实，裁定不予执行。

（1）当事人在合同中没有仲裁条款或事后没有达成书面仲裁协议。

（2）被申请人没有得到指定仲裁员或者进行仲裁程序的通知，或者由于其他不属于被申请人负责的原因未能陈述意见的。

（3）仲裁庭的组成或者仲裁程序与仲裁规则不符的。

（4）裁决的事项不属于仲裁协议的范围或者仲裁机构无权仲裁的。

（5）人民法院认定执行该裁决违背社会公共利益的。

当然，为了保证监督的公正性和慎重性，在裁定撤销裁决或通知仲裁庭重新仲裁之前，须报请本辖区高级人民法院进行审查，如高级人民法院同意撤销裁决或通知仲裁庭重新裁决，应将其审查意见报最高人民法院，待最高人民法院答复后方可撤销仲裁裁决或通知仲裁庭重新仲裁。

如果一方当事人申请执行裁决，另一方当事人申请撤销裁决的，人民法院应当裁定中止执行。撤销裁决的申请被裁定驳回的，人民法院应当裁定恢复执行，裁定撤销裁决的，应当撤销终止执行。

11.2.5 国际贸易网上仲裁

1. 网上仲裁概念及其规则现状

网上仲裁又称网上替代性争议解决方法（Online Alternative Dispute Resolution，ODR），在互联网上建立一个虚拟的仲裁庭为当事人提供仲裁服务。网上仲裁是传统仲裁程序在互联网上的延伸，并没有创设一种新的争议解决方式，其不同于传统仲裁程序中的现实确定的物理场所，而是存在于仲裁机构的网上仲裁平台这样一个虚拟的网络空间。

我国2015年1月1日施行的《中国国际经济贸易委员会网上仲裁规则》共6章55条，对网上仲裁程序作出规定，国际经济贸易委员会网上争议解决中心为在网上解决电子商务争议建立了专门的网站，当事人可以通过网络向仲裁委员会提交仲裁申请、证据、答辩意见及其他与仲裁相关的文件和材料，仲裁委员会为仲裁文件的在线传输提供安全保障，对案件数据信息进行加密处理。仲裁庭开庭审理案件进，应利用互联网以网络视频会议或者其他电子通信形式进行。

对于网络仲裁方式，很多国家结合本国实际来开创并发展此领域，加拿大蒙特利尔大学公法研究中心设立了赛博裁判庭的实验项目，并制定《赛博裁判庭通用仲裁程序》，解决涉及信息技术的民商事纠纷。

美国仲裁协会开展"虚拟法官项目"（Virtual Magistrate Project，VMP），通过其设立的VM网站来审理案件，提供网上仲裁服务。并在2001年7月公布了《网上仲裁补充程序规则》，对网上仲裁的证据提交、质证、辩论等作出规范性安排，使当事双方平等地参与网上仲裁活动，充分地享有和运用自己的合法权利。

世界知识产权组织仲裁与调解中心在2014年修订了《快速仲裁规则》，从程序的总则、仲裁的开始、仲裁庭的组成和成立、仲裁的进行、裁决和其他决定、仲裁费用和保密等7个方面对网络仲裁作出规定。

2. 网上仲裁程序

网上仲裁的程序与线下传统仲裁方式大相径庭，只不过所有仲裁事务都在虚拟空间进行。首先，国际贸易争议当事人以协议的方式同意采取网上仲裁的方式来解决争议，并按照网上仲裁程序中仲裁文件的传输方式提交申请。其次，网上仲裁庭（员）选任和相关费用的提交。再次，网上仲裁庭（员）按照网上仲裁的要求，进行仲裁文书的网上送达，这期间要注重对仲裁文件实施数字化、保密化和真实性的管理。最后是网上仲裁程序受理、裁决及执行。主要程序如图11-3所示。

第 11 章　国际贸易争议解决

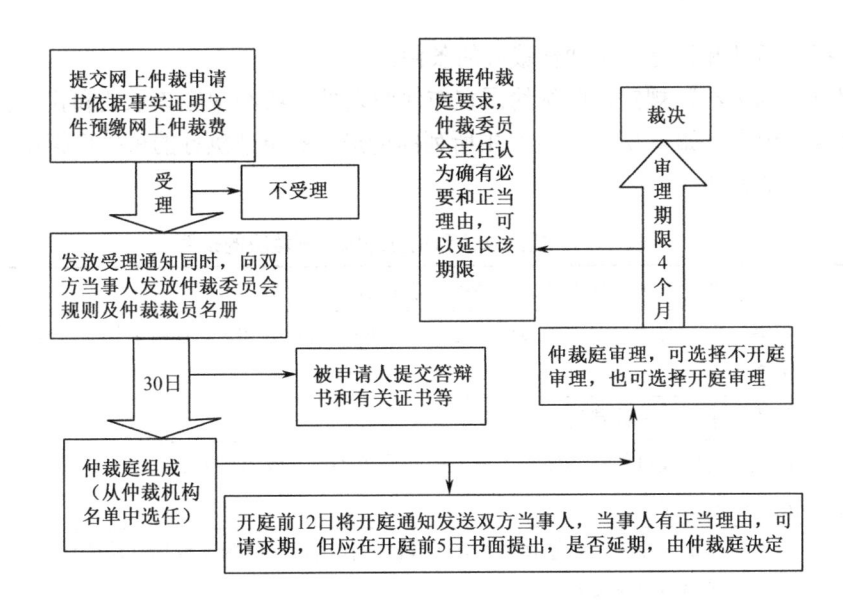

[图示：网上仲裁程序流程图]

提交网上仲裁申请书依据事实证明文件预缴网上仲裁费 → 受理／不受理

根据仲裁庭要求，仲裁委员会主任认为确有必要和正当理由，可以延长该期限

发放受理通知同时，向双方当事人发放仲裁委员会规则及仲裁裁员名册

30日 → 被申请人提交答辩书和有关证书等

仲裁庭组成（从仲裁机构名单中选任）

开庭前12日将开庭通知发送双方当事人，当事人有正当理由，可请求延期，但应在开庭前5日书面提出，是否延期，由仲裁庭决定

仲裁庭审理，可选择不开庭审理，也可选择开庭审理

审理期限 4 个月 → 裁决

图 11-3　网上仲裁程序

11.2.6　国际贸易仲裁裁决的承认与执行

由于仲裁机构属于民间性质，不具有强制执行仲裁裁决的能力，因此，大多国家法律规定，如败诉方不执行仲裁裁决，胜诉方有权要求有关国内法院对仲裁裁决予以强制执行，一般情况下，多为败诉方财产所在地法院负责执行。

1. 外国仲裁裁决的承认与执行

外国仲裁裁决在本国执行十分复杂，它不仅涉及争议各方当事人的经济利益，还涉及仲裁地以及执行地所在国的国家之间的利益，其间不免有分歧和争议。为了统一各国在承认和执行外国仲裁裁决方面的分歧，联合国经济与社会理事会于 1958

知识拓展二维码 11-7：网上仲裁简易程序和网上仲裁快速程序

年在纽约通过的《承认与执行外国仲裁裁决公约》（简称《纽约公约》）于 1959 年 6 月 7 日生效，共有 16 条内容，详细地规定了外国仲裁裁决的承认与执行。

（1）外国仲裁裁决承认与执行适用范围。

按照《纽约公约》规定，其适用范围是外国的仲裁裁决的承认与执行。如何判断何为"外国"，《纽约公约》第 1 条第 1 款规定，自然人或法人之间的争议是在申请承认和执行地所在国以外的国家领土内作成者，其承认及执行适用本公约。但是，被申请执行地所在国有权依照本国法确定何为"内国裁决"，如果是属于内国裁决的，不适用《纽约公约》。由此可见，《纽约公约》实际上采用地域和非内国双重标准来判定一项仲裁裁决是否是外国仲裁裁决，只要是在执行地所在国以外的国家领土内作出的仲裁裁决，或者执行地所在国认为非内国仲裁裁决的，皆属于外国仲裁裁决。

(2) 拒绝承认和执行外国仲裁裁决的条件。

按照《纽约公约》规定，除缔约国宣布保留之外，缔约国应该承认和执行另一缔约国的仲裁裁决，但是，如果发生表 11-8 中所列的情形，被申请执行的机关可拒绝执行外国仲裁机构所作出的裁决。

表 11-8　拒绝承认和执行外国仲裁裁决的条件

拒绝承认和执行外国仲裁裁决的条件	当事人处于某种无行为能力的情况或者仲裁协议无效
	被诉人没有给予指定仲裁员或进行仲裁程序的适当通知，或者由于其他情况而不能对案件提出意见
	裁决的事项超出仲裁协议的范围
	仲裁庭的组成对仲裁程序同当事人间的协议不符，或当事人之间没有这种协议时，同进行仲裁国家的法律不符
	裁决对当事人还未产生法律效力，或者已被作出裁决的国家或据其法律作出裁决的国家的管辖当局撤销或停止执行
	争议的事项依照被请求国的法律，不可以用仲裁方式解决
	承认或执行该项裁决将和被请求国的公共秩序相抵触

(3) 执行外国仲裁裁决平等原则。

承认外国仲裁裁决后，在执行方面不应该比执行本国仲裁裁决规定较繁琐的条件或较高费用。

2. 我国关于涉外仲裁裁决执行的规定

我国于 1986 年 12 月 2 日正式加入《纽约公约》，最高人民法院还在 1995 年 8 月 28 日发布了《关于人民法院处理与涉外仲裁及外国仲裁事项有关问题的通知》，此外，在 2017 年修订的《民事诉讼法》中第 26 章对此进行了详细的规定。

(1) 我国涉外仲裁裁决在国内的执行。

对我国仲裁机构所作出的涉外仲裁裁决，一方当事人不履行的，另一方当事人可以向被申请人住所地或财产所在地的中级人民法院申请强制执行。

(2) 我国涉外仲裁裁决在外国的承认和执行。

我国仲裁机构作出的发生法律效力的涉外仲裁裁决在外国的承认和执行为分 3 种情况：①如果外国是《纽约公约》缔约国，则按《纽约公约》规定办理；②如果外国是与我国有双边条约和协定的国家，而依照双边条约的规定办理；③如果外国不属于前两种情况之一，根据我国仲裁法和民事诉讼法的规定，此仲裁裁决，当事人请求执行的，如果被执行人或其财产不在我国境内的，应当由当事人直接向有管辖权的外国法院申请承认和执行。

(3) 外国仲裁裁决在我国的承认和执行。

我国承认和执行的外国仲裁裁决，也分为 3 种情况：①《纽约公约》成员国的仲裁裁决，由当事人直接向被执行人住所地（主要办事机构所在地）或其财产所在地的中级人民法院申请强制执行，但在此要注意我国对《纽约公约》作了两项保留：即互惠保留和商事保留。前者是中国只在互惠的基础上对在另一缔约国领域内作出的仲裁裁决的承认和执行适用该公约,后者是中国只对根据中国法律认为属于因契约性和非契约性商事法律关系所引起的争议适用该公约;②与我国缔结有关双边贸易和司法协助的条约或协定的国家的仲裁裁决,依照缔结或参加的国际条约或协定的规定办理;③如果既不是《纽约公约》成员国,也没有与我国缔结或者参加国际条约或协定的国家的仲裁裁决,就按照互惠原则,请求我国法院承认和执行。

11.3 国际贸易诉讼

11.3.1 国际贸易诉讼案件管辖权

国际贸易诉讼案件管辖权是指具有涉外因素的国际贸易案件发生后,由哪一个国家法院享有审理该诉讼案件的权力。这种管辖权的确定是国际贸易诉讼程序得以开始的依据,也是一个国家法院审理案件的依据。

1. 国际贸易诉讼案件管辖权的原则

由于管辖权涉及国家主权的问题,因此属于国内法规范的范畴,归纳起来,主要有5种管辖原则,而且这些管辖原则多是为各国兼用的情况。

(1) 属地管辖原则。

属于管辖原则又称地域管辖原则,它是指一国对其本国领土范围内的一切人、事、法律行为所具有的管辖权,但是享有司法豁免权者除外。一般而言,确认属地管辖主要从以下几方面入手:①诉讼标的物所在地或被告财产所在地;②被告住所、居所或营业地;③国际经济合同订立地、履行地、侵权行为发生地。只要属于上述一方面条件,则本国法院就拥有司法管辖权。

(2) 属人管辖原则。

属人管辖原则是指根据当事人的国籍来确认法院的管辖权。由于属人管辖会导致过多地保护本国当事人利益的情况发生,基于此,采用这一原则的国家并不太多,大多数的国家将其作为属地管辖原则的补充。

(3) 协议管辖原则。

协议管辖原则是指当事人在法律许可的范围内通过协商的方式选择管辖法院,来确定管辖法院的原则。

(4) 实际控制原则。

实际控制原则是指对人诉讼中,法院行使管辖权以被告收到传票或者在本国为依据。对物诉讼中,法院行使管辖权以争议的标的物在本国领域内为依据。[①]

(5) 专属管辖原则。

专属管辖原则指一国主张本国法院对某些案件具有独占的管辖权,任何其他国家的法

---

① 王传丽. 国际贸易法(第四版)[M]. 北京:法律出版社,2008:191.

院对这类案件都没有管辖的权力。一般情况下,能够进入专属管辖范围的主要有不动产纠纷、继承纠纷、租赁纠纷、破产纠纷等。

2. 我国关于国际贸易诉讼管辖权的规定

根据我国现行《民事诉讼法》第 24 章和《最高人民法院关于涉外民商事案件诉讼管辖若干问题的规定》,我国对于国际贸易诉讼管辖权采取属地管辖原则,例外情况采取专属管辖、协议管辖和默示管辖,主要规定如下。

(1) 因合同纠纷或其他财产权益纠纷,对在中华人民共和国领域内没有住所的被告提起的诉讼,如果合同在中华人民共和国领域内签订或者履行,或者诉讼标的物在中华人民共和国领域内,或者被告在中华人民共和国领域内有可供扣押的财产,或者被告在中华人民共和国领域内设有代表机构,可以由合同签订地、合同履行地、诉讼标的物所在地、可供扣押财产所在地、侵权行为地或者代表机构住所地人民法院管辖。

(2) 因在中华人民共和国履行中外合资经营企业合同、中外合作经营企业合同、中外合作勘探开发自然资源合同发生纠纷提起的诉讼,由中华人民共和国人民法院管辖。

(3) 第一审涉外民商事案件由下列人民法院管辖:①国务院批准设立的经济技术开发区人民法院;②省会、自治区首府、直辖市所在地的中级人民法院;③经济特区、计划单列市中级人民法院;④最高人民法院指定的其他中级人民法院;⑤高级人民法院。上述中级人民法院的区域管辖范围由所在地的高级人民法院确定。

在海事诉讼方面,根据我国相关法律规定,海事法院只管辖第一审海事和海商案件,不受理刑事案件和其他民事案件。海事法院的受案范围包括海事侵权纠纷案件、海商合同纠纷案件、其他海事海商纠纷案件、申请执行海事法院及其上诉审查高级人民法院和最高人民法院就海事请求作出生效法律文书的案件,而且对于海事法院的判决和裁定的上诉案件由海事法院所在地的高级人民法院管辖。

11.3.2 国际贸易行政诉讼

由于国际贸易纠纷不仅涉及进行贸易行为的主体之间的纠纷,还可能涉及由于具有国家行政职权的机关和组织及其工作人员的具体行政行为侵犯了国际贸易主体的合法权益而产生的纠纷,这就可能引发当事人提起行政诉讼。而我国目前的行政诉讼法主要调整国内行政诉讼,但是国际贸易的行政诉讼有别于国内行政诉讼,基于此,我国最高人民法院对国际贸易行政诉讼发布《关于审理国际贸易行政案件若干问题的规定》(以下简称《最高院国贸行政规定》),规范国际贸易行政诉讼行为。

知识拓展二维码 11-8:
中国国际商事法庭的历史背景及相关规定介绍

1. 国际贸易行政诉讼案件范围及管辖权

按照《最高院国贸行政规定》相关规定,下列案件属于国际贸易行政案件:①有关国际货物贸易的行政案件;②有关国际服务贸易的行政案件;③与国际贸易有关的知识产权行政案件；④其他国际贸易行政案件。

第一审国际贸易行政案件由具有管辖权的中级以上人民法院管辖。

2. 国际贸易行政诉讼中被诉具体行政行为合法性审查考量因素

国际贸易行政诉讼中被诉具体行政行为合法性审查考量因素主要有 7 个方面：①主要证据是否确实、充分；②适用法律、法规是否正确；③是否违反法定程序；④是否超越职权；⑤是否滥用职权；⑥行政处罚是否显失公正；⑦是否不履行或迟延履行法定职责。

3. 国际贸易行政诉讼法律适用

人民法院审理国际贸易行政案件所适用的法律、行政法规的具体条文存在两种以上的合理解释，其中有一种解释与中华人民共和国缔结或参加的国际条约的有关规定相一致的，应当选择与国际条约的有关规定相一致的解释，但中华人民共和国声明保留的条款除外。

11.3.3 外国法院判决的承认与执行

外国法院判决的承认与执行是指承认外国法院判决在中国境内具有与本国法院判决同等的法律效力，并在承认的基础上根据一方当事人的请求或者作出判决的法院的请求，依循本国法律规定和本国缔结或者参加的国际条约所规定的条件和程序，在本国境内强制执行外国的判决。

外国法院判决的承认与执行对于国际贸易争议得以解决起着至关重要的作用，如果一国法院对国际贸易纠纷作出的判决不能在另一方当事人所在国家得以执行，那么，国际贸易诉讼纠纷的判决就变得没有任何实际意义。仅就承认与执行而言，承认又是执行的必要前提条件，但是承认并不一定导致执行。

1. 我国法院判决在外国的承认与执行

人民法院作出的发生法律效力的判决、裁定，如果被执行人或其财产不在中华人民共和国领域内，当事人请求执行的，可以由当事人直接向有管辖权的外国法院申请承认和执行，也可以由人民法院依照中华人民共和国缔结或参加的国际条约的规定，或者按照互惠原则，请求外国法院承认和执行。

2. 外国法院判决在我国的承认与执行

外国法院作出的发生法律效力的判决、裁定，需要中华人民共和国人民法院承认和执行的，可以由当事人直接向中华人民共和国有管辖权的中级人民法院申请承认和执行，也可以由外国法院依照该国与中华人民共和国缔结或参加的国际条约的规定，或者按照互惠原则，请求人民法院承认和执行。

人民法院对申请或请求承认和执行的外国法院作出的发生法律效力的判决、裁定，依照中华人民共和国缔结或者

本章相关知识拓展性阅读二维码

参加的国际条约，或者按照互惠原则进行审查后，认为不违反中华人民共和国法律的基本原则或者国家主权、安全、社会公共利益的，裁定承认其效力，需要执行的，发出执行令，依照本法的有关规定执行。违反中华人民共和国法律的基本原则或者国家主权、安全、社会公共利益的，不予承认和执行。

复习思考题

一、判断题

1. 国际贸易争议有效的解决方式只有仲裁和诉讼。（　　）
2. 国际贸易协议没有相应实体法适用的规定，一般情况下，由仲裁员或法官决定。（　　）
3. 国际商会仲裁院成立于瑞典，是国际商会附设的国际商事仲裁机构。（　　）
4. 美国仲裁协会是临时的仲裁机构，仅受理商事案件。（　　）
5. 仲裁协议效力认定的机构只有一个，就是法院。（　　）

二、单项选择题

1. 下列关于解决投资争端国际中心主要受理的案件范围的说法，正确的是（　　）。
   A．国际投资合同　　　　　　　　　　B．合作合同
   C．合作开发自然资源以及建筑工程承包合同　　　　D．以上所有案件
2. 下列属于有效的国际贸易仲裁协议的是（　　）。
   A．中国A公司与中国B公司签订在中国C地履行货物买卖合同中约定的仲裁条款
   B．甲国A公司发邮件给乙国B公司，在电子邮件往来过程中双方达成的仲裁协议
   C．甲国A与乙国B约定，将离婚事宜交与中国国际经济贸易仲裁委员会处置
   D．甲国A公司与乙国B公司约定，双方就货物买卖合同履行过程中出现的争议由外国仲裁委员会仲裁
3. 人民法院组成合议庭审查核实，一般被申请人提出证据证明仲裁裁决有以下哪种情况，裁定可以执行？（　　）
   A．当事人在合同中没有仲裁条款或事后没有达成书面仲裁协议
   B．被申请人没有得到指定仲裁员或进行仲裁程序的通知，或者由于其他不属于被申请人负责的原因未能陈述意见的
   C．被申请人认为仲裁裁决不公正，确无证据佐证
   D．人民法院认定执行该裁决违背社会公共利益的
4. 由美国公司与中国公司合资成立的甲公司在北京与英国乙公司签订一份购销合同，合同约定乙公司向甲公司出售5台机器设备，并将该机器设备运到甲公司住所。设备运到后，甲公司经检测发现其中2台设备存在严重的质量问题，经交涉未能解决。于是向我国法院起诉，要求乙公司承担违约责任。在该诉讼中，应当适用以下哪种法律？（　　）
   A．美国法律　　　　B．英国法律　　　　C．中国法律　　　　D．当事人选择适用

5．网上仲裁地的确定标准，下列说明正确的是（　　）。
A．网络域名所在地
B．当事人约定仲裁地，当事人未约定的，以仲裁委员会所在地为仲裁地
C．由仲裁庭指定仲裁地
D．网络的虚拟空间就是仲裁地

三、多项选择题

1．下列属于**国际贸易诉讼案件管辖权原则**的有（　　）。
A．属地管辖原则　　　　　　　　B．属人管辖原则
C．协议管辖调解　　　　　　　　D．专属管辖原则

2．下列属于常设仲裁机构的是（　　）。
A．国际商会仲裁院　　　　　　　B．美洲国家商事仲裁委员会
C．瑞典斯德哥尔摩商会仲裁院　　D．瑞士苏黎世商会仲裁院

3．中华人民共和国人民法院具有专属管辖权的案件有（　　）。
A．在中华人民共和国履行中外合资经营企业合同案件
B．在中华人民共和国履行中外合作经营企业合同案件
C．在中华人民共和国履行中外合作勘探开发自然资源合同案件
D．在中华人民共和国履行的美国公司与英国公司货物买卖合同案件

4．关于国际贸易行政诉讼，下列说法正确的是（　　）。
A．第一审国际贸易行政案件由具有管辖权的中级以上人民法院管辖
B．有关国际服务贸易的行政案件属于国际贸易行政诉讼
C．与国际贸易有关的知识产权行政案件属于国际贸易行政诉讼
D．人民法院审理国际贸易行政案件所适用的法律、行政法规的具体条文存在两种以上的合理解释，其中有一种解释与中华人民共和国缔结或者参加的国际条约的有关规定相一致的，应当选择与我国行政法的有关规定相一致的解释

5．外国法院作出的发生法律效力的判决、裁定，需要中华人民共和国人民法院承认和执行的，下列说法正确的是（　　）。
A．可以由当事人直接向中华人民共和国有管辖权的中级人民法院申请承认和执行
B．由外国法院依照该国与中华人民共和国缔结或参加的国际条约的规定，或者按照互惠原则，请求人民法院承认和执行
C．为了营造良好的国际贸易环境，我国法院一定要承认和执行
D．违反中华人民共和国法律的基本原则或者国家主权、安全、社会公共利益的，不予承认和执行

四、简答题

1．国际贸易诉讼与国际贸易仲裁的区别有哪些？
2．仲裁协议有效性的认定主要考量因素有哪些？
3．按照《纽约公约》规定，拒绝承认和执行外国仲裁裁决的条件是什么？

4．外国仲裁裁决在我国的承认和执行考量哪些因素？

5．国际贸易诉讼案件管辖原则？

五、案例分析题①

（一）当事人基本情况

申请人（仲裁被申请人，反请求人）西门子国际贸易（上海）有限公司，住所地上海市外高桥保税区华京路2号三联大厦南楼515室。

法定代表人Bernd Euler，该公司董事长。

被申请人（仲裁申请人，被反请求人）上海黄金置地有限公司，住所地上海市浦东新区陆家嘴金融贸易区B2-5地块。

法定代表人Henry Onggo（王恒心），该公司董事长。

（二）案件基本事实和仲裁审理情况

2005年9月23日，上海黄金置地有限公司（下称黄金置地公司）作为业主与承包方西门子公司签订"黄金置地大厦高（低）压配电系统供应工程"的《货物供应合同》，约定由西门子公司负责提供相应的设备，西门子公司应于2006年2月15日之前将设备运至工地。双方还约定，合同争议须提交新加坡国际仲裁中心进行仲裁解决，实体争议应适用中华人民共和国法律等。

因双方在合同履行中发生争议，黄金置地公司于2007年9月21日依据《货物供应合同》中的仲裁条款向新加坡国际仲裁中心申请仲裁，主张西门子公司构成根本违约，已通知解除合同，请求裁决西门子公司支付违约赔偿金人民币110万元、赔偿各项损失人民币2000余万元等。西门子公司以本案不具有涉外因素，新加坡国际仲裁中心无权受理为由，对仲裁管辖权提出异议，仲裁庭审查后予以驳回。西门子公司答辩否认存在违约行为，并提出仲裁反请求，要求黄金置地公司支付尚欠的合同款人民币434余万元、赔偿相关仓储费等损失人民币172余万元及相应利息等。

仲裁案件于2010年7月8～10日在新加坡第一次开庭，于2010年10月25～26日在上海第二次开庭，于2010年11月21日在香港第三次开庭。仲裁庭最终认定，黄金置地公司主张的西门子公司的多项违约行为中，除一项微小的履约瑕疵外，其余均不成立，而该项微小的履约瑕疵并不构成西门子公司的根本违约，黄金置地公司解除合同的行为非正当合法。据此，仲裁庭于2011年8月16日作出裁决，基本支持了西门子公司的反请求，对黄金置地公司的请求事项予以驳回。

上述裁决作出后，黄金置地公司分别于2012年6月、11月履行了裁决项下的部分支付义务，但未支付合同欠款及利息。西门子公司遂于2013年6月14日，依据《纽约公约》向上海一中院申请承认和执行上述仲裁裁决。

被申请人黄金置地公司答辩称，本案双方当事人均为中国法人，合同履行地也在国内，且本案民事法律关系并不具有涉外因素，根据《纽约公约》第五条的规定，如果仲裁所依

---

① 本案节选自最高人民法院关于西门子国际贸易（上海）有限公司申请承认与执行外国仲裁裁决一案的请示的复函，（2015）民四他字第5号，2015年10月10日。

据的仲裁协议无效，或者承认和执行仲裁裁决有违我国公共政策的，相应的仲裁裁决就不应被承认和执行。因双方约定将争议提交外国仲裁机构进行仲裁的仲裁协议有违我国公共政策应为无效，该仲裁裁决应不予承认和执行，西门子公司申请应予驳回。

西门子公司针对黄金置地公司上述答辩意见反驳认为：第一，仲裁程序是由黄金置地公司依仲裁条款先行提出，在仲裁败诉后又以仲裁协议无效为由，要求拒绝承认和执行仲裁裁决，违背了诚实信用原则；况且，裁决作出后，黄金置地公司已经履行了部分支付义务，说明其已承认并接受了仲裁裁决的法律效力；第二，西门子公司是设立在中国上海外高桥保税区（现为自贸试验区）的外商投资企业，相当于境外企业，且本案标的物主要部分是进口货物，故本案并非"不具涉外因素"；第三，我国《民事诉讼法》和《仲裁法》并未明文规定没有涉外因素的纠纷不能提交外国仲裁机构仲裁，故涉案仲裁协议应为有效，仲裁裁决应予承认和执行。

结合本章所学，分析：我国法院是否承认和执行新加坡仲裁机构的裁决？

第12章　世界贸易组织争端解决机制

学习目标

通过本章的学习，要求了解 WTO 争端解决机制的法律渊源，理解 WTO 争端解决机制的原则、性质和特点，掌握 WTO 争端解决机制的适用范围和主要机构，重点掌握 WTO 争端解决机制的程序。

案例导入

欧共体关于香蕉进口、销售和分销体制案（European Communities—Regime for the Importation, Sale and Distribution of Bananas，下称"香蕉案"）是 GATT/WTO 体制下非常值得关注的一个案件。该案历时近十年，涉及欧共体、美国及一些拉美国家。此案历经 3 次，在此仅介绍最近一次。1996 年 2 月 5 日，厄瓜多尔、洪都拉斯、危地马拉、墨西哥及美国，根据 DSU 第 4 条、GATT1994 第 23 条、《进口许可程序协议》第 6 条、GATS 第 23 条、《与贸易有关的投资措施协议》（Agreement on Trade-Related Investment Measures，TRIMs）第 8 条及《农业协议》第 19 条，再次要求就欧共体有关香蕉进口、销售和分销制度与欧共体进行磋商。

5 个原告方单独或联合进行了行动，主张欧共体有关香蕉进口、销售和分销制度与 WTO 协议不符。各方于 1996 年 3 月 14 日及 15 日进行了磋商，但未能达成协议。1996 年 4 月 11 日，厄瓜多尔、危地马拉、墨西哥及美国要求 DSB 成立专家小组，以解决相关争议。专家小组于 1996 年 5 月 8 日成立，并于 1997 年 5 月 22 日向成员公布其报告。专家小组在报告中裁决，欧共体的香蕉进口体制违反了 GATT 第 1 条第 1 款、第 3 条第 4 款、第 10 条第 3 款以及第 13 条第 1 款，违反了《进口许可程序协议》第 1 条第 3 款以及 GATS 的第 2 条和第 17 条。1997 年 6 月 11 日，欧共体就专家小组报告提出上诉。上诉机构维持了专家小组报告中的大部分结论。上诉机构报告于

1997年9月9日公布。由于双方未就裁决的执行期达成协议，因此依据DSU第21条第3款（c）项规定，该案又成立了仲裁庭，由原专家小组成员对此进行裁决。仲裁结果是，要求欧共体在1999年1月1日之前，按照其在WTO项下的义务修改有关香蕉体制中的措施，即欧共体执行报告的期限被确定为从1997年9月25日到1999年1月1日。1998年7月20日，欧共体理事会通过了第1637/98号规则，对原有的404/93号规则中受到争议的措施进行了修改，但对香蕉的进口管理依然以关税配额为基础。

美国和其他申请四国认为欧共体关于香蕉进口、分销和销售的新制度只是对原有规则换汤不换药的修改，仍继续保留了原制度中的歧视性，双方由此开始了进一步的纷争。

1998年10月22日，美国宣布根据1974年贸易法"301条款"对欧共体进行贸易报复，并于12月15日公布报复清单。就在美国公布报复清单的当天，欧共体根据DSU第21条第5款，就其香蕉进口制度的修正是否符合WTO规则的问题要求设立专家小组进行裁决。美国坚决反对这一要求。1999年1月14日，美国据DSU第22条第2款，要求DSB授权中止对欧共体的减让，数额为5.2亿美元。1月19日，欧共体据第22条第6款，要求对美国提出的中止减让水平进行仲裁。1999年1月12日，DSB同意召集原来的专家小组，据第21条第5款审查欧共体和美国的申请。根据第22条第6款，美国提出的中止减让的要求被DSB推迟到中止减让水平的仲裁裁决作出之后。

面对美国和欧共体僵持不下的对立局面，1999年1月26日，当时的WTO总干事鲁杰罗为促成美欧达成妥协，以DSB推迟考虑美国授权报复请求作为交换条件，说服欧共体同意就报复水平进行仲裁。在欧共体要求的专家小组程序中，专家小组裁定，欧共体的实施措施并未符合DSB的建议。而在欧共体要求的就美国提出的中止减让水平的仲裁中，仲裁庭于1999年4月9日作出仲裁报告，认为没有理由等到第21条第5款专家小组程序作出结论后，才启动第22条6款进行仲裁，但将美国提出的贸易报复金额从5.2亿美元削减为1.914亿美元。之后，美国亦正式请求DSB授权报复。DSB于1999年4月19日授权美国对欧共体进行价值为1.914亿美元的贸易报复……2001年4月11日，欧共体与美国就解决香蕉贸易争端达成最终协议，不久欧共体和厄瓜多尔于4月30日也就解决香蕉贸易争端达成最终谅解。[①]

根据本案事实，并查找相关课外资料，请回答以下问题。

（1）欧共体关于香蕉进口、销售和分销体制案涉及WTO争端解决机制哪些原则的应用？

---

① 石静霞. WTO国际服务贸易成案研究（1996—2005）[M]. 北京：北京大学出版社，2005.

（2）欧共体关于香蕉进口、销售和分销体制案涉及 WTO 争端解决机制哪些主要机构？

（3）根据欧共体关于香蕉进口、销售和分销体制案的事实描述，简述 WTO 争端解决机制的程序。

12.1 世界贸易组织争端解决机制概述

12.1.1 WTO 争端解决机制法律渊源

WTO 争端解决机制是一种贸易争端解决机制，为各成员的权利提供充分的制度保障，不仅是 WTO 不可缺少的一部分，而且是多边贸易体制的主要支柱。正如首任 WTO 总干事鲁杰罗所言，如果不提及争端解决机制，任何对 WTO 成就的评论都是不完整的……是 WTO 对全球经济稳定作出的最独特的贡献。[①]WTO 争端解决机制从当初 GATT 有关争端解决规定的 3 个条款发展至今，已经形成一套具有统一性、效率性和强制性的争端解决程序和方法。WTO 争端解决机制主要法律渊源由两部分组成：一是 WTO 争端解决机制的主要渊源；二是 WTO 争端解决机制的辅助渊源。

1. WTO 争端解决机制的主要渊源

（1）《关于争端解决规则与程序谅解》。

WTO 争端解决机制的主要规定集中于 WTO 章程的附件二《关于争端解决规则与程序谅解》（Understanding on Rules and Procedures Governing the Settlement of Disputes，DSU）。DSU 是在 GATT1979 年通过的《关于通知、磋商、争端解决和监督的谅解》基础上修改而成，由 27 条正文和 4 个附录组成，对 WTO 争端解决的范围、原则和程序作出系统地规定。当 DSU 规定的各项规则和程序与 WTO 项下各单边协定中的特殊规则和程序之间存在冲突时，特殊规则和程序应当优先适用。DSU 具体结构见表 12-1。

表 12-1 《关于争端解决规则与程序谅解》的主要框架

项目	主 要 框 架
总则	范围和实施；管理；总则；磋商；斡旋、调解和调停；专家小组的建立；专家小组的职责范围；专家小组的组成；多方起诉程序；第三当事方；专家小组的职能；专家小组程序；获得资料的权利；保密性；临时审查阶段；专家小组报告的通过；上诉审议；与专家小组或上诉机构的联系；专家小组和上诉机构的建议；DSB 作出决定的时间框架；对执行各项建议和裁决的监督；赔偿和减让的中止；加强多边体制；最不发达国家成员的特殊程序；仲裁；秘书处的职责
附件	附件 1：由本谅解涉及的各个协议 附件 2：各有关协议中的专门或附加的规则和程序； 附件 3：专家小组解决争端的工作程序； 附件 4：专家审议小组

---

① 郭寿康，韩立余. 国际贸易法（第三版）[M]. 北京：中国人民大学出版社，2011：345.

（2）除 DSU 之外的 WTO 有关规定。

DSU 第 7 条规定："各专家小组应当具有下述职责，除非自该专家小组成立起的 20 日内争端的各当事方同意另有规定：按照×××协议（有关协议的名称由争端的各当事方列举）的有关规定，审查出×××（当事方名称）以 DS／×××文件提交 DSB 的有关事项，进行调查并作出有助于 DSB 制定各项建议或按照那个或那些协议中的规定作出裁决。专家小组应对争端的各当事方列举的任何有关协议中的各项规定加以审议提出建议。"从这个规定可以看出，涉讼的 WTO 协定的有关规定也是专家小组和上诉机构正式适用的法律。

2. WTO 争端解决机制的辅助渊源

WTO 争端解决机制的辅助渊源，并不是说这些辅助渊源可以填补 WTO 协定的空白，而是说它们可以成为专家小组和上诉机构解释 WTO 协定的辅助资料，可以作为专家小组和上诉机构观点的佐证或论据。①归纳起来，主要有 4 个方面的辅助资源。

（1）国际习惯。

由于国际习惯本身认定极其困难和复杂，以及专家小组和上诉机构成员的知识背景不以具有法律背景为必要条件，②DSU 第 3 条第 2 款为国际习惯作出这样的规定：WTO 的争端解决制度是为多边贸易体制提供保证和可预见性的一个重要方面。各成员承认该制度用以保障各成员有关协议项下的权利和义务，以及按照国际公法解释的习惯规则，澄清有关协议的现有条文。DSB 的各项建议和裁决不得增加或减少各有关协议所规定的权利和义务。从这个规定可以看出，WTO 协定的有关规定才是专家小组和上诉机构唯一正式适用的法律，但并不排除用国际习惯作为辅助资料来解释、分析与适用 WTO 协定现有条文。这一点我们从欧共体荷尔蒙案与欧共体生物技术产品案中可以看出，专家小组与上诉机构适用国际习惯解决纠纷保持非常谨慎与保守的姿态。③

知识拓展二维码12-1：国际习惯在 WTO 争端案件中的应用

（2）一般法律原则。

WTO 专家小组和上诉机构的报告中有时会引用一般法律原则。一般法律原则是指在国家实践中形成的一种国际社会的共同法律意识，属于各国法律体系中共有的原则。④WTO 协定没有明确规定是否可以适用一般法律原则。但 DSU 第 11 条规定："专家小组应对向其提交的事项进行客观的评估（包括对案件事实的客观评估、对有关协议的适用性和一致性的客观评估），并作出裁定帮助争端解决机构"提出建议与作出裁决。"在整个争端解决过程中，各争端方一方面依据 WTO 协定的原则和制度进行主张和抗辩，另一方面他们也可

---

① 漆彤. 国际贸易法新编[M]. 武汉：武汉大学出版社，2009：366.
② 曾炜. 论国际习惯法在 WTO 争端解决中的适用——以预防原则为例[J]. 法学评论，2015（4）：111.
③ 专家小组与上诉机构在处理案件过程中，虽然在脚注中引用许多学者著作佐证预防原则的国际法地位尚不明确，但其并未自行分析预防原则在国家实践与法律确信方面究竟已达何种程度、对许多国际公约或国家国内环境保护法明文规定的预防原则在国际习惯法形成过程中有何意义等问题避而不答。
④ 王立武. 论 WTO 争端解决机构对一般法律原则的借鉴与发展[J]. 政法论坛，2001（3）：86~88.

以依据国内法律原则或法理进行主张和抗辩，以弥补 WTO 协定的不足。例如，在"美国影响美毛编织衫和外套进口的措施"一案中，WTO 的上诉机构对举证责任问题进行了详细的论述，肯定了"谁主张，谁举证"的原则，并且提出"初步事实论据"规则，对 WTO 案件审理具有重大的指导意义。①

（3）司法判例——专家小组和上诉机构的报告。

按照国际法规定，国际法庭或国际仲裁庭的判决或裁决只对该个案所涉及的当事国有效，对其他案件、其他国家并无约束力，简言之，WTO 专家小组和上诉机构对 WTO 协定涉案条款的解释对以后的案件并没有约束力。然而在实践中，WTO 专家小组和上诉机构报告中常常引用以前专家小组和上诉机构报告中的观点。例如，日本酒税案、美国汽油案、欧共体荷尔蒙案在 40 个以上的报告中被引用，欧共体香蕉案被引用的次数也超过 30 次，美国虾案也被引用 20 余次。②可见，虽然 WTO 协定没有明确规定司法判例如何应用，但专家小组和上诉机构倾向于依循先例来解决 WTO 争端。这种做法主要有 3 个方面的好处：一是有利于发展出具有一致性和可操作性的 WTO 司法解释，弥补 WTO 协定的不足；二是有利于提高办案效率和不断积累法律解释与分析方法；三是可以加强审查结果的说服力。③

（4）权威最高公法学家的学说。

WTO 专家小组和上诉机构经常在其报告中援引权威专家的学说。尤其是上诉机构，因为其权限只能对专家小组报告中涉及的法律问题和专家小组所作的法律解释进行审查，援引各国权威专家的学说来审查这些法律问题和法律解释具有很大的权威性。例如，在"海龟案"④中，回应如何解释"善意原则"时，上诉机构就援引著名国际法学者郑斌教授的著作《国际性法院与法庭所适用的一般法律原则》中的论述："当权利的主张侵犯了条约义务所涉及的领域时，行使该权利就必须诚实信用亦即合量。"

知识拓展二维码 12-2：
美国"海龟案"

12.1.2　WTO 争端解决机制的性质

WTO 争端解决机制是对 WTO 体制这一多边贸易体制提供安全和可预见性的核心因素，是成员维护自己权益并纠正其他成员违反 WTO 协议义务行为的不可或缺的手段。基于此，明确此机制的性质，对于人们从宏观和本质上把握和运行该机制具有非常基础和必要的作用。然而，DSU 文件并没有对 WTO 争端解决机制的性质作出明确界定。学术界对 WTO 争端解决体制的性质也处于见仁见智阶段，主要观点有以下 4 种。

---

① 王立武. 论 WTO 争端解决机构对一般法律原则的借鉴与发展[J]. 政法论坛，2001（3）：88.
② 朱榄叶. WTO 争端解决报告的效力，当代国际法研究：21 世纪初的中国与国际法[M]. 上海：上海人民出版社，2002：276.
③ 漆彤. 国际贸易法新编[M]. 武汉：武汉大学出版社，2009：367.
④ 美国"海龟案"争议的焦点是美国禁止使用对海龟产生不利影响技术所捕的虾进口到美国。具体见知识拓展二维码 12-2。

1. WTO 争端解决机制是调解机制

主要理由是 DSU 第 3 条第 2 款限制专家小组和上诉机构通过其司法解释"能动地或建设性地"发展有关协议的规则。①争端解决机构的建议或裁决应致力于达成符合本谅解和有关协议下权利和义务的满意的解决方法这一目标。②

2. WTO 争端解决机制属于准司法体制

持有此观点的学者认为 WTO 的争端解决办法既包括政治性质的，也包括法律性质的。前者如协商、调解和调停等，后者包括专家小组和上诉机构的裁定等。③

3. WTO 争端解决机制不是司法性质体制

主要理由是，机制的机构是专家小组，上诉机构不称作"法院"或"法庭"。专家小组和上诉机构的报告也不称为"裁决"，并非一经作出就具有法律效力。④

4. WTO 争端解决机制是一个富有特色的司法性体制

主要理由有 8 个方面：①相关称谓与司法程序相关规定不符。WTO 机构名称是专家小组和上诉机构，而非法庭；争端双方不是原告与被告，而是申诉人与被诉方；双方提交的文书不是起诉状和答辩状，而是意见书；机构的决定是报告而不是判决；②机构适用法律渊源形式单一，WTO 仅限于乌拉圭回合多边贸易协议所确定的成文规则；③机构以协商为必经程序，而协商不是司法的必经程序；④机构以和解为优先目标，一旦当事国达成和解，终结司法性程序；⑤机制具有上诉评审程序，上诉机构可维持、修正或推翻原裁定；⑥机构决定须经过通过才具有法律效力；⑦机构必须在严格的时限内作出决定；⑧WTO 机制包含详尽的执行程序。⑤

本书倾向于将 WTO 争端解决机制的性质界定为结合政治性与司法性于一体的新型争端解决机制。主要理由有 3 个方面：一是 WTO 争端解决机制着重于成员方通过 WTO 诸边协议达成利益平衡，而非完全的公平公正的司法价值目标；二是机构的专家小组和上诉机构在组织上保持较高的独立性与专业性，具备了司法体制基本属性；三是 WTO 争端解决机制无法克服国际司法的强制管辖权和强制执行权不足的先天缺陷。

12.1.3　WTO 争端解决机制的原则

WTO 争端机制基本原则是 WTO 争端解决过程中参与各方都应遵守的一般性指导原则，是原关贸总协定长期实践中形成，并在乌拉圭回合谈判中得以确认和补充的基本原则。根

---

① 左海聪. 论 GATT/WTO 争端解决机制的性质[J]. 法学家，2004（5）：158.
② 《关于争端解决规则和程序的谅解书》第 3 条第 4 款。
③ E-U Petersman, The GATT/WTO Dispute Settlement System, Kluwer, 1977：183. 转引自：左海聪. 论 GATT/WTO 争端解决机制的性质[J]. 法学家，2004（5）：159.
④ 曾令良. 世界贸易组织法[M]. 武汉：武汉大学出版社，1996：134.
⑤ 左海聪. 论 GATT/WTO 争端解决机制的性质[J]. 法学家，2004（5）：160.

据 DSU 规定，争端解决机制主要有 5 个基本原则。

1. 继续适用 GATT 争端解决机制的原则

GATT 争端解决机制是 WTO 争端解决机制赖以建立的基础。DSU 第 3 条第 1 款规定："重申信守基于 1947 年关贸总协定第 22 条和第 23 条所适用的原则，以及经进一步阐述与修改的各项规定和程序。"从这一规定可以看出，DSU 和 WTO 各项文件的生效不是使 GATT 关于争端解决的原则当然失效，而是前者的继续和完善。此外，从 DSU 第 3 条第 11 款和第 12 款的相关规定可以看出，虽然 DSU 在多方面发展了 GATT 机制，但是 GATT 争端解决机制仍然是 WTO 争端解决机制的重要组成部分。

2. 一体化争议解决原则

根据 DSU 第 23 条规定可以看出，WTO 争端解决机构对于成员之间因 DSU 适用范围内框架协议引起的争议解决实行强制管辖。属于适用 DSU 的争议，WTO 成员不得诉诸任何单边或者未授权的多边贸易体制以外的双边争议解决和报复制裁，只有经过 WTO 争端解决才可以最终确定某一成员违反了协议项下的义务。

3. 维持权利和义务平衡原则

DSU 第 3 条规定争端解决的目标是保障各成员方在有关协议中的权利和义务的实现。然而，这个目标能否实现，取决于 WTO 争端解决机制是否提供一个具有安全和预见性的多边贸易制度，基于此，争端解决机制规定其各项建议和裁定不得增加或减少有关协定的权利义务，维护各成员国的权利和义务之间的适当平衡。

课堂讨论 12-1：美国与欧盟经常采取 WTO 争端解决机制来解决两者之间的贸易纠纷，截至 2012 年，美国起诉的 100 件案例中，19 件针对欧盟，但并没有影响两者经贸往来，两者还是最重要的贸易伙伴。中国和美国贸易纠纷随着两国经贸往来增加而增多，但不妨碍两国经济关系日趋密切。

结合本节所学请思考：为什么有贸易往来的国家（地区）间存在诸多争议，仍能够成为关系密切的贸易伙伴？

4. 发展中国家的优惠待遇原则

根据 DSU 相关规定，当争端解决涉及发展中国家成员国时，在解决程序和执行方面均有优惠条款可供适用，主要体现在以下几个方面：一是如果发展中国家对发达国家提出申诉，申诉方可援引 GATT《关于第 23 条程序的决议》的有关规定，作为执行 DSU 的规则与程序的变通；二是在审核对发展中国家成员方的投诉时，专家小组应给予足够的时间来准备和提交有关证据，并至少配备一位来自发展中成员的专家组成专家小组；三是 WTO 争端解决机构在考虑采取适当行动措施时应重视这些措施对发展中成员方的经济发展的影响，不要贸然行动；四是如果发现利益损害与丧失为发展中成员采取的措施所致，有关方面应适当限制依规定寻求补偿或授权中止实施减让或其他义务。

课堂讨论 12-2：截至 2012 年 3 月，美国在作为 WTO 争端解决机制被申诉方的 114 个案件中败诉 107 次，欧盟在作为被申诉方的 70 个案件中败诉 67 次，败诉率分别达到 93.7% 和 95.7%。被称为 WTO 第一案的委内瑞拉和巴西诉美国汽油规则案以发展中国家胜诉告终。2013 年 8 月在日内瓦举行的印尼与美国丁香烟纠纷案特别会议上，裁定美国败诉。①

结合本节所学分析：WTO 争端解决机制中对发展中国家有何特殊制度？

5. 高效平等协商原则

为了能够高效地解决成员国之间的争端，DSU 对争端解决各个程序的每个阶段都规定了时间限制，例如审理期限为 6 个月，最长不超过 9 个月。同时 DSU 要求各成员对启动争端解决程序的效力进行评估，提出一项争端前，各成员应对按照这些程序采取行动是否富有成效作出判断。并将 GATT 争端解决的协商原则作为 WTO 争端解决所接受和继承的原则，贯穿 WTO 争端解决始终，当 WTO 争端解决机构作出决定时，出席会议的 WTO 成员无人提出正式反对，即通过有关决定，缺席、弃权、不表态均不妨碍决定的作出。

知识拓展二维码 12-3：涉及最不发达成员国的特别程序

12.1.4　WTO 争端解决机制适用范围

自 1995 年 WTO 成立以来，按照 DSU 规定的受理案件范围，争端解决机构（DSB）审理的案件已达 482 起。②归纳 DSU 相关规定，WTO 争端解决机制适用范围可以分为时间范围、主体范围和具体争端范围三大类。

1. 时间范围

根据 DSU 第 3 条第 11 款规定，本谅解只适用于在建立 WTO 的协议生效之日或之后根据各有关协议之磋商条款提出的新的磋商请求。在建立 WTO 的协议生效实施之前，根据 1947 年关贸总协定或有关协议提出的争端磋商请求，在建立 WTO 的协议生效前仍在生效的争端解决的有关规则与程序将继续适用。从这条规定可以看出，WTO 争端解决规则和程序不溯及既往，适用于 DSU 生效之后的国际争端。

2. 主体范围

DSU 明确规定，WTO 争端解决机制适用主体仅为 WTO 成员之间由于执行 WTO 协议而产生的争议③。其中，WTO 成员包括主权国家成员和单独关税领土成员。④

---

① 胡雁冰. WTO 争端仲裁：富国受气，穷国得利. http://news.163.com/special/reviews/whenbullybecomesjustice0216.html。
② 曾炜. 论国际习惯法在 WTO 争端解决中的适用——以预防原则为例[J]. 法学评论，2015（4）：109.
③ 《关于争端解决规则和程序的谅解书》第 1 条明确了主体范围，即本谅解的各项规则和程序适用于各成员之间。
④ 《建立世界贸易组织的协议》解释性说明指出本协议"和多边贸易中协定中使用的国家一词应理解为包括任何 WTO 单独关税区成员。对于 WTO 单独关税区成员，如本协定和多边贸易协定中的措辞被冠以国家一词，则以措辞应理解为与该单独关税区有关，除非另有规定。

课堂讨论 12-3：在欧共体关于香蕉进口和分销体制案中，上诉机构裁定批准被申诉方圣露西亚政府的请求，允许2名非圣露西亚政府雇员作为法律顾问参加听证会，认为WTO成员有权决定其代表团成员资格，但这一要求遭到申诉方欧盟的反对。

此案涉及一个问题：成员国是否自主决定其代表资格，能否通过私人执业律师在专家小组或上诉机构面前陈述案件？

3. 具体争端范围

DSU第一条明确了DSU具体适用范围，其适用于DSU附录1所列各项协议的磋商和争端解决规定所提出的争议。同时，DSU还适用于各成员间有关它们在WTO协定和DSU规定下的权利和义务的磋商和争端解决，此类磋商和争端解决可单独进行，也可与任何其他适用的协定结合进行。简言之，DSU规则和程序适用于除《贸易政策评审机制》以外的包括WTO协定及DSU本身在内的所有WTO框架协议实施引起的争端解决，具体包括成员根据以下协议中的争端解决规定提出的争端解决，具体见表12-2。

表12-2　协议中具体争端范围

协议中争端名称	具 体 内 容
WTO协定	《建立世界贸易组织协定》
多边贸易协定	附件1A：《多国货物贸易协定》 附件1B：《服务贸易总协定》 附件1C：《与贸易有关的知识产权协定》 附件2：《关于争端解决规则与程序的谅解》
诸边贸易协定	附件4：《民用航空器协定》《政府采购协定》

案例分析 12-1：美国禽肉案（United States — Certain Measures Affecting Imports of Poultry from China，DS392）

2009年美国《农业，农村发展，食品与药品管理，以及相关机构拨款法案》第727节规定："本法案所列任何资金，不得用于建立或实施允许中国禽肉产品进口到美国之规则。"这条孤零零的规定，是专门针对中国的，而法案对其他国家并没有类似规定。这条规定，限制了美国农业部及其下属的食品安全检疫局使用资金，限制从事与进口中国禽肉相关的工作，进而影响了中国鸡肉等禽肉产品输美。这是明显的歧视性规定。

问题：此案件是否可以向WTO争端解决机制的机构提出申请？

12.2　世界贸易组织争端解决机制基本制度

国际贸易争议的解决是指通过一定方式和途径来解决当事人之间的国际贸易纠纷，进而协调和平衡当事人之间的权利义务关系。国际贸易争议的解决通常会涉及三方面内容：一是国际贸易争议的解决方式；二是国际贸易争议解决适用的法律；三是国际贸易争议解决的承认与执行。

12.2.1 WTO 争端解决机制的主要机构

根据 DSU 相关规定，WTO 争端解决机制的主要机构有 WTO 争端解决机构、专家小组、上诉机构、WTO 总干事和 WTO 秘书处。

1. WTO 争端解决机构

根据 DSU 第 2 条明确规定，设立"争端解决机构"（Dispute Settlement Body，DSB）负责执行规则和程序以及有关协议中的磋商和争端解决条款。在此需要注意的是，虽然争端解决机构单独设立主席，也有自己的工作人员和文件编号，但是争端解决机构是 WTO 总理事会在行使争端解决机制的管理职能时的专门称呼，并不是 WTO 一个单独的主要机关。

DSB 应经常召开为行使争端解决职能所必需的会议，通常情况下，由全体成员出席。然而，如果争端解决机构所管理的争端涉及某一诸边协定，则只能由那些为协定缔约方的成员参与决策。

DSB 在批准设立专家小组申请、通过专家小组报告/上诉机构报告、授权报复时，采取所谓的"反向一致"原则，即"除非一致不同意则一致通过"原则，其实质是一票通过或准自动通过。

2. 专家小组

专家小组（Panel）是争端解决机构的非常设机构。在争端发生后，如果经争端各方协商而未能解决争端，经争端中任何一方申请，由 WTO 争端解决机构决定设立，专家小组的成员一般由争端成员双方磋商后，从 WTO 秘书处存有的专家名单中选定，专家名单是经各成员国向争端解决机构推荐的国际贸易与法律领域的专家。专家小组存续时间为半年。

专家小组由 3 名专家小组成，争端各方分别选择 1 名专家，再由这两名专家共同选举另一名专家作为专家小组主席。在双方不能达成一致时，专家小组由 WTO 总干事任命。专家调查员以个人身份开展调查工作，不能接受任何国家政府、国际组织或个人的授意，并且遵守 DUS 制定的行为准则。

3. 上诉机构

上诉机构（Appellate Body）是争端解决机构中的常设机构。上诉机构由 7 名国际贸易和法律方面的专家小组成。每届专家任期 4 年，可以连选连任。上诉机构在审理案件时由 3 名专家小组成合议庭。上诉机构专家的国籍背景在 WTO 成员中有广泛的代表性，以独立的个人身份工作，不得为任何国家的附庸。

4. WTO 总干事

世界贸易组织总干事（Director-General of the World Trade Organization）为负责监督 WTO 行政业务的职位，属于 WTO 的行政首脑。但由于 WTO 绝大部分的政策都是由会员国所召开的专门会议或集体大会决定，使得 WTO 总干事主要工作为发表消息及管理业务。

5. WTO 秘书处

WTO 秘书处（The WTO Secretariat）现有正式职员 550 余人，来自 60 多个国家和地区，大多具有经济和法律专家背景。根据 DSU 第 27 条第 1 款规定，WTO 秘书处直接参与争端解决过程，在 GATT 专家小组工作时，通常由秘书处指派两名人员协助专家小组工作。

知识拓展二维码 12-4：争端解决机制的主要机构职责

12.2.2 WTO 争端解决机制程序

WTO 争端解决的基本程序是协商程序、专家小组审理程序、上诉机构审理程序、裁决的执行及监督。除了基本程序之外，当事方在自愿的基础上，也可以采取仲裁、斡旋、调解和调停等方式解决争端。

1. 磋商程序

磋商（Consultation）程序是 WTO 成员解决贸易争端的首要办法，是设立专家小组之前的必经程序。DSU 第 4 条第 1 款和第 2 款明确规定，各成员重申决心加强和改进由各成员使用磋商程序的有效性。每个成员保证对另一成员提出的关于在其境内采取的影响各有关协议实施之措施问题，给予同情的考虑，并就此提供充分的磋商机会。

（1）正常磋商流程。

如果根据某个有关协议提出了磋商请求，接到请求的成员国（双方同意的时间除外）应自收到请求的 10 天内，对该请求作出答复，并在收到请求后不超过 30 天内，真诚地进行磋商，以达成双方满意的解决方法。如果该成员在收到请求之日起 10 天内未作出答复，或者未在收到请求后 30 天内或双方另行同意的期限内进入磋商，请求磋商的成员可直接请求成立一个专家小组。如果在收到磋商请求之后的 60 天内未能经磋商解决争端，起诉方可要求设立一个专家小组。如果进行磋商的所有当事方一致认为磋商无法解决该争端，起诉方可在 60 天期限内提出成立一专家小组的请求。

（2）特殊情况的磋商流程。

若情况紧急，包括涉及易腐食品，各成员应在收到该项请求之后不超过 10 天的时间内进行磋商。若在收到该项请求之后的 20 天期限内，磋商未能解决该争端，则起诉方可要求设立一个专家小组。若情况紧急，包括涉及易腐食品，争端的各当事方、专家小组及受理上诉机构应竭尽全力，尽最大的可能加速完成诉讼程序。

（3）磋商过程中注意事项。

第一，所有此类磋商请求应由请求磋商的成员向 DSB 及有关的理事会和委员会通报。任何磋商请求均应以书面形式提交，并应说明提出请求的理由，包括争端中各项措施的核实材料，以及指明起诉的法律依据。第二，在根据某个有关协议的规定而进行磋商的过程中，在按照 DSU 采取进一步行动之前，各成员应力求使事件的调解得到令人满意的结果。第三，磋商应予保密，并不损害任何一方在以后的诉讼过程中的权利。四是在磋商过程中，各成员应特别注意发展中国家成员的特殊问题及利益。

案例分析 12-2： 中美关于中国集成电路增值税国民待遇案

2000 年 6 月，中国国务院颁布《鼓励软件产业和集成电路产业发展的若干政策》（简称 18 号文件），文件规定，2010 年前按 17%的法定税率征收增值税，对实际税负超过 6%的部分即征即退，由企业用于研究开发新的集成电路和扩大再生产，但进口产品不能享受这一优惠。2000 年年底，美国半导体协会致电中国外经贸部，指出 18 号文件对进口商品有歧视。2001 年 12 月，中国正式加入 WTO 不久，美国再次质疑 18 号文件违背了 WTO 国民待遇原则。同年，财政部和税务总局发布《关于进一步鼓励软件产业和集成电路产业发展税收政策的通知》（70 号文）鼓励国内芯片产业的发展，将 18 号文件中规定的税负由 6%下调至 3%。2004 年 3 月 18 日，美国政府向 WTO 提出上诉，称这些规定不符合《GATT1994》第 1 条和第 3 条规定以及中国加入 WTO《议定书》项下的义务，损害了美国半导体行业的出口。2004 年 4 月 27 日，中美首次磋商在 WTO 总部日内瓦举行。随后又经过 3 次磋商，于 2004 年 7 月 14 日在日内瓦正式签署了《中美关于中国集成电路增值税问题的谅解备忘录》。

问题：整个磋商流程的注意事项是什么？

知识拓展二维码 12-5：斡旋、调解与调停程序

2. 专家小组程序

专家小组程序（Panel Procedures）是 WTO 争端解决机制中重要的一个程序，DSU 对专家小组程序作出细致的制度安排。具体流程如下。

（1）专家小组工作的时间流程。

为了避免 WTO 争端解决机制审理时限过长，而使专家小组作出的专家报告失去了投诉方申请的价值，DSU 对争端解决规定了严格的时限。具体见表 12-3。

表 12-3 专家小组工作的时间流程

程序名称	时限要求
申请设立专家小组	请求协商的成员方若在 10 天内未接到对方的答复，或在请求协商后 30 天内或双方另行同意的期限内没有进行协商，则可直接请求成立专家小组，如果在收到协商请求之后的 60 天内未能经协商解决争端，可申请设立专家小组，或进行斡旋、调解和调停
专家小组成立	由 DSB 设立专家小组，不得迟于申请后的下次会议上设立。30 天内组成专家小组，若对 DSU 所规定的专家小组职权有增减或争论，当事方应在 20 天内达成协议 如果在专家小组成立的 20 天内，并未就成员组成达成协议，并在任何一位当事方的请求下，总干事应按照争议所涉及的各有关协议的任何有关的专门或附加的规则和程序，在与 DSB 主席有关的委员会或理事会主席协商的基础上，并与争端各当事方磋商后，通过任命最合适的人选来决定专家小组的组成。DSB 应在收到请求的 10 天内，向各成员通报专家小组的组成情况

续表

程序名称	时限要求
专家小组审理案件时限	自该专家小组的组成及其职责取得一致意见到最终报告送交争端各当事方这段时间，原则上不应超过 6 个月。若遇紧急情况，包括涉及易腐食品的情况，该专家小组应设法在 3 个月内将其报告送交争端各当事方 若该专家小组认为它在 6 个月内，或紧急情况下的 3 个月内不能提交其报告，则应以书面形式向 DSB 通报延迟的原因，并通知预计它将提交报告的期限。但无论如何，从专家小组的成立到向各成员递交报告的期限不应超过 9 个月
中期评审报告分送当事方征询意见的时限	（1）专家小组报告分送 DSB 各方传阅，这段时间不应超过 9 个月； （2）如无上诉，DSB 在 60 天内通过专家小组报告，上诉评审期限为 60～90 天，DSB 在 30 天内通过上诉报告

（2）专家小组审理流程。

① 具体审理。争端的每个当事方应将书面材料送达秘书处，秘书处应立即将书面材料转送专家小组和其他当事方或争端各当事方。申诉方应在相应当事方的首份书面材料之前提交它的第一份书面材料，除非在与争端各当事方磋商之后，在规定的时间表内，专家小组决定各当事方应同时递交它们的第一份书面材料。一旦第一份书面材料的提交顺序安排已定，该专家小组应建立严格的接受相应当事方书面材料的时间期限表。随后的任何书面材料应同时递交。[①]

如果争端各当事方未能取得双方满意的解决办法，该专家小组应向 DSB 提交有关结果的书面报告。在此情况下，专家小组的这份报告应陈述事实的调查结果，有关条款的适用性以及专家小组所作的调查情况与建议的基本理由。如果争端各当事方之间业已达成该事件的解决办法，专家小组的报告应限于该案例的简要陈述，并写明业已达成解决办法。

如果存在一个或一个以上的当事方是发展中国家成员，专家小组报告应明确写明业已考虑到对发展中国家成员差别待遇和更优惠待遇的各项规定，这些规定是各有关协议的组成部分，这一问题已由发展中国家成员在执行争端解决程序的进程中提出。

此外，根据申诉方的请求，专家小组可以随时中止其工作，但不得超过 12 个月。在此等中止的情况下，DSB 对专家小组的程序、争端解决机构的决定、建议和裁定的实施所规定的期限应按中止的时间予以延长。如果专家小组工作的中止超过了 12 个月，建立专家小组的授权予以取消。

② 中期审查阶段。根据 DSU 第 15 条规定，在考虑了辩驳的书面材料和口头辩解之后，该专家小组应向争端当事方提交其报告草案中（事实和论据）的陈述性部分。在专家小组指定的时间期限内，各当事方应递交他们的书面意见。

---

① 申诉方与被申诉方利益之争，还可能涉及第三方的利益，根据 DSU 第 10 条规定，专家组在审理案件时，应充分考虑争端各方的利益及其他成员的利益，如果专家组处理的事项具有实质性利害关系，且就此通知了 DSB 的任何 WTO 成员，那么，在此案件中应当给予其他成员第三方的诉讼地位，但是第三方不可以直接对专家小组的报告提出上诉。

接收争端当事方书面意见的设定期限到期后，专家小组应向各当事方发出一份既有陈述部分又有该专家小组的调查情况与其结论的中期报告。在由专家小组指定的时间期限内，某一当事方可在最终报告散发成员传阅之前，向该专家小组提出书面请求，对中期报告某些细节等方面进行重新审查。在一方提出请求下，该专家小组应就书面意见中论及的各个问题，与各当事方召开进一步的会议。如在审查期间未收到任何当事方的意见，中期报告应被看作最终报告，并应立即送交各成员传阅。

③ 专家小组报告的通过。为了给予各成员足够的时间来考虑专家小组的各项报告，只有在这些报告向各成员发布20天之后，才能考虑通过这些报告。

对专家小组报告提出异议的各成员，至少应在将审议该项报告的DSB会议的前10天提交解释其异议的书面理由，以供散发。

争端各当事方应有权全面参与由DSB主持对专家报告的讨论，它们的各种意见应被充分记录在案。

知识拓展二维码12-6：
司法经济原则

在向各成员分发专家报告的60天内，该报告在DSB的会议上应予通过，除非某一当事方向DSB正式通报其上诉的决定，或者DSB一致决议不通过该报告。这一通过程序无损于各成员就专家小组报告发表其意见的权力。

知识拓展二维码12-7：具体审理过程中专家小组的权利和义务

知识拓展二维码12-8：
仲裁程序

3. 上诉审查程序

上诉审查程序（Appellate Review）是WTO争端解决机制中一种新的程序。根据DSU第17条规定，只有争端当事方可就专家小组报告提出上诉，第三方如果已经通知争端解决机构其在有关事项上具有重大利益，可向上诉机构提交书面陈述，也可以有机会让上诉机构听取其口头陈述。一般情况下，从争端当事方正式通知其上诉决定之日始到上诉机构发送其报告之日止，整个程序不得超过60日。如果上诉机构认为它不能在60日内提供报告，应书面通知争端解决机构，解释延迟的理由，并估计将提交其报告的期限。在任何情况下，上诉审查程序不得超过90日。

上诉机构的报告应在争端当事方不在场的情况下依照已获得的材料和意见予以起草，上诉机构成员在报告中所表达的个人意见应是匿名的。

上诉机构报告应由争端解决机构通过，并应由争端当事各方无条件地予以接受，除非争端解决机构在上诉机构报告发送到各成员国后的30日内经协商一致决定不予通过该报告。如果上诉机构（或专家小组）报告的结论为某项措施不符合某一有关的协定，该机构应建议有关成员国将该措施调整至符合有关协定。除了提供建议之外，专家小组或上诉机构还可就有关成员如何执行建议提出相应办法。

4. 对执行各项建议和裁决的监督

按照DSU第21条规定，为了全体成员的利益，必须迅速执行DSB的各项建议或裁决，以确保有效解决各项争端。对置于争端解决项下的措施，应特别关心影响发展中国家成员利益的各个方面。

（1）建议和裁决执行期限的监督。

有关成员在通过专家小组或上诉机构报告的30天内举行的DSB会议上，应通知DSB其执行DSB各项建议和裁决的意向。如果立即履行各项建议和裁决不是切实可行，有关的成员应确定一个合理的履行各项建议和裁决的时间期限，该合理的时间期限应当是：①DSB认可的有关成员拟议的时间期限；②有关成员拟议的时间期限没有经DSB的认可，但在通过各项建议和裁决之后的45天内，由争端各当事方一致同意的一段时间；③如果各成员协议时间，则在通过各项建议和裁决之后的90天内经有约束力的仲裁来决定的一段时间。在此类仲裁中，仲裁员的方针应是执行专家小组或上诉机构的建议的合理时间期限，不应超过自通过专家小组或上诉机构的报告后的15个月。但是，该时间期限可根据特殊情况而有所缩短或延长。

（2）建议和裁决执行存在分歧的监督。

如果各成员为遵守某项建议和裁决所要采取的措施，就其实体或与某个有关协议的一致性存在分歧，则应决定通过依靠这些争端解决程序，如果可能的话，包括求助于原来的专家小组来解决此类争端。专家小组应在90天内就该事件的处理安排公布它的报告。如果专家小组认为它在此时间框架内不能提交它的报告，该专家小组应以书面形式向DSB通报延迟的原因，一并告知预计它将提交报告的期限。

（3）建议和裁决正常执行的监督。

DSB应保持监督已通过的各项建议或裁决的执行情况。在建议和裁决通过之后，任何成员可在任何时候向DSB提出关于执行各项建议或裁决的问题。除非DSB另有决定，按照DSU第21条第3款的规定，在确定合理时间期限后的6个月内，执行各项建议或裁决的问题应列入DSB会议的议事日程，并在该问题解决之前，应保留在DSB的议事日程之内。有关成员应至少在每次此类DSB会议之前10天向DSB递交一份关于执行这些建议或裁决进展情况的书面报告。

（4）涉及发展中国家的建议和裁决执行情况的监督。

如果建议和裁决的执行是由发展中国家成员提起的事项，DSB应考虑发展中国家所能采取的适合此类情况的进一步行动。如果是由发展中国家成员提出的案件，在考虑可能采取的适当行动时，DSB应不仅考虑已提出申诉的各项措施所涉及的贸易范围，还应考虑到它们对有关发展中国家成员经济的影响。

5. 补偿与减让的中止①

根据 DSU 第 22 条规定，如果 DSB 的建议和裁定未在合理的期限内得到实施，被诉方应申诉方请求，必须在合理期限届满前与申诉方进行贸易补偿与减让的谈判。补偿与减让是指被诉方在贸易机会、市场准入等方面给予申诉方相当于其所受损失的减让。这种措施不仅是一种临时的、自愿的措施，而且是一种"迫不得已"的措施，基于此，DSU 为这种措施制定了严格的规则，如果具有下列情形，可以进行补偿与减让的中止。

（1）如果有关成员国不能在合理期限内实施 DSB 的裁决或建议，该成员国如果经请求，应不迟于合理期限结束时与申诉方进行谈判，力求达成双方均能接受的补偿措施。如果合理期限结束后的 20 天内未达成满意的补偿协议，申诉方可请求 DSB 授权终止有关协定中对该成员国适用的减让或者其他义务。

（2）申诉方在考察中止何种减让或其他义务时，应该遵循 3 个考量次序并参考两方面因素。3 个考量次序分别为：

① 同部门补偿与减让的中止。申诉方应首先设法中止那些业已由专家小组或上诉机构认定的、有违反义务或其他造成利益丧失或损害情形的相同部门的减让或其他各项义务；

② 跨部门补偿与减让的中止。如果该当事方认为中止相同部门的减让或其他各项义务并不切实可行或有效，则它可以设法中止同一协议项下其他部门的减让或其他各项义务。

③ 跨协议补偿与减让的中止。如果该当事方认为中止同一协议项下其他部门的减让或其他义务并不切实可行或有效，且情况十分严重，则它可以设法中止另一有关协议项下的减让或其他各项义务。

如果当事方决定按照后两位次序对授权中止减让或其他各项义务提出请求时，应在其请求书中说明其理由。向 DSB 送发该请求书的同时，也应向有关理事会发送。

同时，上诉机构（专家小组）在适用上述次序时，参考两方面因素：一是该协议下该部门的贸易业已由专家小组或上诉机构认定有违反义务、造成利益丧失或损害，以及此类贸易对该当事方的重要程度；二是与利益丧失或损害有关的更为广泛的经济要素，以及中止减让或其他义务所带来的更为广泛的经济后果。

（3）DSB 所授权的中止减让或其他义务的水平，应该与利益的丧失或损害的水平相当。如果某项协定禁止中止，DSB 就不得授权中止减让或其他义务。如果有关成员国反对所建议中止水平，或认为上述各项原则和程序未得到遵守，此类事项应诉诸仲裁。仲裁应由原来的专家小组来进行，或由总干事指定的仲裁员来裁定。仲裁期间，不得中止减让或其他义务。

由于减让与补偿的中止属于临时性措施，只要出现下列情况，该临时性措施即应终止：一是被认定的违反 WTO 协议的有关措施已被取消；二是被诉方对申诉方所受的利益损失提供了解决方法；三是争端当事方达成了相互满意的解决办法。

---

① 由于补偿与减让的中止主要是中止履行应承担的给予补诉方贸易减让义务或其他义务，基于此，也有部分学者翻译为授权报复。

课堂讨论12-4：2018年8月1日，中美贸易战持续升级，美国宣称将对2 000亿美元的中国商品加征关税税率从10%提高至25%。中国立即进行反制，8月3日，中国商贸部公告称，对原产于美国的5 207个税目约600亿美元商品分4个等级加征5%~25%的关税。

结合本章所学，分析：中美贸易战是否可以向WTO争端解决机制提出申请？美国没有经过WTO争端解决机制便加征关税，中国向WTO争端解决机制的机构提出申请，应如何申请？如果中美贸易战经WTO争端解决机制的专家小组审理后进入报告执行阶段，美国仍然不执行，中国应采取怎样的措施？

本章相关知识拓展性阅读二维码

复习思考题

一、判断题

1．WTO争端解决机制的主要规定集中于WTO章程的附件二《关于争端解决规则与程序谅解》。（　　）

2．WTO协商原则主要是指当WTO争端解决机构作出决定时，出席会议的WTO成员无人提出正式反对，即通过有关决定，缺席、弃权、不表态均不妨碍决定的作出。（　　）

3．当DSU中规定的各项规则和程序与WTO项上各单项协定中的特殊规则和程序之间存在冲突时，DSU的各项规则和程序优先。（　　）

4．由于GATT时期及WTO时期的专家组或上诉机构的报告并不构成有拘束力的所谓先例判决，因而专家组或上诉机构对某一具体案件的裁决并无研究意义。（　　）

5．DSU第10条规定，专家组在审理案件时，应充分考虑争端各方的利益及其他成员的利益，如果专家组处理的事项具有实质性利害关系，且就此通知了DSB的任何WTO成员，那么，在此案件中应当给予其他成员第三方的诉讼地位，第三方也可以直接对专家小组的报告提出上诉。（　　）

二、单项选择题

1．WTO争端解决机制适用于解决（　　）之间的国际贸易争端。
  A．私法主体之间　　　　　　　　　B．跨国公司之间
  C．国家与社会组织之间　　　　　　D．国家与单独关税领土

2．下列不属于WTO争端解决机制的主要机构的是（　　）。
  A．争端解决机构　　B．专家小组　　C．经贸部　　D．WTO秘书处

3．根据申诉方的请求，专家小组可以随时中止其工作，但不得超过（　　）。在此等中止的情况下，DSU对专家小组的程序、争端解决机构的决定、建议和裁定的实施所规定的期限应按中止的时间予以延长。如果专家小组工作的中止超过了（　　），建立专家小组的授权予以取消。

A．12个月，8个月　　　　　　B．12个月，18个月
C．6个月，12个月　　　　　　D．12个月，12个月

4．(　　)一起构成WTO争端解决的"两审终审制"，专家组报告或上诉机构的报告，经通过后，就构成DSB对案件的正式裁决。

A．专家小组程序与仲裁程序　　B．专家小组程序与磋商程序
C．专家小组程序与上诉程序　　D．上诉程序与监督程序

5．下列关于补偿与减让的中止，说法错误的是(　　)。

A．可以采取同部门补偿与减让的中止
B．可以采取跨部门补偿与减让的中止
C．不可以采取跨协议补偿与减让的中止
D．争端解决机构所授权的中止减让或其他义务的水平，应该与利益的丧失或者损害的水平相当

三、多项选择题

1．关于WTO争端解决机制适用范围，以下说法正确的是(　　)。

A．WTO的争端解决机制仅适用于该组织成员之间产生的国际贸易争议
B．若一方有意将争端投诉到WTO，须首先认定该项争端是在WTO争端解决机制的管辖范围之内
C．WTO的争端解决机制不但适用于货物贸易协议、服务贸易协议有关贸易的争端，也适用于WTO协定和《谅解》本身
D．WTO争端解决规则和程序具有溯及既往的效力，适用于成员方的发生所有国际贸易争端

2．当WTO成员方发生国际贸易争端时，下列哪些属于争端解决程序？(　　)

A．磋商　　　　　　　　　　　B．专家小组审理
C．上诉机构的审查　　　　　　D．建议及裁决的执行

3．下列哪些属于WTO争端解决机制的辅助渊源？(　　)

A．国际习惯　　　　　　　　　B．各国的司法判例
C．一般法律原则　　　　　　　D．著名专家学者的学说与著作

4．关于建议与裁决执行的监督，以下说法正确的是(　　)。

A．建议和裁决执行存在分歧的监督，应决定通过依靠这些争端解决程序，如果可能的话，包括求助于原来的专家小组来解决此类争端
B．有关成员应至少在每次此类DSB会议之前10天向DSB递交一份关于执行这些建议或裁决进展情况的书面报告
C．如果是由发展中国家成员提出的案件，在考虑可能采取的适当行动时，DSB应考虑到它们对有关发展中国家成员经济的影响
D．有关成员如果立即履行各项建议和裁决不是切实可行，有关的成员应确定一个合理的履行各项建议和裁决的时间期限，该合理的时间期限应当是DSB认可的有关成员拟议的时间期限

5.（　　）等方式是在当事方自愿的基础上，用来解决WTO国际争端。
A．仲裁　　　　　B．斡旋　　　　　C．磋商　　　　　D．调停

四、简答题

1．DSU的适用范围是什么？
2．WTO争端解决机制的原则有哪些？
3．简述WTO争端解决机制的主要机构。
4．WTO争端解决机制的基本程序有哪些？
5．简述WTO争端解决机制的法律渊源。

五、案例分析题

1995年9月21日，危地马拉唯一的水泥生产商向危地马拉经济部提出反倾销调查请求。

1996年1月11日，经济部发布反倾销调查公告，对向墨西哥Cruz Azul公司进口的灰色水泥进行反倾销调查；1月22日，经济部向墨西哥政府发出反倾销调查的通知；1月26日经济部发出调查问卷，要求在3月11日前答复；8月16日，危地马拉决定征收38.72%的临时反倾销税，临时税到12月28日到期。

1997年1月17日，危地马拉经济部决定对墨西哥进口的灰色水泥征收89.54%最终反倾销税。在危地马拉实施临时措施之后，墨西哥要求与危地马拉磋商，在危地马拉实施最终措施之后，墨西哥请求成立专家小组。

墨西哥指出，危地马拉的反倾销调查，特别是发起调查的程序，不符合GATT第6条和反倾销措施协议应当承担的义务，危地马拉的措施剥夺或损害了墨西哥的利益，要求危地马拉政府撤销其反倾销措施并归还已经征收的反倾销税。

危地马拉提出，专家小组只能审查申诉方在磋商要求中和成立专家小组的请求中已经明确提出的措施，并针对这些措施作出结论和建议。

墨西哥在磋商要求中或成立专家小组的请求中都没有明确提出最终反倾销措施，也没有提出有关临时措施产生重大影响的任何证据，因此其最终措施和临时措施都不属于专家小组职权范围，专家小组应当驳回墨西哥的诉请。

危地马拉则要求专家小组确认其最终措施不属于专家小组的职权范围，专家小组无权审查；要求专家小组驳回墨西哥的所有诉请。

查找相关资料，结合本案事实分析如下问题：
（1）本案的当事方都有哪些？
（2）本案的争议审查是否属于专家小组的职权范围？

参考文献

[1] 郭寿康，韩立余. 国际贸易法（第四版）[M]. 北京：中国人民大学出版社，2014.

[2] 李军. 国际商法[M]. 北京：电子工业出版社，2013.

[3] 张孟才. 国际商法（第2版）[M]. 北京：电子工业出版社，2014.

[4] 尼科克，舒尔策. 南非国际贸易法律制度专题研究[M]. 朱伟东译. 湘潭：湘潭大学出版社，2011.

[5] 王传丽. 国际贸易法（第五版）[M]. 北京：法律出版社，2012.

[6] 李猛. 中国自贸区法律制度建立与完善研究[M]. 北京：人民出版社，2017.

[7] 陈立虎. 自贸区法律制度研究[M]. 北京：法律出版社，2016.

[8] 陶立峰. 国际投资规则视角下的上海自贸区外资管理法律制度研究[M]. 北京：法律出版社，2018.

[9] 薛荣久，屠新泉，杨凤鸣. 世界贸易组织概论[M]. 北京：清华大学出版社，2018.

[10] 许立波. 世界贸易组织（WTO）概论[M]. 大连：东北财经大学出版社，2018.

[11] 朱榄叶. 世界贸易组织法经典案例选编[M]. 北京：北京大学出版社，2018.

[12] 薛荣久. 世界贸易组织教程[M]. 北京：对外经济贸易大学出版社，2009.

[13] 温耀庆. 世界贸易组织规则[M]. 上海：格致出版社，2009.

[14] 沈四宝，王军. 国际商法[M]. 北京：对外经济贸易大学出版社，2016.

[15] 郑俊田. 国际贸易理论与政策法规[M]. 北京：中国海关出版社，2018.

[16] 张文彬. 国际商法教程[M]. 武汉：武汉大学出版社，2018.

[17] 上海市律师协会国际贸易业务研究委员会. 国际商事仲裁律师实务[M]. 北京：法律出版社，2018.

[18] 漆彤. 国际贸易法新编[M]. 武汉：武汉大学出版社，2009.

[19] 韩逸畴. WTO贸易政策灵活性机制研究[M]. 北京：法律出版社，2018.

[20] 杨士富. 国际商法理论与实务[M]. 北京：北京大学出版社，2017.

[21] 米健. 欧洲单一市场法律制度[M]. 北京：中国大百科全书出版社，1994.

[22] 博恩. 国际仲裁：法律与实践[M]. 北京：商务印书馆，2015.

[23] 王玉春，叶雨，尚华伟，张敏. 国际商法[M]. 上海：上海财经大学出版社，2018.

[24] 伯纳德·霍克曼，迈克尔·考斯太基. 世界贸易体制的政治经济学——从关贸总协定到世界贸易组织[M]. 刘平，等译. 北京：法律出版社，1999.

[25] 巴吉拉斯·拉尔·达斯. 世界贸易组织协议概要——贸易与发展问题和世界贸易组织

协议[M]. 刘钢, 译. 北京：法律出版社, 2001.

[26] 韩立余. 世界贸易组织法（第三版）[M]. 北京：中国人民大学出版社, 2014.
[27] 张学森. 国际商法[M]. 上海：复旦大学出版社, 2018.
[28] 余劲松, 吴志攀. 国际经济法（第四版）[M]. 北京：北京大学出版社, 2014.
[29] 王传丽. 国际经济法[M]. 北京：中国政法大学出版社, 2018.
[30] 曹祖平. 新编国际商法（第五版）[M]. 北京：中国人民大学出版社, 2018.
[31] 中国国际经济贸易仲裁委员会."一带一路"沿线国家国际仲裁制度研究（三）[M]. 北京：法律出版社, 2018.
[32] 彼得·施莱希特里姆.《联合国国际货物买卖合同公约》解释[M]. 李慧妮, 编译. 北京：中国对外经济贸易出版社, 1987.
[33] ALI（美国法学会），NCCUSL（美国统一州法委员会）. 美国统一商法典及其正式评述（第1卷）[M]. 孙新强, 译. 北京：中国人民大学出版社, 2004.
[34] 屈广清. 国际商法[M]. 大连：东北财经大学出版社, 2018.
[35] 王慧. 国际贸易法原理[M]. 北京：北京大学出版社, 2011.
[36] 沈木珠. 国际贸易法研究[M]. 北京：法律出版社, 2010.
[37] 姜作利. 国际贸易法（英文版）[M]. 北京：中国人民大学出版社, 2015.
[38] 施米托夫. 国际贸易法文选[M]. 赵秀文, 选译. 北京：中国大百科全书出版社, 1993.
[39] 麦克·布瑞奇. 国际货物销售法律与实务[M]. 林一飞, 等译. 北京：法律出版社, 2004.
[40] 施米托夫. 出口贸易——国际贸易的法律与实务[M]. 对外经济贸易大学对外贸易系, 译. 北京：对外贸易教育出版社, 1985.
[41] 王淑敏, 谷浩. 国际贸易法[M]. 北京：法律出版社, 2015.
[42] 陈若鸿. 英国货物买卖法：判例与评论[M]. 北京：法律出版社, 2003.
[43] 王衡. 国际贸易法[M]. 北京：法律出版社, 2014.
[44] 王中. 国际贸易法微课教程[M]. 北京：对外经贸大学出版社, 2017.
[45] 曾建飞. 国际贸易法[M]. 厦门：厦门大学出版社, 2010.
[46] 孟国碧. 国际贸易法实验案例教程[M]. 北京：中国政法大学出版社, 2016.
[47] 漆彤. "一带一路"国际经贸法律问题研究[M]. 北京：高等教育出版社, 2018.
[48] 史尚宽. 债法总论[M]. 北京：中国政法大学出版社, 2000.
[49] 周黎明. 国际商法理论与实务[M]. 北京：北京大学出版社, 2014.
[50] 苏俊雄. 契约原则及其实用[M]. 北京：中华书局, 1978.
[51] 韩立余. 国际经济法学原理与案例教程[M]. 北京：中国人民大学出版社, 2015.
[52] 韩立余. 国际贸易法案例分析[M]. 北京：中国人民大学出版社, 2009.
[53] [美]雷·奥古斯特, 唐·迈耶, 迈克尔·比克斯比. 国际商法[M]. 高瑛玮, 编译. 北京：机械工业出版社, 2013.
[54] 赵中孚. 商法通论[M]. 北京：中国人民大学出版社, 2015.
[55] 郑成思. 知识产权论[M]. 北京：法律出版社, 2001.